George Orwell

A LIFE IN LETTERS

道路、意义与生命

乔治·奥威尔书信集

[英] 乔治·奥威尔 —— 著
甘险峰 —— 译

贵州出版集团
贵州人民出版社

图书在版编目（CIP）数据

道路、意义与生命：乔治·奥威尔书信集 / (英)
乔治·奥威尔著；甘险峰译. -- 贵阳：贵州人民出版
社, 2019.7
ISBN 978-7-221-15214-5

Ⅰ. ①道… Ⅱ. ①乔… ②甘… Ⅲ. ①奥威尔
(Orwell, George 1903-1950) - 书信集 Ⅳ. ①K835.615.6

中国版本图书馆CIP数据核字(2019)第007082号

道路、意义与生命：奥威尔书信集

（英）乔治·奥威尔 / 著

选题策划：京贵传媒
策划编辑：黄筑荣 陈 滔
责任编辑：刘旭芳
封面设计：今亮后声 HOPESOUND pankouyugu@163.com 田松
出版发行：贵州人民出版社
社　　址：贵阳市观山湖区会展东路SOHO办公区A座
邮　　编：550001
印　　刷：鑫艺佳利（天津）印刷有限公司
开　　本：880mm × 1230mm　1/32
印　　张：18.75
字　　数：465千字
版　　次：2019年7月第1版
印　　次：2019年7月第1次印刷
书　　号：ISBN 978-7-221-15214-5
定　　价：98.00元

译者序

本书选取了英国作家乔治·奥威尔的书信200余篇。

乔治·奥威尔，本名埃里克·阿瑟·布莱尔，1903年6月25日生于印度孟加拉邦，其父是英国在印度的低层文职官员。奥威尔在贫寒却又自视高人一等的家庭中长大。1917年，他因获得奖学金得以进入英国著名的贵族学校——伊顿公学，接受了4年的系统教育，并在校刊上发表了他最初的作品。1922年，他到印度皇家警察驻缅甸部队任职。因为了解缅甸人民对英国殖民主义统治的敌视与憎恨态度，奥威尔感到十分内疚，1927年离开缅甸。后来，这段在缅甸的生活为他以后创作小说《缅甸岁月》、自传体散文《猎象记》以及《绞刑》等作品提供了素材。回到欧洲后，他曾先后在巴黎和伦敦居住，当过教师，做过书店店员，为了赎罪，他甚至穿上破旧的衣衫，到巴黎和伦敦东区的贫民窟居住，同工人、乞丐等生活在一起，与流浪汉一同流浪，跟贫民结伴去肯特郡的田野里收摘蛇麻草，度过了一段穷困潦倒的生活。这些经历在他1933年出版的《巴黎伦敦落魄记》中得到体现。从此，奥威尔在英国文坛崭露头角。1934年出版的小说《缅甸岁月》，描写了正直敏感而情感上孤独的个人与不诚实的、令人压抑的社会现实之间不可调和的矛盾，为他日后的小说奠定了一个基本模式。1935年出版了《牧师的女儿》，描绘了一位老处女的生活；1936 年他又完成了《让叶兰继续飘扬》，讲述了一位书店店员的故事。

1936 年西班牙内战爆发后，奥威尔奔赴西班牙报道内战情况。他加入了共和军方面的民兵，投入到抵抗法西斯军队的斗争中。在战斗中他两次身负重伤。1937 年，他因反对西班牙共产党镇压政治反对派，愤而逃回英国。1938 年，他写成了《向加泰罗尼亚致敬》，标志着他的思想从倾向社会主义转向畏惧共产主义。返回英国后，他还以保守主义的笔调写作了《游上来吸口气》，检讨英国过去的行为，并道出自己对战争的恐惧。在第二次世界大战期间，他成为英国国民军成员，并且为英国广播公司印度部工作。1943 年，他做了工党左翼报纸《论坛报》的文学编辑，后来又成为《观察家报》的撰稿人。这一时期，他写作了大量的新闻作品及政治、文艺评论，被称为多产的新闻记者和文艺评论家。他为媒体写作的文章后来被收入《鲸鱼体内》（1940 年）等书中。1945 年出版的政治寓言体小说《动物农场》使奥威尔名利双收。1948 年写成的《一九八四》更是确立了奥威尔在世界文学史上的地位。1950 年，奥威尔因患肺结核病逝。

奥威尔的文风痛快淋漓，简洁明快。他继承了斯威夫特平易的传统，但是比起斯威夫特又有了新的发展。他使用的句子更短，选择的词汇更普通、更常见，叙事更加质朴，议论更加直截了当。他在《政治与英语》一文中，集中表达了自己对语言风格的追求。他提出的六条要求是：（1）不用已经在出版物上出现过的明喻、暗喻以及类似的陈腐辞藻；（2）能用短词就不用长词；（3）能少用一个词就坚决不多用一个词；（4）能用主动语态就不用被动语态；（5）能用普通英语词就不用外来词、科学词和专门词；（6）为了不至于让自己说的话不像话，可以不遵守以上任何一条要求。奥威尔还在这篇文章中说："语言是表达思想而不是掩盖思想的工具。”语言的含糊混淆必然导致思想的含糊混淆，而思想的清晰表达是民主自由权利的基础。他的确实践了自己的主张。他的语言不陈腐僵化，不故弄玄虚，不以词害意，不似是而非。相反，他做到了清新自然、简洁明快、真挚坦诚、亲切感人，在貌似平淡的文字里隐藏着自己深厚的艺术功底，正如一位评论家所说的：“我的感觉是，奥威尔的艺术是真正的艺术；但是这种艺术难以描述，因为它看上去坦率、诚恳、简单，没有艺术的修饰。”（见W.F.普里特查德《透视一切：英国作家》）这种文风不仅获得当时读者的广泛推崇，还被同时代的许多作家所效仿，被后世作家和文学爱好者所怀念。他在英国散文的平易传统中，起到了承上启下、推陈出新的作用，其影响是十分深远的。

本书选译的200余篇书信，最早的一篇写于1920年8月，最晚的一篇写于1949年10月，那时他已经病入膏肓，距离他逝世只有不足三个月时间。从书信中几乎可以读出奥威尔的全部人生历程。这些书信中，有的是写给出版商和经纪人的，有的是写给报刊编辑的，有的是写给亲属的，有的是写给朋友的。从这些信中，你可以了解到奥威尔的工作和生活情况，了解到其作品的创作和出版情况，了解到他的感情世界和心路历程。在他的书信中，其清新自然、简洁明快、真挚坦诚、亲切感人的风格也得到了不同程度的体现，相信你读过本书后是能够有所体会的。

目　录
CONTENTS

1937 年

1938 年

1939 年

1944 年

1945 年

1946 年

1947年

1948年

1949年

1920 年 -1930 年

致史蒂文·朗西曼

康沃尔郡 德尔佩罗

格罗夫排屋

1920 年 8 月

我亲爱的朗西曼[1]：

正好有点儿时间，我觉得我一定要跟您谈谈我头一回做业余流浪汉的经历。像大多数流浪汉一样，我也是不得已而为之的。当我到达德文郡一个叫西顿中转站的凄凉的小地方的时候，迈纳斯[2]也要在那儿换车。他来到我的车厢说，一个讨厌的一直缠着我非要我和他坐同一个包厢的外住生[3]还在找我。由于旁边的人我一个也不认识，我就下车去找他。正在这时，火车开了。您需要两只手才能上得去已经开动的火车，可我手里提着旅行包，只能用上一只手。简单说吧，我被丢下了。我拍了一份电报说我要晚点儿到，两个半小时后会乘下一班火车（电报是第二天到的）。在普利茅斯市北路，我才弄清楚当天晚上已没有去路易[4]的车了。

1. 史蒂文·朗西曼（Steven Runciman，1903—2000），乔治·奥威尔（George Orwell）在伊顿公学的同学。1958 年被授予勋爵，历史学家，著述包括《十字军东征史》《西西里的黄昏》和《君士坦丁堡的陷落》等。

2. 罗杰·迈纳斯（Roger Mynors，1903—1989），乔治·奥威尔在伊顿公学（Eton College）的同学。1963 年被授予勋爵，1953 年—1970 年在牛津大学做拉丁语言文学专业的教授。曾获得四所英国大学及加拿大多伦多大学的荣誉学位。1966 年当选英国古典学会主席。

3. 伊顿公学有大约 1100 名男生，其中 70 人为“国王的学者”，住在学校本部。其余的学生被称为“外住生”，住在学校外面的宿舍里，由舍监管理。史蒂文·朗西曼、罗杰·迈纳斯和埃里克·布莱尔（Eric Blair，即后来的乔治·奥威尔）是“国王的学者”，于 1916 年进入伊顿公学。布莱尔在离开伊顿公学以后没怎么见过这一时期的同学。

4. 布莱尔一家夏天在康沃尔郡的路易或波尔佩罗度假。这次旅途是他从伊顿军官训练团的训练中返回，因此身穿军服。

那时天已经太晚了，因为邮局都关了门，连电话也打不成了。我摸出身上的钱数了数，钱还够买继续旅行的车票，可另外就只剩下 7.5 便士了。因此，我要么住基督教青年会旅馆（价格是 6 便士）而饿肚子，要么填饱肚子而露宿街头。我选择了后者。我把旅行包放到寄存处，然后花 6 便士买了 12 个小圆面包。9 点 30 分的时候，我偷偷摸摸地钻进农夫的庄稼地，这几块地夹在几排贫民窟似的房子中间。这么一来，我还真有点像闲逛的士兵——旅途中就有人问我是否退伍了。最后，我在靠近几块花园的地角上停下来休息。这时候，我想起没有明显经济来源的人睡在别人的田里是要蹲 14 天班房的，尤其是当我稍微一动而惹得附近居民家的每一条狗都“汪汪”狂吠的时候，我就更这样想。地角上有一棵大树，我可以用来做遮蔽，还有灌木丛，可以用来藏身，可就是旷野的严寒让人难以忍耐。我身上没有盖的，帽子作了枕头，我把军用披风裹在身上席地而卧，似睡非睡，冻得哆哆嗦嗦。直到凌晨 1 点我重新系了系绑腿带之后，才长睡了一段时间，结果晚醒了一个小时，耽误了 4 点 2 分的早班火车。我只有熬到 7 点 45 分才能搭乘下一班车。我醒来时冷得牙齿直打战。乘车到了路易之后，我又被迫在烈日下走了 4 英里的路。我很为自己的这次历险而自豪，可是我再也不愿重温这种经历了。

您真诚的

E.A. 布莱尔

致马克思·普劳曼

巴黎第五区

铁锅街 6 号

1929 年 9 月 22 日

亲爱的先生[1]：

8 月份的时候，我寄给您一篇文章[2]，内容是描述临时收容所的一天的。一个月过去了，如果我能听您谈起这篇文章，我将非常高兴。这篇文章我未留底稿。如果它对您没用的话，请把它退还给我，我将投到别的地方。

您忠诚的

E.A. 布莱尔

1. 马克思·普劳曼（Max Plowman，1883—1941），新闻记者、作家，1929 年—1941 年在《阿代尔非》（*Adelfi*）杂志社工作。主要作品有《布莱克研究简介》《索姆河上的少尉》和《和平主义信仰》等。埃里克·布莱尔的早期创作受到马克思·普劳曼的鼓励，普劳曼还出版了布莱尔的第一本书。他和他的妻子多萝茜都是布莱尔多年的朋友。

2. 文章在这段时间没有发表出来。或许经过修改后，文章以《长钉》的标题发表在 1931 年 4 月号的《阿代尔非》上。

致马克思·普劳曼

萨福克郡 南沃尔德

皇后街 3 号

1930 年 11 月 1 日

亲爱的普劳曼先生[1]：

寄来的《阿代尔非》[2]已经看到。非常感谢。我发现了一篇有趣的文章。在这篇文章里，莫里[3]先生说："因为传统的基督教实在太精致了，所以它与幼稚的迷信相比显示出更加和谐的外表。"我知道的确是这样，但为什么是这样，我就不甚了了了。非常明显，神话故事堆积得越厚，人们越容易轻信它，但这又显得太自相矛盾，以至于我不明白其中的道理。我认为罗杰·克拉克在他的文章《性与恶》中，并没有触及问题的实质。他只是说"精神上的爱"这种东西把人们的期望集中到得不到的东西上，而这种期望往往会使人陷入困境。他没有说透的有两个问题，一个是"罪恶的淫欲"，这种东西也把人的欲望引向得不到的东西，另一个是企图实现这不可能达到的肉欲比起企图达到精神方面的效果更具有毁灭性。像

1. 马克思·普劳曼在 1930 年 9 月成为《阿代尔非》副主编。

2. 指 1930 年 11 月号的《阿代尔非》。《阿代尔非》是在 1922 年—1955 年出版的一种文学期刊，创刊于 1922 年 6 月，随后以每月一期的频次出版。1927 年 8 月至 1930 年 9 月期间，该刊还一度更名为《新阿代尔非》并改为季刊。1930 年杂志重新改为月刊出版。每期杂志会发表一两部短篇小说，卡瑟琳·曼斯菲尔德（Katherine Manthfield）、D.H. 劳伦斯（David Herbert Lawrence）、H.E. 贝茨（Herbert Ernest Bates）和迪兰·托马斯（Dylan Thomas）等是主要撰稿人。自从《阿代尔非》于 1931 年 4 月发表了奥威尔的《长钉》后，奥威尔频繁为《阿代尔非》撰稿，在该刊发表了大量评论文章。

3. 约翰·米德尔顿·莫里（John Middleton Murry，1889—1957），高产作家、批评家和辩论家。他是《雅典娜神庙》杂志最高效的编辑。1923 年，他的首任妻子——凯瑟琳·曼斯菲尔德去世，随后他进入《阿代尔非》，并在此后的 25 年时间里一直控制着它。

埃丝特·萨姆森[1]那样的女人是不存在的。把这一点告诉青年当然是很重要的；但是，像《巴黎生活》[2]插画中描述的那种女人也是不存在的，把这一点告诉他们不但同样重要，而且更为艰难。或许作者限于篇幅没能把这个问题阐释完全。我把我的意见反馈给您可能打扰您了，但我知道您会原谅我的，因为我被您杂志上提出的问题打动了。

非常感谢您送给我的书。我发现小说特别出色，“辣椒”[3]很有趣，虽然几乎可以肯定它过于夸张了。

关于伯德利[4]的书内容非常充实，但我不清楚您是不是准备为它拿出很多版面。我的建议是把上述三者的评论合成一篇文章来写，用大约1000字的篇幅；或者按您的意思单独进行评论。我觉得这些书值得一提，但不值得用千字以上的篇幅。这样行吗？如果行的话，大约10天以后您就可以拿到这篇评论了。如果您觉得不值得，我就把这些书还给您。

我把另一篇文章[5]随此函一起装入信封。这篇文章我已经压缩到3500字。感谢您把我的手稿[6]转交给莫里先生。我希望他知道这件事不用着急，我不想成为一个让他讨厌的人。

您忠诚的

埃里克·A. 布莱尔

1. 埃丝特·萨姆森（Esther Summerson）是查理斯·狄更斯（Charles Dickens）的长篇小说《荒凉山庄》的主人公。

2.《巴黎生活》（La Vie Parisienne）是一份1863年创刊于巴黎的杂志，最初刊登小说及戏剧、音乐、体育信息。1905年杂志易主后，新编辑查尔斯·萨格里奥（Charles Saglio）将杂志转型为轻色情杂志，虽游走于情色边缘但并不低俗，这种转型取得巨大的成功。查尔斯·萨格里奥艺术眼光敏锐，发掘了一大批才华横溢的插画家，在杂志上发表了大量在当时广受欢迎的插画，对当时的流行文化影响至深。该刊于1970年停刊。

3. 布莱尔以“E.A.B”的署名为《辣椒的恐惧》（卡尔·巴茨著）写作的书评刊登在1930年12月号的《阿代尔非》上。

4. 他既没有为伯德利的小说撰写评论，也没有为伯德利的其他书籍撰写评论。

5.《长钉》发表在《阿代尔非》1931年4月号上。

6. 很可能是《巴黎伦敦落魄记》手稿的较早版本。

1931 年

致马克思·普劳曼

［邮戳：伦敦 NW11[1] 高特格林］

星期一［1931 年 1 月 12 日］

亲爱的普劳曼先生：

非常感谢您的来信。目前我经常不在伦敦，但我回家后就会寄给您那篇文章[2]，您可以看一看。无论如何，我不敢奢望您能马上采用，但我想如果您喜欢它，您或许愿意把他留在您那儿。至于书评，我当然不会让您付给我稿酬，那是一篇写得很差的东西，那类文章应该结束了。

至于那些书，我非常愿意试着评论一下关于卡莱尔的书[3]。您要我评论任何一本书，我都会乐意去做的。如果您有关于印度的书（小说或旅游方面的内容），或者关于伦敦下层生活的，或者关于弗朗索瓦·维

1.NW11 是伦敦邮政编码。其邮政编码由表示方位的字母与表示区域的数字组成。NW 表明位于伦敦西北部（North East London）。其他如：W 代表伦敦西部（West London），E 代表伦敦东部（East London），N 代表伦敦北部（North London），S 代表伦敦南部（South London），SW 代表伦敦西南部（South West London），SE 代表伦敦东南部（South East London），NE 代表伦敦东北部（North East London），EC 代表伦敦旧城即伦敦金融城（East Central London），WC 代表伦敦中心城西区（West Central London），等等。

2. 也许是指《绞刑》（Hanging），发表在 1931 年 8 月号的《阿代尔非》上。

3. 指奥斯伯特·伯代特（Osbert Burdett，1885—1936）著的《两位卡莱尔》，奥威尔为之撰写的书评发表在 1931 年 3 月号的《阿代尔非》上。

永[1]、斯威夫特[2]、斯摩莱特[3]、坡[4]、马克·吐温[5]、左拉[6]、安纳托利·法朗士[7]或康拉德[8]，或者威廉·萨默塞特·毛姆[9]写作的任何东西，我都很乐意去评论它们。我用邮局的笔仓促地写了上面的东西，字迹潦草，请原谅。

您真挚的

埃里克·A. 布莱尔

1. 弗朗索瓦·维永（François Villon，约 1431—1474），法国中世纪最杰出的抒情诗人。他继承了 13 世纪市民文学的现实主义传统，一扫贵族骑士抒情诗的典雅趣味，是市民抒情诗的主要代表。

2. 乔纳森·斯威夫特（Jonathan Swift，1667—1745），英国作家、政论家和讽刺文学大师，代表作是《格列佛游记》和《一只桶的故事》等。

3. 斯摩莱特，指托比亚斯·斯摩莱特（Tobias Smollett，1721—1771），是英国 18 世纪中叶颇具特色的小说家，代表作是《蓝登传》等。

4. 即埃德加·爱伦·坡（Edgar Allan Poe，1809—1849），19 世纪美国诗人、小说家和文学评论家，美国浪漫主义思潮的重要成员，也是现代侦探小说的创始人。主要作品有诗歌《乌鸦》、恐怖小说《莉盖亚》和侦探小说《莫格街凶杀案》等。

5. 马克·吐温（Mark Twain，1835—1910），美国作家、演说家，原名是萨缪尔·兰亨·克莱门斯（Samuel Langhorne Clemens）。代表作品有小说《百万英镑》《哈克贝利·费恩历险记》和《汤姆·索亚历险记》等。

6. 爱弥尔·左拉（Emile Zola，1840—1904），法国自然主义小说家和理论家，主要作品为《卢贡－玛卡一家人的自然史和社会史》，包括 20 部长篇小说，登场人物达 1000 多人，其中代表性作品有《小酒店》《萌芽》《娜娜》和《金钱》等。

7. 安纳托利·法朗士（Anatole France，1844—1924），法国作家、文学评论家、社会活动家。本名蒂波·法朗索瓦，生于巴黎一书商家庭。“法朗士”是他父亲法朗索瓦的缩写，又因他热爱祖国法兰西，故以祖国的名字作为自己的笔名。

8. 约瑟夫·康拉德（Joseph Conrad，1857—1924），英国作家，生于波兰，被认为是英国现代主义小说的先驱和 19 世纪最伟大的小说家之一。康拉德擅长写海洋冒险小说，代表作是《吉姆爷》和《黑暗的心》。

9. 威廉·萨默塞特·毛姆（William Somerset Maugham，1874—1965），英国小说家、剧作家。代表作是长篇小说《人生的枷锁》《月亮和六便士》和戏剧《圈子》等。

致丹尼斯·柯林斯

伦敦 NW 高特格林

奥克伍德路 1b[1]

1931 年 8 月 16 日

亲爱的丹尼斯[2]：

我说过我会写信给你的。关于下层阶级，我还没有什么特别感兴趣的事情向你报告。我写信是想告诉你，我在沃尔伯斯威克教堂看到了一个幽灵。我想在忘掉细节之前把它记录在案。请看下面的平面图：

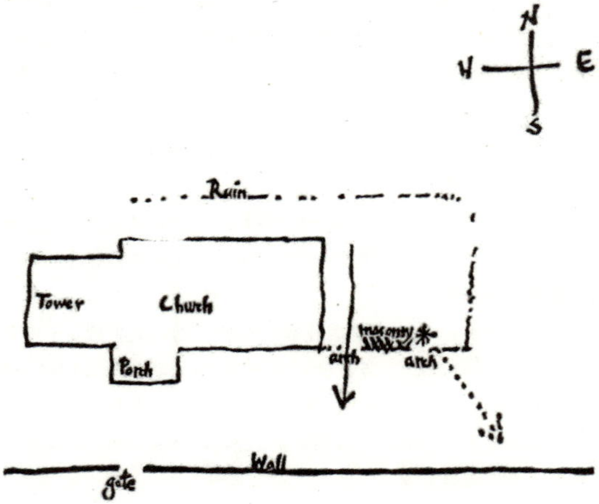

1. 弗朗西斯·厄内斯特·菲尔兹（Francis Ernest Fierz）夫妇的家。参见奥威尔 1932 年 4 月 26 日给伦纳德·摩尔（Leonard Moore）的信。

2. 丹尼斯·柯林斯（Dennis Collings，1905—？），埃里克·布莱尔的好友。1921 年，布莱尔一家搬到南沃尔德，柯林斯的父亲成为布莱尔一家的家庭医生。从那时起，丹尼斯·柯林斯就成为布莱尔的挚友。1924 年—1927 年，丹尼斯·柯林斯在莫桑比克种植剑麻，1929 年—1931 年在剑桥大学学习人类学。1934 年加入殖民服务后，成为新加坡莱佛士博物馆助理策展人。

上面就是我能够记得的沃尔伯斯威克教堂。在1931年7月27日的下午5点20分左右，我正坐在标记着X[1]的位置，沿着虚线箭头的方向张望。我碰巧向我肩膀上方瞟了一眼，看到一个身影沿着另一个箭头走过，消失在石屋后面，我猜测是进入了墓地。当时我没有直接盯着它看，因此没能分辨得特别清楚，只是觉得它是个男人的体型，矮小并且佝偻着身子，穿着浅棕色的衣服，我当时以为是个工人。在我的印象中它在通过的时候朝我这里看了一眼，但是我没有辨认出它的任何特征。在它通过的瞬间，我什么也没有想，但几秒钟后，我突然意识到这个身影走过时没有发出一点儿声音。我跟着它走出教堂进入墓地，墓地里空无一人，在道路沿线的可能范围里也没有人——这不过是在我看到它的大约20秒后。不管怎样，在路上只有两个人，而且这两个人中谁都不像我刚刚看到过的身影。我往教堂里面望去，那里仅有的人是一位身着黑衣的牧师和一个工人，我记得那个工人自始至终在锯木头，而且相对于那个身影而言他过于高大了。这个身影就这样消失得无影无踪。或许只是幻觉而已。

从这个月初开始，我一直住在镇上。我做好了去采摘啤酒花的安排，但直到9月初才能够成行。同时，我工作一直很忙。最近我遇到了一家将于10月创刊的新报纸的一位编辑，我希望我能够从他们那里谋得一些差事——当然，不指望全靠它维持生计，但也能对我有足够多的帮助。我在流浪汉中做过一些调查。在我以前的三位流浪汉朋友中，一位确信被车碾压而死，一位沉溺于饮酒而销声匿迹，还有一位正在旺兹沃思坐牢。今天碰到了一个人，六周前他还是个金匠，因为右手手指被毒物腐蚀而被迫截去上面关节的一部分，这意味着他只能靠沿街乞讨为生了。小小的事故可以毁掉一个靠双手吃饭的人，这实在太可怕了。说到双手，

1. 原文为“标记着X”，不过图中并没有“X”的标记。“X”应该为就是图中标识为“[illegible]”的地方。

他们说，连续几周摘啤酒花就会让你的双手残废——不过，还是等我做过之后再描述给你听吧！

你有没有向某家圣经公会商店的窗口张望过？我今天就这样做了，看到巨大的广告牌，上面写着“最便宜的罗马天主教圣经：5 先令 6 便士；最便宜的新教圣经：1 先令”，以及“杜埃版缺货”，等等。尽管他们斗争了很久，但我说，只要勇气犹在，我们就不会受到罗马天主教徒的伤害——顺便说一句，这家商店就在圣保罗教堂外，如果你离圣保罗教堂近而且情绪低落，可以走进商店，看看印度首位新教主教的雕像，肯定能让你捧腹大笑。等我有了新消息我再写信给你。我会把这封信寄到南沃尔德。

你的

埃里克 · A. 布莱尔

致丹尼斯·柯林斯

肯特郡 梅里沃思

1931 年 9 月 4 日

亲爱的丹尼斯：

我希望在我不做采摘啤酒花这个活儿之后，它也不会找到你，因为我们在最骇人听闻的泥海里乱窜，无法工作，没有任何消遣，还要想办法用湿木头生火。在第一次也是唯一一次做完一整天的工作后，我就一直待在这里。我度过了一段有趣的落魄时光。我们中的四个人出发时带了 4 先令，直到第三天时，我们才另外赚到了 1 先令，因此，你可以想象我们是如何生活的。第一天，我们一直走到布罗姆利，在田野里露营，然后又爬艾德山。

我们中的两个人住进了简陋的小旅馆，我和我的同伴在树林里宿营。第二天，我们穿过塞文奥克斯去希尔，为了找份工作，从一个农场走到另一个农场，行程大约 10 英里，最后我们睡在一间未完工的房子里。然后去西莫灵，那里大雨如注，我们不得不在简陋的小旅馆里睡了一夜。第二天，我们下山来到这里，并且找到了一份工作。靠着沿途乞讨，我们得到了大部分食物，除了没有烟抽以外，倒是什么也不缺，但是睡在外面的寒冷与不适比你想象的还要糟糕。我在日记里记下了这一切，稍后我会对此加以补充。如果你感兴趣的话，我会寄给你一份。

我的同伴是那种非常有趣的类型。他现年 26 岁，在少年犯教育感化院待了 3 年，当了两年兵，三次在监狱服刑，结过婚，现已丧偶。他看起来像一个典型的小贼，事实上也的确是一个典型的小贼，但也的确是一个非常讨人喜欢的家伙。

至于这次采摘啤酒花的事情，完全是一个骗局，仅仅是因为有什么事情都愿意做的临时工大量存在，事情才得以继续。伦敦东区的人们更喜欢去乡村旅行。这里的工钱是每6蒲式耳[1]啤酒花给1先令，每天工作9到10个小时，一个非常熟练的采摘工可以采摘大约20蒲式耳啤酒花，挣到3先令4便士。我付出累了个半死的代价坚持工作完的唯一一个整天，不过采摘了10蒲式耳啤酒花，希望此后能够达到一天摘到15蒲式耳。事实上，在一些农场工钱是每8蒲式耳1先令。

最近通过了一项法律，强令农场主为采摘工提供合适的住宿，这让人猜测以前采摘工的住宿条件得差到什么程度。我们四个人住在一个大约12英尺宽的破烂小茅屋里，窗户上没有装玻璃，到处都漏雨、透风，除了提供了大堆稻草外一无所有。在这里，我们整整一夜都在瑟瑟发抖，挨到凌晨5点45分，我们起床生起火来，烧水沏茶，然后匆忙出门，赶到田里开始采摘啤酒花，直到12点30分才能停下来休息半个小时，吃个午餐，接着继续采摘，直到大约下午5点，然后打仗似的生火、刮胡子、准备晚饭，最后在9点左右上床休息。所有这些付出，可以在一周里挣来大约15先令。不过，如果只是在短时间内从事这项工作，这还是挺有趣的，至少我可以根据这些经历写出一篇让报纸热销的文章。

我希望等我有一个舒服的地方坐下来（我已经大约10天没有坐过椅子了）的时候，能给你写一封更有趣的信，但此时此刻，我想说一下我收集到了一两条实用的经验。好好珍存这些经验，因为谁知道你什么时候会走上这条路呢。

用木头生火烧开水时，如果你把一片木头放在水中，会去除一些水

1. 蒲式耳（英文 Bushel，缩写 BU），英美计量单位，1蒲式耳在英国相当于8加仑，相当于36.268升。

中的烟熏味。

唯一可靠的用作烧水的罐子（也被称为“圆桶”）是鼻烟罐，最好是2磅容量的那种。那个东西是不容易得到的，因为大多数烟草零售商并不经营鼻烟。

每个星期六晚上你通常都能够从屠户那里讨到猪肉。

在户外露营时，把外套脱下来盖在身上比穿着它要暖和一些。

至于那些新词，下面就是其中一些，但我想这些词只是当下的一些俚语词而不是方言词：

“招徕（生意）”（Drum up， to）=“生火”（to make a fire）；

“一个人形水罐”（Toby， a）=“一个流浪汉”（a tramp），也可以说“做一个人形水罐”等；

“一块碎石”（Chat， a）=“一只虱子”（alouse）；

“一匹小马”（Pony， a）=“一个讨厌的家伙”（a shit）；

“当船长”（Skipper， to）=“露宿”（to sleep in the open）；

“获得”（Get）=一个表达侮辱、咒骂的词（名词），意义不太确定。

顺便说一下，我原以为“同韵俚语”[1]已经绝迹了，但有人偶尔听到这里还有人在使用。用“a dig in the grave”（“在坟墓里挖一下”）指“shave”（“刮胡子”），用“the hot cross bun”（“热十字面包”）指“sun”（“太阳”）等。如果你记得的话，把随信寄去的东西转交

1. 同韵俚语指伦敦东区居民说话的方式或以这种方式说出的话语，其特点是用熟语替代话语中最重要的一个词，该词与熟语最后一个词（音节）是押韵的。如奥威尔信中的grave与shave是押韵的，bun与sun也是押韵的。

给你的父亲，他或许会感兴趣。

过一段时间我会再写信给你的。

你的

埃里克·布莱尔

又及：

过去流浪汉们会在乞讨过的人家的门上做一些标记，标出他们曾经受到过什么样的接待。我对这一习俗进行了深入调查，发现它似乎已经绝迹了，我遇到的流浪汉都没有听说过。

致丹尼斯·柯林斯

伦敦 W9

温德肖街 2 号

星期一夜 [1931 年 10 月 12 日？[1]]

亲爱的丹尼斯：

随信一同寄去一篇记叙我冒险经历的文章。其中有很多内容我以前已经跟您谈过了，但是我想有一个详尽的全记录，以便我将来参阅。替我保存着它好吗？寄给您的是复印件，而且打印得也不好，请原谅。请把它给普雷恩[2]先生看一看，他很想听听我的这段经历。如果埃莉诺·贾克斯[3]也想看，您也给她看看好了，但不要再给别的什么人了。请您也告诉他们两个，我会很快给他们写信的（我猜想您在南沃尔德）。

在没有给您进一步的通知之前，您尽可以使用我上面的地址。我非常忙，因为我要给一张新报《现代青年》[4]写短篇小说等东西（一张有毒的报纸取了个有毒的名字，我给他们写的东西也是有毒的；但是人总得生活）。

您的

埃里克·A. 布莱尔

---

1. 原文中“12”后面的问号是作者加的，表明布莱尔对写作日期是否为 12 日不很确定。经核实，1931 年 10 月 12 日的确是星期一，12 日应该是没有问题的。

2. 克莱特·克雷斯韦尔·普雷恩（Collett Cresswell Pulleyne），一位律师，来自约克郡，是布莱尔和柯林斯在南沃尔德共同的朋友。

3. 埃莉诺·贾克斯（Eleanor Jaques，？—1962），1921 年随她的家庭一起从加拿大移民到南沃尔德。有一段时间，贾克斯一家住在布莱尔隔壁。1934 年，埃莉诺·贾克斯与丹尼斯·柯林斯结婚。

4. 奥威尔在信中把《现代青年》称为报纸，但它事实上应该是杂志。不过《现代青年》根本就没有问世，因为杂志社没有付清应该付给印刷商的印刷费，所以印刷商扣留了这期杂志，杂志中包括布莱尔的两篇短篇小说。

致 T.S. 艾略特

伦敦 W9

温德肖街 2 号

1931 年 10 月 30 日

亲爱的艾略特[1]先生：

我因为纯粹的私人原因写信给您。理查德·里兹[2]告诉我，他已经代表我跟您谈过了。我刚刚读过一部非常有趣的法国小说，名叫《夜色最美时》，是雅克·罗伯提写的。它是关于一个妓女的故事，无论是谁都会觉得这部小说非常忠实于生活。故事讲出来显得很残忍，但又绝对不是在利用妓女的肮脏题材来哗众取宠。我觉得它值得翻译。如果菲波尔兄弟出版公司有出版译本的意向，我想我可以把它翻译得跟其他翻译家一样好。我并没有假装我有着学者般丰富的法语知识，但我熟悉书中描绘的这种混杂的法国社会，我比绝大多数的英国人更懂得这些俚语。我不知道这种书的销路如何，但我相信不会太差，因为左拉的小说在英国卖得很好，而这位作者似乎同左拉有一些相似之处。

1.T.S. 艾略特，即托马斯·斯特恩斯·艾略特（Thomas Stearns Eliot，1888—1965），诗人、评论家、剧作家，生于美国密苏里州圣路易斯市，1906 年入哈佛大学攻读哲学，后在牛津完成哲学博士论文并留在伦敦，1927 年取得英国国籍。艾略特是英国 20 世纪影响最大的诗人，其创作和评论对英美 20 世纪现代派文学和新批评派评论起到了开拓性的作用，对整个西方文坛的影响亦鲜有比肩者。

2. 理查德·里兹（Richard Rees，1900—1970），画家、作家和批评家，主要著作有《乔治·奥威尔：胜利堡垒的逃亡者》《西蒙·威尔》和《我的时代的理论》。1930 年至 1936 年，他担任《阿代尔菲》的编辑，这时他碰到了作为一个年轻投稿者的奥威尔。直到奥威尔去世，他们始终都是好朋友。在这段时间里，理查德·里兹一直在帮助和鼓励奥威尔。

或许您[1]能让我知道，菲波尔兄弟出版公司会不会希望了解关于此书的更多情况。如果他们想看这部书，我会把书送过去，或者先译上几页做样品。我清楚翻译权是注册了的，但如果定下来翻译的话，我想这是可以解决的。

您真挚的

埃里克·布莱尔

1.T.S. 艾略特是菲波尔兄弟出版公司的董事之一。

致 T.S. 艾略特

伦敦 W9

温德肖街 2 号

1931 年 11 月 4 日

亲爱的艾略特先生：

谢谢您的来信。我将马上将《夜色最美时》[1] 另函寄给您。我想，在英国，这部书应该比绝大多数的其他法国小说有更多的机会。如果菲波尔公司还想把另外一些法语书译成英文，假如他们愿意让我试一试的话，我将非常感谢。我渴望能有这样一些工作，我想我可以与其他的译者一样出色。

您真诚的

埃里克 · A. 布莱尔

1. 菲波尔兄弟出版公司和其他出版公司都没有授权奥威尔翻译这部小说。

1932 年

致伦纳德·摩尔

密德塞克斯郡 海斯镇

车站路 霍桑大厦

1932 年 4 月 26 日

亲爱的摩尔先生[1]：

感谢您的来信！手稿《在巴黎和伦敦的日子》[2]的经历是这样的：大约一年半以前，我写完了描述我在伦敦和巴黎生活的书，但是比较短（大约 35000 字）。我采纳了别人的建议，把书稿送给乔纳森·卡普。卡普出版公司说他们愿意出版，但它太短了，而且显得支离破碎（它采用了日记体）；如果我把它扩充一下，他们或许倾向于接受它。此后，我在原文中插入一些遗漏的事情，把书稿改成现在您看到的这个样子，第二次送交卡普出版公司。这一次又遭到了拒绝。这是去年 9 月的事。与此同时，在一家杂志当编辑的朋友[3]看到了最初的手稿，认为手稿有出版的价值，就把这件事告诉了菲波尔兄弟出版公司的审稿人 T.S. 艾略特。艾略特说的跟卡普出版公司一样，即：书很有意思，但是太短了。我把您手上的这份手稿留给了辛克莱·菲尔兹夫人[4]，请她把书稿扔了算了，

1. 伦纳德·摩尔（？—1959），为克里斯蒂与摩尔出版公司工作。直到奥威尔去世，摩尔一直是他的文学经纪人。

2. 即《巴黎伦敦落魄记》。

3. 指理查德·里兹，当时在《阿代尔菲》任编辑。

4. 梅布尔·辛克莱·菲尔兹（Mabel Sinclair Fierz），弗朗西斯·厄内斯特·菲尔兹的妻子，一个钢铁制造企业的行政管理人员，出生在巴西。1908 年，他们在英格兰安了家。1930 年夏，他们在南沃尔德度假时认识了埃里克·布莱尔。在 20 世纪 30 年代初期，布莱尔经常到他们在伦敦的寓所和他们一起共度周末。菲尔兹夫妇跟布莱尔在文学趣味上有很多共同点。梅布尔·菲尔兹偶尔为《阿代尔菲》写一些评论。她的丈夫是一个十足的狄更斯迷。

因为我觉得它不是什么杰作。我猜想她没有把书稿扔掉，而是转给了您。您很好心，准备不怕麻烦去试一试。如果您能够把书稿卖掉，我的确应该非常高兴。除了菲波尔兄弟出版公司和卡普出版公司以外，其他出版商都没有看过这部书稿。假如您万一真的把它推销出去了，可不可以请您确保它使用笔名出版？因为我并不为它感到骄傲。我已经填完了您给我的表格，但我插入了这样一个条款：我只需要一个经纪人跟出版商打交道。现在我正在一个学校教书，非常忙，我担心最近几个月除了偶尔写一些书评和文章之外，不能写任何东西。我手上还有一部小说[1]，是几个月以前开始写的，下个学期我会继续写下去，我敢说一年内肯定可以写完，到时候我会把它送到您那儿。如果您能找一些法语和西班牙语的书给我翻译，那么不论您认为多少佣金合适，我都很愿意付给您，因为我喜欢这类工作。我还在创作一首描述伦敦一日的长诗，这学期末可以完成。如果您喜欢的话，写完后也交给您，但这种活儿太没钱可赚了。至于您手头的那些短篇小说[2]，我宁可把它们扔到一边儿去，因为它们实在不值得费事儿。

您忠诚的

埃里克·A. 布莱尔

又及：

我试图让查托与温德斯出版公司给我一些左拉小说翻译，但他们没有给。我倒认为有人会乐于翻译左拉的作品——事实上他已经这样做了，不过翻译得实在惨不忍睹。或者于斯曼怎么样？我不相信《斯基达姆的圣酒》已经译成了英语。我也曾试着说服菲波尔兄弟出版公司，让他们

1. 指《缅甸岁月》。

2. 这些短篇小说的手稿也未能幸免。

答应出版雅克·罗伯提的小说《夜色最美时》的英文译本。这部小说非常好，但也非常粗鄙；正是基于后者，他们拒绝了它。我想会有人承担起出版它的工作，您知道谁不怕那类的事情吗？（这部书也并非色情文学，只是让人有些不舒服而已。）我会留住这部书。如果需要，我会把它寄给您。我还能翻译古法语，至少是可以翻译1400年以前的任何东西。

致埃莉诺·贾克斯

密德塞克斯郡 海斯镇

霍桑大厦

星期二[1932 年 6 月 14 日？[1]]

亲爱的埃莉诺：

你那儿一切都好吗？我希望你父亲已经恢复了健康。你家的花园整理得更好了吧？我在这个肮脏透顶的地方教书已经将近两个月了。我倒没有发现这个工作多么乏味，但是它太累人了。因此，除了有限的几篇书评以外，我没有写一笔别的东西。我的可怜的诗，虽然肯定还不太坏，但也理所当然地寿终正寝了。在这儿，最不令人愉快的事儿不是工作本身（它是个走读学校，谢天谢地，在这些小兔崽子们不在学校的时候，我就不需要再操他们的心了），而是海斯镇这个地方。这是我接触过的最倒霉的地方之一。这儿的人口似乎全都由神职人员组成，他们总是在星期天频繁出入包着锡皮屋顶的小教堂，其余的时间又总是足不出户。我唯一的朋友是副牧师。他虽然属于圣公会高教会派，但并非卑躬屈膝的耶稣教徒。他是一个很好的人。当然，这意味着我不得不去教堂，那实在是一项艰苦的工作，因为礼拜仪式全都按照罗马天主教教义进行，以至于我对此全然不知，感觉非常傻。当我看到每个人都在我周围鞠躬、在身上画十字的时候，我却不能照着做。那个可怜的老牧师（我猜想他也讨厌所有这些天主教教义）穿着斗篷式长袍，戴着教士的四角帽，率领

1. 原文中“14”后面的问号是作者加的，表明布莱尔对于写信的日期是否为 14 日不很确定。经核实，1932 年 6 月 14 日的确是星期二，14 日应该是没有问题的。

教众手捧蜡烛，在教堂内庄严行进，看起来像一个戴着花冠作为牺牲的阉牛。我曾答应画一幅画，描绘教堂里的一个神像（一个外貌十分轻佻的圣母玛利亚，半个真人大小，我会试着让她尽可能像《巴黎生活》中的一个插画人物）。我还要为收获节种一棵葫芦。如果不是害怕面包会噎着我，我就也“受圣餐”了。

最近你有没有读到什么有趣的东西？我第一次阅读了马洛[1]的《浮士德》[2]，觉得它非常蹩脚。还有一本关于莎士比亚的污秽的小书，它试着证明“哈姆雷特”等于埃塞克斯的“厄尔”。此外还读了一本温德海姆·刘易斯（不是那位职业罗马天主教徒[3]）的叫作《敌人》的出版物[4]。刘易斯的作品似乎有一些是他自己的风格，也有一些奥斯伯特·希特维尔[5]的风格，还有一些贺拉斯[6]颂诗的风格，我希望到目前为止我还没有忽略掉谁——因为没有时间和精力，其他就什么也没有读过了。卡尔夫人[7]给了我两本天主教辩惑学的书，我十分高兴在一家新创刊的叫作《新英国人周报》的报纸上对其中之一进行了评论。我有一个几平方英尺的花园，但由于雨、蛞蝓和老鼠的缘故，花园糟糕透了。我竟然无法找到任

1. 克里斯托弗·马洛（Christopher Marlowe，1564—1593），英国诗人、剧作家。马洛革新了中世纪的戏剧，在舞台上创造了反映时代精神的巨人性格和“雄伟的诗行”，为莎士比亚的创作铺平了道路。

2.《浮士德》即《浮士德博士的悲剧》，是马洛1588年创作的剧本，也是马洛最杰出的作品之一。剧中的浮士德博士为追求无限的知识以征服自然，毅然叛离上帝，以自己的灵魂换取役使魔鬼二十四年的权利，期满后被魔鬼劫往地狱。

3. 指D.B. 温德海姆·刘易斯，即多米尼克·贝文·温德海姆·刘易斯（Dominic Bevan Wyndham Lewis，1894—1969），英国作家、编剧，代表作为与希区柯克合作的电影《擒凶记》（The Man Who Knew Too Much）。

4. 珀西·温德海姆·刘易斯（Percy Wyndham Lewis，1882—1957），英国作家、画家和评论家，是漩涡艺术运动的联合创始人，并编辑了杂志《敌人》。其代表性作品包括小说《塔尔》（1918）、《上帝之猿》（1930）、《自责》（1954）及非小说类的《时间和西方人》（1928）、《盎格鲁萨克森》（1943）、《粗暴分配的任务》（1950）等。

5. 奥斯伯特·希特维尔（Osbert Sitwell，1892—1969），英国作家、诗人，曾写过《北京的声与色》。

6. 昆图斯·贺拉斯·弗拉库斯（Quintus Horatius Flaccus，公元前65—公元前8），罗马帝国奥古斯都统治时期著名的诗人、批评家、翻译家，代表作有《诗艺》等。贺拉斯著有《颂诗》四部。

7. 奥威尔在南沃尔德的朋友。

何一个鸟巢——当然，这个地方位于伦敦郊区。我还保留了一个水族箱，这主要是在孩子们的指导下做的。我们有蝾螈、蝌蚪、石蛾，等等。

如果你开始走在通往渡口的小路上，请注意一下旁边的抽水站，你能看到那儿的白杨树上有一些猫蛾的卵。如果你能捡一些有卵的树叶并且寄给我，我将非常感激。我想要一些这种东西，而只有那儿可以找到一些。当然，我并不希望让你专门为这事跑一趟，我只是说如果你碰巧路过。

这些天丹尼斯[1]怎么样？我想跟他讨论一下从地下挖出的一种特殊的真菌，但他一直没有回信。暑假我回不回南沃尔德还不一定。我希望接着写我的小说[2]。如果可能，我还想完成我已经开始写的诗。我想，或许到法国找一个安静的地方对我最好。相对于南沃尔德，在那儿生活上的花费较为便宜，来自外部世界的情欲和魔鬼对我的诱惑少一些……顺便说一句，假如你来伦敦请一定通知我，因为或许我们可以见上一面，如果你愿意的话。

请代我向你父母问好。如果见到普雷恩先生和普雷恩夫人[3]，也请代我向他们致意。

你的

埃里克·A. 布莱尔

1. 指丹尼斯·柯林斯。

2. 指《缅甸岁月》。

3. 此处指克莱特·克雷斯韦尔·普雷恩（Collett Cresswell Pullein）和他的母亲。

致埃莉诺·贾克斯

密德塞克斯郡 海斯镇

车站路 霍桑大厦

星期天［1932年6月19日］

亲爱的埃莉诺：

非常抱歉，今天上午我根本就没有给你打电话。当我直到星期六也没有接到你的信的时候，我已经安排好带上几个孩子出去，随后你的信来了。我这儿附近也没有电话。我希望你今天没打算出去。让我知道你今天待在城里，如果是这样的话，我们又可以重新安排出游了。非常感谢你寄来的墨西哥跳豆，虽然在邮寄的过程中它们被挤压得不成样子。昨天我按时去钓鱼了，但是情况糟透了——至少可以断定那儿有鱼，只是鱼儿在这样晴朗闷热的天气里不肯咬我的鱼钩罢了，所以一整天时间我只钓到一条可怜的小鱼。我准备到尤克斯桥试试，我相信在靠近汉普顿大院的泰晤士河一带钓鱼情况不会那么坏。如果你待在伦敦的话，那地方对你来说比较近。在我们钓鱼的时候，我发现了一些鸟巢。那儿的水鸟还是很有观赏性的。

希望你能让我尽快收到你的信。

你的

埃里克·A. 布莱尔

致伦纳德·摩尔

密德塞克斯郡 海斯镇

教堂路[1]霍桑大厦

1932年7月1日

亲爱的摩尔先生：

感谢您的来信。我在约定的时间去见了戈兰茨[2]先生，他就书中他希望改动的地方向我做了全面详细的说明。书名需要改变，骂人的话需要删除，还有一段要么修改要么砍掉。非常可惜，书中差不多只有这一段写得好，但他说流通图书馆不会容忍它的。在大约一周后，我要把修改后的稿子返还给他。至于这部书可能没有任何商业价值，我只字未提，因为他似乎对此寄予厚望，所以或许您可以跟他谈个好价钱。

您真诚的

埃里克·A. 布莱尔

1. 这封信上的地址应该是跟上一封信相同的，但是所在的街道被写成了“教堂路”而不是上一封信的“车站路”。

2. 维克多·戈兰茨（Victor Gollancz，1893—1967），出版商，1965年被授予爵士。在1933年至1940年之间，曾经出版过奥威尔7部作品，其中包括他的第一部书，但是后来戈兰茨因为政治原因拒绝出版奥威尔的《向加泰罗尼亚致敬》和《动物农场》。

致伦纳德·摩尔

密德塞克斯郡 海斯镇
教堂路 霍桑大厦
1932 年 7 月 6 日

亲爱的摩尔先生：

我答应过让戈兰茨先生一周后拿到修改完成的书稿，现在我把书稿随这封信一同寄给您。我按照他的要求把书名等内容都做了修改，我想现在应该是没有得罪人的地方了。从第 6 页到第 13 页的这部分他也觉得不妥，但这些不可能得到根本的改观。我删除或者改写了那些看起来太直露的段落，或许这样可以通过检查了。如果这样还不行，我唯一可做的事儿就是删除整个第二章，让第三章直接跟第一章接起来。

至于书名（戈兰茨先生说现在这个书名不行），我建议这部书叫《困窘的女人》或《女人的困窘》。如果这个题目还不行，我再重新考虑一个。

如果对别人没什么区别的话，我想我更希望这部书用笔名出版。这样做我没有声誉损失。如果这部书在某种程度上获得了成功，我可以再一次使用这个笔名。

或许好心的您可以把以上这些话转告戈兰茨先生。

您真挚的
埃里克·A. 布莱尔

致埃莉诺·贾克斯

密德塞克斯郡 海斯镇
教堂路 霍桑大厦
星期五 [1932 年 7 月 8 日]

亲爱的埃莉诺：

请一定写信告诉我，你并没有因为我星期天根本就没去看你而受到伤害。你没给我写信，我想或许是因为这件事。如果你因此生我的气，我感到非常抱歉。如果我能去，我肯定会欣然前往了。

南沃尔德怎么样？这儿什么都没发生。我与那位叫马丁代尔[1]的男修道士有一点小小的意见分歧。他写信告诉卡尔夫人，说他想见见我，因为我深深陷入谬误之中，而他可以把我领到正路上来。如果可能，我一定要在某个时间会会他。

你有没有可能再到市区来？或许在假期最初的一到两个星期里，我会待在南沃尔德，但是还不能肯定。请代我向你父母问好，并写信告诉我你没有生我的气。

你的
埃里克·A. 布莱尔

1.C.C. 马丁代尔，即西里尔·查尔斯·马丁代尔（Cyril Charles Martindale，1879—1963），罗马天主教理论家、著名布道者、伦敦农场街教堂的一名牧师。布莱尔在为卡尔·亚当（Karl Adam）的《天主教的精神》（The Spirit of Catholicism）一书所写的书评中，表述了一些针对马丁代尔所著《罗马天主教的信仰》一书的不同意见。马丁代尔在 1932 年 6 月 23 日的《新英国人周报》上发表了一封信，对布莱尔的观点进行了批驳。随后，布莱尔又对这封信做出回应，文章刊登在 1932 年 6 月 30 日的《新英国人周报》上。卡尔·亚当（1876—1966），1904 年在慕尼黑大学获得博士学位，1915 年成为神学教授，是德国天主教在 20 世纪的最重要的神学家之一。其出版于 1924 年的著作《天主教的精神》被广泛翻译，至今仍在大量印行。

致布兰达·索克尔德[1]（节选）

密德塞克斯郡 海斯镇

教堂路 霍桑大厦

星期日 [1932 年 9 月？ 日[2]]

我答应给你写信，现在我正在写，但我不能保证这是一封连贯紧凑的信，因为楼下的一个女人一刻不停地在钢琴上弹奏赞美诗。这些嘈杂的声音使我的房子很不适合居住。再加上窗外的雨和路边什么地方狗的狂吠，搞得我很快就符合进入精神病院的条件了。

我度过了最抑郁的一天，首先是因为要去教堂，然后是要阅读正变得越来越单调乏味的《星期日泰晤士报》。接下来开始写一首诗，但写了不过一节。我又去浏览我的小说[3]的粗糙的草稿。这部书让我觉得异常压抑。我的确不知道《星期日泰晤士报》和《观察家报》究竟哪一个更让人讨厌，我拿起那份扔掉这份，又扔掉这份拿起那份，好像一个人徒劳无益地在床上辗转反侧却怎么也无法舒适一样。我想当斯奎尔[4]停止侵扰《观察家报》的时候，它还不显得那么乏味，但他们似乎总是蓄意寻找一些能找到的最乏味的人来评论一些最乏味的书。顺便说一句，

1. 布兰达·索克尔德（Brenda Salkeld），一位牧师的女儿，奥威尔的同时代人。1928 年，奥威尔在南沃尔德遇见了她，当时她正在圣菲利克斯女子学校任体育教师，学校放假时回到在贝德福德郡的家中度假。直到奥威尔逝世，她始终是奥威尔的好友。

2. 这封信不能确定具体的写作日期，但很可能是 1932 年 9 月 4 日或 11 日。

3. 指《缅甸岁月》。

4. J.C. 斯奎尔，即约翰·柯林斯·斯奎尔（John Collings Squire，1884—1958），1933 年被授予勋爵，诗人、批评家，《伦敦信使报》（1919—1939）的创办人。1919 年—1934 年还亲自担任该报编辑。

如果你碰巧想自虐，我想你可以试着去读休·华尔波尔最近出版的那部800页的小说[1]。

我希望你会在我提到的那些书中选一两种读一读。还有，我忘记说加乃特博士的《神的黄昏》了。如果你还没有读过它，阅读这部书是一种积极的职责。书名远远不是最好的，但是其他的一些题目如《紫色的脑袋》则是绝佳的。我猜想你可能读过马克·吐温的《密西西比河上的生活》，还有J.S.哈尔登[2]的《可能的世界》、盖伊·布思比[3]的《尼古拉医生》以及舍伍德夫人[4]的《费尔柴欧德一家》，等等，所有这些都在不同方式上有一些离题（《尼古拉博士》是小学生的六便士惊险小说，但是它是第一流的一本）。我可以推荐所有这些书。H.L.门肯[5]的《保卫妇女》可能很有娱乐性，但我还没有读。我注意到温德海姆·刘易斯（不是D.B.温德海姆·刘易斯，一个讨厌的罗马天主教徒）刚刚出版了一本叫作《势利的从男爵》的书，显然是某种小说，或许小说会很有趣。我

1. 指休·华尔波尔（Hugh Walpole）的《城堡》。休·华尔波尔（1884—1941），英国小说家，著有长篇小说《坚韧不拔》《黑暗的森林》等，以系列小说"赫里斯家族记事"而闻名于世，包括《无赖汉赫里斯》《朱迪斯·帕里斯》《瓦奈萨》等，这里提到的《城堡》也是其中之一。

2. J.S.哈尔登，即约翰·伯顿·桑德森·哈尔登（John Burdon Sanderson Haldane，1892—1964），英国科学家，在生理学、遗传学、进化生物学、数学和生物统计学领域都做出了创新贡献。因政治异见于1956年离开英国前往印度，并于1961年成为印度公民。著有《可能的世界》《科学与哲学》《遗传与政治》等。

3. 盖伊·布思比（Guy Boothby，1867—1905），一位多产的澳大利亚小说家和作家，在19世纪末期的各种杂志上发表了大量耸人听闻的小说。他主要居住在英国。其最著名的作品是"尼古拉医生"系列。

4. 舍伍德夫人，即玛丽·玛莎·舍伍德（Mary Martha Sherwood，1775—1851），是英国最有影响力的儿童文学作家之一，一生创作了数百部书籍。代表作为《亨利·米尔纳的历史》《费尔柴欧德家族史》（又译《仙童家族的历史》）等。关于信中所提到的《费尔柴欧德一家》的内容，用此书前言的话来概括，是为了"再现宗教教育的重要及影响"。

5.H.L.门肯，即亨利·路易斯·门肯（Henry Louis Mencken，1880—1956），美国作家、编辑。他犀利地抨击那些他认为愚蠢、伪善的社会现象以及美国社会生活中文化的匮乏。其代表作为《美国语言》《异教徒时代》和《门肯日记》。在他的文章和著作里，他捍卫正义，抵制偏狭；但是他的日记却表明他其实是个种族主义者和反犹太主义者。

只读过他办的奇特的杂志《敌人》，上边尽是些古怪的文章。我读过的那期《敌人》全部是对格特鲁德·斯坦因的凶恶攻击，所用的篇幅几乎相当于一部普通小说。人们会说：这不是浪费能量吗？

致埃莉诺·贾克斯

密德塞克斯郡 海斯镇

教堂路 霍桑大厦

星期一［1932 年 9 月 19 日］

最亲爱的埃莉诺：

你也许会觉得我太疏忽，以致这么久没有给你写信，但自从我到了以后就忙得不可开交。尽管如此，现在总算安顿下来了。我开始了这学期的工作。昨天还去了一趟教堂，坐在一个浑身散发着卫生球和杜松子酒的又老又丑的女人后面。这个老妇人必须依赖别人或多或少的搀扶，才能来到和离开祭坛。我猜想这个可怜的老妇人一定是患上了关节炎。她尽可能经常地去领受圣餐，以免在她道德上有罪恶的时候，魔鬼碰巧瞅准某个时机溜进来，把她丢到地狱中最热的部分。我计划抽出一到两个小时的时间做我自己的工作，也疯狂地忙于写作孩子们在这个学期末要演出的一部戏。此外我还在读牛津前主教——高主教所著的一部叫作《上帝的信仰》的书。他让我觉得很可信，教义非常有说服力，虽然他是一个英国圣公会教徒。

最近两天天气变得非常寒冷，但总的来说南沃尔德的天气还是相当完美的。跟你在一起的远足是如此惬意，除此之外我不记得还曾跟谁有过更好的远足……如果可能，最近请一定来伦敦。跟像你这样的人在一起与跟其他的人在一起是不大一样的，即使我们只是偶然相遇，并且不过一同走过几条街和看看图画陈列馆，我也非常满意。在不久以后的冬天，我计划再进行一到两次远足，但是这次可能不那么有趣，我不过想去看看那些在大堤上睡觉的人是怎样过冬的。

请代我问候你的父母，还有丹尼斯和普雷恩一家。等我有更多空闲和更多新闻的时候，我很快就会再给你写信。

带着我所有的爱

埃里克

致埃莉诺·贾克斯

密德塞克斯郡 海斯镇
教堂路 霍桑大厦
星期三夜 [1932 年 10 月 19 日]

最亲爱的埃莉诺：

听到你在诺福克郡的宽阔河段玩得很开心，我也替你高兴，虽然摩托艇不是那么驯服。我还是一直很忙，忙的程度很难用语言表达清楚。我已经处于半崩溃的状态。28 日我会进城待上一两个晚上，打算到大堤上看看那些在那里睡觉的人在一天中的这个时间里是怎样度过的。那时候你有没有可能到城里？如果你能去，你的地址会是哪里？如果可能，我们一定设法见上一面。

据今天早上的报纸报道，在兰贝斯的市政厅附近发生了相当严重的暴动。很显然，这是由于食品缺乏而引起的暴动，因为面包店被洗劫一空。这表明形势十分严峻。如果事情还像已经发生的那么坏的话，冬天会遇到更大的困境。我希望至少要付出足够的努力来防止任何暴力行动的发生。我非常了解骚乱发生的这些地方，我敢说我的朋友也参与了。

前几天我收到了丹尼斯·柯林斯的信，他邀请我这半个学期到剑桥去和他待在一起。我很想去，但我很难离开。我没有这样告诉他，但事实是剑桥有两三个人我很不愿意见到。顺便说一句，如果你什么时候遇到普雷恩，希望你能从他们那里拿回我一份手稿，上个圣诞节他们把这份手稿描述为“冒险行动”。这篇文章并不怎么有趣，但布兰达·索克尔德很想看。如果你能捎给她我将非常感激，可我不希望给你增添太多麻烦。不要让你母亲看到这篇东西，因为里边有脏话。

我的小说[1]刚刚取得一点进展。我觉得当草稿完成的时候，肯定还会对它或多或少地做些什么，但对它的篇幅过长和晦涩难懂就不那么好办了。除了一部孩子们将要演出的拙劣的小戏以外，我没有写过其他的东西。有人告诉我，几个星期以前的《新政治家与民族》上发表了一封信，对我为该报所写的一篇文章[2]进行攻击。太讨厌了，我从没有看到过，也没有对攻击做出应对。看起来似乎是承认犯了错误，而我可以肯定，在主要事实上我是正确的。

我现在经常看《教会时报》周刊，并且一周比一周更喜欢它。我非常希望看到迟暮之年的生命力，在这里我指的是可怜的老英格兰圣公会。我的确非常喜欢。我马上就要去参加圣餐仪式了，虽然它很虚伪。我聪明的朋友一定觉得很可笑，因为我总是去教堂，却从来不受圣餐。圣餐仪式的过程是怎样的，我几乎都忘记了。我记得的只是走上围栏并且跪下来，但我不记得是不是该做出什么反应了。一个人不信却还去参加圣餐仪式似乎太卑鄙，但我一直伪装得十分虔诚，这没什么，我会一直伪装下去。

尽快给我写信，告诉我你的消息，最要紧的是告诉我你是否要进城，如果进城的话会在什么时候。顺便说一句，前几天我看到一个人——一个共产党，他正在卖《工人日报》。我走过去问他："有《工人日报》吗？"他说："有，阁下！"亲爱的老英格兰！

爱你的

埃里克

---

1. 指《缅甸岁月》。

2. 西奥多·法埃夫在1932年9月17日的《新政治家与民族》上发表了一封信，批评布莱尔的文章《普通的出租屋》。

致伦纳德·摩尔

密德塞克斯郡 海斯镇
教堂路 霍桑大厦
1932 年 11 月 15 日

亲爱的摩尔先生：

非常感谢您的来信。您寄来的两份校样[1]昨天也到了。因为有两份校样，我不完全明白的是：我应该修改有审读人员不同意见的那份校样并对这些异议提出我的观点，另一份用来修改印刷错误，还是我只需要修改其中的一份？我已经开始在有审读人员意见的那份校样上做两个方面的修改，我希望这样就可以了。我可以让您在大约一周后拿到返还的校样——在此之前不太可能，因为最近一个时期我忙得不可开交。

对于题目我没有异议，但是您觉得“X”是一个好的笔名吗？我这样问的原因是：如果这部书没有像我猜想的那样彻底失败，最好有一个我在下一部作品中还可以用的笔名。我把这个问题留给您和戈兰茨先生去做决定。

至于手头上的这部小说[2]，我对已经完成的工作非常满意。从这个意义上讲，小说进展得不坏，但它写得太慢了，因为我几乎没有时间写作。在假期中和学期开始的时候，我写得多一些，但是最近，除了教学工作以外，我忙于执导一个校园剧，这意味着除了排练以外，我还得亲自制作服装。我希望夏天之前写完这部书，但我不能保证。

祝愿您和摩尔夫人身体健康！

您诚挚的
埃里克·A. 布莱尔

1.《巴黎伦敦落魄记》的校样。

2. 指《缅甸岁月》。

致埃莉诺·贾克斯

密德塞克斯郡 海斯镇
教堂路 霍桑大厦
1932 年 11 月 18 日

最亲爱的埃莉诺：

非常感谢你的来信。再次收到你的信，知道你要来伦敦、我们可以见面的消息，我非常高兴。我可以进城的最佳时间只有星期五和星期六。下周的星期五或星期六下午 4 点以后的任何时间我都可以去见你。这些时间你合适吗？如果不合适，我可以根据你的建议安排在星期三或星期二，但那必须是下午 6 点以后了。请尽快告诉我什么时间合适，并把你愿意安排的见面地点也告诉我。

听到你脚踝受伤动了手术的消息我很难过。尽管如此，我还是希望这只脚踝会完好如初。我度过了一段极其繁忙的日子。几个星期过去了，除了修改我的书[1]的校样以外，我几乎没写任何东西。除了学校的所有日常工作以外，我还得写作并执导一部戏，现在我正处在排练这部戏的奋战中。最糟糕的是，我不得不自己动手为演戏的男孩制作大多数的盔甲。在过去的几周中，我正面对着胶水和棕色纸张，经受着难以言表的痛苦。我还要为巴沙教堂绘制一个烟箱。我非常鲁莽地承担了为它涂上金色的任务，我想我再也不会尝试这个工作了。我患上了重感冒，不得不一边忍受着疾病的痛苦，一边修改校样。我想我的书一月初就可以问世。戈兰茨想把书叫作《一个穷困潦倒者的自白》，我反对使用这

1. 指《巴黎伦敦落魄记》。

个书名，以至于我没有对这个书名做出回应，但如果他觉得使用这个书名很重要，我会放过它的。

还有，我有一个不成熟的打算。下周六沙德勒的威尔斯剧团将上演《麦克白》[1]。如果他们有白天的演出，你愿意去看吗？我非常欣赏《麦克白》，过一会儿我上楼看看能不能找到沙德勒的威尔斯剧团的演出节目单，查一查白天有没有这部戏的演出。如果有的话，我也许会早一些出发，因为星期六没有很多事情要处理。如果没有日场演出，或许我会看晚上的演出，但这有些困难，因为这意味着这天晚上我必须在伦敦过夜。

我刚刚看到了节目单，上面说星期六有《麦克白》的日场演出，具体时间是 11 月 26 日下午两点半，地点是老维克剧院。那非常方便，与其他剧院相比简直可以说是近在咫尺。请你一定告诉我你可以来，并且告诉我我们在哪儿会面。老维克剧院在滑铁卢路上，在河的南边不远的地方。

直到再次收到你的信，再见！

爱你的

埃里克

1.《麦克白》是威廉·莎士比亚的“四大悲剧”之一，又译《麦克佩斯》。

致伦纳德·摩尔

密德塞克斯郡 海斯镇

教堂路 霍桑大厦

星期六 [1932 年 11 月 19 日]

亲爱的摩尔先生：

非常感谢您的来信。昨天我已经把上面带有出版商疑问的校样寄出去了。我做了一点儿改动，并增加了一两处脚注。我认为没有必要“增印”。另一份校样我会尽快寄给您。

至于笔名，我在旅行时经常使用“P.S. 波顿”，但是如果您认为这个笔名不合适，下面这三个名字怎么样：

肯尼斯·麦勒斯

乔治·奥威尔

H. 刘易斯·奥尔维斯?

我本人更喜欢“乔治·奥威尔”。

我不敢保证在夏天以前写完另外那本书[1]。如果我不教书的话，那个时候我可以完成。在生活中我不能安下心来做任何事情，尤其是现阶段我实在忙得不可开交。我要编导一部校园剧。我不仅要写剧本，还必须负责所有的排练工作。最糟糕的是我还要亲自制作大部分的服装。结果是：我几乎没有一点空闲时间。

---

1. 指《缅甸岁月》。

我很高兴什么时候能够出来看望您和摩尔夫人。从这儿我很容易就能到杰拉德的十字路口。但是很不巧，我忘了您的家庭住址。或许您可以告诉我？我可以在某个星期天的下午去看您，比如，12 月 4 日的那个星期天怎么样？那时候您在不在家？

您忠诚的

埃里克 · A. 布莱尔

又及：

关于书名，《一个洗碗工的自白》还可以吗？我觉得“洗碗工”比“穷困潦倒者”要好。但是如果您和 G[1] 先生认为现在这个书名最有利于销售的目的，那还是继续使用这个书名更好。

1. 指维克多 · 戈兰茨。

致埃莉诺 · 贾克斯

密德塞克斯郡 海斯镇
教堂路 霍桑大厦
星期三 [1932 年 11 月 30 日]

我最亲爱的埃莉诺：

如果我有时间，我早就写信给你了。我要告诉你我多么希望再次见到你。我要问问你什么时候能够再出来。如果天气尚可，在某个星期天到农村去看看怎么样？我们可以来一次远足，然后在一个小酒店吃点午饭，这样好吗？当一个人没有钱的时候，伦敦实在太令人感觉压抑了。这个星期天我不能去，因为我要到杰拉德的十字路口看一些人[1]。或许其他时间可以，请你通知我。

我在一种噩梦中生活着——教学工作、指导孩子们在戏中的角色、制作服装、踢足球。当然，无法写作任何东西。借给我《尤利西斯》的朋友最后又把书拿回去了，如果我能够挤出时间，哪天我会进城去把它要回来。如果我进城，我会事先通知你。要是你也在伦敦的某个地方，我们可以聚在一起去喝杯茶。什么时候把那份手稿[2]寄给我，但不用急，连同你从《新政治家与民族》上剪下来的信[3]。我喜欢了解敌人说的所有的内容。

---

1. 指伦纳德 · 摩尔和他的妻子。
2. 指《牢房》。
3. 西奥多 · 法埃夫的信发表在《新政治家与民族》上。

我多么希望你能在这儿！不管发生什么，你一定要在伦敦找个工作，这样我们就可以经常见面了。下个学期我的经济状况会好一些。我多么盼望假期，虽然我恐怕不会有很多时间……

爱你的

埃里克

致埃莉诺·贾克斯

密德塞克斯郡 海斯镇

教堂路 霍桑大厦

星期二 [1932 年 12 月 13 日]

最亲爱的埃莉诺：

收到了你最近的一封信。谢谢！我没有一点儿时间用来写作。我希望你的一切都好。你还在卖长袜吗？你的顾客都还规矩吗？就在昨天我还在特拉法加广场，因为我不得不去伦敦，但去得实在太急了，我来不及写信通知你。除了你在罗汉普顿的那个地址以外，我不知道你的其他地址，否则我们或许可以见面的。真遗憾。

18 日的这个星期天你能跟我出来吗？比如，如果你能够买张票从帕丁顿走到尤克斯桥，并且及时通知我，我可以在海斯加入，我们可以到尤克斯桥好好散散步，在丹海姆或者其他什么地方吃午饭。我几乎对农村一无所知，但我们可以查地图，我想这也可以对付了。还有，我伦敦的一个朋友晚些时候要来，和他待在一起的还有一个据说是令人激动的老人。这位老人为了验证《登山宝训》[1]，一直过着漂泊无定的生活。他说，如果这位老人在我离开之前到达，我就可以去看他。我说我还要带个朋友。这样如果时间合适，我们就在某个晚上一起去那儿。无论如何我都会在我离开伦敦之前安排你们见上一面。我想我大约 22 日离开。你什么时候过来？或许我们可以一起旅行。告诉我你的消息、你的计划、

1.《登山宝训》是耶稣在山上对其门徒的训示，内容属于基督教的基本教义。

你的地址（如果有变化的话）。我不能再写下去了，否则就会耽误了这趟邮车。

爱你的

埃里克

又及：

谢谢你寄来的《新政治家与民族》上的信。我想这种攻击太软弱了，根本不值得回击。

致伦纳德·摩尔

萨福克郡 南沃尔德镇

高街 36 号

星期五 [1932 年 12 月 23 日]

亲爱的摩尔先生：

非常感谢您寄来的新书样本[1]，我刚刚收到。我认为版式非常漂亮。他们显示了非同寻常的智慧，使这本书看起来显得很长。封面上的“图书协会推荐书籍”是什么意思？

我想是不是可以寄一本给《阿代尔非》以方便他们写书评？他们认识我，我有时给他们写东西，所以我希望他们会为它刊登一个评价较好的书评。

预祝您圣诞快乐！请把我最美好的祝愿带给摩尔夫人。浪费了我大量时间的那部可怜的校园剧最后演得不错，从现在起一直到下月 18 日，我是有时间的。我希望自己能够利用这段时间对这部大部头的小说[2]进行切中肯綮的润色，好拿去给您提提意见。

您忠诚的

埃里克·A. 布莱尔

1. 指《巴黎伦敦落魄记》的样书。

2. 指《缅甸岁月》。

1933 年

致伦纳德·摩尔

密德塞克斯郡 海斯镇
教堂路 霍桑大厦
1933 年 2 月 1 日

亲爱的摩尔先生：

随信寄去刊登在 1 月 31 日《泰晤士报》上的一封极其势利的读者来信。我猜想您肯定注意过这篇文章。如果不对它做出回应，那么它的危害太大了。我还随信寄去我已经发出的还击的信。如果您有时间，我希望您能让我知道我做出的应对是否正确。

星期六的时候，我抱着能找到您的一线希望，向您办公室打了一个电话，但他们说您出去了。我想知道假如您已经花时间看了我的小说的话，对于小说的前 100 页，您感觉如何？我清楚，就小说现在的情况来讲，如果从文学的观点出发进行考察，小说是令人担忧的。但我想知道的是，假如对它进行适当的润色，删掉啰嗦的地方，使其更加紧凑，它能否成为那种人们喜欢阅读的东西？我想这部书是关于缅甸的，而几乎没有什么小说把故事发生的地点安排在缅甸。这有可能补偿小说在故事情节上的欠缺（我觉得书中的大部分内容恐怕都是平铺直叙）。以后将要出现一起谋杀案和一起自杀事件，但这些在书中只处于一个从属地位。

您忠诚的
埃里克·A. 布莱尔

致《泰晤士报》编辑[1]

阁下：

您主持的栏目《文学增刊》在1月12日发表了一封M.赫伯特·鲍森蒂撰写的攻击我的《巴黎伦敦落魄记》一书真实性的信[2]，此信我已拜读。针对书中描写的巴黎一家宾馆客房的肮脏情况，M.鲍森蒂说：

“作为一个有40年旅馆业经营管理经验的人，我感到很震惊，我以最强烈的方式指出，作者所陈述的事实是不存在的。像他描述的这样令人作呕的环境出现在宾馆这种地方是令人难以置信的。在雅致的大宾馆中，厨房必须是清洁的，工作必须井井有条、干干净净地完成，不然的话就别干。我敢断定，这样的厨房比私人家庭中的厨房还要干净。”

M.鲍森蒂似乎没有意识到说这种话大大地偏离正题了。我书中的一些段落并不是从整体上对巴黎的宾馆进行指责，只是指责某家特定的宾馆。并且，由于M.鲍森蒂并不知道这家宾馆究竟是哪一家，他无法对我叙述的真实性进行核实。因此我要说，尽管他有40年的经验，我在这件事上可以拿出的证据恐怕会比他的更有价值。

M.鲍森蒂补充说，宾馆的厨房不可能脏得那么严重，因为“一般地说”它通常是允许顾客检查的。我不知道检查究竟“一般”到什么程度，但我非常了解在我们住的宾馆的确有一些地方不可能允许任何顾客去看，否则它就没有留住它的顾客的希望。M.鲍森蒂还误引了书中的话。

---

1. 奥威尔的信发表于1933年2月11日的《泰晤士报》。

2.M.赫伯特·鲍森蒂（M.Humbert Postsenti）的信发表于1933年1月31日的《泰晤士报》。

他说我“发誓”只要活着就绝对不再到巴黎的饭店吃一顿饭。我没说过任何类似的话。我确实说过的是：我再也不到“雅致”的饭店享用饭菜了——这些饭店为了使饭菜在外观上看起来更雅致，总是用满是汗水的粗笨的手去弄“造型”！

顺便说一句，M. 鲍森蒂似乎认为我是把法国饭店作为英国饭店的对立面，因此对法国饭店表现出“爱国主义”的敌意。事实远非如此。我写到巴黎的宾馆和饭店，因为我对它们有过直接的感受。我丝毫不希望让别人感到，在厨房的肮脏程度这件事情上，法国比起其他任何国家都差。

您忠实的

乔治·奥威尔

致埃莉诺·贾克斯

密德塞克斯郡 海斯镇
教堂路 霍桑大厦
星期日[1933 年 2 月 26 日]

最亲爱的埃莉诺：

再次听到你的消息，知道你的身体很健康，我非常高兴。很遗憾，为那位时装设计师做助手的工作不了了之了。我非常希望你能找到适合你的工作。假如你真的要到城里来，一定别忘了告诉我。我患上了重感冒，我想这是我这个冬天头一次患感冒，但它一点儿也没少让我烦恼。丹尼斯真不错，他还想着写信给《泰晤士报》为我辩护，他们花时间印刷了我的答辩信。我还被《特许旅馆业主公报》批评，但我想他们实在不值得答复。我想我应该让我的经纪人在这个学期末的时候拿到我的小说的第二个 100 页。另一本书被处理给哈珀们[1]了——我是指它在美国的版权——我想他们是一些很好打交道的人。

是的，我见到了那位漂泊无定的老头儿，他的确很有趣。在我看来，他的哲学似乎是佛学多于基督教教义。他所有的东西都是关于做出努力的徒劳和达到内心和平的必要。换言之，就是涅槃。但是，当我说了一些反对卡莱尔（老头儿跟卡莱尔一样，是苏格兰人）的话的时候，老头儿很快从涅槃中飞了回来。很显然，尘世中的一些东西还是在他身上留下了一鳞半爪。他有一句充满智慧的话深深地打动了我。他说，他从不劝说任何其他的人像他一样四处漂泊，因为每一个人都要设计出适合他

1. 指哈珀兄弟（Harper & Brothers）出版公司。

自己的方式赎罪。这正暗合了印度的一种说法：有 84000 种（也许是 84000000 种）方法赎罪。我想诅咒的方法肯定是两倍于此。我刚刚读了一本书，书名叫《詹姆斯 · 乔伊斯和普通读者》。这是一部有缺陷的拙劣作品，我读过之后的印象是，詹姆斯 · 乔伊斯[1]是一个跟华尔波尔、普里斯特利[2]同一水平的作家。还有厄普顿 · 辛克莱[3]的自传——虽然看似荒谬，但却很有趣。我在我的花园中开垦了一块面积很大的土地，但是仍有很多事情要做，最难的是寻找时间。我希望下个周末你能到城里来，因为我在学期的中间有连续两到三天的空闲时间。

非常爱你的

埃里克

1. 詹姆斯 · 乔伊斯（James Joyce，1882—1941），爱尔兰作家、诗人，后现代文学的奠基者之一，其作品及“意识流”思想对世界文坛影响巨大。其代表作为短篇小说集《都柏林人》、自传体小说《青年艺术家的画像》及长篇小说《尤利西斯》等。

2. 约翰·波因顿·普里斯特利（John Boynton Priestley，1894—1984），英国小说家、剧作家和社会评论家。生于约克郡的一个教师家庭，第一次世界大战期间曾在陆军服役，后入剑桥大学学习英国文学、现代史和政治。1923 年到伦敦后开始进入创作的黄金时期。其小说代表作有《好伙伴》《天使街》《荒漠夜半》及《让人们歌唱》等，剧作包括《危险的角落》《金链花丛林》和《我们结婚的时候》等。

3. 厄普顿·辛克莱（Upton Sinclair，1878—1968），美国现实主义小说家。“社会丑事揭发派”（muckraker）作家。1906 年发表《屠宰场》，描写大企业对工人的压榨和芝加哥屠宰场的不卫生情况，引起人们对肉类加工质量的愤怒，导致制定了食品卫生检查法。后以反法西斯英雄兰尼 · 巴德为主人公创作了总题为《世界的终点》的 11 部系列长篇小说，其中《龙齿》（1942）获得普利策小说奖。

致布兰达·索克尔德（节选）

密德塞克斯郡 海斯镇

教堂路 霍桑大厦

星期五夜 [1933 年 3 月 10 日？[1]]

原谅我这么长时间没有给你写信。我还是同往常一样被淹没在工作中。在写作的间隙，我试着开垦我的后花园。

你的朋友中还有崇拜萧伯纳的吗？告诉他们萧伯纳一直是一个教友派教徒；在 80 年代[2]，在不断为自己无赖似的行为寻找玄奥理由的过程中，萧伯纳挥霍掉了他或许曾经有过的天才；面对莎士比亚，他被一种强烈的自卑感折磨着；他是一个吹毛求疵的人，一个文雅的吹毛求疵的人，萨缪尔·巴特勒正渴望解救他。还有，萧伯纳最好的作品是他早期的一两部小说和一两篇评论。这些评论都是他为哈里斯[3]编辑时期的《星期六评论》所写的。从那时开始，他写的东西越来越差，只剩下唯一一项功能：安慰向往成为大学问家的胖女人。他以某种方式诋毁易卜生[4]，这肯定让这位可怜的老人死不瞑目。他还从斯摩莱特那里剽窃情节写进《皮格马利翁》[5]，然后又在某些地方写文章说斯摩莱特的东西缺少可读性。

---

1. 原文中"10"后面有问号，应该是作者加的，表明布莱尔对于是否为 10 日不很确定。经核实，1933 年 3 月 10 日的确是星期五，10 日应该没有问题。

2. 指 19 世纪 80 年代。

3. 弗兰克·哈里斯（Frank Harris，1856—1931），加拿大作家，《我的生活和爱情》的作者。

4. 亨利克·易卜生（Henric Ibsen，1828—1906），挪威剧作家，欧洲近代现实主义戏剧的杰出代表。主要作品包括《玩偶之家》《人民公敌》和《海达·嘉布乐》等。

5.《皮格马利翁》，又译《卖花女》，萧伯纳戏剧的代表作之一，创作于 1913 年。

致埃莉诺·贾克斯

密德塞克斯郡 海斯镇
教堂路 霍桑大厦
星期四 [1933 年 5 月 25 日]

我是在不知道你究竟在什么地方的情况下给你写这封信的。我打算把信寄到你在罗汉普顿的地址，希望他们必要时能够转寄给你。等你再次进城的时候，请你一定设法出现在我身边。天气是那么的可爱，到农村的某个地方来一次郊游，该是一件多么惬意的事儿。如果你星期六或星期天不行，我可以在其他时间找个借口出来。或者最差，我们可以在城里见个面，一起待上一个下午。8 月份你打算干些什么？我不知道那时我是否在南沃尔德。如果我父母把他们的房子出租了，我就不在那儿了。在这个学期末，我可能离开这个地方，会到尤克斯桥的另一个非常相似的学校去，那个学校离这儿很近。如果你要进城，并且能和我见面，请尽快写信通知我。

爱你的
埃里克

致布兰达·索克尔德（节选）

密德塞克斯郡 海斯镇
教堂路 霍桑大厦
星期六 [1933 年 6 月？日[1]]

昨天我把我三分之二的小说草稿寄给了你。我应该更早一点寄给你，但这段时间书稿一直在我的经纪人手中。他对这部小说非常感兴趣，感兴趣的程度超过了我。你不要认为当他读完之后我还要做大的修改，因为对我来说，当我写作的时候几乎每一段都经过了一遍又一遍的重写。我真希望我是那些能够用大约四天时间把一部小说浏览一遍的人。这里没有什么新闻。我非常忙，忍受着酷暑，为花园中的东西劳作。如果这种该诅咒的天气再不改变的话，我花园里的东西都快要干死了。在其他的东西中间，我还栽了一棵南瓜。显然南瓜比起葫芦来更需要悉心的照料。除了一些报纸杂志以外，我几乎什么都没有读，而所有这些报纸杂志都让我觉得很压抑。你看过《新英国人周报》吗？它是社会信用组织[2]最重要的报纸。作为一种金融体制，社会信用或许有些道理，但是它的倡导者们似乎觉得它是他们可以兵不血刃地剥夺统治阶级的主要武器，这显然只是一种幻觉。几年前，当一些人反映我们的文明正在被毁灭的时候，我还觉得挺好笑的；但是现在，假如要我设想一下十年内可能发生的恐怖的事，那只会让我充满厌倦。不管发生的事，由于革命或者饥荒引起的可怕的灾难，还是别的什么无所不包的托拉斯和福特汽车生产

---

1. 原稿 6 月后有问号，没有详细日期。

2. 社会信用运动，建立在克利福德·休·道格拉斯（Clifford Hugh Douglass，1879—1952）少校的思想之上，宣称可以通过金融体制的改革来得到财富。

线，所有的人都堕落为容易对付的雇佣劳动者。我们的生命完全掌握在银行家的手中，由阿斯特女士[1]们和朗达[2]女士们以及诸如此类的人组成的令人生畏的部落，在进步的名义下像魔鬼一样驱使着我们。你读过《尤利西斯》吗？对于现代社会中几乎司空见惯的那种可怕的绝望，这本书总结得比其他任何一本书都要好。你在艾略特的诗歌中也抓住了同样的事情，虽然这些诗歌不过刚刚触及。尽管如此，对于艾略特来说，他有某种轻蔑的“我告诉你这样”的暗示，因为作为被《教会时报》惯坏了的宝贝，他肯定会指出，如果面对光线不闭上我们的眼睛的话，所有这一切都不会发生。这个《教会时报》越来越让我讨厌了。即使看他们鞭挞罗马教徒也没有什么满足感，因为他们主要是通过降低自己的水平来达到这个目的。我听说《教会时报》的广告栏中全都是令人作呕的堕胎广告，我不知道这是不是真的。如果的确如此，那么对于这张长期追随伯特兰·罗素[3]、巴内斯[4]等进行控制生育宣传的报纸来说，这真是够恶心的。对了，你有没有看到巴内斯最近在议会的一个什么会议上的讲话。这个讲话是关于令人不愉快的下层阶级人数增加的问题的。他最近使用的短语是“社会问题阶级”，指的是所有那些收入低于某个特定标准的人。的确。你有时会忍不住觉得这些人是故意要这样做的。尽快给我写信。

1. 南茜·威切尔·阿斯特（Nancy Witcher Astor，1879—1964），阿斯顿子爵一世的夫人，出生在弗吉尼亚，英国下院的第一位女议员（1919—1945），倡导克制和妇女权利。

2. 玛格丽特·海格·托马斯（Margaret Haig Thomas，1883—1958），朗达女子爵二世，一位笃信性别平等的成功女商人。1928 年至 1958 年期间积极编辑她个人的独立周刊《时代与潮汐》。

3. 伯特兰·罗素（Bertrand Russell，1872—1970），英国哲学家、数学家、逻辑学家，是分析哲学的主要创始人和世界和平运动倡导者，曾获 1950 年诺贝尔和平奖。主要著作有《数学原理》（与 A.N. 怀特海德合著）、《哲学问题》和《数理哲学导论》等。

4. 厄内斯特·威廉·巴内斯（Ernest William Barnes，1874—1953），数学家和现代主义教徒，1924 年至 1953 年担任伯明翰教区的主教。他的主要作品包括《可以冒犯这样的信仰吗》和《科学理论与宗教》。

致埃莉诺·贾克斯

密德塞克斯郡 海斯镇
教堂路 霍桑大厦
1933 年 7 月 7 日

从上次我们在一起算起，似乎又已经过去很长时间了——事实上，我推算已经大约一个月了。这样“阳光灿烂”的天气简直要热死我了，我时不时地到南奥尔德的露天池塘中洗个澡去去暑气。考虑到这样严重的旱情，我的花园已经算搞得很好的了。我仅有的失败是青葱和宽豆，我想当然地认为这两种东西都是由于种得太晚的缘故。我种了大量的豌豆。我永远坚持着在种豌豆的地方先挖一条深沟的办法。我希望暑假中能在南沃尔德住上一个时期，但恐怕时间不会太长，因为下个学期我将去尤克斯桥的一个新学校，他们可能希望我在假期中做一段时间家庭教师，我盼望明年后能够摆脱令人生厌的教书匠生涯。如果可能，真希望假期中你会在南沃尔德，或许我们能像去年做过的一样到郊外去野餐。我还渴望着能再次去看大海。如果可以，一定要来南沃尔德，在 8 月的前两周中给我留出几天空闲时间。我想我大约在这个月的 28 日前后回家。这个学期末，我的小说也差不多写完了，但小说中的很多段落我并不喜欢，我会再拿出几个月的时间对它进行修改。

请写信告诉我你的计划。代我向我们的父母问好。

深深爱着你的
埃里克

致埃莉诺·贾克斯

密德塞克斯郡 海斯镇
教堂路 霍桑大厦
星期四 [1933 年 7 月 20 日]

最亲爱的埃莉诺：

如果你准备在南沃尔德度过暑假，请一定写信告诉我。我想，从本月 29 日到 8 月 18 日，我会一直在那儿。我非常想见到你。如果你准备到那儿，一定试着为我留几天空闲时间。如果我们能够一同洗海水浴，一同品茶，就像去年在沃维克海滨那样，那该多好。请一定通知我。这里的酷暑很可怕，但这对我的葫芦和南瓜十分有利，几乎可以看得见它们在长大。我们还有豌豆、宽豆刚刚发芽。可能是由于太旱，马铃薯长得较差。我已经写完了我的小说，但有些段落我挺讨厌，打算修改一下。他们说如果在今年年底某个时间完成就可以了。感谢上帝，在下一个工作中我有一点业余时间。我去这个学校看了看他们举行的一个发奖仪式，简直糟糕透了——学校的女生部（我不会和女生部发生任何关系——也许这样最好）竟然唱吉卜林《如果》[1] 的女性版。我听说还有《四十年进行曲》，也有一个女性版。假如我能掌握它，我情愿付出点儿什么。

1. 约瑟夫·拉迪亚德·吉卜林（Joseph Rudyard Kipling，1865—1936），英国小说家、诗人，出生于印度孟买。1907 年获得诺贝尔文学奖。代表作包括诗集《营房谣》（1892）、《七海》（1896），短篇小说集《生命的阻力》（1891）和动物故事《丛林之书》（亦称《丛林故事》，1894—1895），以及长篇小说有《消失的光芒》（1891）和《基姆》（1901）等。《如果》是他写给 12 岁儿子的一首励志诗，曾被谱成歌曲，并被译成近 30 种语言，许多青少年常以此勉励自己，激发自己学习和进取的动力。

这段时间我一直沉浸在《D.H. 劳伦斯[1]书信选》的阅读中，其中的一些信非常有趣。劳伦斯的作品有一个优点，我无法说得很清楚，但是在他作品的每一个地方，字里行间都让阅读者感到一种非同寻常的新鲜、生动，所以，即使赋予我这种功力，我自己也永远不可能写得像他一样出色。我觉得他抓住了那些被其他人所疏忽的东西。我还可以用另一种方式稍做解释，就是说，他使我联想到青铜时代的某个人。我想 8 月份的《阿代尔非》上有我的一些东西——一首诗[2]，但这首诗你是否读过，我没有把握。

再见吧，尽快给我写信！

挚爱你的

埃里克

1. 戴维·赫伯特·劳伦斯（David Herbert Lawrence，1885—1930），通称 D.H. 劳伦斯，20 世纪英国小说家、批评家、诗人和画家，代表作有《儿子与情人》《虹》《恋爱中的女人》和《查泰莱夫人的情人》等。

2. 这一期的《阿代尔非》上没有奥威尔的诗，只有他的一篇书评，是评爱尼德·斯达基（Enid Starkie）的《波德莱尔》的。

致伦纳德·摩尔

密德塞克斯郡 尤克斯桥镇

海尔菲尔德路 弗雷斯学院

星期日 [1933 年 11 月 26 日]

亲爱的摩尔先生：

下一个星期天的下午——我想那天可能是 2 日吧，您能设法一定在家里等我吗？前些时候我写完了我的小说，正在我能够找到的空闲时间里打印。我想至少在星期六以前我就可以打完。

对于小说我很不满意，但它差不多符合您看到的标准。当然，我已经做了所有必要的修改，并且尽我所能使之更加精练。在我留了较多的页边空白的情况下，书稿会有大约 375 页，85000 字左右。这对我来说似乎是太长了。如果出版商说它还必须压缩，我知道需要压缩哪些地方，但我宁愿不去压缩，因为我已不愿意再看到书稿。我希望下一部小说会更好一些。

您忠诚的

埃里克·A. 布莱尔

致布兰达·索克尔德（节选）

密德塞克斯郡 尤克斯桥镇

海尔菲尔德路 弗雷斯学院

星期日 [1933 年 12 月 10 日？[1]]

非常感谢你这么快就回了信。我也好不容易有了一点空闲时间，正好坐下来回答你信中提出的问题。我很高兴你最后终于拿到了《尤利西斯》并且读完了它。当你问“你认为乔伊斯在追求什么”的时候，我想说这样几件事儿，虽然这不是短短几句话就可以说清楚的。人们首先必须选择小说通常试图做什么。我觉得第一（我是按照难度来排列顺序的，最容易的事儿放在第一位）要展示或者说创造人物。其次是设计某种模式或者构思一些好的故事。再次，如果小说家力所能及的话，写得好一点儿，让它可以独立于主题之外，就像存在于真空中一样。当然，这样排列非常肤浅，但你可以从与一幅画的类比中看出我的意思——虽然我对画并不十分内行。画画时第一步也是先确定主题（比如要画一幅肖像画），然后画一幅由线、面等构成的草图。最后，如果这位画家的确非常优秀的话，他可以通过画的质感给人带来最大限度的愉悦。我认为《尤利西斯》跟这个过程极其接近。但奇怪的、同时也是极富创造性的事在于：它没有像其他绝大多数小说那样把传统的、高度简单化的生活作为小说的材料，乔伊斯试图或多或少地按照生活的本来面目再现生活。当然，他并不是想单纯照搬生活。当《尤利西斯》刚出版时，人们

1. 原文中“10”后面有问号，应该是作者加的，表明布莱尔对于是否为 10 日不很确定。经核实，1933 年 12 月 10 日的确是星期日，10 日应该没有问题。

从各个方面听说，这部书是在尝试毫无遗漏地描写某个人生活中的一天，等等，等等。事实并非如此，假如某人想完整地描写一天，甚至只有一个小时，只会成为大量文字的拼凑，非常不成样子，或许没有一点意思，在任何情况下都无法传达一点生活印记。艺术意味着选择，而在《尤利西斯》里的选择跟在《傲慢与偏见》里的一样多，不过乔伊斯是在努力按照生活中而不是小说中的样子选择和描写事件和思想。当然，他并不总是成功，但所选定的道路足以显示他心中多么富有非凡的创造力。我第一次见到《尤利西斯》只是一本书评中选载的几个奇怪的章节，我碰巧看到了格蒂·麦克道威尔的那段内心独白。

对我来说，用“放松心情”丛书的风格写作这整整一段似乎是在开笨拙的玩笑；但我现在明白了，除了用非常长的篇幅，你不可能用别的方式把一个女孩的内心世界描绘得那么好。你肯定记得他在描写“她少女的宝藏”和“沉醉于梦想”等段落时，那种惊人的、带有自恋欲的笔触使用得多么出色。作者同样赋予了布鲁姆、布鲁姆夫人和迪达勒斯他们自己独特的风格，以表现他们内心不同的特性。迪达勒斯的风格受到伊丽莎白时代和中世纪文学的浸染，布鲁姆夫人以一种杂乱无章的方式思考，而布鲁姆在考虑问题时使用一系列短语，当然，在妓院的时候除外，因为那时他醉得连现实与想象的区别都弄不清楚了。但也有一些风格的变化让人摸不着头脑，我看不出变化是因为什么原因。比如，经常有对报纸文体的滑稽的模仿，还有的模仿荷马史诗或者古代爱尔兰文学，尽管其中有一些内容非常令人发笑。举一个例子：你一定还记得当那个醉汉帕迪·狄格纳姆死了的时候，乔伊斯忽然插入模仿荷马史诗的风格写成的一段话：“他的脚在蕨丛中飞跑，狄格纳姆长着粗大的眉毛。”医学院的学生在酒吧里聊天的那一个场景，似乎是对从远古直到现在的不同时期的英国文学的一系列模仿。其中的原因，我也没看明白，除非是因为一个婴儿被生“出来”，而风格的变化代表着初生。这在我看来也是挺笨拙的。除了使用不同的风格代表不同的思维方式以外，恰如其分的观察也十分了不起。例如葬礼这一幕就是如此，把布鲁姆心中一闪而过的思想与小说里在葬礼中出现的一个普通人物的闪念做个比较，就可以得出这个结论。至于这个构思本身，就我个人的理解，我并不觉得它的全部都是成功的。其情节显然是建立在《奥德赛》的基础之上的。你可以从它们中间变化出很多东西。布鲁姆是奥德修斯，迪达勒斯是特勒马科斯，布鲁姆夫人是佩涅洛佩（完全是因为求婚者的缘故），格蒂·麦克道威尔是瑙西卡，那个叫蓓拉的——我想不起来她姓什么了——开妓院的人，名字是从瑟西来的，等等。我相信乔伊斯把《尤利西斯》建立在《奥德赛》之上的主意是为了说明：“那儿是青铜时代——这儿是我们。”尽管如此，这部书对我来说，的确还是被撕成了很多毫无联系或者关系不大的小事件。

请原谅我用这么长的篇幅给你讲这些，如果不喜欢你可以随时停下来不再读下去。至于人物本身，我认为迪达勒斯和布鲁姆两个都是作者特定时期的自画像——一个是乔伊斯二十二岁的时候，另一个就是乔伊斯三十八岁的时候。我觉得布鲁姆更有意思，也更成功。迪达勒斯是一个心灵被对任何事物都不信任的态度所毒害的普通的现代知识分子。另一方面，布鲁姆是普通人中的一个异常敏感的怪人，并且我认为这部书特殊的重要性，就在于有教养的人跟普通人在现代英语文学中很少相遇。理智地讲，本身就是普通人的作家常常在小说中描写普通人，虽然他们可能有作为小说家的巨大的才能（如特罗洛普[1]）；另一种情况

1. 安东尼·特罗洛普（Anthony Trollope，1815—1882），英国作家，与狄更斯同时代，但我国读者对他远不如对狄更斯熟悉。其代表作为《巴彻斯特养老院》和《巴彻斯特大教堂》等。

是有教养的人“从外部”描写普通人（如塞缪尔·巴特勒[1]、奥尔德斯·赫胥黎[2]）。如果你读几乎任何一位知识分子类型的作家的文字，你就怎么也猜不到他也能烂醉如泥，也能在街上“打鸡”，也会试图去骗别人半个克朗，等等。我认为，布鲁姆的价值就在于他是由站在离他有一定距离的远处、从另一个角度来观察他的作家所塑造的一个没有多少教养的普通人的形象。这并不是说布鲁姆是一个绝对典型的普通人，比如他的性格上也带有一些知识分子式的好奇，在跟他酒吧里的朋友在一起的时候，这一点有时会使他陷入十分尴尬的境地。还有他的性无能，也不是普通人都有的。其他一些次要人物在我看来并不突出，但是酒吧里的一些对话非常出色。

谈到《尤利西斯》的写作，实际上它不是对每个人都有价值。但是我个人认为，有的段落写得实在太精彩了。如果你读这部小说，你会看到乔伊斯不断地提醒自己，不要用一种诗韵打断流畅的叙述，而凡是他做到的时候，就产生了那些我所喜欢的段落。布鲁姆回忆起和妻子结婚前在悬崖边做爱的时间那一段；他看到一个男人在令人作呕的排骨店吃饭，然后思想忽然转到市场上的肉摊的那一段；在妓院里已经变成男人的蓓拉告诉布鲁姆他妻子就要做出对他不忠的事情那一段……从我读过之后，这些段落就一直在我的脑海里萦绕。如果把这些内容大声读出来，你会看到其中的大部分是诗。在我看来，书中令人叫绝的一件事儿，

---

1. 塞缪尔·巴特勒（Samuel Butler，1835—1902），英国作家，生前并未获得很高的评价，反而在死后声名日隆。萧伯纳读过他死后的第二年出版的长篇小说《众生之路》(The Way of All Flesh）后，盛赞巴特勒是“十九世纪后半期英国最伟大的作家”。在1998年兰登书屋评选的百部最佳英文小说中，《众生之路》排名第12位，远远高出海明威、戈尔丁等诺贝尔奖得主的代表作。

2. 奥尔德斯·伦纳德·赫胥黎（Aldous Leonard Huxley，1894—1963），也常被译为“阿道司·赫胥黎”，多产英国作家，T.H.赫胥黎之孙，1937年移居洛杉矶直至逝世。其小说被称为“概念小说”，代表作《美丽新世界》(Brave New World）是一部发表于1932年的反乌托邦作品，或许对奥威尔创作《一九八四》有一定的影响，与后者及俄罗斯作家叶甫盖尼·扎米亚京的《我们》并称为世界三大反乌托邦小说。

就是由诗描述什么人的一条狗的思想——你肯定记得，它是这样开头的：“我诅咒中的诅咒，七天中的每一天。”对我来说，这些地方似乎发明了一种新的有韵律的表达方式。

我的信又长又带有说教意味，请你原谅。事实上，这是因为乔伊斯太让我感兴趣了，所以我只要一开始谈论他就没办法停下来。我想，书单上列的书你大部分已经读完了。你问我是否真的被《列王》[1]打动了。我不想完整地再看第二遍，但是我想，这部书还是达到了作者写作的目的，并且书中有的段落写得还是相当不错的。对于滑铁卢战役的描绘非常出色，尽管从历史上看，这有点儿误导读者，但是假如没有读完书的剩余部分，你就难以体会这种效果。当然有的章节写得说不出来的枯燥。除了一本关于柏拉图和亚里士多德的令人生厌的小册子以外，最近我什么都没有读，而这本书并没有告诉你关于柏拉图和亚里士多德更多的事情。同往常一样，我的工作非常繁忙，希望下周可以稍微轻松一些，因为那时我们现在正进行的考试就可以结束了。

我的小说在经纪人手里。他似乎对这部小说抱有很大希望，但是私下里讲，我一看到它就够了。它长得惊人，几乎是普里斯特利作品的规格。我希望我的下一部作品可以好一些，但是我想在假期到来之前我不太可能开始动手写作。

如果你想读乔伊斯的早期作品《青年艺术家的画像》，你可以到史密斯家里去借。这部书里有很多精彩篇章，男孩走过宗教讲坛的那一段用一种让人稍稍反感的风格写出来，这样处理非常聪明。但是与《尤利西斯》相比，《青年艺术家的画像》只是一部平庸的作品。

我会很快再给你写信。

你忠诚的

埃里克·A. 布莱尔

1.《列王》（The Dynasts，又译《列王记》《列王传》《群王》等），是英国作家托马斯·哈代在20世纪初创作的长篇史诗剧。

致伦纳德·摩尔

萨福克郡 尤克斯桥医疗站

星期二 [1933 年 12 月 28 日]

亲爱的摩尔先生：

我的身体逐渐强壮起来[1]。非常感谢好心的您多次上门来问候，也谢谢您寄来的圣诞贺卡。我希望在一两天里就可以好起来，或许会在一个星期内离开这个地方，然后就直接回南沃尔德。当然，在下学期初的时候，我恐怕不能回到学校了，所以我打算放弃这个教书的工作，至少是暂时放弃。这个决定似乎显得有些草率，但我的家人希望我这么做，因为他们非常关心我的健康。当然，在大约 6 个月以后，如果我没有同时开始教书的工作，我就可以写我的下一部小说[2]了。我相信，下一部小说会跟现在在出版商手中的这部[3]一样一切顺利。我想到 1 月中旬以前，我们可能不会再联系了。请代我向摩尔夫人问好。

您忠诚的

埃里克·A. 布莱尔

1.12 月份的时候，奥威尔患上了严重的肺病。

2. 指《牧师的女儿》。

3. 指《缅甸岁月》。

1934 年

致伦纳德·摩尔

萨福克郡 南沃尔德镇

高街36号

星期六 [1934年1月27日]

亲爱的摩尔先生：

来信收悉，十分感谢。海尼曼的事情[1]令人失望——尽管如此，如果我们可以找到其他人来出版这部书，那也没什么关系。我去看萨克斯顿先生[2]的最佳时间是星期三下午四点半。我不知道他的办公室在什么地方——或许您可以告诉我？在去拜访他之前，我会到您办公室去，但对我说下午两点以前动身去伦敦不太容易。

我刚刚收到我对您说过的那本法语书[3]，我会在星期三之前读完它，并且告诉您这书怎么样。它非常短。我草草翻阅以后对它的印象是：这似乎是一部具有反唯物主义、反马克思主义倾向的书。

我身体比以前强壮多了，并且开始做一些工作。顺便说一句，我知道卡普出版公司还欠我一些版税[4]——恐怕不太多，但也有20到30

1. 海尼曼（Heinemann）是一家英国出版公司。在第一次读过《缅甸岁月》之后，戈兰茨担心这部书涉嫌诽谤，拒绝出版。摩尔随后试着把手稿寄送给了其他出版商。不知道究竟有多少家出版公司拒绝了它，但至少海尼曼和卡普两家公司不同意出版。

2. 欧根·萨克斯顿（Eugene Saxton），纽约哈珀兄弟出版公司的总编辑。最初他曾因《缅甸岁月》涉嫌诽谤，要求对其进行部分修改，但最终还是没经过修改就出版了。

3. 指《人类尊严的哲学观概要》，保罗·吉尔（Paul Gille）著。这部书是由吉列的姨母尼尔莉·亚当（Nellie Adam）推荐给奥威尔的。尼尔莉·亚当，生于里姆赞，后移居巴黎。她的丈夫曾将此书翻译成了世界语。奥威尔在1934年1月16日给摩尔写过一封信，探讨过在英国出版该书英文译本的前景，但他最终并没有翻译这部书。

4. 指《巴黎伦敦落魄记》的版税。

镑。在某个时间，比如下个月，您觉得有没有可能从他们那儿要回这笔钱？现在还不要紧，但一两个月以后或许我经济上会非常困难。

您忠诚的

埃里克·A. 布莱尔

致伦纳德·摩尔

萨福克郡 南沃尔德镇
高街 36 号
星期四 [1934 年 2 月 8 日]

亲爱的摩尔先生：

非常感谢您的来信，也非常感谢您为我的小说付出的努力。等我一从您那儿拿到手稿，就会立即仔细检查一遍，并且对一些不妥当的地方做必要的修改。我想这项工作最多不会超过三到四天时间。至于萨克斯顿先生对小说最后两到三页提出的意见，我很抱歉地说，我一点也不同意他的观点。如果他一定要坚持自己的意见，我会删掉这些内容；否则，我就维持原状。我不喜欢在还没有把主要人物安排好的时候就让小说结束。尽管如此，我还是准备删除那些侵犯性的语言。

您忠诚的
埃里克·A. 布莱尔

致伦纳德·摩尔

萨福克郡 南沃尔德镇

高街 36 号

1934 年 4 月 11 日

亲爱的摩尔先生：

谢谢您的来信……我猜想您还没有从哈珀出版公司得到消息，不知道他们的律师是不是觉得那部小说[1]还可以。这儿的天气糟糕透了，所有的东西都非常落后。我的小说[2]进展的情况还不错，在这段时间里，我写的比我期望的要多，尽管迄今为止还非常粗糙。

您忠诚的

埃里克·A. 布莱尔

1. 指《缅甸岁月》。

2. 指《牧师的女儿》。

致布兰达·索克尔德（节选）

萨福克郡 南沃尔德镇

高街 36 号

1934 年 7 月 27 日

你最近的一封信我已收到，非常感谢。我多么希望你在这儿！我非常悲惨，为了那本糟透了的破书[1]呕心沥血，却没有取得任何进展，我对已经写完的部分望而生厌。如果你还想过好日子，那么千万不要开始写小说。

昨天我和埃迪博士一起吃了午饭。他有一点儿女权主义色彩，认为如果一个女人完全被作为男人养大，那么她也可以扔石头，也可以进行推理，也可以保守秘密，等等。他告诉我，我的反女权主义观点可能是由于受萨德[2]主义的影响。我从来没有读过萨德侯爵的小说——这些书非常难找。你还记得和塞西尔·伯恩斯[3]一起喝茶的那个下午吗？我问伯恩斯那个《马尔布鲁克留下了战争》[4]是什么曲调，他说跟《因为他是个快乐的好小伙儿》是一个曲调。前几天晚上我经过“王之头”酒吧，

1. 指《牧师的女儿》。

2. 德·萨德侯爵（Marquis De Sade，1740—1984），法国作家，军人出身，著有长篇小说《美德的厄运》和《朱莉埃特》等，以性倒错色情描写著称，曾因变态性虐待行为多次受到监禁。Sadism（施虐狂）这个词即起源于他的姓氏。

3. 塞西尔·迪莱尔·伯恩斯（Cecil Delisle Burns，1879—1942），英国无神论者和世俗主义作家。此时他在格拉斯哥大学任教，其代表作是《经验的地平线与对民主的挑战》。

4. 又名《无敌马尔布鲁克的死亡与埋葬》，法国流行最广泛的民歌之一。它是以西班牙王位继承战争中最血腥的战役为背景的，讲述了马尔布鲁克的妻子等待丈夫从战斗中归来，等到的却是丈夫战死被埋葬了的消息，据说夜莺每天在他的坟墓上唱歌。

结果水牛兄弟会[1]正在那秘密聚会，唱的就是这首歌，或者，说实在的，其实是边喝酒边用这个歌漱口。歌词听上去好像是这样的：

“因——为你是一个穷——光蛋，
因为你是一个穷——光蛋，
因为你是穷——光——蛋，
我们也是菜——鸟！”

我就忍不住再一次想到，歌曲的曲子都有着多么非同寻常的历程啊。试想一下：我忘记了是在哪一场战役中，拿破仑也在吹着口哨哼唱着跟水牛兄弟会正在唱的同样的曲子，这太让人不可思议了！我突然想到，其实一个思想也跟一首曲子一样，流传经年，保持不变，变化的是不同的人和事。这个想法我很感兴趣，我一定要把它用在我的下一部书里[2]。

我发现维肯德的宗教法庭史[3]很有意思。它是罗马天主教的历史，读过这部书以后，你就可以肯定你已经掌握了——姑且这样说吧——每一件细小的事实。在 18 世纪中叶以后，宗教法庭中就不再使用酷刑，但直到 1816 年以后，教皇才正式废除了刑罚。

我们的刺猬找不到了，我知道它迟早会这样。它偶尔在午夜出来（我想，它是在隔壁花园的某个地方），但我再也没有见过它。

1.“水牛兄弟会”全称为“皇家远古水牛兄弟会”（Royal Antediluvian Order of Buffaloes），相传于 1822 年在伦敦成立，因其成立之地为竖琴酒馆（Harp Tavern），所以其成员被称为“嗜酒的水牛”（Boozy Buffs）。该兄弟会禁谈政治、宗教和赌博话题，最大的特点是秘密行善，故又叫“穷人共济会”（Poor Man's Freemasons）。

2. 这段歌词后来被奥威尔用在了小说《让叶兰继续飘扬》中。这里的歌词采用的是顾奎的译文（详见《叶兰在空中飞舞》第 72 页，云南人民出版社，2014 年版）。梁煜译《叶兰常随清风飞》（哈尔滨出版社，2017 年版）对这段歌词未进行逐字逐句的翻译，只是做了这样的注释：“模糊不清、没意义的醉话。”

3. 指《宗教裁判所：对教会强制权的批判及历史研究》，作者为埃尔夫盖·维肯德（Elphege Vacandard，1849—1927）。

要不是我整天忙得要命，我在这儿准会疯的。十月份我要去伦敦，但我想我不大可能在此之前成行，因为我怀疑在这个时间之前我无法把小说写完。我不知道另一部小说[1]什么时候能够出版——我还没有拿到样书，并且也不知道在我对校样做了修改后，小说的篇幅究竟会有多长。

尽快写信告诉我你在做什么。

你忠诚的

E.A. 布莱尔

1. 指《缅甸岁月》。

致布兰达·索克尔德（节选）

萨福克郡 南沃尔德镇

高街 36 号

星期二夜 [1934 年 8 月底？[1]]

非常感谢你的来信，一完成我正在写的这部书[2]，我就会立即去城里。那时候可能已经到了十月底了。我还没有决定我住在什么地方，但在贫民窟里有一些住处可以供我选择。一个朋友写信告诉我说，贝斯沃特有一套房子，其中的几间准备出租。但在贝斯沃特会让我窒息的。

没有，我还从没有看到过陆龟喝水。达尔文提到，当他还在加拉帕戈斯群岛的时候，那里生活在仙人掌丛中以及高地上的巨型陆龟经常会下来，到山谷中去找水喝。每年中它们总会有一到两次需要喝水，这趟旅行需要它们一两天时间。它们把水储存在腹部一种类似袋子的东西里。

我最近一直在读拉夫卡迪奥·赫恩[3]写的几本书——内容枯燥无味，他把日本人奉若神明，而对我来说，日本人似乎是一群乏味的人。我还试着去读里德尔勋爵在和平会议期间及其后的日记[4]，简直是废话连篇！

1. 问号是作者所加，原文作“late August”。如果“星期二”无误的话，这封信的写作时间很可能是 8 月 28 日。

2. 指《牧师的女儿》。

3. 拉夫卡迪奥·赫恩（Lafcadio Hearne，1850—1904），日本名字叫小泉八云（Koizumi Yakumo），日籍美国新闻记者、小说家、散文作家，出生于希腊，1894 年加入日本国籍。

4. 指《里德尔勋爵的和平会议及其后的私人日记（1918—1923）》（*Lord Riddell's Intimate Diary of the Peace Conference and After 1918–1923*）。乔治·里德尔（George Riddell，1865—1934，又译“乔治·芮德尔”）著，由维克多·戈兰茨有限公司 1934 年在伦敦出版。美国版也于同年在纽约出版。

真是好笑，就有那么一些人经历了最有趣的事情，然后却不能说出任何有关这些经历的话来呢！

上星期我去看了一场电影，我觉得杰克·胡尔伯特在《喂，杰克！》[1]中的表演非常具有娱乐性。在那之前一到两周，有一部非常好的犯罪电影，尽管我爸爸坚持在事先就把故事情节告诉了我，这使我的观赏效果大打折扣。这星期放映《永恒的少女》[2]，当然我还没有去看，但一看到这部电影的海报，我就全身发热，想起来我年轻时候的事情——我想当《永恒的少女》以书的形式出版的时候，我才只有二十三岁左右吧——我几乎被感动得流下眼泪。我想任何一位高寿的批评家在年轻的时候都有几段故事，但他们总是希望把这些事秘而不宣。19世纪时，有很多批评家评价霍尔·凯恩[3]或者玛丽·克莱丽[4]过于多愁善感，尽管从我读过的她的一本书来看，她的水平还不是太差。那本书叫作《希尔玛》，书中有一个风流成性的牧师。尽管如此，这个人却一点也不坏。顺便问一句，你是不是把那些斯威夫特的书还给我了？你别介意，我只是担心把这些书弄丢了。是的，《备尝艰辛》的确有点“过时”了——但是这样说很不全面——因为值得读的任何东西往往都是“过时”的。

现在我在这儿几乎没有朋友，原因是丹尼斯跟埃莉诺结婚了，并且丹尼斯去了新加坡，这使我一下子失去了两位好朋友。所有的事情都很糟糕。一看到正在印刷的那部关于缅甸的小说我就想吐，我真希望我已经重写了其中的大部分章节。只是那样会浪费大量的资金，还会延迟出版的时间。至于刚刚写完的这部小说，虽然书中也有一些比较优雅的

1.《喂，杰克！》是1934年由沃尔特·福德（Walter Forde）执导的一部英国喜剧电影，杰克·胡尔伯特（Jack Hulburt）在电影中扮演男一号杰克·庞森比（Jack Ponsonby）。

2. 这里所说的《永恒的少女》是一部英国影片，不是后来好莱坞推出的同名电影。

3. 霍尔·凯恩（Hall Caine，1853—1931），英国作家、编剧、诗人和评论家，代表作包括《替罪羊》《永恒之城》等。

4. 玛丽·克莱丽（Marie Corelli，1855—1924），英国小说家、剧作家，主要作品《撒旦的悲伤》《年轻的黛安娜》《撒旦日记》。下文中提及的《希尔玛》是克莱丽1887年的作品。

章节，但从整体来看它更是让我觉得恶心。我不知道这是怎么回事儿：我可以写一些非常好的章节，但不能把它们连缀在一起。我已经查明我有一首诗入选 1934 年最佳诗歌选。但是现在我知道了，今年像这样的所谓“最佳诗歌选集”有几十种。露丝·皮特[1]写信告诉我，她今年入选了四种类似的诗集，其中有一本叫作《二十首不朽的诗歌》。

我前几天洗澡的时候几乎被冻死。我出去散步，走到布罗兹河边，我本来没准备洗澡，但那时看到河水非常清澈，就忍不住脱掉衣服跳入水中。随后那个地方一下子来了五十多人。我没有注意到这些。他们中间有一个海岸警卫队队员，他要以光着身子洗澡为罪名起诉我。我只好装作在游泳，来来回回游了大半个小时，似乎乐此不疲。

你忠诚的

E.A. 布莱尔

1. 露丝·皮特（Ruth Pitter，1897—1992），英国诗人，第一次世界大战后不久就认识了奥威尔一家。其著作包括《地狱里的普西芬妮》和《鬼魂守望者》。奥威尔曾为这两部书写过书评，都发表在《阿代尔菲》上，时间分别为 1932 年 9 月和 1940 年 2 月。

致布兰达·索克尔德（节选）

萨福克郡 南沃尔德镇

高街 36 号

星期三夜 [1934 年 9 月初？[1]]

因为你抱怨我给你的信中充满沮丧情绪，我猜想我应该试着戴上密考伯先生[2]所谓的“欢笑的虚假面具”，但是我向你保证，就我最近所过的生活而言，这也是不容易做到的。我的小说[3]不仅没有进展，反而以最惊人的速度倒退。有整块整块的文字都太糟糕了，我真的不知道该怎么修改完善。并且为了增添我的其他“乐趣”，游乐场或者说游乐场的一部分又回来，设在电影院过去的那边的广场上，于是我每天都得伴着游乐场回环往复的音乐做事到深夜。你可能认为我是在用红色墨水给你写信，但实际上这是最近几天我挥洒的好几摊血汗啊！

这次我设法顺利地找到了一本属于我的《尤利西斯》。我更希望从未读过它。它给我带来一种自卑感。当我读到这样一本书，然后又回到自己的作品中时，我觉得自己像一个无能者，尽管已经学过一门发声课，可以把自己塑造成一个很好的低音或男中音，但是如果你仔细听，你还是能听到和过去一样的尖厉刺耳的噪声。

我还以 1 先令的价格买了一套 1851 年的周报，这个周报一点也不

1. 问号是作者所加，原文作“early September”。如果“星期三”无误的话，这封信的写作时间应该是 9 月 5 日。

2. 密考伯先生，即威尔金斯·密考伯（Wilkins Micawber），是英国小说家狄更斯的作品《大卫·科波菲尔》中的人物。密考伯多次破产，却总是显得很乐观，言谈滑稽、幽默，喜欢堆砌辞藻。

3. 指《牧师的女儿》。

乏味。除了其他事务，他们还开办了一家婚介所，与此相关的通信非常值得阅读。“弗洛拉，现年21岁，身材高挑，一头茂密的栗色头发，经常发出银铃般的笑声，做得一手好糕点。她想与一位20岁到30岁之间的职业绅士建立通信关系。留着红褐色络腮胡子、信奉英国国教的男士更合适。”我感兴趣的是，这些因为想通过婚介所找到结婚对象的人们显然已经在其他地方失败了很多次，但一旦他们在这份报纸上做了征婚广告，他们就能得到半打应征者。女人们对自己的描述充满溢美之词。我必须说，有些案例让我对这是追逐财富的伟大时代非常怀疑。你应该还记得《我们共同的朋友》中的一个极好的案例，在那里，双方都在做同样的闪躲。我最想让这部小说在九月底前完成，每一天都有所作为。我知道对于这么微不足道的后果大惊小怪听起来是愚蠢的，但我发现，任何类似改变住所这样的事情，都会在一周左右的时间里打乱我的工作。当我说我打算住在伦敦贫民窟的时候，我的意思并不是说要住在一个普通的公寓或诸如此类的地方，而只是说我不想住在一个尊贵体面的大套房里，因为那样的房子让我不舒服，而且还更贵。我相信我会留在伊斯灵顿。在伦敦，找不到没有家具的房间是令人恼火的，根据我的经验你做不到，当然你可以找到一个套间或者一种叫作小公寓的可怕的东西。这个时代让我感到恶心，以至于有时候我几乎被迫停在一个角落里，向天堂里的耶利米或者以斯拉或者其他人祈求诅咒——“让灾难降临到你们这些以色列人身上，因为和埃及人的通奸”等等。

刺猬不断地闯进屋子里来。昨天晚上，我们在浴室里发现了一只比橘子还小的小刺猬。我唯一能想到的是，它是某个其他刺猬的婴儿，虽然它已经完全成型——我的意思是，它身上长了刺。

再给我写信吧！你不知道当我看到你的一封信在等我的时候，我会有多么开心！

致伦纳德·摩尔

萨福克郡 南沃尔德镇

高街36号

1934年10月3日

亲爱的摩尔先生：

我马上就把小说《牧师的女儿》单独装在一个信封里寄给您。我会挂号邮寄，相信它可以安全到达。对这部小说，我觉得一点儿也不满意。它的思路很好，但我担心我已经糟蹋了它——尽管如此，就我现在的能力来看，它已经体现了我的最高水平。有一些章节我不太讨厌，但我觉得这些章节恐怕不能与其他部分融合为一个整体，而且还显得不太真实。或许您可以为这部书找到一个出版商。我将很有兴趣地等待着，希望听到您的审读者对这部书的意见，以及您打算试着把这部书交给哪位出版商。虽然我在第四章中描写学校时，利用了我所了解的这类学校里发生的事情，但他们仍可能提出这样的问题：对学校的描写纯属凭空虚构。

是的，当《缅甸岁月》的样书[1]到了以后，当然要保留一本。对了，我注意到我给您提到的那种诗选中，有一本里边选了我的一首诗，是乔纳森·卡普出版公司出版的。我想当我们给他看《缅甸岁月》的时候，或许这件事情值得提一提。但我不觉得这样做会对他决定出版这本书有什么帮助。

您忠诚的

埃里克·A. 布莱尔

1. 指《缅甸岁月》美国版，1934年10月25日由哈珀兄弟出版公司出版。后来，奥威尔对涉嫌诽谤的地方做了一点轻微的改动，于1935年6月24日由维克多·戈兰茨有限公司在伦敦出版。1944年5月，企鹅出版公司首次在英国出版了未经修改过的原本。

致伦纳德·摩尔

伦敦 NW3 汉普斯台德镇

池塘街 沃里克大厦 3 号

1934 年 11 月 14 日

亲爱的摩尔先生：

非常感谢您的来信。我希望您能读我手写的信，我的打字机忘在店[1]里了。

我知道那部书[2]有些麻烦。尽管如此，我还是急切地盼望它能够早日出版，因为这本书中有几个部分我还是相当满意的。我觉得假如戈兰茨先生希望对一些地方做某种程度的修改，我会努力去完成的。我愿意承认，关于学校的部分描写，就是被认为会引起人们怀疑的地方，的确有些夸张，但并没有夸张到像别人认为的那种程度。事实上，他们说“30 或 40 年前所有这些就被废除了”等，我听到这些觉得很好笑，因为人们常常听到某种急需消除的弊端“30 或 40 年前就被废除了”。至于这一部分，如果戈兰茨先生同意的话，做一点“低调处理”来满足他们的要求是可能的。尽管如此，我并不想用这些细节来打扰您。

至于诽谤的问题、粗话的问题，等等，这些都是非常非常小的小事，只需大笔轻轻一挥就可以矫正过来。但是在结构上，这部书的确有内在的缺陷。这一点，我已跟戈兰茨先生讨论过了。对这一问题，我想不出

1. 这里的店指的是一个叫作“爱书者之角”的书店，在汉普斯台德镇。奥威尔曾在 1934 年秋和整个 1935 年在这个书店工作。他还在一篇题为《记忆中的书店》的文章里描述过这个书店。

2. 指《牧师的女儿》，戈兰茨对一些段落中有涉嫌诽谤的内容十分担心。

任何可以解决的办法。在写这部书的时候，我已经意识到这一缺憾，但我猜测也许关系不大，因为我并不想写一部现实主义的小说，可惜人们偏偏认为它是。

我不知道您有没有可能安排我跟戈兰茨先生见一次面。我想，假如他可以为我留出这么多时间的话，我需要一个多小时才足以让我跟他讨论各种各样的问题。我并不特别在意是哪一天或者什么时间段，只要您提前一天通知我就行了，这样我好让书店的人知道。

我在《先驱论坛报》上看到一篇《缅甸岁月》的书评，但是写得不好——我不得不抱歉地这样说，尽管报纸上使用了表示有价值的大标题。

您忠诚的

埃里克·A. 布莱尔

1935 年

致伦纳德·摩尔

伦敦 NW3 汉普斯台德镇
池塘街 沃里克大厦 3 号
1935 年 1 月 22 日

亲爱的摩尔先生：

来信收到，非常感谢。自然，听到您为《牧师的女儿》谈了这么一个好价钱，我非常高兴。我想，这次他恐怕要赔钱了，是吧？当然，我们还是希望它可以创造佳绩。

我不知道您能不能说服他，让他在书的标题页上提一提《缅甸岁月》。就是说，加上一句与“与《缅甸岁月》同一作者”，或者换个其他说法。他可能不愿意这么做，因为《缅甸岁月》是在不正常的形势下出版的，并且不是由他首先出版的。如果可能，我希望《牧师的女儿》不至于和《缅甸岁月》一起不受重视。

您忠诚的
埃里克·A. 布莱尔

致布兰达·索克尔德（节选）

伦敦 NW3 汉普斯台德镇

南端路 1 号“爱书者之角”书店

1935 年 2 月 16 日

这是不是太让人生气了：我只能在我现在的房子里再住几个星期，然后就不得不搬走。

戈兰茨重新读过《缅甸岁月》后，就这本书写了一封热情洋溢的信，信上说他准备让他的律师重新全面地鉴别一下这部书，此后这位律师会就书中的疑点反复询问我。我希望他这次不会再像上次那样打报告反对出版这部书。你知道这些事情发生在一年之前，我不清楚究竟是什么使戈兰茨先生又改变了主意。或许别的出版商出版的一部关于印度的小说擦亮了他的眼睛，但我不记得今年有类似的小说出版。

里兹为你搞到了不少签名[1]，但现在我记不清楚把它们放在哪儿了，等我找到后我会送给你的。

我现在的生活非常忙碌。我的时间表是这样的：上午 7 点起床、穿衣服、洗漱、做早饭、吃早饭；8 点 45 分下去打开店门；我经常是让书店开到 9 点 45 分，然后回家收拾我的屋子，生起火来，等等；从上午 11 点到下午 1 点，我写一点东西，然后准备午饭、吃午饭；下午两点到 6 点 30 分，我一直待在店里；书店关门后，我回到家里准备我的晚饭，洗洗衣服，做完这些以后写作一个小时。除此之外，在每周的周末，当我累死累活地干了一周之后，等着我的活儿往往比工作日还要多。我

1. 在这个时候，布兰达·索克尔德正在搜集文学界人物的亲笔签名。

希望戈兰茨先生真的能够出版《缅甸岁月》，除了钱的因素以外（我的代理人已经跟他签订了一个对我非常有利的合同），它还可以填补在《牧师的女儿》和我正在写着的这部书[1]之间漫长的间歇。我希望这部作品能够成为一部艺术精品，而不付出艰苦的劳动是难以达到这个目的的。我母亲写信给我说她不会外出，这样我准备尽可能早地去南沃尔德度周末，但这得等到老板娘完全康复之后。

尽快写信给我。

1. 指《让叶兰继续飘扬》。

致布兰达·索克尔德（节选）

伦敦 NW3 汉普斯台德镇

国会山 77 号[1]

1935 年 3 月 7 日

谢谢你的信。我还要告诉你，我昨晚给你寄出了一本《牧师的女儿》。你会看到除了我所满意的第一部分的第三章以外，这部书都是垃圾。我不知道你会不会喜欢它。广告上说这部小说下周一才出版[2]，所以，在这个时间之前，不要让这部书被任何人看到，好吗？我的代理人为《缅甸岁月》签了一个很好的合同，我非常高兴。

不，我并不是全靠吃不需要烹调的食物。我买了一种名叫“单身汉烹调炉”的小煤气炉，可以用它烤、煮、炸。事实上我的烹调技术还不坏。我已经用它给一个有三个人参加的午餐会提供过菜肴，而且所有的菜都是我自己做的。当然，我没有很多时间，因为除了整整一个下午以外，我上午还要到店里待上大约一个小时，而且想在一天的时间里挤出 3 个小时用来进行写作，那简直就是一场战斗。前几天的一个晚上，我到大戏院去看了所谓“黑鸟”——演员全是由黑人组成的——的演出，简直没劲透了。我想假如我有时间的话，我还不如去看乔治·罗贝扮演的福斯塔夫，我猜测假如他可以把自己的个性隐匿得好一点，他能扮演好这

1. 奥威尔在这个地址租住了罗莎琳德·奥伯迈耶夫人的一所套房中一间带家具的房间。当时罗莎琳德·奥伯迈耶夫人在伦敦大学学院攻读心理学学位，此时她把奥威尔介绍给同样在伦敦大学学院攻读心理学硕士学位的爱琳·奥肖纳西相识。爱琳·奥肖纳西后来成为奥威尔的妻子。

2.《牧师的女儿》的伦敦版 1935 年 3 月 11 日由维克多·戈兰茨有限公司出版，纽约版由哈珀兄弟出版公司于 1936 年 8 月 17 日出版。

个角色。我买了一套好得出奇的象棋棋子——是木头的，不是象牙的，但非常漂亮，非常大，非常有分量，并且白色棋子是用真正的黄杨木制作的。前几天我的老板在一家批发商行购书，他们给他看这套象棋棋子，他就花了 1 个先令把棋子买了下来。我们准备把象棋放到橱窗里，标价 10 先令，但我以 7 先令或者 6 先令买了下来。我应该说，它们现在已经值 30 个先令了。前些天我到一所房子里去取我们买的书。那所房子是由一个老妇人和她已经中年的女儿共同居住的。我正要去看这些书的时候，保险丝忽然烧断了，房子里的电灯都不亮了。这两位妇女无依无靠，所以，我就理所当然地拿出了你经常可以从我身上看到的骑士风度。我手拿蜡烛在椽子中间爬上爬下，花了半个小时才把保险丝修好。我正在读一大批过去的《评判标准》——一份我平时看不到的报纸。我要说完全是由于目中无人，它对我看到的所有作品都进行攻击。

T.S. 艾略特从英国国教高教会派的观点出发，对仆人问题提出这样的看法："我不喜欢这种情况（如：只拥有一个仆人）……我更喜欢雇用一大群仆人，每个人承担的劳动量很轻，并且可以享有受教育的权利，他们的家庭中充满着虔诚的气氛。""虔诚的气氛"让我想到了臭虫的气味，就像萨缪尔·巴特勒谈到的在哪儿听到的破锣似的教堂钟声。现在我必须停下来了。如果你也在读《牧师的女儿》，我就把你当成身处异地的合作者了。

致雷纳·海本斯托尔

伦敦 NW 肯提斯镇

劳福德路 50 号

星期二夜 [1935 年 9 月? 日[1]]

亲爱的雷纳[2]：

谢谢你的来信。我希望装在信封里的手稿正是你想得到的。从你龙飞凤舞的手迹（无疑你会称之为书法）来推断，在学校里你肯定上过书法课程；而其结果是：你的信中凡是手写的部分，我几乎一个字也看不懂，所以，或许我无法准确地按照你的吩咐去做了。

从我的连载小说[3]中，我受到了难以言表的折磨。4 天前我就动笔了，而现在才刚刚写到第二页。这是因为我坐下来写完了还很不错的第一部分以后，一数字数才发现，已经有大约 3500 字，而不是规定的 2000 字。当然，这意味着我不得不全部重写。我并不认为我有当连载小说作家的才能。我更高兴回到我原来在写的旧小说[4]中，因为它可以给我提供足够的自由发挥的空间。我还有三章以及一个尾声要写，然后我打算花两个月的时间增添一些无关紧要的东西。

即使我的连载小说没有任何结果（我当然不希望这样），我也准备

1. 此处的问号是作者加的，表明当时作者对写信的具体日子不能确定。

2. 雷纳·海本斯托尔（Rayner Heppenstall，1911—1981），英国小说家、诗人、记者、批评家，作品包括《光天化日》和《四个失踪者》等。1935 年春，通过理查德·里兹介绍，雷纳·海本斯托尔认识了奥威尔。同年夏，海本斯托尔、奥威尔和米切尔·塞耶斯（Michael Sayers）这三个经常为《阿代尔菲》提供短篇小说和批评类稿件的人开始共同租用一套房子。

3. 不清楚这个连载小说指的是哪一篇。

4. 指《让叶兰继续飘扬》。

下个月离开一个星期。我的家人想让我回去和他们一起过上一段时间。假若我能让我姐姐开车把我送回去（因为我觉得我开不了她现在的车），我会顺便去看看你。我对那一带不是很熟悉，但我想如果那边跟我们这边差别不大的话，在一年中的这个时间里应该是很美丽的。

在这封信之前，我已经在晚上先期寄出了一封信，信中有一些急件。我希望它能够及时到你手上，但它是寄到你原来的地址上的。你应该让编辑和其他人知道你的地址已经变了。

你所说的关于爱琳[1]的话都是对的。她是我最近很长时间以来遇到的最好的一个姑娘。尽管如此，现在，唉！我几乎买不起一个戒指，除非到乌尔沃斯廉价商品连锁店去买。米切尔[2]昨天晚上在这儿，还有埃德纳，我们三个一起吃了晚饭。他告诉我他的一个短篇小说被选进一本即将出版的短篇小说选了。但他似乎还有什么事情，却又欲言又止。星期天的时候，我到了菲尔兹家，在那儿遇到了布兰达[3]和毛利斯[4]，这些人你肯定还记得，他们说现在在共产党员中疯传劳伦斯上校[5]并没有真的死去，而只是上演了一出假死的闹剧，现在他正在阿比西尼亚[6]呢。我不喜欢劳伦斯，但我希望这个故事是真的。

回头见。请代我向莫里[7]一家问好。

你的

埃里克·A. 布莱尔

---

1. 爱琳·毛德·奥肖纳西（Eileen Maud O'Shaughnessy），劳伦斯·埃里克·奥肖纳西（Laurence Eric O'Shaughnessy，海关收税员）和玛丽·奥肖纳西（Marie O'Shaughnessy）的女儿，1905 年 9 月 25 日出生于南谢尔德，并在桑德兰中学接受了教育。后来她进入牛津大学圣休学院学习英语，1927 年获得学位。此后她做过老师，当过一位女商人的秘书，还在伦敦一家报纸做过记者。1934 年 9 月，她到伦敦大学学院开始了为期两年的学业，为获得心理学硕士学位刻苦攻读。

2. 米切尔·塞耶斯。

3. 布兰达·佛斯通（Brenda Verstone）。

4. 毛利斯·奥顿（Maurice Oughton）。

5. 托马斯·爱德华·劳伦斯（Thomas Edward Lawrence，1888—1935），即“阿拉伯的劳伦斯”，是英国考古学家、军官、外交家和作家。他因在第一次世界大战期间西奈和巴勒斯坦战役及反对奥斯曼帝国的阿拉伯起义中的杰出表现而赢得“阿拉伯的劳伦斯”称号。

6. 埃塞俄比亚的旧称。

7. 此时雷纳·海本斯托尔正在诺福克郡，跟约翰·米德尔顿·莫里在一起。

致雷纳·海本斯托尔

伦敦 NW 肯提斯镇

劳福德路 50 号

1935 年 10 月 5 日

亲爱的雷纳：

只是“在对不安的呻吟抱怨与哭泣后”[1]，我才设法找出你的东西。我确信它们是对的。大约一周前，我把我该死的连载分期安排和提纲发了出去，但别指望他们会接受它。这超出了我的理解范围。如果他们的确接受了，我准备休假三周，可能去一个比如离伦敦不远的地方，在那里我可以呼吸到乡村的空气，每周一次进城购物。即便他们不接受，无论如何我也打算休一周假，利用这个时间去南沃尔德看你。我很高兴我又回到了我的小说[2]的写作中，目前进展顺利。我有一段时间没有见过米切尔[3]了。爱琳说她现在还不想跟我结婚（当然，以前我告诉你的关于爱琳的那些事情就不要再提了），因为她现在还不赚钱，不想成为我的累赘。尽管如此，在她完成了在伦敦大学学院的课程[4]后，她会安排结婚的事情的。此外，明年我也许会赚更多的钱。另一方面，到了明年，或许我们都被吹到天上去了。前几天我去格林尼治[5]了，在欣赏河景时我突发奇想：如果船只在航行过程中突然有几枚炸弹在水中爆炸会发

1. 引号里的内容原为法语，引号为作者所加，引文出处或典故不详。

2. 指《让叶兰继续飘扬》。

3. 指米切尔·塞耶斯。

4. 按照计划，爱琳·奥肖纳西的心理学课程会在 1936 年 6 月结束。

5. 格林尼治，位于英国伦敦东南部，为本初子午线所经之地，原来设有英国皇家格林尼治天文台。

生怎样的奇观。昨晚我和杰弗里·高尔勒[1]一起去看了葛丽泰·嘉宝主演的电影《安娜·卡列尼娜》——还不错。

请代我向莫里一家问好。

你的

埃里克

---

1. 杰弗里·高尔勒（Geoffrey Gorer，1905—1985），社会人类学家、作家，主要著作包括《非洲舞蹈》和《萨德侯爵的革命理想》等。在20世纪30年代初期，他以一个文学爱好者的身份就《缅甸岁月》给奥威尔写了一封信，后来他们见了面，自此以后，杰弗里·高尔勒成为奥威尔终生的朋友。

1936 年

致西里尔·康诺利

兰开夏郡 威根镇

沃灵顿小巷

1936 年 2 月 14 日

亲爱的康诺利[1]：

在离开伦敦之前，我错过了再次见到你的机会，非常遗憾。你的小说[2]什么时候出版？我准备给阿比利斯克出版公司[3]写封信（顺便问一下，你可不可以告诉我他们的地址呢？），向他们要一本。我希望我可以给这本书写个书评，或者让别人写个书评，然后发表在《新英国人周报》上。这并不是要对你的书极力进行吹捧，只是希望会对你有一点帮助。或许还可以在《阿代尔非》上发个评论，但我没有把握，因为他们现在不打算发表所有与政治无关的文章。

我正跟一个煤矿工人家庭住在一起。在这个家庭中，有有活干的，也有已经失业的。[4]在兰开夏郡待上一个月以后，我准备接着去约克郡或者达勒姆郡，也可能两个都去，主要是为了看看那儿的矿井和采煤工。

1. 西里尔·康诺利（Cyril Connolly，1903—1974），作家和批评家，1940 年—1950 年之间担任《地平线》杂志编辑，奥威尔的同龄人。从在伊顿公学开始，直到奥威尔去世，他一直是奥威尔很好的朋友。在同丹尼斯·金－法罗（Denys King-Farlow）的一次谈话中，奥威尔说："当我从缅甸回来的时候，假如没有康诺利的帮助，我不会想到我会开始一个作家的生活。"

2. 指小说《石潭》。

3. 阿比利斯克出版公司是在两次世界大战之间由杰克·克汉恩（Jack Kahane）在巴黎创办的。他为欧洲大陆市场出版英文书籍，有很多书籍被英语书籍出版商认为风险太大、不易操作，其中有些书后来被称作"古典精品"。

4. 维克多·戈兰茨委托奥威尔写一部关于英格兰北部工人阶级生活状况的书。这部书后来以《通向威根码头之路》的书名出版。

迄今为止，我还从没有下过一个矿井，不过这次我准备下去看看。这里的矿工都是些非常善良、非常热心的人，他们认为帮助我是理所当然的事。我很愿意在一个相当长的时间里留在北部，或许半年，或许一年，只是这样意味着我不得不离开我的姑娘。还有，几个月后，我还要回去写一些东西。刚才我在修改我的小说[1]校样，我猜想大约一个月以后这部小说就可以问世了；否则，我只能什么也不做，因为在这种环境中你不可能做其他事情。

我想你可能已经听说阿兰·克拉顿－布劳克妻子的遭遇[2]了。那真是一件倒霉透顶的事，他还有两个很小的孩子呢。

你的

埃里克·A. 布莱尔

又及：

我在这个地址的时间大约还有3个星期，再往后我就不住在这儿了。

1. 指《让叶兰继续飘扬》。

2. 阿兰·克拉顿－布劳克（Alan Clutton-Brock，1904—1976），艺术批评家，也是奥威尔在伊顿公学时的同龄人。他的妻子在一次车祸中不幸离世。

致理查德·里兹

兰开夏郡 威根镇

达灵顿大街

1936年2月29日

亲爱的理查德：

你们的介绍对我来说价值太大了，尤其是米德[1]的介绍，他让我去和威根的一位朋友取得联系，而这个人正是我希望接触的。我来这儿已经将近3个星期了，并且搜集了大量的记录和统计数字，虽然通过什么方式使用它们我还没有决定。我跟矿工们住在一起，我的所有时间几乎都用在跟矿工打交道上，当然，其中大多数是失业的。国家失业工人运动组织的小伙子们对我有很大帮助，非常乐于回答我的问题，并且带我参观他们的房子。我连续不断地遇到房子问题，因为我要到北方的很多地方，因此不断地寻找住处成了一个迫切需要解决的问题。在约克郡，迄今为止我只下过一个矿井，但我希望能够多下几个。对我来说，这是一个被蹂躏的经历，即使仅仅想一想那种一直爬到煤层（我那次下井，爬到煤层大约要走一英里；而在一些矿井要爬多达3英里的距离）的劳作，你都会觉得非常可怕。在矿井里爬上一英里的路已经足以让我的腿在4天时间里不听使唤了，而这只是一个煤矿工人的工作开始和结束时的劳作，他们真正的工作是在这两次爬行之间。你下过矿井吗？我想再看到煤的时候，我肯定会跟从前的感觉大不一样。

1. 弗兰克·米德（Frank Meade），木工联合会的一位官员。他还负责《阿代尔菲》驻曼彻斯特办事处的工作，同时担任《北部劳动者之声》（独立社会党的机关报）的商务经理。

这星期早些时候，我曾经去看过戴纳[1]一家和加里特[2]。不巧的是到那儿以后我病了，因而精神不是最好，但我仍然跟加里特进行了几次长谈，并且被他深深地打动了。如果我在那之前知道他就是“麦特·娄”，我肯定早就设法去见他了。星期一我会离开威根，然后在谢菲尔德待上几个晚上，见一见你的朋友布朗[3]，接着去利兹我姐姐[4]那里住上一两天，直到我可以在巴恩斯利的矿工家中找到住处。我还想到达勒姆郡去过一段时间，但我不能断定——问题是旅行所需要的费用太昂贵了。在3月底我将回到城里，那时我或许能够重新写点东西了——在这种环境中，写东西当然是根本不可能的。我在赫特福德郡靠近巴尔多克的沃灵顿找到了一处房子，我还没有看到它，但我相信为我挑选这处房子的朋友。并且这房子十分便宜，每星期只要7先令6便士。我的小说[5]再过几个星期就该出来了。在这最后一刻，常常会有关于诽谤的烦恼。不幸的是，这次是在已经出了校样以后。我不得不对整整一章内容进行修改，而这几乎毁了这一章。这种所谓的诽谤几乎成了我的噩梦——现在似乎存在着这么一群无赖似的律师，敲诈出版商已经成为他们一项稳定的收入。鉴于这种情况，我希望能够在美国出版我的小说，美国版将是完整的和未被肢解过的。

米德说你稍晚一些时候要到北方来，但我希望这是在我回到家里以后。一定要把你的行踪告诉我。

你的

埃里克·A.布莱尔

1. 约翰·斯坦利·戴纳(John Stanley Deiner)，电话工程师，他的住在利物浦的妻子梅(May)与约翰·米德尔顿·莫里以及《阿代尔菲》有联系。

2. 乔治·加里特（George Garrett），利物浦人，水手、马克思主义者、短篇小说作家、批评家，有时他也用“麦特·娄”（Matt Low）的名字为米德尔顿·莫里的《阿代尔菲》撰稿。

3. 威廉·布朗(William Brown)，谢菲尔德的失业工人，曾为《阿代尔菲》撰写宣传马克思主义的文章。

4. 玛杰丽·弗朗西斯·达金（Marjorie Frances Dakin，1898—1946），奥威尔的姐姐，原名玛杰丽·弗朗西斯·布莱尔（Marjorie Frances Blair），嫁给了汉弗莱·达金（Humphrey Dakin）——国家储备委员会的一个文职人员。

5. 指《让叶兰继续飘扬》。

致杰克·考曼

约克郡 巴恩斯利
艾格尼丝排屋
1936 年 3 月 17 日

亲爱的考曼[1]：

你愿意为阿莱克·布朗所写的《中产阶级的命运》[2] 一书写一个简短的书评吗？或者让其他人代你做这个工作？我免费得到了这本书，它看起来还不是多么乏味，不管怎么说都是一个重要的题目，我想我应该写几行文字，在“《阿代尔菲》论坛”[3] 上介绍一下这本书。

我已经在这个粗俗的地带过了大约两个月了，度过了一段有趣的时光，为我的下一本书[4] 搜集了大量的素材。但是，我承认我开始渴望回到南方，并且着手重新开始写作，因为在我现在所处的环境中，写作是不可能的。我的下一部小说[5] 应该快要出版了。其实一个月以前就该出来了，只是由于最后一刻受到诽谤的威胁，我被迫对它进行了修改，而这几乎完全糟蹋了这部小说。特别让我难以接受的是，指出让我修改的人是那个叫作诺尔曼·柯林斯[6] 的目中无人的年轻人。你想不想要一

1. 杰克·考曼（Jack Common，1903—1968），作家和编辑，出身于工人阶级家庭。曾在一个律师事务所工作，还在一家鞋店当过机械修理工。在 1930 年 6 月，他到《阿代尔菲》去做杂志推销员，1932 年成为助理编辑，1935 年—1936 年升任编辑。他出版的作品包括《舰队街的自由》《七位逃亡者》（担任编辑并撰写了前言）《吉达的运气》和《埃姆波塞德》。当他还是《阿代尔菲》的年轻投稿者的时候就认识了奥威尔。从那以后，他们就一直是朋友。

2. 奥威尔为阿莱克·布朗（Alec Brown）的《中产阶级的命运》一书所写的书评发表在《阿代尔菲》1936 年 5 月号上。

3. “《阿代尔菲》论坛”被该刊编辑描述为一个“发表简短的时事评论，允许表达与我们的观点截然相反的意见”的栏目。

4. 指《通向威根码头之路》。

5. 指《让叶兰继续飘扬》。

6. 诺尔曼·柯林斯（Norman Collins，1907—1982），英国作家、广播电视制作人、独立电视网（ITV）创办人之一，代表作为《伦敦属于我》（1945 年由戈兰茨出版公司在英国出版；1947 年由哈珀出版公司以《洋琴街》的书名在美国出版）和《大主教的孩子们》（1951 年分别由英国的戈兰茨公司和美国的迪尤尔公司出版）。1934 年—1941 年在维克多·戈兰茨有限公司任副主席；1946 年—1947 年担任英国广播公司明星访谈节目的监制。

本送给《阿代尔非》？如果你认为你可以找人为这本书写个书评，我会让他们邮寄一本给你；假如你没有时间那就算了。我到《阿代尔非》在曼彻斯特的办事处[1]去过，并且在那儿见了希根保特姆[2]几次，还见到了米德，我和米德在一起待了几天。如果你不知道，我可以告诉你，在《阿代尔非》的追随者中间存在着可怕的争斗和阴谋，当我见到你的时候我会详细告诉你有关情况。关于此事，我给里兹写信的时候只字未提，因为我担心他的感情会受到伤害。

国际形势怎么样？会发生战争吗？我想不会，因为假如政府有一点理智，他们就应该知道国民并不是他们的支持者。我认为事情会在很不容易的情况下保持现状，战争会在晚些时候爆发，可能是今年秋天。你是不是注意到了战争往往在秋天爆发？这或许是因为欧洲大陆国家的政府在秋收之前不愿意发动战争。

星期天的时候我听了莫斯利[3]在这里的演说。真让人恶心，像莫斯利这种人竟然如此轻易地争取和迷惑了工人阶级听众。这里还发生了由黑衫党制造的暴力事件，像往常一样，我会把这件事情写给《泰晤士报》，但是他们刊登这封信的希望有多大呢？[4]

我会在上述地址待到25日，然后就回伦敦。如果可能我准备坐船。希望回去后能在某个时间见到你。

你的

埃里克·A. 布莱尔

1. 应米德尔顿·莫里在北方的一批崇拜者的主动要求，《阿代尔非》的印刷和发行机构移交给设在曼彻斯特的北方工人印刷协会。在20世纪30年代初期，莫里不知不觉地成了独立工党的分裂部分的领袖，名为“社会主义党”——一个昙花一现的政党。当奥威尔受戈兰茨委派去撰写描写北部工人阶级生活状况的书的时候，理查德·里兹给他介绍了一些熟人，这些人都是《阿代尔非》的支持者。

2. 塞姆·希根保特姆（Sam Higenbottam），《阿代尔非》的一位投稿者，社会主义者，介绍木工联合会历史的《我们协会的历史》一书的作者。

3. 奥斯瓦尔德·莫斯利（Oswald Mosley，1896—1980），英国极右翼政治家，相继作为保守党和独立工党的代表担任英国国会下院议员。1931年他脱离工党，组成“新党”。后来他成为希特勒的狂热支持者，并把他的政党改组为法西斯主义者的英国联盟。他的追随者以“黑衫党党员”闻名于世。

4. 奥威尔写了这封信，但《泰晤士报》没有发表。

致杰克·考曼

赫特福德郡 北巴尔多克镇

沃灵顿村商店

1936 年 4 月 3 日

亲爱的考曼：

我收到了一封没有署名的信，从里边的内容推测，我可以肯定那信是你写的。昨天我搬到了我信上所写的这个新地方，自己觉得非常舒服。所以我想，假如房东不提高我房租的话，我应该可以专心致志地干点儿事了。当然，这里绝对不是你所认为的豪华，只是说作为每周只收 7 先令 6 便士房租而又距离伦敦那么近的住处，这个房子是够好的了。花园应该是很好的，但显然它已经很久无人过问了，现在荒芜得非常可怕。我想，恐怕至少需要一年时间才能把它收拾好。你可以从地址上看出来，这里过去是村子里的商店，从前经营这家商店的农户在一个示范农场的竞争下已经破产了，商店也早已不办了。这个村子在最近一年时间里没有一个商店，所以我正在考虑把商店重新开起来。当然，在一个只有 50 到 100 个住户的小村子里，开商店的利润肯定是不会很大的，特别是还有售货大篷车，每周几次地从巴尔多克（在 3 英里以外）来村里卖东西；但我认为我不会真的赔钱，因为无论如何我也要支付房租。目前我正在试探别人的反应，一方面是为了确保房东不会在我买了新的猪肉切割机之后提高房租，另一方面在村民中做个调查，看看在这里重新开个商店他们是不是高兴。对于一个“综合”商店如何跟批发商打交道，我还有点不很清楚，但我猜想它总不至于比一个书店更复杂吧。如果我真的开了商店，我也只能在声明的特定时间里售货，以免干扰我的写作。

一旦我可以安顿下来并且可以重新工作了，我就会尽快给布朗的新书[1]写个书评寄给你。我还要给《阿代尔非》寄一本我的小说[2]。这部小说几个星期后才能出来，而假如没有关于诽谤的那件乱七八糟的事，这书也许一个月以前就已经出来了。在约克郡和兰开夏郡，我为我的新书[3]搜集了许多有趣的材料，我希望这些材料都能够派上用场。很遗憾我没有见到里兹，我想他现在正在兰开夏郡的某个地方。我观察到在《阿代尔非》的追随者之间长期存在着矛盾，矛盾似乎围绕着两个中心。一个是北方各个地区的人疯狂地嫉妒来自其他地方的人，并且他们的嫉妒是以这样的形式表现出来的：他们宣称他们的地区是唯一真正受压迫的地区，其他地方的人根本不知道贫穷是什么意思。除此之外，谢菲尔德的布朗还告诉我，在"《阿代尔非》夏季学校"里，属于中产阶级的人们与真正的工人阶级群众根本无法相处，他和其他工人阶级群众被另外一些人脸上摆出的恩赐似的神气所激怒。这里有多少是事实，我也说不清……

在我对房子和花园完成了某种程度的整理并且重新开始写作以后，我会过去看望你——我肯定会事先给你通知的。这是一次越野旅行，但如果是骑自行车去就不算远了。现在你是不是已经有了汽车或者别的什么交通工具？如果你什么时候能够到我这里来，我会非常高兴的。

你的

埃里克·A. 布莱尔

1. 指阿莱克·布朗著的《中产阶级的命运》。

2. 指《让叶兰继续飘扬》。

3. 指《通向威根码头之路》。

致杰克·考曼

北巴尔多克附近

沃灵顿村商店

星期四 [1936 年 4 月 16 日？[1]]

亲爱的考曼：

谢谢你的来信。我已经跟我的房东谈了，关于房租的事情很顺利，所以我决定开这个商店，并且已经在某种程度上把这个消息在村民中传播开来。如果你能替我联系好批发商的事，我将十分感激。我不知道你的商店是否还在开着。我想，在沃特福特、金福特或者金斯堡或者有着其他类似名字的地方有一些批发商。因为我一次只需要数量很少的货物（除了村子很小以外，我也没有很大的房间来做储藏室），我不知道他会不会痛快地答应送货。我的打算是，最初的时候除了孩子们的糖果以外，无论如何不要任何容易腐烂变质的东西。然后我开始卖一些黄油和人造黄油，但这样我就需要先买一个冷藏箱。我不准备进香烟之类的货，因为这里的小酒吧（大约 75 户居民却有两个小酒吧）经营香烟，我不想为自己树敌，特别是其中的一家还紧挨着我的住处。我正准备把需要的东西列个单子，虽然对于有没有哪一个批发商能够提供这么多品种的货物我还没有把握。我估计，要启动我的这个商店，需要进大约 20 镑的商品。不知道这里的人是否愿意先赊销给我？我打算先付款 5 镑，以后按每季度一次结账。我想我的银行会给我提供担保。从这件事情上看，

1. 原文数字“9”后面有一个问号，为奥威尔所加，表明他当时对这个日期不确定。不过 1936 年 4 月 16 日的确是星期四。

我刚刚换了银行十分可惜，因为我在汉普斯台德支行的信用很好，他们在我根本没有问的情况下主动告诉我可以透支。除了货物以外，我还需要一两件商店必需的配备，比如衡器、铃，等等。这个地方原来有过一些类似的东西，但都在房东手上；而房东是这样一个人：要想让他把什么东西交出来，至少需要一年时间。我要把作商店用的那所房子收拾得整洁一些，还要重新粉刷一下。如果能够顺利地跟一个批发商谈妥的话，我的商店大约3周以后就可以开张了。

是的，打破阶级划分的说法纯粹是扯淡。难办的是中产阶级社会主义者——他们中的大多数人都让我毛骨悚然——都不够现实，他们不愿承认在工人阶级中存在着很多他们不喜欢也不愿给予尊重的行为。比如典型的中产阶级社会主义者不但不在吃饭的时候使用刀子，而且当他们看到工人阶级这样做的时候还有大吃一惊的感觉。他们中的很多人在某种程度上是太监，他们带着素食主义者的气味到处卖弄温文尔雅。在他们的心里，工人阶级都被想象为不吸烟不喝酒、耳朵背后洗得干干净净的人，还都是爱德华·卡朋特[1]的忠实读者，另外还有些道貌岸然的鸡奸者，说话时带着英国广播公司播音员的口音……工人阶级是够有忍耐力的了。我在北方的整整两个月里，整天跟工人们在一起，询问他们一些诸如能够得到多少失业救济金以及每天吃些什么之类的问题，我从来没有被工人打在下巴上，只有一次被人骂了"见鬼去吧"，骂我的还是一位耳朵聋了的女人，她把我错认为收税的人了。情况为什么是这样的呢？这个问题在很长一段时间里让我觉得困惑，我下部书[2]中的一部分就是关于这个问题的。

---

1. 爱德华·卡朋特（Edward Carpenter，1844—1929），作家和社会改良主义者，主要作品包括《走向民主》和《中性》等。

2. 指《通向威根码头之路》。

当我有了自行车或者其他交通工具的时候，我就过去看你。如果你到我这里来，要么事先通知我，我好准备一些食物，要么你就试试自己运气如何——当然，总会有一些东西吃的。花园依旧肮脏得很（我在两天时间里挖走了12箱垃圾），但我已经弄得稍微有些条理了。想一想将近3个月时间里我没有写一笔东西，我觉得实在糟糕透了。在赚钱和花钱中，我们浪费着我们的能量。尽管如此，我还有厚厚一叠笔记可以给我这样一种错觉：我没有虚度光阴。

你的

埃里克·A. 布莱尔

致理查德·里兹

赫特福德郡 北巴尔多克镇

沃灵顿商店

1936年4月20日

亲爱的理查德：

谢谢你寄来的明信片。克莱瑟罗——我常常隐隐约约地把这个地方跟纯棉衬衫联系在一起——似乎是一个令人忧郁的消夏场所，但却适合每个人的口味。我已经到这儿两个星期了，你可以从上面的地址上看出，这里曾经是村子里的商店，并且由于这里（一个只有50～75个住户的小村子）现在没有一家商店，所以，我准备在跟批发商谈妥以后，重新开一家"综合"商店。杰克·考曼——我想他也跟这种类型的商店有着某种关系——会给我一些指点。迄今为止我还没有在商店上花太多工夫，因为我一直在花园里忙得焦头烂额，这个小花园荒芜的程度已经难以用语言表达清楚了。我大约需要一年时间才能真正把花园收拾好。我所住的是一个很好的小房子，并且租金特别便宜；但是没有设施。如果我准备住下去的话，我就要陆续添置一些东西，我想我会住下去的。我打算只在下午开门营业，以便留出上午的时间进行写作。我没有奢求商店会给我赚很多钱，但是我要赚出支付房租的费用，还要略有盈余。沃灵顿离城里35到40英里路程，但是假如你先骑自行车到希秦[1]的话，你可以很快来到这里。

---

1. 希秦（Hitchin），也译"希钦""哈特金"，是赫特福德郡的一个集镇，位于英格兰东南部。

我还没有开始写我的书[1]，但已经做好了一切准备，马上就会着手写作。这次要写的将不再是一部小说。你认识约翰·斯特雷奇[2]吗？我跟他几乎同时在学校里读书，但那时我不认识他。什么时候我再碰见他，我很想跟他谈谈莫斯利。我听过莫斯利在巴恩斯利的一次讲演，虽然人们为他提供了最出色的舞台技术和设备，但他的讲演还是要多差有多差。我听到斯特雷奇曾在一次演说中夸奖莫斯利是一个有能力的人，我猜想斯特雷奇一定跟莫斯利关系十分密切。我很想知道莫斯利所讲的话是不是真诚的，或者他是不是在有意欺骗公众。

我准备在本周的某一天中骑自行车过去看望考曼，路程是 8 到 10 英里。我请求他们把我的新书[3]寄一本给《阿代尔非》——我不知道他们是否照办了。我也寄了一本给米德夫人，因为米德先生私下里请求我寄一本给他的妻子，我答应了他们。正是这件事使我很不安，因为我觉得米德夫人可能会认为自己是被迫读这本书，这会让她感到厌倦。如果你和他们在一起，你可以暗示她，这本赠书并非一定要读。天气仍然非常冷，什么东西都比季节要晚。除了黑鸟和鸫鸟以外，我没有发现其他的鸟群。我没有听到杜鹃的啼声，没有看到一只燕子——我通常是在大约 4 月 14 日的时候看到春天的第一只燕子的。黑刺李已经发芽了，还有大量的报春花和药用樱草，但树篱依旧光秃秃的。你要是想找个安静的地方，什么时候到我这里来吧，因为要是图安静，这里的确是一个

1. 指《通向威根码头之路》。

2. 约翰·斯特雷奇（John Strachey，1901—1963），政治家和政治理论家，1929 年—1931 年，他作为工党代表担任英国国会下院议员。他还曾做过莫斯利的新党的候选人，但不久以后就放弃了，转而以极大的热情投身到新兴的、范围更广的共产主义运动中去。他于 1932 年出版的《将要到来的权力斗争》一书是英国左派对马克思主义最具影响力的运用。1945 年，他加入工党政府，在 1945 年—1950 年之间担任内阁食品部长。1950 年—1951 年，他担任英国国务大臣。

3. 指《让叶兰继续飘扬》。这部小说于 1936 年 4 月 20 日由维克多·戈兰茨有限公司在伦敦出版，其美国版于 1956 年由哈科特·布雷斯（Harcourt Brace）出版公司在纽约出版。

好地方，如果你不介意这里的质朴（无论如何在夏季这是可以忍受的），并且我还可以提供一个很好的房间给你住。

你的

埃里克·A. 布莱尔

致约翰·莱曼

赫特福德郡 北巴尔多克镇

沃灵顿村商店

1936 年 5 月 27 日

亲爱的莱曼先生[1]：

在给您复信之前，我等了一段时间，因为我伦敦的一个朋友很热情地答应送给我一本你们的杂志《新作品》，但很明显迄今为止她没有做到。我打算说的是，我目前正在写一本书，此外唯一的东西就是我心中已经构思了一篇 2000 ~ 3000 字的文章，是描写捕猎一头大象的。前几天猎象的一幕栩栩如生地出现在我的回忆中，我很想把它写出来。但是这篇文章也许并不适合您的杂志。我的意思是这篇文章相对于你们的杂志来说，似乎不是那么合适，它更适合文化素养稍低的人，而且我还怀疑在猎射大象中是否蕴涵着反法西斯主义！当然，在您看到这篇文章之前，我不能要求您做出是否喜欢它的答复，但是或许您可以大致地判断一下它是不是符合贵刊的宗旨。如果不符合，我就不打算写了；如果您觉得它有可能，我就会把它写出来寄给您让您来做决定。请原谅我不明确的态度，但在我看到一本《新作品》之前，我无法判断你们需要哪种类型的稿件。

您真挚的

乔治·奥威尔

1. 约翰·弗雷德里克·莱曼（John Frederick Lehmann，1907—1987），诗人、作家、批评家和出版家，《新作品》的创办者和编辑（《新作品》英文名为 New Writing，是一本致力于反法西斯宣传的文学杂志，存在的时间在 1936 年—1946 年间）。1954 年，他成为《伦敦杂志》的首席编辑。此外，他还拥有约翰·莱曼出版有限公司。

致杰弗里·高尔勒

赫特福德郡 北巴尔多克镇

沃灵顿村商店

星期六 [1936 年 5 月？ 日[1]]

亲爱的高尔勒：

非常感谢你在《时代与潮汐》编辑部的好心的同事们，他们给了我一些小说让我写书评。我本来应该早一点给你写信，只是因为我弄丢了写有你地址的信，直到今天上午我才找到这封信。我的商店已经开张将近两个星期了。在第一个星期我收入了 19 先令，这个星期将达到 25 到 30 先令。这是营业额，而里边的利润大概可以够支付房租的。我想这个生意能够赚到 3 英镑左右。这个店不那么麻烦，不像在书店里还要转来转去。在杂货店，人们是来买东西的；而在书店，人们是来惹人讨厌的。

我很快就要结婚了[2]——日子定在 6 月 9 日，婚礼在这里的教区教堂举行。这样做是因为我们是秘密结婚，我们准备尽可能地不让人知道，直到把事情办完，以免我们的亲戚联合起来反对我们或者阻止这件事。当然，婚礼的确十分仓促，但是我们反复商讨过以后，还是做出了这一决定，因为我在经济上难以提供结婚的保证，这在目前与一段时间之后没有什么两样。我希望我们能够凑凑合合地勉强过下去——我指的是在钱上凑合——这意味着我们将总是勉强糊口，因为我没有把握自己一定可以写出畅销书来。但是我的新书[3]开了一个好头。看到你的书[4]获得这

1. 原文“5 月”后有作者加的问号，表明作者对写信的时间具体是 5 月的哪一天不太确定。

2. 与爱琳·奥肖纳西结婚。

3. 指《通向威根码头之路》。

4. 指《吴哥和巴厘》，前者为缅甸一地名，后者为印度尼西亚一地名。

么好的评价，我非常高兴。我看到一个特别出色的书评，发表在《泰晤士报》上。但这本书本身我至今尚未看到。当你在地球的另一部分的时候，你有没有偶然去一趟新加坡？我有一个很好的朋友在那儿的莱福士博物馆，他的名字叫丹尼斯·柯林斯，一位人类学学者，他常常以种种奇特的方式表现他的才能——比如他能够做出这种事情来：伪造一把中世纪的剑，把这把伪造的剑跟真的放在一起，你很难把二者区分开来。

我怀着浓厚的兴趣读了你的《途中笔记》[1]。你所说的从人类学的观点出发研究我们自己的风俗，开辟了非常广阔的思维空间，但是有一件关于我们自己的事需要注意，就是人们的习惯等并不是只跟他们的成长过程之类的因素有关，还在很大程度上受书籍的影响。我经常想，从人类学的观点研究一下书籍中的风俗习惯等，可能是一件非常有趣的事情。我不知道你是否读过埃尔默·赖斯[2]的《通往普利里亚的航程》[3]，这部书中就包含着对特定风俗习惯的非常有趣的归纳分析——大家心知肚明但从未有人提到——这也存在于普通的电影中。我认为搞清楚像埃德加·华莱士[4]这样的作家心灵深处的信念和充满想象力的背景会是很有价值的，但是这种研究成果当然不会有人愿意出版。

感谢上帝，在经历了三个星期的干旱之后，老天终于下雨了。这肯定对我种的蔬菜大有好处。

你的

E.A. 布莱尔

1.《途中笔记》，见 1936 年 5 月 23 日出版的《时代与潮汐》。

2. 埃尔默·赖斯（Elmer Rice，1892—1967），美国剧作家、小说家，被认为是表现主义戏剧大师。代表作有《审判》《梦幻女孩》《加算器》《左岸》和《街景》等。

3. 也有的译作《小溪之旅》，是一部乌托邦式的讽刺小说，1929 年在《纽约客》上连载，次年出版了单行本。

4. 埃德加·华莱士（Edgar Wallace，1875—1932），英国犯罪小说作家、编剧、制片人、导演，是英国最著名和最高产的畅销书作者之一，一生创作了 173 部小说、15 个剧本和许多其他类型作品，对推理小说家阿加莎·克里斯蒂影响很大。其代表作为《十三号房》和《金刚》等。

致安东尼·鲍威尔

赫特福德郡 北巴尔多克镇

沃灵顿村商店

1936 年 6 月 8 日

亲爱的鲍威尔先生[1]：

没有早一些给您写信，感谢您的来信以及寄来的《喀里多尼亚》[2]，我一定要为此向您道歉。我非常喜欢《喀里多尼亚》，现在这个年代已经很难找到什么人反击苏格兰异教徒了。我很高兴地看到您称他们为“Scotchmen”，而不是他们喜欢的“Scotsmen”[3]。我发现这是一个骚扰他们的好方法。

是的，写那些书评的人太讨厌了。一般说来，我喜欢发脾气骂我是蠢驴的人，他们是善意的，因为他们根本就不屑搞清楚你究竟写的是什么。

原谅我没有及早给您写信。我曾经外出旅行过，但即便如此，我回信仍然是太迟了。

您真挚的

乔治·奥威尔

1. 安东尼·鲍威尔（Anthony Powell，1905—2000），英国小说家。其早期著作包括《午后男人》《从死亡观说开去》等。从 1951 年开始，他一直在创作连载小说《按照时间的旋律跳舞》。《让叶兰继续飘扬》出版后，他写信给奥威尔，说他很喜欢这部小说。1941 年他们见了面，从那开始直到奥威尔逝世，他们始终都是朋友。

2.《喀里多尼亚》是一部模仿十八世纪讽刺诗歌的诗集。1934 年，一位朋友出资印刷了这部诗集，作为结婚礼物送给了鲍威尔。这部书只印了 100 本。“喀里多尼亚”是拉丁语，意思是“苏格兰”。

3. “Scotchmen”和“Scotsmen”都是“苏格兰人”的意思，但苏格兰人更喜欢后者，因为前者“scotch”除了作“苏格兰人”讲以外，还有“吝啬的、过度节俭的”等含义。

致丹尼斯·金－法罗

赫特福德郡 北巴尔多克镇

沃灵顿村商店

1936年6月9日

亲爱的金－法罗[1]：

我当然记得你，但你是不是把名字又改回金－法罗了？你在伊顿公学的大多数时间里名字是叫内塔尔顿的。我就是在今天早晨才接到你的信。在此之前，西里尔·康诺利刚刚离开。恐怕11日的时候我不大可能过去了，虽然我很想去。第一个原因是我总是很难从这里走开，第二个原因是因为我也像《新约圣经》中的男人一样娶了一个老婆，所以我没办法过去了。稀奇的是我就是要在今天上午结婚——事实上，我在给你写这封信的时候，一只眼睛在盯着钟表，另一只眼睛在看着祈祷书。在过去的几天中，我一直在研究祈祷书，希望能够使自己冷酷起来，以应付婚礼仪式上那些可憎的事。我不能确定什么时候进城。你可以从地址上看出来，我住的这个地方过去是村子里的"综合"商店，我来了以后又把商店重新开了起来——跟过去一样卖些食品、杂货、糖果、阿司匹林之类的东西。这个商店挣不了多少钱，但的确可以为我付清房租。对一个只擅长写作的绅士，这也是一个不错的考虑。另一方面，这个店也使我很难离开这里半步。但是如果你经过附近任何地方，一定过来坐

1. 休·圣·丹尼斯·内塔尔顿·金－法罗（Hugh St Denys Nettleton King-Farlow），1902年生，跟埃里克·布莱尔是同一时期在伊顿公学求学的学生，后来考入剑桥和普林斯顿大学，毕业后进入皇家荷兰壳牌石油公司，先后在加拿大、美国和欧洲工作。在伊顿公学的时候他和布莱尔是好朋友，并且共同制作手写的杂志《竞选时报》。

坐。如果你是去东北方向的某个地方，或者说比如剑桥，那么来我这儿不会让你绕多少路的。我总是待在家里，除非是星期六下午或者星期天的某个时间。

在我们那个时代的伊顿同学中，我跟其中的许多人都失去了联系。在城里的时候，康诺利偶尔过来看看我，他还总是很好心地为我的书写书评。1928 年的时候，我还经常见到阿兰・克拉顿－布劳克——最近他的妻子在一次车祸中不幸丧生。可怜的戈德弗雷・梅内尔[1]也很悲惨。1927 年底我从缅甸回来后，去了剑桥一趟，并且跟高[2]在一起待了一段时间，尽管在我看来他是那么好心，但我还是偏离了他的运行轨道，他也走出了我的活动范围。我想我们其他同学大多数是大学教师、国家公务员和高级律师。我听说你曾经在美国待过很长时间，非常富有，事业发达。我在绝大多数时间里过着虽然困窘但从某种角度看也很有趣的生活。

信手涂鸦，字迹潦草，见谅。

你的

埃里克・A. 布莱尔

---

1. 戈德弗雷・梅内尔（Godfrey Meynell，1904—1935），布莱尔在伊顿公学时期的同学，毕业后参了军，在带领当地部队到印度西北边界执行任务时被杀害。死后被授予维多利亚十字勋章。

2. 指安德鲁・希德纳姆・法拉・高（Andrew Sydenham Farrar Gow，1886—1978），常被称作 A.S.F. 高，英国古典文学学者和教师。除了在 1914 年—1925 年间担任伊顿公学的校长助理并教授奥威尔古典文学课程外，他的职业生涯一直是在剑桥大学三一学院担任研究员。

致亨利·米勒

赫特福德郡 北巴尔多克镇

沃灵顿村商店

1936 年 8 月 26 日

亲爱的米勒[1]：

非常感谢你的来信。我觉得很不好意思，因为几个星期以来，我一直打算给你写信，但却被延迟到今天。《黑色的春天》[2]已经寄到了，我很喜欢其中的一部分，尤其是开始的几章，但是我认为并且会在评论这部书的时候说出来，像《北回归线》那样描述普通的三维世界中已经发生和将要发生的事情的作品才是你更擅长的。我喜欢《北回归线》主要因为三点原因：首先是在你的英语语言中表现出来的特殊的韵律感；其次是你在安排一些事实时把人人都熟悉却没有写进书里的东西表现出来了（例如当小伙子应该跟那个女人做爱的时候，他却在始终盼望着去小便）；第三是你常常岔开话题浮想联翩，这种联想虽然有些偏离一般的现实生活法则，却又不十分出格。在《黑色的春天》中你有时也是这么做的。我非常喜欢你在第 60 到 64 页中所描写的从公共小便池开始的沉思冥想。但是从整体上讲，我认为你太脱离普通的世界，以至于进入了人和事可以不必遵守空间和时间的规则的米老鼠的世界。我也可能错

1. 亨利·米勒（Henry Miller，1891—1980），美国作家。代表作为《黑色的春天》《北回归线》和《南回归线》等。有人将其作品特点归纳为"污秽""超现实主义"和"碎片化"。其《北回归线》和《南回归线》曾一度被指控为淫书。

2. 又译《暗淡的春天》，是亨利·米勒的处女作，1916 年出版，内容主要是描写他童年时期在纽约的生活。

了，或许没有领会你的最主要的东西，但当我脱离草是绿的、石头是硬的普通世界的时候，我总是觉得心神不安。我知道，当你完成了一部非同寻常的小说却因为另一部不很像这一部而受到批评的时候，这也非常让人感觉不舒服。你不要觉得《黑色的春天》中我欣赏的内容不多。这部书的散文文体质量也相当不错，特别是粪便与天使之前的那一段。当我读到像那样的段落的时候，我的感觉就像骑上一匹真正的骏马在地面上飞驰，不可能发现野兔的洞穴。我相信你也会有类似的感觉。至于书评的事情，我会尽我所能的。

《阿代尔非》的编辑告诉我可以在上面发个短一点的，不过《阿代尔非》很快就要改为季刊了；所以我还想到《新英国人周报》去试试，他们和往常一样在8月份会关门休整一段时间，所以我猜想这些书评[1]发表的时间可能会稍迟一些。对于普通的价值微乎其微的小说来说，常常是在上市的第一周还是宝贝，接着就因为滞销而减价销售了；但对你的书来说不会这样了。我现在得去为奶羊挤奶了，等我回来以后我会继续写这封信。

1936年8月27日[2]：

你设法搞到了一本《巴黎伦敦落魄记》，我很为此高兴。而我本人连一部《巴黎伦敦落魄记》都没有剩下，而且这书现在已经脱销了。在收到你的信之后，我要送给你一本这部书的法文译本（我估计你看到的是英文版）。是的，这部书也在美国出版了，但是销售量不是很大。我不知道这部书在法国获得的是什么评价——我只看到过大约两篇书评，或许是因为搞剪报的人没有看到，或许是因为我没有安排把样书以及阿谀奉承的信寄给主要的批评家，虽然有人告诉我这在法国是必需的。

1. 奥威尔为米勒的《黑色的春天》所写的书评只发表于1936年9月4日的《新英国人周报》，并未发表在《阿代尔非》上。

2. 这封信8月26日未写完，此后为8月27日续写的内容。

我其他的几本书也曾在美国出版。我的第二本书《缅甸岁月》在美国出版的时间甚至早于在英国本土，因为我的出版商害怕印度当局会采取行动查封这部书。一年以后，我的英国出版商改用不同的书名也把它出版了。所以美国版倒是原始版本。那是我唯一满意的书——作为小说它未必多么好，但是它的景物描写很不坏，只是普通读者在阅读时往往把这些内容跳过去不读。我的第三本书《牧师的女儿》大概是一年前在英国出版的，上周刚刚出了美国版。那部书乱糟糟的，但是我在书中做了一些对我非常有用的试验。我想我的上一部书《让叶兰继续飘扬》不会在美国出版，因为这部书完全是那种只适合本国读者阅读的书，里面全是英国式的主题，而美国公众正在对被我称作“英国胆小鬼的内容”感到焦躁不安。当我在书店工作的时候我还注意到，在英国卖美国书越来越难了。这两种语言的距离正在漂移得越来越远。

是的，谈到英国人的贫穷，我跟你有同感。这非常可怕。我刚刚在兰开夏郡和约克郡产煤区中最糟糕的部分旅行过——我现在就在写一本与此有关的书[1]——看到人们在过去的10年中如何垮掉并且失去勇气是非常可怕的。我在《新英国人周报》发表了评论康诺利的书的文章，虽然它惹得我发笑，但我并不能对它评价太高。让我觉得奇怪的是他对图书“过时”感到非常烦恼——似乎任何一本值得读的书都不会“过时”。从介绍《黑色的春天》的海报上我看到你从艾略特及其一伙那里得到了很好的评价，还有我的赞誉。这也是对我的提升——这还是我第一次出现在推介别人作品的海报上。无疑我会成为埃里克·布莱尔阁下。

如果你什么时候想给我写信，那就给我写吧。

你的

埃里克·A. 布莱尔

1. 指《通向威根码头之路》。

致杰克·考曼

赫特福德郡 北巴尔多克镇

沃灵顿村商店

1936 年 10 月 5 日

亲爱的考曼同志[1]：

（我希望你顺便分享一下我对那个可恶的词——“同志”——的偏见，因为这个词让很多潜在的新成员对社会主义运动敬而远之）非常感谢你的来信。我认为《墙里有嘴》非常出色，并且用我可以设法做到的最长篇幅给予它最高的评价[2]，因为我想 800 字已经是你能够提供的最大的空间了。我还冒昧地给你寄过去我写的一首诗[3]，我想你会用的。我需要一些时间做一点关于亨利·米勒那个美国小说家的简短笔记，在我看来，这个人的确有些不同寻常之处。我为他的书写过书评，发表在《新英国人周报》上，但我希望尽可能地在更多地方对他进行鼓吹。当然，不能在商业报纸上，因为他出生于一个从来不做广告的出版商家庭。

是的，在你觉得方便的任何时候一定设法过来坐坐。除了星期六和星期天下午的一些时间以外，我们几乎总是待在家里。还有，本月底我们计划回去跟我的家人在一起住一个星期。到我们这里来很不容易，这的确非常令人遗憾。当然，如果你稍微绕些路，比如经过罗伊斯顿，那么你可以乘公共汽车来，因为在罗伊斯顿无论如何也能搭乘一辆从那

1. 奥威尔在信上做了这样一条注释：“或者：破晓前的工友。”

2. 奥威尔为 W.F.R. 麦卡特内（W.F.R.Macartney）所著《墙里有嘴》一书所写的书评发表在 1936 年 11 月号的《阿代尔非》上。

3.《我想变成一个愉快的教区牧师……》，发表在《阿代尔非》1936 年 12 月号上。

里开往撒顿的汽车，而撒顿到这里只有几英里的路。

我这里的情况还相当不错。我刚刚完成了我的《通向威根码头之路》一书的草稿，并且已经开始做一些修饰润色的工作，这项工作将持续到12月份的某个时间。这次写的不是小说，而是一种散文集，但是恐怕其中的几个部分写得太糟糕了。奶羊每天能向我们提供一夸脱奶，一些母鸡也开始下蛋了。商店虽然挣不了太多的钱，但也足以为我们支付房租了。我很久没有听到里兹的消息了，很想给他写信，但是他眼下身在何方？他是不是还在中心[1]？去那里的那次短途旅行让我觉得非常愉快，我遇到了一些很有趣的人，很希望能够多待一段时间听听霍尔德维[2]和约翰·斯特雷奇的讲座。我被拉杰[3]（这个人你肯定认识）深深地打动了。当他来这里喝茶的时候，我的妻子几乎爱上了他。

请代我向你妻子致意。

你的

埃里克·A. 布莱尔

1. 指《阿代尔非》中心。这是《阿代尔非》杂志的一个分支机构，1936 年夏季在埃塞克斯郡的朗格海姆建立，是一个规模不大的自筹资金的团体，目的是推动社会主义研究工作。它为推动社会主义研究的夏季学校以及一些会议提供客房。

2.N.A. 霍尔德维（N.A.Holdaway），学校校长、马克思主义理论家、独立社会党成员，是《阿代尔非》的撰稿人和《阿代尔非》中心的指导者。

3.E.C. 拉杰（E.C.Large），植物化学家、作家，小说《空中的甜言蜜语》和《沉睡在午后》的作者。

致伦纳德·摩尔

赫特福德郡 北巴尔多克镇

沃灵顿村商店

1936 年 12 月 15 日

亲爱的摩尔先生：

随信寄去《通向威根码头之路》的手稿。其中的一些章节我还是十分满意的，但我认为戈兰茨先生把它选入左派图书俱乐部[1]的可能性不大，因为它不太完整，而且从表面上看，它也不是非常左翼。假如能够设法立刻把书稿送给他，或许他可以在圣诞节前亲自或者让别人把书稿看上一遍。但是因为我大约一周后就要奔赴西班牙[2]，我想，在我去西班牙之前，我们似乎不太可能从他那里得到什么有关本书的消息了……

您真诚的

埃里克·A. 布莱尔

---

1. 左派图书俱乐部是维克多·戈兰茨在 1936 年 5 月建立的，图书也是由他出版的。这是一个反对法西斯主义、支持苏维埃和拥护人民阵线的组织。订阅者要接受由维克多·戈兰茨、哈罗尔德·拉斯基和约翰·斯特雷奇组成的遴选委员会每月一次的挑选。到这个时候，其成员已经达到 4 万名。哈罗尔德·约瑟夫·拉斯基（Harold Joseph Laski，1893—1950），英国工党领导人之一、政治学家、费边主义者，也是西方民主社会主义的重要理论家，著有《主权问题研究》《现代国家的权力》《政治典范》《国家的理论与实践》和《论当代革命》等。
2. 西班牙内战已经在 1936 年 7 月爆发。作为一个反法西斯主义者，奥威尔决定一写完《通向威根码头之路》就立即奔赴西班牙。

1937 年

致詹姆斯·汉利

韦尔瓦省库维耶雷镇

奥斯库里奥山

伊比利亚共产主义青年团

指挥官考普[1]

1937 年 2 月 10 日

亲爱的汉利先生[2]：

非常感谢您的来信。我想我的妻子已经确认收悉了这封信，因为信到我手上的时候是敞开着的，并且我不在家的时候她会处理我的信件。非常抱歉，这封信我不能写太长——因为我现在所处的环境非常不舒服——但不管怎样，你给我写信太好了。您觉得这本书[3]很有趣，我非常高兴。我想这本书预计要到 3 月 10 日才正式面世的，但那个时候我可能还在前线这边，所以我不知道它的反响会如何。戈兰茨认为，书中的某些部分在某些方面可能会冒犯某些人，但是值得冒这个风险。

您诚挚的

埃里克·布莱尔（“乔治·奥威尔”）

1. 乔治·考普（George Kopp，1902—1951），1902 年生于俄罗斯圣彼得堡，1951 年在法国马赛去世。他是一位工程师，曾在比利时生活了 25 年，在西班牙内战爆发后主动加入西班牙共和军并逐步成长为指挥官。奥威尔在《向加泰罗尼亚致敬》中曾提及乔治·考普，赞扬了他在制止巴塞罗那流血事件中的勇气与智慧。

2. 詹姆斯·汉利（James Hanley，1901—1985）是 50 部书的作者，此时已经出版了 18 部书。他的第一部书是 1930 年出版的《漂移》，第二部书《男孩》在 1931 出版了删节版和未删节版。1935 年，他出版了《弗雷斯编年史》第一卷。1937 年，他又出版了《破碎的水：一个自传体的旅行》，奥威尔为此书撰写了书评，发表在《时代与潮汐》上。他的《灰色孩子：一项关于欺骗和苦难的研究》与南威尔士矿工的失业有关，奥威尔也撰写书评发表在《时代与潮汐》上。

3.《通向威根码头之路》，1937 年 3 月 8 日由维克多·戈兰茨公司出版。

致爱琳·布莱尔

蒙弗罗莱特医院

星期一 [1937 年 4 月 5 日？[1]]

最亲爱的[2]：

你的确是最好的妻子。当我看到你托人带来的雪茄时，我激动得心都融化了。它们会在将来很长的一段时间里解决我的抽烟问题。麦克耐尔[3]告诉我，你在经济上还过得去，你有时也借钱花，但只要鲍勃·爱德华兹[4]带来一些比塞塔，你就会还上欠款。但是不要让自己沦为乞丐，最重要的是不要短缺了食品、香烟等。我最不愿意听到你患了感冒的消息，当时我几乎觉得精神崩溃了。在工作中不要让他们过度驱使你，也不要为我担心，因为我现在好多了，并且希望明后天就能上前线。我

---

1. 原文“5”后面有一个问号，为作者所加，表明作者对信的写作日期是否为 4 月 5 日没有把握。经核实，1937 年 4 月 5 日的确是星期一，看来当天是 4 月 5 日应该没有疑问。

2. 为了离丈夫近一点，爱琳·布莱尔在 1937 年 2 月来到西班牙巴塞罗那，担任约翰·麦克耐尔（John McNair）的秘书。

3. 约翰·麦克耐尔（1887—1968），一位终生为社会主义事业坚持不懈工作的英国革命者。他在 12 岁时离开学校自谋生路，很快因为同情左翼运动与资本家发生冲突。为了谋生，他不得不远走法国 25 年，在那里他成为一位皮革商人，创办了一个拥有 8 支足球队的足球俱乐部。他于 1936 年回到英国，重新加入了独立工党，并在 1939 年—1955 年担任该党的总书记。他是西班牙内战爆发后第一个奔赴西班牙的英国人，长期担任英国独立工党驻巴塞罗那的代表。他还是独立工党的机关刊物《新领袖》（后来改名为《社会主义领导者》）的主要撰稿人。1955 年，他曾为独立工党领导人詹姆斯·麦克斯顿（James Maxton）写过正式的传记，名为《可爱的反叛者》。

4. 罗伯特·鲍勃·爱德华兹（Robert Bob Edwards，1905—1990），英国政治家。自 1955 年起代表工党和合作社党担任下院议员。1937 年 1 月，他担任英国独立工党派往西班牙的小分队队长，与西班牙马克思主义统一工人党取得了联系。3 月底，他离开西班牙回到英国，参加了在格拉斯哥举行的独立工党会议。会议结束后，由于英国政府的阻挠，他没能重返西班牙。当时英国以坚持不干涉政策为名，不许英国国民参加西班牙内战。关于其生年，企鹅出版社四卷本《乔治·奥威尔评论、报道及书信集》的注释称，爱德华兹生于 1906 年。

手部中的毒并没有蔓延开来，这真是不幸中的万幸，现在手几乎完全好了，虽然伤口当然还是裸露的。我的手又能够应用自如了。我今天甚至想刮刮胡子，这在最近的大约5天时间里还是第一次。天气变得好多了，在大多数时间里是真正的春天了，土地的外观让我想起了我们家中的花园。我在想，我们的桂竹花是不是发芽了？老海特采特是不是正在收获土豆？

是的，包利特的书评[1]实在太糟糕了，虽然它作为宣传材料来说的确不错。我猜想他肯定知道我现在正在P.O.U.M[2]国民军服役。我没太注意《星期日泰晤士报》上的书评[3]，因为维克多·戈兰茨在那上面做了很多广告，他们不敢贬低他出版的书。不过《观察家报》上次刊登的文章还差强人意。我告诉麦克耐尔，当我休假的时候，我会给《新领袖》写一篇文章，因为他们曾经向我约过一篇稿，但是我的文章会比鲍伯·爱德华兹的差很多，所以我想他们就不会把它付印了。我想，盼望在大约4月20日以前休假恐怕是徒劳的了，从我个人的角度看，这很让我烦恼，因为它恰恰发生在我从一个单位换到另一个单位的时候——跟我一起上前线的很多人都正要休假。如果他们建议我提前一点时间休假，我想我不会说不，但他们不太可能这样说，我也不准备逼迫他们。有这样一些指示——我不知道人们究竟能够在多大程度上信赖这种指示——他们希望就在这附

1. 哈里·包利特（Harry Pollitt，1890—1960），原为兰开夏郡一位制造锅炉的工人，1920年，他作为成员之一创立了英国共产党，并在1929年成为英共总书记，同拉贾尼·帕尔默·达特（Rajani Palme Dutt）一起领导英国共产党直到他逝世。尽管如此，从1939年秋季到1941年7月德国开始入侵俄罗斯的这段时间里，他因为一直提倡发动一场反对法西斯主义的民主战争而被解除了领导职务。他所写的评论《通向威根码头之路》的文章发表在1937年3月17日的英国共产党机关报《工人日报》上。

2.P.O.U.M，是西班牙语 Partido Obrero de Unificacion Marxista 的缩写，意思是“马克思主义统一工人党”，是西班牙一个小的革命党，在加泰罗尼亚势力最为强大。他们希望工人阶级社会主义在西班牙和全世界取得胜利。这个党受到来自斯大林主义者和托洛茨基主义者两方面的攻击。

3.1934年3月14日，有两篇关于《通向威根码头之路》的评论文章发表，一篇为爱德华·尚克斯（Edward Shanks）撰写，发表于《星期日泰晤士报》；另一篇为休·马辛汉姆（Hugh Massingham）撰写，发表于《观察家报》。

近组织一次行动。如果我对这次行动会有所帮助的话，我不打算就在行动开始之前休假。当我在医院的时候，每个人都对我很好，天天都有人来看我。我觉得既然天气正变得越来越好了，我可以再坚持上一个月而不至于生病。然后我们将安排某种休息，如果条件允许，我们也去钓一次鱼。

就在我写这封信的时候，米切尔、帕克和巴顿肖[1]正好进来了。当他们来看人造黄油的时候，你应该见到过他们的面孔。至于照片，当然有很多人想要，我把需要的数目写在了背面，或许你可以多洗印一些。我想大概花不了多少钱——我不愿意让那些西班牙机枪手们失望。当然，有一些照片也很糟糕，巴顿肖在照片前景上看起来很模糊的那张就是正好有炮弹爆炸时拍摄的，你可以看到左边非常不清楚，炮弹就是在房屋外爆炸的。

我不得不马上停下来了，因为我不敢肯定麦克耐尔什么时候就会回来，我想把这封信准备好让他带给你。非常非常感谢你捎来的东西，亲爱的，希望你保持健康而快乐的状态。我告诉麦克耐尔，我要跟他谈谈这种形势下我什么时候才能离开这里，你也可以在适当的时候跟他说说我想去马德里。

再见，我的爱人。不久我会再给你写信。

爱你的

埃里克

1. 米切尔·威尔顿（Michael Wilton，也被称作米尔顿，即 Milton，英国人）、巴克·帕克（Buck Parker，南非人）和巴顿肖（Buttonshaw，美国人）是奥威尔同一小队的三个成员。

致维克多·戈兰茨

西班牙 巴塞罗那

大陆宾馆

1937 年 5 月 9 日

亲爱的戈兰茨先生：

早些时候我没找到机会给您写信，就您亲自撰文介绍《通向威根码头之路》一书向您表示感谢。事实上我一直没有看到过这本书，更没有看到过左派图书俱乐部版本的这部书。直到大约 10 天之前我休假的时候才得到一本。但从那时起，我一直忙得要命。我休假的第一周患了一点小病，在随后的 3 到 4 天时间里，我或多或少地参加了一场巷战，实际上你是不可能完全置身事外的。我非常喜欢您写的这篇介绍，虽然我理所当然地会对您提出的批评进行答辩。这是一种真正意义上的讨论，人们都希望得到却又往往很难得到一个职业书评家的意见。我收到了许许多多的书评，其中有一些充满敌意，但是从扩大影响的角度来考虑，这也未尝不是好事。我还收到了数量可观的读者来信。

也许在几天之内我就会重返前线，我希望在前线安全地待到 8 月份前后而不出什么意外。然后，我想我应该回国，因为那差不多是我开始写另一本书的时候了。我非常希望我能够平安归来，这样我可以把我的经历写成一本书。除了自身的一些体验，你很难把握这里的事实真相。尽管存在这些局限，我还是看到了很多对我来说意义重大的事。部分地因为一次意外“事故”，我参加了西班牙马克思主义统一工人党的国民军，而没有加入国际纵队[1]。这从一方面看是一个遗憾，因为这意味着我将永远看不到马德里前线；但从另一方面看，它使我得以跟西班牙人而不是英国人取得了联系，使我接触到了真正的革命。我希望我能够得到机会把我亲眼看见的事情真相写出来。英国报纸上发表的东西大部分都是在撒弥天大谎——我不能多讲，由于保密检查的缘故。如果 8 月份我能回国的话，我希望在第二年初写好一本书交给您出版。

您忠诚的

埃里克·A. 布莱尔

1. 国际纵队是由外国志愿者组成的，其中主要是共产主义者，总部设在位于巴伦西亚西南偏西的阿尔瓦塞特。他们在马德里保卫战中发挥了重要作用。

致汤普森先生

西班牙 巴塞罗那

萨利亚 莫林疗养院

1937 年 6 月 8 日

亲爱的汤普森先生[1]：

现在才回您 1937 年 3 月 12 日写的信，我感到非常抱歉。从今年年初我就来到西班牙，其中的大部分时间是在前线，所以我总要间隔很长时间才能拿到我的信件。我接到您的信的时间大约是两周之前，您好心地提出，您打算为我最近的一本书[2]写个书评，我想假如还不是太迟的话，我还是应该给您写封信告诫您，从您的观点来看，我是在支持错误的一方，因为我在为您所谓的“卡巴利罗[3]派资本主义者”而战斗。尽管如此，我的心中还是有一个法西斯主义的靶子。如果这对您会是某种安慰的话，我愿意告诉您我或许不久以后就要回国了。我告诉您这些，以免您把我当成了您的观点的同情者，而从整体上讲，我不是。但我无论如何还是要感谢您给我写信。

您忠诚的

乔治·奥威尔

1. 此人生平不详。

2. 指《通向威根码头之路》。

3. 弗朗西斯科·朗哥·卡巴利罗（Francisco Largo Caballero，1869—1946），左翼社会主义者。1936 年 9 月到 1937 年 5 月，他领导了一个由社会主义者、无政府主义者和一些自由共和主义者组成的联合政府。

致西里尔·康诺利

西班牙 巴塞罗那

萨利亚 阿纳托里 莫林

1937年6月8日

亲爱的西里尔：

……如果能够拿到我的退伍证明书，两周之后我就应该可以待在自己家里了。我受了严重的伤，倒也不是非常坏，一颗子弹打穿了我的喉咙，这本来应该已经要了我的命，可是仅仅造成我的右手神经痛，并且使我失去了大部分的声音。这里的医生对是否可以恢复我的声音似乎没有多大把握，但我个人坚信我肯定还能说话，因为几天来情况正在好转。但是无论如何我希望回到我的家中，并且得到适当的照顾。在西班牙，我刚刚读过你的一篇文章，文章发表在二月份的《新政治家与民族》上。这是《新政治家与民族》的光荣，因为除了几份类似《新领袖》那样的不怎么出名的报刊以外，这是唯一可以让共产主义思想通过检查的地方。利斯顿·欧克最近发表了一篇关于发生在巴塞罗那的风波的文章[1]，写得非常好，平衡得也很好。我自始至终地经历了这场风波，很清楚报纸上发表的东西哪些是在撒谎。最近你告诉公众，说我可能要写一本关于西班牙的书，对此我也表示感谢。如果我那糟糕的胳膊一旦得以康复，我当然会立即着手写那部书的。我看到了很多奇怪的事情，最终我真的信仰了社会主义，而以前我并不这样。总体上说，虽然没能看到马德里

1.《在巴塞罗那的风波之后》，作者是利斯顿·欧克（Liston Oak），发表在1937年5月15日的《新政治家与民族》上。

非常让我遗憾，但能够和无政府主义者以及马克思主义统一工人党的人们一起，并肩战斗在相对而言鲜为人知的前沿阵地，而不是留在国际纵队，我同样十分高兴。假如我拿的是共产党的证明材料而不是独立工党的，我可能就被分到国际纵队了。真遗憾你在阿拉贡的时候没到我们阵地上看我。假如你来的话，我会很高兴在战壕里用清茶一杯来招待你的。

你的

埃里克·布莱尔

致雷纳·海本斯托尔

赫特福德郡 北巴尔多克镇

沃灵顿村商店

1937 年 7 月 31 日

亲爱的雷纳：

非常感谢你的来信，听到你的消息我很高兴。我希望玛格丽特[1]现在好多了。听起来很可怕，但我从你讲的情况判断，她至少可以下床走动了。

在西班牙我们度过了一段非常有趣但又充满着血雨腥风的时光。当然，假如事先我预见到这一政治运动，尤其是预见到对马克思主义统一工人党（当时我正在这个党的国民军中服役）的镇压，我既不会允许爱琳去，甚至我自己或许也不会去。这实在是一件奇怪的事。我们是以去做英雄的民主卫士开始的，却以被警察在屁股后面追赶着逃过边界而结束。爱琳的表现出色极了，事实上她似乎很欣赏这次逃亡。但是，尽管我们自己成功地逃出虎口，但几乎我们的所有朋友和熟人都被关进监狱，很可能被永远关在那里。他们没有被指控犯任何罪，只是被怀疑拥护"托洛茨基主义"。就在我离开的时候，最恐怖的事情发生了：大规模的逮捕，受伤的人被从医院里拖出来投入监狱，人们在简陋污秽的小屋里挤成一团，几乎没有躺下的空间，经常被狱吏打骂，处于半饥饿状态。与此同时，在英语报刊中，你不可能找到描述这一事件的一个字。独立工党的出版物被禁止报道此事，因为他们与西班牙马克思主义统一工人

1. 雷纳·海本斯托尔夫人。

党有联系。关于这件事，我跟《新政治家与民族》打过一段有趣的交道。当我逃离西班牙以后，我立刻从法国给他们打电话。我问他们是否喜欢一篇关于西班牙的文章，他们说是的。但是，当他们看到我的文章是关于对西班牙马克思主义统一工人党的镇压的，他们就说他们无法发表这篇文章。为了给药丸包上点儿糖衣，他们给了我一本最近出版的好书让我写书评。这本书叫作《西班牙战场》。它恰好泄露了很多有关在西班牙发生的事情的秘密。当他们看到我写的书评的时候，他们又一次拒绝发表这篇文章，因为文章"与他们的编辑方针相悖"。但他们却主动提出照常为这篇书评支付稿费——事实上这是为封我的嘴向我行贿。我也不得不更换我的出版商，至少为了这本书也要更换。戈兰茨当然应该算作是吃共产主义饭的人，他一听到我与西班牙马克思主义统一工人党以及无政府主义者有联系并且看到了巴塞罗那五月骚乱的真相，就告诉我说，他认为他不能出版我的书，虽然那时这本书一个字还没有写。我觉得他一定敏锐地预见到某种诸如此类的事情可能发生，因为当我去西班牙的时候，他跟我签订了一个合同，承诺出版我的小说，而不是别的什么书。尽管如此，我还有另外两个出版商，我想我的代理人十分聪明，会让他们互相竞争，以取得书的出版权。我已经开始写我的书[1]了，但是我的手指还是不太灵活。

我的伤不十分严重，但我没有送命的确是个奇迹。子弹正好穿透了我的脖子，但是只伤害了我的一条声带或者是使控制声带的神经出现了麻痹，除此之外，我安然无恙。最初的时候，我一点声音也发不出来，但是现在另一条声带正在发挥补偿作用，而受到损害的那条也许恢复了，也许还没有。我的声音非常正常，但是我一点也不能喊叫，也不能唱歌。我很高兴被一颗子弹打中，因为我认为在不远的将来，这就会发生在每

1. 指《向加泰罗尼亚致敬》。

一个人的头上，这样说应该无妨。我在西班牙看到的东西并没有使我愤世嫉俗，但是它的确让我想到未来是十分严峻的。非常明显，人们很容易被反法西斯主义的东西所欺骗，当战争爆发的时候，他们就直接投入战场。尽管如此，我并不同意和平主义者的态度，不过我认为你可能会同意。我仍然认为，一个人必须为支持社会主义和反对法西斯主义而战斗。我的意思是真刀真枪地去战斗，哪怕只是为了最终搞清楚谁是谁非。我想和霍尔德维见一次面，看看他是如何看待西班牙的事情的。他是我所遇到的唯一能够尊敬起来的、多少算是正统的共产主义者。如果他也像其他人一样滔滔不绝地讲那些保卫民主以及托洛茨基—法西斯主义之类的东西，我会觉得恶心的。

我非常想见你，但说实话我最近一段时间不会到伦敦去，除非因为生意上的事情不得不去。我刚刚开始写我的书，我希望能够在圣诞节之前写完。此外，我还一直忙于整理荒废了如此之久的花园。不管怎么说，一定保持联系，并且让我知道你的地址。我无法与里兹取得联系。他过去在马德里前线，事实上通信早就中断了。他听说莫里[1]似乎在为什么事情忧伤。再见。

你的

埃里克

1. 约翰·米德尔顿·莫里。

致杰弗里·高尔勒

赫特福德郡 北巴尔多克镇

沃灵顿村商店

1937 年 8 月 16 日

亲爱的高尔勒：

情况怎么样？我从你在《时代与潮汐》上发表的文章推断，你已经回到了英国。你能在什么时间出来看看我们吗？我们在任何时间都能接待你，除了大约下周前后我妻子的母亲可能到我们这里来的那一段时间以外。我们在大约 6 个星期以前回到了英国。在西班牙，我们度过了一段血雨腥风的时光，最后是被警察在后边追赶着逃过边界的。你无法想象西班牙发生的事情有多么可怕，那是真正的恐怖统治。法西斯主义在反法西斯的面具下横行霸道。毫不夸张地说，数以百计的人被投进监狱，在不经审判的情况下一关就是几个月，报纸被严格控制，等等，等等。最令人恶心的事莫过于英国所有那些一贯标榜是反法西斯主义的报刊，都掩盖了事实真相。我不知道你是否看过我在《时代与潮汐》上发表的关于《西班牙内战》一书的书评文章（顺便说一句，这篇文章你应该读读），作者写信告诉我，我是唯一指出了本书要点——比如，共产党现在是主要的反革命政党——的评论者。有趣的是我也曾为《新政治家与民族》写过这篇书评，而且我写得比给《时代与潮汐》更加认真，但是《新政治家与民族》先是拒绝发表我写的关于镇压西班牙马克思主义统一工人党的文章，原因是怕这篇文章会“惹出麻烦”；然后又拒绝发表这篇书评，因为这篇书评“与他们的编辑方针相悖”，或者换句话说，是担心会泄露共产党的秘密。随后他们主动提出要支付这篇书评的稿酬，尽管书评没有发表；然后打电报请求我评论另一本书。很明显，他们非常急切地想阻止我把他们掩盖了的新闻中的重要事实说出去。尽管如此，当我的关于西班牙的书出版后，他们还是会觉得非常不舒服，因为我打算把英语报刊上的谎话和隐瞒真相的情况作为书的附录。不管怎么样，不要相信你在《新闻纪事报》和《工人日报》上读到的每一个字。我看到的唯一能够在某种程度上透露一点真相的报纸是《每日快报》——虽然他们的报道是愚蠢的，而且充满错误，但至少从主观上讲，他们是诚实的。

我在休斯卡郊外被流弹击中，问题并不严重，尽管这颗子弹应该可以杀了我。事实上，在几分钟里，我已经认为自己被打死了。这的确是一个有趣的经历。这颗子弹从前到后洞穿了我的脖子，但是既没有伤着颈动脉，也没有对脊椎骨造成很大损害。我有一条声带出现了麻痹的情况，所以我不能大声叫喊和唱歌，但是我的声音还算正常。我的书进展得十分顺利，而且我们还在忙于收拾我们的花园。当我们刚从西班牙回来的时候，花园里一片狼藉，现在已经收拾干净了。我们准备多养几只母鸡。我们还喂了一些小鸭子，但它们长得不够快，大概是因为在第一周里饲养方法不当的缘故，并且我们已经失去了好几只了。

写信告诉我们你过得怎么样以及你是否能过来看我们。我想，下个月的某个时间我会到城里去的。

爱琳向你致意。

你的

埃里克·A. 布莱尔

致杰弗里·高尔勒

赫特福德郡 北巴尔多克镇
沃灵顿村商店
1937 年 9 月 15 日

亲爱的高尔勒：

非常感谢你的来信。很高兴听到你正在丹麦进行愉快的旅行的消息，尽管我必须承认，丹麦是我从未打算去参观的少数几个国家之一。我进城的时候曾经给你打过电话，但是，当然，你不在家。我注意到你会在大约 24 日回来。我们将在这里待到 10 月 10 日，然后，我们将去萨福克郡我父母家中住上几个星期。但是如果你能够设法在 9 月 24 日至 10 月 10 日之间安排好任何一个时间的话，那就先写个短信给我们，然后过来住几天，我们可以毫不费力地为你提供食宿。

你所说的不允许法西斯进入是因为我们内部意见不统一，这话对极了，除非人人都搞清楚法西斯主义是什么含义，以及谁或什么使我们不能团结一致。所有那些共产党及其报刊大肆宣扬的以及戈兰茨及其花钱雇来的臭笔杆子拼命鼓吹的人民阵线之类的东西，归根结底就是说：他们喜欢英国的法西斯（未来的）而不是德国的法西斯，他们的目标就是要使英国的资产阶级帝国主义与苏联结盟，共同跟德国作战。当然，他们假惺惺地装作不希望战争爆发，而一个法国—英国—苏联联盟可以在旧的力量架构平衡的基础上有效地制止战争。但是我们知道，到了最后，所谓的力量平衡只能导致为了战争目的把国家武装起来，这是非常明显的。人民阵线之类的废话只能归结为：当战争爆发的时候，共产党员及工党的支持者等，不是要努力阻止战争和推翻政府，而是要假定政府是正确的一方，支持政府，反对德国。但是每一个有想象力的人都可以预见到，战争一爆发，法西斯主义（当然他们或许不称其为法西斯主义）就会强加到我们头上。或许是把共产主义掺入法西斯主义。如果我们与苏联结盟，就要在联盟中起主导作用。这正是在西班牙发生的情况。在目睹了西班牙发生的事情之后，我得出了这样的结论：当你还试图保护资本主义的时候，反对法西斯主义是徒劳无益的。法西斯主义毕竟只是资本主义的发展，到了紧要关头，最温和的民主——权且这样说吧——也有可能演化为法西斯主义。我们喜欢把英国当成一个民主国家，但是，举个例子说吧，我们在印度的统治，恰恰跟德国法西斯主义一样坏，尽管从表面上看它或许不如德国法西斯讨厌。我认为只有在自己国家开始着手推翻资本主义，才是真正的反法西斯主义。如果一个人在“反法西斯主义”——即反对作为竞争者的帝国主义——战斗的旗号下跟一个资产阶级帝国主义政府合作，那不过是让法西斯主义从后门进来。在西班牙的所有战斗，从政府的角度讲，都是在这里开始变了味道的。革命党，无政府主义者，马克思主义统一工人党，等等，希望能够完成革命，其余的则是希望在“民主”的名义下与法西斯主义者作战。当他们觉得足以确保他们的地位的时候，他们就踢开工人，让工人放下武器，并对资本主义重新进行定义。最荒唐的事——这是目前西班牙以外的人很少有机会看到的——是共产党员在所有的人中立场最右，他们甚至比自由主义者更急于追捕革命者和清洗革命思想。例如，他们成功地瓦解了军队内部同工同酬、人人平等的工人的民兵组织，而代之以按照资产阶级的那一套制度组建的军队，一个上校的薪水是一个列兵的 8 倍。所有这些改变，当然，都是在军事需要的名义下提出来的，并且被所谓的“托洛茨基主义”喧嚣所支持。他们声称每一个承认革命原则的人都是托洛茨基分子，是受法西斯主义者雇用的。例如，西班牙共产党的报刊竟然宣称，麦克斯顿[1]是受盖世太保雇用的。很少有人理解西班牙发生的事情，其原因就是共产党控制了新闻界。除了他们自己的报刊之外，他们还完全把资产阶级反法西斯主义的报刊（例如《新闻纪事报》）拉到了自己的一边，因为后者明明知道这样的事实：官方的共产主义现在已经是反对革命的了。结果是他们撒了数量可观的弥天大谎，并且你几乎不可能发表与他们相矛盾的任何东西。对巴塞罗那发生的五月骚乱——我也不幸被卷入其中——的报道，让我以前见到的所有的谎言都相形见绌。顺便说上一句，《工人日报》连续不断地用最肮脏的诽谤对我进行人身攻击，称我为“亲法西斯主义者”，等等。我请求戈兰茨让他们闭嘴，戈兰茨照办了，虽然我想他可能不太情愿。奇怪的是虽然我跟他签的为他写书的合同仍然在有效期，但是在我还没有动手写一个字的时候，他就拒绝出版我现在正在写的那本关于西班牙的书。

再到城里去的某个时候，我很想见见伊迪丝·西特威尔[2]。当我知道她听说过我并且很喜欢我的书的时候，我感到非常吃惊。我没太注意过她的诗歌，但我很欣赏她“波普”派艺术家的生活。

什么时候到我们这里来吧。我希望你的口炎性腹泻已经痊愈。

你的

埃里克

1. 詹姆斯·麦克斯顿（1885—1946），苏格兰左翼左派政治家，独立工党左派领袖。1922年—1946年作为独立工党的代表担任英国议会下院议员。1926年—1931年和1934年—1939年担任独立工党主席。他是反对两次世界大战的和平主义者，也是苏格兰自治政府的坚定支持者。

2. 伊迪丝·路易莎·西特威尔（Edith Louisa Sitwell，1887—1964），英国诗人和评论家。她从1913年开始不断发表诗歌，其诗歌作品因扎实的技巧而受到称赞。

致杰克·考曼

赫特福德郡 北巴尔多克镇

沃灵顿村商店

星期二 [1937 年 10 月？日[1]]

亲爱的杰克：

听到你的消息，我非常高兴。为了找你的地址，我费了很大的劲，但是没有找到。假如我早知道你仍然在代茨沃斯，说不定我能够从深层意识中回忆起你的地址，但是我隐隐约约地听说你已经去伦敦了。什么时候你有空，请一定到我这里来。当然了，这是一次讨厌的越野旅行。你有自行车吗？我们可以为你提供食宿，因为据我所知，这不是那种人们愿意一天走两次的路。任何时间都可以来，但这个周末除外，因为另外一个人要来，他将占据我们唯一的空余房间。

我非常愿意为企鹅公司的人做点什么，但是困难的是目前除了关于西班牙的内容以外，别的内容的书我什么都写不出来。还有，我还得为已经签了合同要在年底完成的那本讨厌的书而奋斗。当然，我可以从这本书里撤出一章来——我想无论如何至少撤出一章是没有问题的——但那未必是他们想要的东西，并且我也不认为我的出版商会喜欢它。这的确是件难事。似乎只是在昨天，我写的东西还找不到任何愿意出版的人，而现在我却收到来自四面八方的信件，问我有没有写什么东西。除了掌握着西班牙的事情以外，事实上我肚子里空空如也。我不能也没有写过正儿八经的短篇小说。西班牙的事情让我心烦意乱，因此我的确不

1. 原文在“10 月”后加有问号，是奥威尔本人所加，表明他写信时对具体日期不太确定。

能写别的任何东西。不幸的是我要写的不是图画般迷人的东西，而是一个关于政治阴谋的十分复杂的故事，这个政治阴谋是在全世界的许多共产主义者和无政府主义者等之间发生的。写完这本书之后，除了通常我不认为是写作的书评之类的换钱花的东西以外，我没有写过任何东西。

在西班牙，我们度过了一段非常困难但也相当有趣的日子。我的运气不好，被卷入了政治事变中。由于我是经独立工党介绍去的，我被分派到西班牙马克思主义统一工人党的国民军中服役，因此我也被卷进了巴塞罗那五月份的战斗，最后在警察的紧紧追赶下逃离西班牙。假如我去西班牙的时候没有任何政治派别，我很可能加入了国际纵队。此时，我无疑会因为“政治上不可靠”而被人从背后打上一枪，或者至少是被投入监狱。如果我早知道参加无政府主义者的组织情况会好一点，说不定我就成为一个无政府主义者了。因为我是带着独立工党的证明信去西班牙的，所以被分派到马克思主义统一工人党的国民军，所以时不时地被《工人日报》称为法西斯主义者、托洛茨基主义者，等等。我还不得不更换我的出版商，因为戈兰茨嫌我是托洛茨基主义者，不愿跟我发生更多关系。在休斯卡我受了重伤，但是我幸运地逃过了这一劫，现在我一切都非常好……我还没有见到过里兹，但我听到过他的消息，我希望他以后能到我这里来。我推测他也在某种程度上卷入了这起政治事件，我真的不知道他会怎么样，因为他是跟着共产党的，但是，当然，我们现在都是托洛茨基主义者了。

如果有合适的时间，请你一定过来。提前寄一张卡片可能更好，但是也没有多大关系，因为我们总是在家的。

请代我向你妻子问好。

你的

埃里克·布莱尔

致亨利·诺尔·布雷尔斯福德

赫特福德郡 巴尔多克附近

沃灵顿商店

1937年12月10日

亲爱的布雷尔斯福德先生[1]：

我不能确切地说认识您，尽管我相信我在巴塞罗那的时候确实见过您，我知道您在那里遇到过我的妻子。

我一直试图弄清楚巴塞罗那五月战争的某些方面的真相。我在5月22日的《新政治家与民族》上读到了您的大作，您说马克思主义统一工人党游击队“用从政府的军火库中偷走的坦克和枪支”袭击了政府。当然，在整个战斗中，我都在巴塞罗那，尽管我不能回答坦克的事情，但我可以肯定的是，任何地方都没有枪炮射击。在各种报纸上出现了一个明显相同版本的故事，即马克思主义统一工人党在埃斯帕广场使用了偷来的75毫米口径的排炮。我知道这个故事是不真实的，我有很多理由。首先，我从现场目击者那里得知那里没有枪。其次，事后我检查了广场

1. 亨利·诺尔·布雷尔斯福德（Henry Noel Brailsford，1873—1958），社会主义知识分子、作家、政治记者，《曼彻斯特卫报》《每日新闻》和《国家》的主要撰稿人。1907年加入英国独立工党，1922年—1926年担任独立工党机关刊物《新领袖》的编辑。代表作包括《雪莱、戈德温和他们的圈子》《铁与金的战争：武装和平研究》《伏尔泰》和《印度主题》等。他在《新政治家与民族》上发表的文章分为两部分。前半部分题为《西班牙的无政府主义者和共产主义者》，发表于1937年5月22日。他在文章中说马克思主义统一工人党“代表了老的和现在的异端共产主义立场。它反对任何与中产阶级的结盟，即使是为了拯救共和国。比反对无政府主义者要凶猛得多，共产主义者对马克思主义统一工人党发动了无情的仇杀，把所有的叛国罪名归咎于托洛茨基……那些无政府主义者与马克思主义统一工人党结盟，用从政府弹药库中偷盗出来的坦克和枪炮向社会主义者进攻；而无政府主义者比起社会主义者来说，更加远离坚定的马克思主义。”

周围的建筑，没有发现枪击的迹象。最后，在整个战斗中，我没有听到炮火的声音，如果一个人听惯了枪炮的声音，他是不会搞错的。因此，这里似乎出现了一个错误。我想知道您能否善意地告诉我关于枪支和坦克的故事来源于何处。很抱歉打扰您，但如果可以的话，我想澄清一下这个故事。

也许我应该告诉您，我是以乔治·奥威尔的笔名写作的。

您真挚的

埃里克·布莱尔

1938 年

致《时代与潮汐》编辑[1]：

阁下：

在贵刊1月22日的“时代—潮汐日记”中，西罗科对左派图书俱乐部作家的“矫揉造作的一致”发表了自己的评论，并且补充道：“为什么无政府主义者写的书内容不是橘黄色的[2]？是谁把在舞会上遇到的那些年轻的托洛茨基分子的夸夸其谈拿去出版了？”

事实上，塞克尔与沃尔伯格出版公司[3]——最近他们正被很不准确地称为“托洛茨基主义分子出版商”——的确出版了一些以左翼的而不是非共产党的观点写成的政治书籍。我有幸对这类书中的几种进行了评论，评论发表在您的栏目中，涉及西班牙发生的战争。有一本叫作《红色西班牙全记录》，这倒的确是一个托洛茨基分子写的。就像我在写书评的时候说的，这是一部带有偏见的书，但是在细节上十分有趣，对处在战争最初几个月中的加泰罗尼亚进行了生动的描绘。另一本是梅林·米切尔的《西班牙上空的风暴》，这是一位罗马天主教徒写的，但是书中充满了对西班牙无政府主义者的同情。最好的一部是弗兰兹·鲍克瑙[4]写的《西班牙战场》（由菲波尔兄弟出版公司出版），它是从严格的无党派的观点出发进行写作的，只是作者仍旧表明了他是拥护政府和反对佛

1. 这封信发表在1938年2月5日出版的《时代与潮汐》上，具体写作时间不详，不过应该是在1月22日之后、2月5日之前。

2. 左派图书俱乐部的图书封面都是略带橘黄色的。

3. 塞克尔与沃尔伯格（Secker & Warburg）出版公司，总部设在伦敦，后因与乔治·奥威尔的合作而知名。

4. 弗兰兹·鲍克瑙（Franz Borkenau，1900—1957），奥地利作家，对马克思主义和精神分析学说有较为深入的研究，著有《新德意志帝国》《世界共产主义：共产国际的历史》等。

朗哥[1]的。按照我的观点，在迄今为止已经出版的或者等战争的尘埃落尽之后可能出版的所有关于西班牙战争的书中，这将是最为出色的一部。但是在这篇书评发表以后，随之而来的事情非常有意思，可以让我们了解一下正在使我们备受折磨的检查制度，而左派图书俱乐部显然就是一个受害者。

我为《西班牙战场》所写的书评在《时代与潮汐》上发表后不久，书的作者给我写信表示感谢。他说，虽然受到广泛赞誉，但我是注意到书中的一个中心主题的唯一评论者，即：西班牙共产党在西班牙扮演的真正角色。几乎同时，我又为另一个知名度很高的周报写了这篇书评，说了一些与在《时代与潮汐》上发表的那篇文章大致相同的话，但是篇幅增加了很多。他们拒绝发表这篇书评，因为它“违反编辑方针”。与此同时，我发现所有试图对 1937 年 5 月和 6 月期间加泰罗尼亚发生的事情进行真实报道的文章，几乎都不可能在英语报刊上发表。很多人带着不同程度的坦率告诉我，你一定不要把西班牙发生的事情的真相以及西班牙共产党在其中扮演的角色说出来，因为这样做会使公众对西班牙共产党产生偏见，从而帮助了佛朗哥。我不同意这种观点，因为我坚持这样的过时的意见：从长远观点看，说谎并不合算。但是，既然这样做是受帮助西班牙政府的愿望所支配的，我尊重这种做法。但是我觉得有趣的是：拥护政府的报纸掩盖了西班牙发生的不光彩的事，很多人不经审判就投入监狱，秘密警察进行大屠杀，等等；但是拥护佛朗哥的报纸也这样做。共产党报纸声称发现了“托洛茨基分子—法西斯主义者”合谋的大阴谋，这一说法广为流传。普列托[2]和政府其他成员都否认关于

1. 弗朗西斯科·佛朗哥（Francisco Franco，1892—1975），西班牙政治家，西班牙内战期间推翻了民主共和国的民族主义军队的领袖。自 1939 年开始到 1975 年，佛朗哥独裁统治西班牙长达 30 余年。

2. 指因代尔西奥·普列托（Indalecio Prieto，1883—1962），西班牙第二共和国之前和期间的西班牙政治家，西班牙社会主义工人党（PSOE）的主要人物之一。曾担任共和国的财政部长和国防部长。

“阴谋”的故事中有任何真实的成分，并且直言不讳地说，警察完全是共产党控制之下的一个独立机构。而这两个事实都被共产党的报纸小心地避开了。因此，从这里可以看出，共产党的检查制度比起左派图书俱乐部来说触角伸得更长。而右派报纸虽然把所有的“红色”混为一谈，但对他们却是一视同仁地持敌视态度。左派报纸非常清楚哪些党派和个人对资本主义大厦是有威胁的或者是没有威胁的。10 年前想发表任何赞成共产主义的文章几乎都是不可能的，而现在，想发表任何拥护无政府主义或者“托洛茨基主义”的内容也几乎是不可能的了。艾伦·威尔金森[1]女士不是在您 1 月 22 日的那期上发表评论说，在巴黎，“见到一位叫佩蒂纳克斯的和一位叫庞加莱的前内阁成员与共产党领导人一起共进午餐，人们会毫无紧张感吗？”难道她真的不明白这事，就像她看不出佩蒂纳克斯和索雷兹[2]都害怕希特勒吗？

乔治·奥威尔

1. 艾伦·西塞莉·威尔金森（Ellen Cicely Wilkinson，1891—1947），英国工党政治家，从 1945 年 7 月起担任教育部长直至去世。威尔金森出生于一个贫穷但雄心勃勃的曼彻斯特家庭。她从小就接受了社会主义，曾加入英国共产党。不过她后来远离了她以前的左翼立场。

2. 莫里斯·索雷兹（Maurice Thorez，1900—1964)，法国政治家，从 1930 年开始长期担任法国共产党领导人直至去世。1946 年至 1947 年间曾担任法国副总理。

致杰克·考曼

赫特福德郡 北巴尔多克镇

沃灵顿村商店

1938 年 2 月 5 日

亲爱的杰克：

我很抱歉，但关于我“有些活要干”那件事，那是马克思[1]理解错了。所有的经过是这样的：我的花园有些挖掘之类的重活，另外还有其他一些事情，我不得不寻求帮助，所以我只得找了一个小伙子，请他在这里停留了一周给我帮忙。他现在走了，我给了他一张两英镑的支票。我确实希望我能够多给他一些钱，但现在我只能祝愿他能用这些钱多付一些账单或者多应付一些别的什么支出。真遗憾你距离我那么远。我有很多事情想跟你谈谈。如果你可以设法再来一趟，那就再来住上几天。过来只待一天似乎总是遗憾。

感谢上帝，我的书终于写完而且已经付印了，我想书名会叫《向加泰罗尼亚致敬》，因为我们想不到一个更好的名字。

最近几周中我不会开始写下一部书。

请代我向你的妻子和孩子问好。

你的

埃里克·布莱尔

1. 指马克思·普劳曼。

致雷蒙德·莫迪默

赫特福德郡 北巴尔多克镇

沃灵顿村商店

1938年2月9日

亲爱的莫迪默[1]：

这封信是对你2月8日的信的回应。如果我曾经伤害了你或者其他任何人的感情，我感到非常抱歉。但是在讨论此事涉及的一般性事件之前，我必须指出你在信中所说的是相当错误的。你说：

你关于《西班牙战场》的书评我们不会刊登，因为它对这本书的描述是极其不充分的，会给读者带来误导。你仅仅把书评用来表达你的个人意见，介绍你认为读者应该了解的事实。而且，上次我见到你的时候，你承认了这一点。那么随后为什么非常错误地暗示，书评被拒绝是因为它"违反编辑方针"？此前你曾经投给我们一篇文章，这篇文章也被拒

1. 查理斯·雷蒙德·贝尔·莫迪默（Charles Raymond Bell Mortimer，1895—1980），英国作家、评论家和编辑。曾担任过《新政治家与民族》的文学编辑，第二次世界大战期间在英国广播公司工作，随后成为《星期日泰晤士报》的书评作家。莫迪默在读了奥威尔发表在1938年2月5日出版的《时代与潮汐》上的信后，于2月8日给奥威尔写信表示抗议。他说："当然可能您指出的那个'知名度很高的周报'不是《新政治家报》（译者注：即《新政治家与民族》，下同。），但我认为这是在影射我们，并且毫无疑问读过你信的大多数人都会这样认为。"《新政治家报》的办公室在战争中被炮弹炸毁，那个时间留在办公室的所有信件都丢失了。但是奥威尔保存了给金斯利·马丁和雷蒙德·莫迪默的信件的原稿及复印件。我们这里选用的给雷蒙德·莫迪默的复函即来源于此。雷蒙德·莫迪默此后又给奥威尔写了一封信，信中雷蒙德·莫迪默加了这样一条手写的注释："亲爱的奥威尔，请接受我谦卑的道歉。我不知道金斯利·马丁已就此事给你写过信。我拒绝那篇评论有我自己的原因，就是我给出的那些。你不再给我们写稿子，我因此觉得很抱歉。我希望从过去的评论中让你确信，斯大林主义正统论在这里是没有太高价值的。"

绝了。你是不是把先前的那篇文章与这篇书评混淆起来了？我们拒绝刊登那篇文章的原因，是因为我们已经就同样的主题发表了三篇文章。

我附上一封金斯利·马丁[1]的信的复印件。你会从这封信中看到，书评被拒绝的原因是“它违反了报纸的政治方针”（我应该说过“政治方针”，但没有说过“编辑方针”）。其次，你说我先前的文章被拒绝“因为我们已经就同样的主题发表了三篇文章”。那么我投给你们的文章写的是马克思主义统一工人党所受到的压制、所谓“托洛茨基—法西斯分子”阴谋以及关于列宁暗杀案等。据我所知，《新政治家报》迄今为止没有就这一主题发表过任何文章。我承认我写的书评是带有倾向性的，或许还有些不公正，但就像你从附信中看到的，书评被拒绝不是因为那些原因。

对我来说，没有什么比卷入这些争论和写作更可恨的了，从某种程度上说，这是在与我平素尊重的人和报纸作对。但是，人应该了解卷入的是什么事情，了解让真相通过英国新闻界大白于天下是多么的艰难。就可以获得的数据而言，目前西班牙监狱中囚禁了不少于 3000 个政治犯（或者换个说法，反法西斯主义者），他们中的大多数在没有任何审判和判决的情况下，已经在最恶劣的环境中被囚禁了六到七个月。这一切是我亲眼所见。许多人仍旧被处死，毫无疑问，如果西班牙政府没有意识到去忽视共产党报纸的抗议声，西班牙政府肯定进行了大规模的屠杀。西班牙政府的不同成员一次又一次地告诉麦克斯顿、麦克戈文[2]和

1. 巴希尔·金斯利·马丁（Basil Kingsley Martin，1897—1969），英国记者、编辑，曾于 1930 年—1961 年期间担任左倾政治期刊《新政治家与民族》的编辑。根据奥威尔与朋友的谈话记录，因为金斯利·马丁所说的关于西班牙内战的“那些话”，奥威尔始终没有原谅他。

2. 约翰·麦克戈文（John McGovern，1887—1968），曾作为独立工党的代表长期担任英国国会议员。1934 年，他领导了一次从格拉斯哥到伦敦的反饥饿游行活动。

费利逊·查理[1]，他们希望释放这些人，但是因为共产党的压力而不能这样做。在共和政府掌控下的西班牙所发生的事情，很多是被外部意见支配的，并且，毫无疑问，如果有来自外国社会主义者的普遍抗议，那些反法西斯囚徒们应该已经被释放了。即使这些抗议来自像独立工党这样的小团体，也会产生一些效果。但几个月前，有人提出递交一个释放反法西斯囚犯的请愿书，这时几乎所有的社会主义领袖都拒绝在请愿书上签名，我确信其中的原因是：尽管毫无疑问他们并不相信关于“托洛茨基分子—法西斯主义者”合谋的阴谋的故事（他们积攒了这样一个总的印象，那就是无政府主义者和马克思主义统一工人党都是反政府的），但是他们相信了英国出版的报纸关于1937年5月巴塞罗那战争的谎言。举一个个别的例子，布雷尔斯福德在他发表于《新政治家报》的一篇文章中声称，马克思主义统一工人党曾用偷来的排炮、坦克等攻击政府。对此，《新政治家报》是允许的。巴塞罗那战斗期间，我正好在巴塞罗那。只要需要做否定的证明，我可以通过目击证人等证实，这个故事绝对是不真实的。

在发生关于我书评的书信往还的过程中，我曾写信给金斯利·马丁，告诉他这不是真的。最近我又写信给布雷尔斯福德，问他这个故事的来源。他不得不承认，他所写的这一切其实毫无权威来源。（他的信目前在斯蒂芬·斯彭德[2]手中。如果你想看，我可以帮你拿到它。）然而，无论是《新政治家报》还是布雷尔斯福德，都没有发表任何关于撤回这一陈述的声明，这等于是对众多无辜的人们犯下了盗窃和背叛罪。如果

1. 费利逊·查理（Felicien Challaye，1875—1967），法国左翼政治家，是旨在世界范围保护公民自由、反对法西斯主义的民权联盟委员会的成员。1937年，他与其他七位成员一起从联盟辞职，以抗议这一组织对斯大林主义暴政的懦弱顺从。

2. 斯蒂芬·哈罗尔德·斯彭德（Stephen Harold Spender，1909—1995），英国诗人、作家，作品主题集中于反映社会不公和阶级斗争。代表作包括诗集《诗选》、小说《落后的儿子》以及戏剧《俄狄浦斯》三部曲等。

我认为《新政治家报》对于发表片面的观点负有责任，我觉得你们不该怪我。

请允许我再一次为整个事件致歉，但是我必须尽我所能去为那些未经审判就被监禁和被新闻媒体恶语中伤的人们讨个公道。而达到这个目的的一个途径，就是吸引人们注意那些毫无疑问存在着的亲共产主义者的审查制度。如果我认为三缄其口会对西班牙政府有帮助，我会对整个事件保持沉默的（事实上，在我们离开西班牙之前，一些被监禁的人要求我们不要在国外尝试对此事做任何宣传，因为这可能会使西班牙政府名誉扫地），但我认为从长远观点看，像英国曾经做过的那样把事情掩盖起来是于事无补的。如果外国新闻界针对共产党报纸指控我们进行间谍活动等进行了适当的审查，就会发现它们完全是无稽之谈，整个事件可能已经被遗忘了。事实上，关于托洛茨基—法西斯主义阴谋的废话是广泛流传的。不可否认，除了很没有名气的报纸刊发了此类信息之外，《先驱报》和《曼彻斯特卫报》之类的知名报纸也心不在焉地刊发了。其结果是没有来自国外的抗议，所有这数千囚徒仍然被关在监狱里，许多人被杀害，通过社会主义运动传播仇恨和纷争的效果正在显现。

我把你给我写书评的那些书寄回去了。我想我不再给你们写东西应该更好[1]。对于这整个事情我非常抱歉，但是我应该支持我的朋友们，当我认为《新政治家报》正在试图掩盖重要问题时，我会参与对他们的抨击的。

你诚挚的

乔治·奥威尔

1. 事实上，奥威尔从 1940 年到 1943 年一直在为《新政治家与民族》的文学版写作书评。

致阿莱克·休顿·乔伊斯

赫特福德郡 北巴尔多克镇

沃灵顿村商店

1938 年 2 月 12 日

亲爱的乔伊斯先生[1]：

最近，《先锋报》（在勒克瑙[2]）写信邀请我去他们那里就任一个职位，时间为一到两年。并且说，假如我在进入印度的问题上碰到什么麻烦，建议我去向您咨询。为了回答您可能提出的一些问题，我想如果我先向您介绍一下我的全部详细情况及履历或许更方便一些。

我出生于 1903 年（我的护照上填写的时间是 1902 年，那是写错了），1917 年—1921 年在伊顿公学接受了教育，1922 年—1927 年在印度皇家警察驻缅甸部队服役，由于不适应这一工作，于 1928 年初退役。在 1928 年—1929 年期间，我住在巴黎，然后在英国教了四年书，从大约 1933 年起，开始以写作为生。在 1936 年底，我去了西班牙，加入了国民军，一直服役到 1937 年 6 月，当时我受了伤，就回到了英国。我从来没有加入过任何带有政治色彩的党派，但我是一个社会主义的同情者，在某种程度上与英国独立工党有联系，在西班牙的时候，我就是作为独立工党的小分队成员出现在阿拉贡前线的。

我出版过的书如下：《巴黎伦敦落魄记》《缅甸岁月》《牧师的女儿》《让叶兰继续飘扬》和《通向威根码头之路》。所有这些书都是维克多·戈

1. 阿莱克·休顿·乔伊斯（Alec Houghton Joyce），印度政府一位负责新闻信息事务的官员。

2. 勒克瑙是位于印度北部的一座城市，是北方邦的首府。

兰茨公司出版的。《通向威根码头之路》在1937年3月被左派图书俱乐部选中。我的下一部著作《向加泰罗尼亚致敬》将于3月份由塞克尔与沃尔伯格出版公司出版。我还是《新政治家与民族》《时代与潮汐》《听众》《新英国人周报》以及其他一些报刊的撰稿人。

我去印度的目的，除了在《先锋报》的工作以外，我还想尝试并了解与我现在了解的情况有所不同的印度的新政治观念和社会环境。无疑，我随后还要写几本与此有关的书，并且如果我可以安排好的话，我还会偶尔写一点关于印度事务的文章给《时代与潮汐》以及其他英语报纸。

我希望这些记录会对您有用。打扰您了，很抱歉。如果能得到您的帮助，我将感激不尽。

您真诚的

埃里克·布莱尔

又及：

我应该说明一下，我经常用“乔治·奥威尔”的笔名写作。

致杰克·考曼

赫特福德郡 北巴尔多克镇

沃灵顿村商店

1938 年 2 月 16 日

亲爱的杰克：

初步定在星期六吧。星期六下午 3 点 30 分的时候在希秦见面怎么样？那个时间正好去喝茶，而且可以一直延续到酒店营业的时间，然后我就乘末班公共汽车回家。我想我们最好的见面地点就是乌尔沃斯连锁店，这样假如我没有收到你表示反对的信，我就在星期六下午 3 点半的时候到乌尔沃斯连锁店（里面）找你了。

至于带一本书找戈兰茨出版，如果你确实这样做，一定要注意保密，不要让他知道你还有一本书在那里[1]正要出版。隐瞒得越久越好，等到那本书出来就不怕了。当然，戈兰茨对于出版“左”的东西是很有魄力的，但是因为他智商不是太高，只要托洛茨基主义以及其他异端邪说的东西没有写在表面上，他就看不出来。我个人认为脚踏戈兰茨和塞克尔这“两只船”是一个好主意。沃尔伯格[2]当然不会介意，从另一方面讲，如果戈兰茨把你列入他的名单中，并且不久以后你的一本书就出版了，那么当塞克尔的书出版以后，戈兰茨的佣工们很可能会故意放你一马……除非印度当局采取措施阻止我，我很可能不久以后动身去印度，时间是大

1. 指塞克尔与沃尔伯格出版公司。

2. 弗雷德里克·约翰·沃尔伯格（Fredric John Warburg，1898—1981），常被称作 F.J. 沃尔伯格，塞克尔与沃尔伯格出版公司总经理。

约一年。这是一个讨厌的差事，我很少这么不愿意做一件事，但我觉得这是一次机会，可以看到有趣的事情。假如我不去的话，事后我可能会后悔得直骂自己。我希望去印度的通知不会马上就来，因为我还想过几个月单调呆板的生活，照看照看花园等等，并且考虑考虑我的下一部小说[1]。我这会儿恐怕没有看出你跟《雅利安小径》有什么联系。我经常模模糊糊地感觉它与神智学说有某种关联。我能给你的唯一忠告就是：当你把灯开亮以后你才发现，灵的外质[2]成了奶油包布。我经常想，开始宣传一种新的宗教肯定能赚很多钱，我们什么时候讨论一下这个问题。我盼望着星期六跟你的会面……

你的

埃里克·布莱尔

1. 指《游上来吸口气》。

2. 灵的外质据说是灵媒在降神的恍惚过程中发出的一种黏性体外物质。

致西里尔·康诺利

赫特福德郡 北巴尔多克镇

沃灵顿村商店

1938 年 3 月 14 日

亲爱的西里尔：

我从《新政治家与民族》的名单上，看到你有一本书[1]将在今年春天的某个时间出版。如果你能设法给我寄上一本，我会在《新英国人周报》上为这本书写个书评，或许也可以在《时代与潮汐》上写一篇。我已经安排沃尔伯格给你寄一本我写的关于西班牙的书[2]（下个月出版），也希望你能够为它写个书评。你捧我，我也捧你。

我正趴在床上给你写这封信，我在今年秋天之前很可能去不成印度了。医生认为我不应该去。我又开始咳血了，最终结果总会显示出问题并不严重，但病情发作的时候却显得很吓人。我准备去肯特郡的隔离病房做个 X 光透视。我敢肯定他们会跟以前一样发现我没什么事。但是不管怎么说，这是一个很好的不去印度的借口，而我压根儿就没想去印度。欧洲糟糕的局势影响了我，让我无法静心写作任何东西。我看到戈兰茨已经把我的下一部小说列入他的出版目录上了，而这部书我现在还没有

1. 指《承诺之敌》，西里尔·康诺利著，1938 年由乔治·劳特里奇（George Routledge）父子出版公司出版。这是一部批评性和自传性的著作，包括三个部分：第一部分是康诺利对英国文学的观察，第二部分是影响一个人成为好作家的不利因素，第三部分是康诺利早期生活介绍。本书可以为"为什么康诺利虽被公认为是英国文学的领导者和杰出的批评家，却未能创作出优秀文学作品"之类的问题提供答案。

2. 指《向加泰罗尼亚致敬》。

写一行字，甚至连大体轮廓都没有。我们似乎也要为去集中营打点行装了。金－法罗前几天在我这里，等我离开隔离病房之后，准备和他一起度过下一个周末。再进城的时候，我会去看你。你能把你的电话号码写在一个便条上寄到我妻子的兄弟那里吗？我又把它弄丢了。这样，有机会的话我会给你打电话的。

请代我问候你的妻子。

你的

埃里克·布莱尔

致杰克·考曼

肯特郡 埃尔兹福德镇
普里斯顿庄园 杰里科病房
星期三 [1938 年 3 月底？[1]]

亲爱的杰克：

沃尔伯格刚刚给我寄来一本《七种计谋》[2]，我想我会怀着极大的兴趣去读的。他还让我对这本书稍稍吹捧一下。我当然会这么做，但我必须承认，沃尔伯格现在正在把我的书拿出去请人吹捧，而且已经做了 3 次或者 4 次了，这让我觉得有些不自在。问题在于我内心深处总是有这样一幅图画，就是我的智力正在成为一种商品，在被杰拉尔德·古尔德[3]以不断下跌的价格出卖。一年或者两年之前，爱琳曾说过，吹捧性的文章不会引用我的书评，因为我对别人的书所讲的那些话总是太富于攻击性。当然，我没有把这话当成是一种恭维。但现在我已经两次出现在作品的推荐广告上了，其中的一个是沃尔伯格做的，我不想让自己永远地成为这样一种固定物——书的封套背后印着"天才——奥威尔"。我们可将每一个人的写作动机分为三种类型：第一种是躲在象牙塔中为艺术而艺术的写作，第二种是为了政治宣传的写作，第三种则是换钱花的写作。但是无论如何，对于这部书我还是会讲一些我能够讲的话，并

1. 这里的问号是奥威尔自己加的，表明奥威尔写信时间是 3 月底的具体哪一天不太明确。

2. 这本书是由杰克·考曼编辑并作序的。

3. 杰拉尔德·古尔德（Gerald Gould，1836—1892），美国铁路投机商和金融家，靠投机买卖控制了美国铁路业、西方联合电报公司以及纽约市高架铁路，因阴谋垄断黄金市场而引起"黑色星期五"（1869 年 9 月 24 日）金融恐慌。

且我还要看看是不是可以在《新领袖》上也发个书评。

我希望爱琳已经把我在的这个地方写信告诉你了。恐怕我还要在这里再待上两个月。我认为我真的没有多大毛病，只是在一叶肺上有一些旧的机能性障碍。这种情况至少10年前就有了，之所以以前没有发现是因为我没有被感染，也就是说没有发现细菌。讨厌的是我不能工作了，另一方面由于怠工，我的上一部书[1]推迟了大约两个月才得以完成；下一部书[2]戈兰茨可能也已经排在了出版名单中，这恐怕也只好等一段时间再动手了。目前我正在研究植物学，当然是从最基本的东西学起；或者主要做些字谜游戏。这个地方很好，每个人都对我相当不错。

请代我向你的妻子和皮特[3]致意。我希望你一切都好。我将把这封信寄给沃尔伯格代转，因为我不清楚你是不是又改换你的地址了。

你的

埃里克·布莱尔

又及：

里兹在什么地方？他还在西班牙吗？我衷心地希望他在佛朗哥到达边界之前逃离西班牙。如果他只是跟救护队在一起，他们肯定不会向他开枪的，但他无疑会碰到一些不愉快。

1. 指《向加泰罗尼亚致敬》。

2. 指《游上来吸口气》。

3. 杰克·考曼的儿子。

致斯蒂芬·斯彭德

肯特郡 埃尔兹福德镇

普里斯顿庄园 杰里科病房

1938 年 4 月 2 日

亲爱的斯彭德：

希望你一切都好。我写信给你是想让你读一读我那本关于西班牙的书（书名叫作《向加泰罗尼亚致敬》），这本书不久以后就会出版了。我很担心你读过两章之后，脑子里就会留下这样的印象：整本书都是托洛茨基分子的宣传。实际情况则相反，只有大约一半或者还不到一半的内容是有争议的。我讨厌写那种带有功利性宣传的东西，而对个人经历更有兴趣。但是不幸的是，在我们正在生活的这个讨厌的时代，人们唯一的经历也被混入许多论争、阴谋，等等。大约是从 1937 年初开始，我偶尔会觉得自己似乎不能合乎体统地活在人世。记得我在靠近阿尔丘比尔的壕沟里放哨的时候，在严寒中我经常一遍又一遍地为自己背诵霍普金斯[1]的诗《菲利克斯·兰德尔》[2]——我想你知道这首诗——以此来打发时间。那大概是我最后一次对诗歌动感情了。从那以后，诗歌就从我的脑子里径直走开了。我想我无法送给你一本我的书，因为我已经订购了 10 本之多，而书的价格又他妈的这么贵。但你总可以从图书馆里

1. 杰拉德·曼雷·霍普金斯（Gerard Manley Hopkins，1844—1889），英国诗人，其诗作融纤细的情感、知识的力量和宗教的感召为一体，并且首创了一种类似日常言语的诗歌韵律——跳韵，对 T.S. 艾略特等一大批 20 世纪诗人影响甚著。其代表作有《风鹰》等。

2.《菲利克斯·兰德尔》（Felix Randal）是霍普金斯为一个“宽肩膀、具有健壮之美”的铁匠创作的挽诗，奥威尔称之为“最佳英语短诗”。这首诗曾在西班牙战场上给奥威尔带来极大的安慰。

借到一本。

我来这个地方已经大约 3 周了。听了医生的谈话，我曾经担心自己得的是肺结核，但是还不错，不是这病，只是肺部器官有一点损害。他们说我应该完全卧床静养大约 3 个月，然后或许就好了。这意味着我无法工作了，这是一件非常让人讨厌的事情，但也许这样最好。

西班牙的事情发生的方式让我觉得十分凄凉。我知道很多城镇和乡村在战火中化为灰烬。我猜想那些过去在我们面前很体面的农民，现在变得非常凄惨。他们被追赶得来回乱跑，重新受到地主的压迫。假如佛朗哥赢得了胜利，我都怀疑我是否还能够再回到西班牙。我猜想这意味着我无论如何也要重新办个新护照。我注意到你和我都是国际反法西斯主义者联盟倡议委员会或者什么委员会的成员，南茜·坎纳德[1]也是。可笑的是，先前正是她送给了我那些破烂东西，而这些东西后来竟然印成了一本书，书名叫作《作家们各有立场》。我愤怒地回了一封信，在信中我恐怕还并非恭维地提到了你，那时我跟你本人还不认识。尽管如此，如果国际反法西斯主义者联盟能够真正为保证食品供应做些什么，而不是只会签署一些狗屁声明，叫嚷几句“所有的一切都是邪恶的”而已，我还是拥护它的。

什么时候有时间给我写信吧。我希望等我出院以后能够再次见到你。或许你可以过来跟我们一起住上一段时间。

你的

埃里克·布莱尔

1. 南茜·坎纳德（Nancy Cunard，1896—1965），船主的女儿，诗人和文学性回忆录作家，对社会主义事业和黑人艺术事业做出过贡献。

致斯蒂芬·斯彭德

肯特郡 埃尔兹福德镇
普里斯顿庄园 杰里科病房
星期五 [1938 年 4 月 15 日？[1]]

亲爱的斯彭德：

非常感谢你的来信，也非常感谢你寄赠给我的你的剧本[2]。我一直等到自己读完了剧本的后半部分之后才给你回信。剧本吸引了我，但至于我对这部戏的感觉究竟怎么样，我还不敢十分肯定。我想，对待这样一种作品，人们希望看到它演出来，因为在写作这部戏剧的时候，很明显你心里设想着不同外景布置、附加音响等等，而这些会决定着剧作诗行的节奏。还有很多别的东西，下次我见到你的时候我们再详谈。

你问我为什么在没见过你的时候攻击你，而另一方面见过你之后却改变了看法。我不知道我确实攻击了你，不过我的确曾经捎带着说过一些攻击性的话，比如“像奥登[3]和斯彭德那样只会高谈阔论、没有实际

---

1. 作者在“15”后面加了个问号，表明作者对写信时间是否为 15 日没有把握。经核实，1938 年 4 月 15 日的确是星期五。

2. 指《法官的审判》。

3. 可能是指威斯坦·休·奥登（Wystan Hugh Auden，1907—1973），著名英裔美籍诗人，被公认为艾略特之后最重要的英语诗人，也是著名的同性恋者。他出生在英国约克郡，1922 年开始写诗，1925 年入牛津大学攻读文学，20 世纪 30 年代以《诗集》成为英国新诗的代表，被称为“奥登派”或“奥登一代”。奥登又是英国左翼青年作家的领袖。1937 年赴马德里支援西班牙人民反法西斯斗争，发表长诗《西班牙》。1939 年移居美国，并于 1946 年成为美国公民。他从英美两国的文学与历史传统中充分汲取营养，作品内涵深邃而宽广。晚年常在纽约和奥地利乡村居住。1973 年 9 月 29 日病逝于维也纳。奥登的代表作有《海与镜》《石灰石赞》《阿喀琉斯的盾牌》《无墙的城市》和《谢谢你，雾》等。

行动的布尔什维克”之类的话。我之所以愿意把你当作只会高谈阔论、没有实际行动的布尔什维克的典型，原因是这样的：第一，我所读过的诗对我来说没有什么意义；第二，我把你看作一种时髦的成功者；第三，因为没有见过你，我可以把你看作一种类型，或者说一种抽象。即使在见过你之后我正巧不喜欢你，我也肯定会改变态度，因为你跟一个人本身见过面以后，你马上就会意识到，他是人而不是体现某些思想的人物肖像。部分地是因为这个原因，我才没有在文学界跟更多的人接触。因为我根据经验知道，一旦我见过并且和人家说过话，以后我就再也不可能对他表现出任何思想上的残忍，即使我觉得我应该那样。比方说那些工党的议会议员们，表面上得到公爵们的鼓励，哪知道却永远地落选了。

感谢你为我那本关于西班牙的书所写的书评。但是不要跟你自己的党派闹别扭，那样太不值得。尽管如此，你当然不必同意我的全部结论，我想你无论如何都可能这么做，尽管你没有真的把我叫作说谎的人。如果你什么时候能过来看我，我就太高兴了，假如不是非常不方便的话。我的病不传染。我觉得这个地方不难到达，因为绿线公交车车站就在大门口。我在这里很开心，他们对我都很好。不过不能工作简直太烦人了，所以在大多数时间里我都在做字谜游戏。

你的
埃里克·布莱尔

致杰弗里·高尔勒

肯特郡 埃尔兹福德镇

普里斯顿庄园 杰里科病房

1938年4月18日

亲爱的高尔勒：

我必须写信感谢你，你的书评实在精彩极了。我不断地掐自己以确定我是清醒的，要是《时代与潮汐》真的把书评发表了[1]，我又得掐自己了——我担心他们会觉得书评太长，而且有些过誉了。至于主题，我想他们不会找什么麻烦的，因为他们一直对西班牙内战十分熟悉。但是，即使他们把文章删短了，我同样感激你的努力。只有这样一个或者两个问题。一个是：你说西班牙内战中巴塞罗那的战斗是袭击队挑起的，事实上是国民自卫队[2]挑起的。那个时候那里根本没有袭击队，这里有一些区别，因为国民自卫队就是原来的西班牙宪兵队，从19世纪早期就有了，事实上是一个或多或少地有亲法西斯主义倾向的团体，即在条件许可的地方，他们往往就要加入法西斯党。自卫队是从1931年共和国的时候开始新组建的，拥护共和国，出于同样的原因，劳动阶级不憎恨他们。另一个是：如果你被迫要缩短或者修改书评，一定要坚持说，我在巴塞罗那的战斗中只是在担任警戒——像你现在所做的那样，那也没有关系。

1. 杰弗里·高尔勒为《向加泰罗尼亚致敬》一书所撰写的书评发表在1938年4月30日的《时代与潮汐》上。《向加泰罗尼亚致敬》1938年4月25日由塞克尔与沃尔伯格出版公司在伦敦出版，1952年由哈科特·布雷斯出版公司在伦敦再版。

2. 国民自卫队是西班牙半军事性质的国家警察部队，主要维持农村地区的秩序，还承担在前线地区及公路上巡逻的任务。1844年建立，为历届政府服务，反对劳工组织，被农民视为压迫工具。

是的，在战斗开始时我的确是在担任警戒，但是如果上级命令我参加战斗，我也同样会这样做的，因为在发生混乱的时候，人们除了遵从自己的团体以及上一级军事长官的命令以外，似乎什么别的事情也不能做。但是我很高兴你喜欢这本书。人家都收到过供写书评之用的样书，但迄今为止我自己还没有收到一本，而且我很担心书的封套会是什么样子。沃尔伯格说到要用加泰罗尼亚的流行色来装饰封套，而这就很容易与西班牙皇室专用颜色以及马里勒本板球俱乐部的颜色混淆起来。

希望你一切都顺利。我现在身体好多了，事实上我的确很担心我的身体是不是哪儿有问题。爱琳一个人正在忙于饲养小鸡，但她每两周到城里去一趟。

你的

埃里克·布莱尔

致杰克·考曼

肯特郡 埃尔兹福德镇

普里斯顿庄园 杰里科病房

1938 年 4 月 20 日

亲爱的杰克：

非常感谢你的来信。给你写信是为了告诉你，我确实非常喜欢《七种计谋》，尤其是沃森写的那篇来稿[1]。我给塞克尔写了一个便条，其中有一些内容可以用在图书宣传的海报中。我还问过《新领袖》是否想发这本书的书评。当然，对一个像他们那样的小出版公司来说，要想取得很大的成功绝非易事，尽管如此，我想，通过扬长避短，他们无论如何也是可以维持下去的。假如周围没有成千上万的攻击，你不会想到去做广告；但是，假如你不去做广告，根本就不会有人正儿八经地给你写书评。对于塞克尔与沃尔伯格出版公司，只要公司还可以运转，就有政治因素和某些人破坏他们出的书。我自己的书肯定会由于这个原因在很多地方被大家忽视，但我已经打通了一些关节，它一定会在四面八方高奏凯歌。至于伟大的无产阶级小说，我确实不知道它们是如何问世的。《七种计谋》里的东西是从无产者的观点出发写作的，但是当然，作为文学来说它还是资产阶级的。事情是这样的：我们所有的人在说话和写作时都在使用两种不同的语言，比方说一个苏格兰人甚至就是约克郡人，他用标准英语写文章跟他用本地语来写是完全不同的，就像一个意大利人用西班牙语写作一样。我觉得出现的第一部真正的无产阶级小说将通

1.《七种计谋》七篇来稿之一的《大烟鬼》，作者是 J.H. 沃森（J.H.Watson）。

过无线电广播出来。

我听说理查德[1]就要回国了。从你的话中我推测他是在加泰罗尼亚——还以为他又去马德里了呢，那样的话他就不容易脱身了。

我爱你们所有人。

你的

埃里克·布莱尔

1. 理查德·里兹。

致西里尔·康诺利

肯特郡 埃尔兹福德镇

普里斯顿庄园 杰里科病房

1938 年 4 月 27 日

亲爱的西里尔：

非常感谢你的来信。你没有在西班牙受伤，我非常高兴。那边的情况简直糟糕透了，恐怕战争又要升级了。可怕的是假如这仗打败了，政府就会收紧自己的政策，而这将导致政府的垮台。这样，在我们还不知道自己在什么地方的时候，我们已经处在另一场拯救民主的战争的中心了。你能不能设法为我的书写个书评，或者把书给别人让别人来写？这本书星期一就要出来了。

我已经在这里住了 5 到 6 个星期了，恐怕还得再住上 8 到 10 个星期。我的身体其实真的没有什么大病，只是肺部有一点功能障碍，这个毛病至少 10 年前就有了。我想，如果病情很严重的话，在西班牙的时候就会发作了；相反，直到负伤之前，我在西班牙一直感觉很好，体重甚至也增加了。在这里我当然不能工作，这是件很讨厌的事，会把我的下一部小说拖延到 1939 年。我收到了斯蒂芬·斯彭德的一封信，他送给我他写的一个剧本，还说准备在什么时候过来看我。很有意思，过去我常常把他和他们那一伙的其他人当作女里女气的左派的代表，而且我确实不太喜欢谈他的诗，但当我见到他本人的时候，我却非常喜欢他，并且为我说过的关于他的那些话感到后悔。

替我向你妻子问好。

你的
埃里克·布莱尔

又及：

不，不要过来看我。我知道这会让你觉得压抑——我是指这个地方——这对你来说或许是一次乏味的旅行。

致杰克·考曼

肯特郡 埃尔兹福德镇

普里斯顿庄园 杰里科病房

星期日 [1938 年 5 月？ 日 [1]]

亲爱的杰克：

昨天，沃尔伯格寄给我一本你的书 [2]。尽管你说的话中我有很多不同意，但我还是觉得这本书真他妈的棒极了。我要为这本书写个书评寄给《新英国人周报》，我还要写个便条给沃尔伯格，里面有他要的可以用在图书广告上的内容。正像我以前告诉你的，坦率地说，我反对这种吹捧性的图书广告，即使是在人们很钦佩这本正被讨论的书的时候也是如此。因为人们得到值得听取的批评意见的唯一途径，就是听听不可能被图书广告引用的那种人的意见。除了《七种计谋》以外，这是不是你第一本正式出版的书？当你看到思想最终以物质的形式固定下来的时候，那是不是一种伟大的感觉？我不知道爱琳是不是记得把我关于西班牙的书寄给你一本，但是假如她没有寄的话，下周一她回家以后会给你寄的。我不知道这部书卖得怎么样，但这次不会像以前那样有那么多读者，我猜这本书也许有一点被联合抵制了。当然，除了一些政治上的暗算以外，还有常见的评论上的诓骗，即：你的书获得的评论的数量以及受到吹捧的程度，直接取决于你的出版商投入的广告费的多少。我想，

1. 奥威尔对于写信的具体日期不是很明确，所以在 5 月后面加了问号。因为给杰克·考曼的下一封信是在 1938 年 5 月 5 日写的，所以，如果这一封信的写作时间确实是“星期日”的话，那么这一天应该是 1938 年 5 月 1 日。

2. 指《自由》。

假如我是出版商，我不会做得那样迂回曲折，我只要给主要的雇用评论者支付一个月的工资，让他们保证我的书评放在最显著的位置。我希望你一切都好。尽管我还不能下床活动，但已经好多了，因此我猜想，我可能再在这里住一到两个月。既不能工作，也不能在这种讨厌的天气过后回家抢救一下花园中劫后余生的东西，这的确是一件很烦人的事。但是休息无疑会对我有好处。附带说一句，这使我非常迫切地希望开始我的下一部小说[1]，尽管在刚来这里的时候，我一直在想，世界上有着希特勒、斯大林之类的这些人，写小说的日子应该已经结束了。因为，我觉得如果我的小说是在8月份开始写的，恐怕就不得不在集中营里完成它了。

把我最好的祝愿带给玛丽[2]和皮特。

你的

埃里克·布莱尔

1. 指《游上来吸口气》。

2. 杰克·考曼夫人。

致《新英国人周报》编辑[1]

阁下：

我可以向您的记者罗姆尼·格林[2]先生提出以下考量吗？

1. 他说："（和平主义）理论是足够合理的，可以用来安抚那些对社会问题相当担忧的富裕知识分子的良心，但如果战争不能避免，他们就不想看到这些问题得到解决。正是这些人，他们客厅桌子旁边都坐着和平主义者的明星，因为在战争被废除之前不能对解决社会问题做任何事情，他们显然觉得无所事事是有道理的。"

是不是这样的事情正在发生呢？我们在每一张客厅桌子上看到的真是和平主义文学吗？难道不是相反，是所谓的"反法西斯"文学吗？和平主义远非时尚。或者用可以让占有阶级更容易接受的话说，全部的大型日报都联合抵制所有和平主义活动的新闻。实际上，整个左翼知识分子群体，通过他们在《新闻纪事报》《新政治家报》《雷诺兹报》等报纸里的喉舌，都在呼吁建立一个人民阵线政府作为对德国战争的前奏。他们通常表述得过于含混不清，以至于不会公开承认他们希望战争，但这就是他们的意思，私下里他们常常承认战争是"不可避免的"，其真实意味是他们对战争是向往的。

2. 他还说："我非常怀疑任何一个带着眼睛去英国的人的智慧或者真诚……并且，那些人……认为除非战争被废除，否则任何社会问题都无法解决。"

1. 这封信发表在 1938 年 5 月 26 日的《新英国人周报》上，具体写作日期不详。

2. 罗姆尼·格林（Romney Green）的信发表在 1938 年 5 月 12 日的《新英国人周报》上。格林在 1938 年 4 月 14 日的《新英国人周报》上发表了一篇关于奥尔德斯·赫胥黎的文章，题为《失职的明星》，他的信是由这篇文章引发的。

其言外之意是：和平主义在某种程度上被用作或者说可以被用作阻碍社会改革的借口。又一次这样说。这是在哪里发生的，又是怎样发生的呢？除了那些绝对处于战争轨道外的国家以外，在每一个国家，准备战争的必要性被系统地用来阻止每一次社会进步。不言而喻，它发生在法西斯国家，但是在民主国家“枪比黄油优先”也是惯例。我们已经看到，在两年期间，法国工人阶级是如何被人用同样的口号骗取了他们在 1936 年赢得的每一个优势，这个口号是——“所有法国人都必须团结起来反对希特勒”。事实上，任何真正的进步，更不用说任何真正的革命性变革，只能从人民大众坚决拒绝资本主义—帝国主义战争开始，从而使他们的统治者明白战争政策是行不通的。只要他们表现出愿意为“捍卫民主”而战，或者为“反对法西斯主义”而战，或者为任何其他肮脏的口号而战，同样的伎俩就会被一次又一次施加给他们：“你们现在不能提高工资，因为我们必须为战争做好准备。枪比黄油优先！”同时，在英国也很有可能产生有效的反战运动。这是一个鼓动人们对战争的厌恶情绪的问题，而这种厌恶情绪在普通的正派人民中无疑是存在的，剩下的蹩脚新闻记者和娘娘腔的男人则持相反意见。事实上，一本与类似赫胥黎先生的著作[1]类似的书包含了一定程度的自以为是（我们都以不同的方式自以为是），并且过多地从中产阶级知识分子的立场写作，有些离题太远了。任何有助于把和平放置在地图上的人都是在做有益的工作。工人阶级的真正敌人不是那些以故作高深的姿态跟他们说话的人，而是那些试图欺骗他们把自己的利益混同于剥削者利益的人，欺骗他们忘记了每一个体力劳动者都心知肚明的事——现代战争只是一场闹剧。

乔治·奥威尔

1.《目的与手段》，奥尔德斯·赫胥黎撰写的文集，于 1937 年出版，是探讨理想的本质及其实现方法的，是作者对战争、宗教、民族主义和伦理的思考。

致杰克·考曼

肯特郡 埃尔兹福德镇

普里斯顿庄园 新疗养所

1938 年 7 月 5 日

亲爱的杰克：

你知道我不得不到国外去过冬了[1]，从 8 月份开始，可能要过大约 6 个月。你是不是愿意免费住进我们的小屋，作为回报，你替我们照看一下我们的小动物？我会告诉你所有的情况，由你自己考虑好利弊后再做结论。

第一，医生说我必须住在更往南的地方。那意味着最晚在我们回来的时候要放弃这个住处。但是，我不想放弃我们饲养的家禽，因为我们现在已把鸡养到了大约 30 只，明年就可以繁殖到 100 只。假如卖掉这些家禽，那就意味着也要卖掉鸡舍，你卖掉它们得不到多少钱，而添置这些却花销可观。因此我们有这样两种选择：要么找个人住在我们的房子里，要么花钱雇人照看这些小动物，那样再加上储藏家具的费用，已经跟这房子的租金不相上下了。

第二，你知道我们的房子是个什么样子。的确糟糕极了，但是还可以住。有一个房间放着一张双人床，另一个房间放着一张单人床，还有足够的床单、被褥等等，足够两个大人和一个小孩生活。冬天的时候，如果突然下起了雨，厨房可能就会进水，但起居室还是比较干燥的。你要记住，起居室的壁炉有些漏烟，我想，在离开之前，我们应该看看烟

1. 因为肺病的缘故，埃尔兹福德的医生建议奥威尔到一个气候温暖的地方去过冬。

囱——但无论如何也不会有很多麻烦事的。那里也有自来水，但不是热水。还有一个液化气炉，很贵（我是指的液化气）；也有一个煤油炉，修理修理还可以用。至于农副产品，没有很多蔬菜，因为爱琳一个人无法照料好整个园子，但是无论如何土豆也足够吃一个冬天的。此外还有羊奶，一天大约有一夸脱，因为这只奶羊刚刚生过小羊羔。很多人对羊奶有偏见，实际上羊奶跟牛奶真的没有什么区别，而且，据说羊奶对小孩更好。

第三，关于照看小动物。这意味着要给它们喂食，等等。有大约30只家禽需要喂食，还要给羊挤奶。关于饲养方法等等，我会留下详细的建议。我还会安排好谷物商保障供应，并把账单寄给我。你还可以把鸡蛋卖掉（会有小贩沿街收购，有多少要多少），把钱先给我们存着。最初的时候不会有很多鸡蛋，因为大多数鸡都是今年孵化的小鸡，但是到了明年早春，这些鸡就会每周下大约100只蛋。

告诉我们你是否愿意把这些承担起来。这样做对我们比较合适，对你来说，我想不管怎样也是一个适于写作的安静场所。

把我最好的祝愿带给玛丽和皮特。

你的

埃里克·布莱尔

致西里尔·康诺利

肯特郡 埃尔兹福德镇

普里斯顿庄园 新疗养所

1938 年 7 月 8 日

亲爱的西里尔：

非常感谢你的来信。我想向你征询一些关于法国南方的情况的建议，请在你觉得合适的时间给我一个回答。我想了解的是：能不能在村子里租到有家具的小房子？我觉得肯定有数以千计的人在这些地区有避暑用的别墅，而且他们愿意出租，但是这种地方适不适合冬天居住？如果我能够租到房子，我不想去住膳宿公寓，因为我讨厌那种地方。我必须有一个属于自己的住处，这样我才好在里面写作。再就是我希望住在非常小的村子里，而这样的村子里一般没有膳宿公寓。我当然不是要你把一切都为我安排妥当，而只是让你告诉我，我希望居住的那种地方能不能找到，以及租金大致需要多少。

你喜欢这本书[1]，我非常高兴。非常感谢你向人们推荐了这本书。大家对这本书的评论比我期望的要好一些，但是最好的评论都是发表在不太知名的报纸上的。我手头上有一本詹利内克的书，我准备给几家报纸写写评论。我觉得这本书糟透了，都是平常共产党的那一套，而且很明显写得十分仓促。但是在某一点上他写得还不坏。我想你所说的关于现在的人们不愿意修订自己的作品一事是真的，虽然对我来说这是难以理解的。你还说想搜集我过去的信件，这使我十分担心。我怀疑你如何

1. 指《向加泰罗尼亚致敬》。

写关于圣西普里安学校[1]的事情，那对我来说实在是一场噩梦。有时候我想我还要去品尝稀粥（盛在一种银蜡做的碗里，你还记得吗？），如果你已经写了关于伊顿公学的事情——我想你肯定会写的——如果你属于一个俱乐部的话，你最好小心提防，不要被你们俱乐部的人的鞭子打中。

今天是伊顿公学和哈罗公学比赛[2]开始的日子，整天聚集着许许多多的人。我的身体好多了，一天中的大多数时间我都在户外活动。我的书仍然只字未写，但开始动手写这部小说[3]的念头不断向我袭来。休息带来的一个好的结果，就是使我觉得现在我又能够写小说了，而来这儿之前我还觉得我写小说的日子已经一去不复返了呢。

请代我向你的妻子致意。

你的

埃里克·布莱尔

1. 圣西普里安（St Cyprian’s）学校是一所私立学校，奥威尔与康诺利曾经是这所学校的同学。此时西里尔·康诺利正在写《承诺之敌》，里边涉及这所学校的一些事情。

2. 这两个学校每年一度的板球比赛，7 月上旬在伦敦的洛兹板球场举行。

3. 指《游上来吸口气》。

致爱达·梅布尔·布莱尔

肯特郡 埃尔兹福德镇
普里斯顿庄园 新疗养所
1938 年 8 月 8 日

亲爱的妈妈：

我希望一切都好。因为我有几天没得到你的消息了，我推测父亲的病至少是没有恶化，他们也因此没有决定要手术治疗。在离开英国之前，我们准备回南沃尔德一趟。至于具体的日期，我还不十分肯定，因为我必须与医生商量。爱琳认为最好尽快回去，比如再下一个周末，然后我们就再回到这里，直到我们出国。我想这个时间大概是在本月底。我们准备住在斯旺或者别的什么地方。爱琳去度周末了，现在已经回到了城里，但是下个周末应该回来了，并且待在埃尔兹福德。

我们的朋友已经住进了我们的房子。我们这里最后终于下了点雨，这使得所有的东西都显得精神多了。尽管天很旱，但玉米还是长得很好，水果也不坏。爱琳说由于那场晚霜，我们家里几乎没收获什么水果。我的身体好多了，事实上我根本没觉得我的身体哪儿有什么不对劲，我急切地想离开这里并且开始工作。我的下一部小说肯定会拖到很晚，但是，我想我可以及时地完成，以保证明年 3 月前后出书。

我们大体上决定去摩洛哥，但是具体去什么地方以及怎么去那里还没有最后决定。告诉我我的父亲怎么样，以及再下一周我们过去您方便不方便。无论如何，我们不会因为住房的事情而给您增添麻烦的，因为我们准备住在外面。

爱你们大家的
埃里克

致杰克·考曼

法属摩洛哥 马拉喀什

麦地纳 爱德蒙杜特街

韦拉特夫人家

1938年9月26日

亲爱的杰克：

从10月15日之后，我的地址就变成了：马拉喀什、卡萨布兰卡路、西达汉、西蒙别墅。但是如果你对这个地址有疑问的话，写我现在的地址更好，因为我们住的房子距离城镇较远，对他们投递信件的情况我没有把握。

等我这封信送到你手中的时候，我不知道你是不是已经在试戴防毒面具了。不过现在的情况的确显得非常糟糕，甚至比我预想的还要糟糕，因为我从英文报纸和当地的法文报纸上都看不出有什么大事化小、小事化了的迹象。如果战争确实爆发，简直没法预测会发生什么事情，不过除非我被轰出去，我想直到我应该回来的时候才会回国，也就是说明年早春时节。整个事态在我看来是如此毫无意义，以至于我会集中精力把命保住。在这样一种乱糟糟的情况下，这只是"知道能知道的事情"。所以一旦战争爆发，你必须按照你觉得合适的方式处理房子和那些动物。银行无论如何也会照常支付下面6个月的房租。如果你不想卷入这件事，你在那里待着跟在其他任何地方待着同样安全，我觉得任何人都不会往沃灵顿扔炸弹。战争甚至会使我们通过扩大一点我们的家庭养殖业规模而从中多赚一些钱，因为鸡蛋肯定会因短缺而成为俏销的商品，我们会把鸡养到饲料更加短缺的时候为止。另一方面，如果你觉得要被迫参军或者被投进监狱或者由于别的原因要离开沃灵顿，你可不可以跟我的内弟取得联系，并把这件事情转交到他的手上？他的名字叫劳伦斯·奥肖纳西，地址是格林尼治克鲁姆兹山 24 号。他会把这个小房子处理掉，或许它连同里面的家具都要留给躲避炸弹轰炸的人们了。在临时协议中，如果你被迫离开了而房子又暂时没有人居住，你可以让他安排哈切特一家以及安德森一家[1]帮助照看那些小动物。我之所以做这些安排，是因为这也是在做最坏的打算了，而假如最坏的情况真的发生，通信联络几乎马上就会变得困难起来。但是，我想事情还有一切都好转的可能。无论如何，再过一个或者两个星期，事态的发展就该显示出一点眉目了。希望你一切都好、全家健康，希望目前的情况不会再恶化。对于这个国家，我不是太喜欢，现在我就已经在盼望着回英格兰了，希望那里不会有战争。我爱玛丽和皮特。

你的

埃里克

1. 哈切特（Hatchet）和安德森（Anderson）都是奥威尔在沃灵顿时的邻居。

致杰克·考曼

法属摩洛哥 马拉喀什

麦地纳 爱德蒙杜特街

韦拉特夫人家

1938 年 9 月 29 日

亲爱的杰克：

我昨天写信给你，对战争爆发后该如何应对做了安排，然后今天上午就收到了你的信。听你信中的口气，似乎战争不太可能真的爆发。所以现在我以一种更为正常的语气给你写信。在世界的这一端，我对战争的事情无法理解。军队全副武装，或多或少地在为战争做准备。炮兵部队在为“万一出麻烦”的时候派上用场，而在城市的无产者区训练，并且这个下午我们还做了某种防空袭的练习，我在练习中总是不得要领。但是，与此同时，法语人口却对此完全无动于衷，很明显他们不相信战争真的会到来。他们在这里当然不会有危险，而那些年轻人可能会被紧急动员，这或许会影响他们的态度。所有这些事情是如此完全脱离实际，以至于让我觉得很恶心。有一件事我十分肯定：除非让英国在国际声誉上遭受巨大的损失，比如希特勒在英国、法国无所事事的时候占领了整个捷克斯洛伐克，同时把英国大使的屁股涂上绿色后赶回英国，否则张伯伦[1]可以获得绝大多数人的支持，并且安全地赢得他的下一次大选。所谓的左派政党，由于执行着愚蠢的政策，已经完全处于张伯伦的控制

1. 亚瑟·内维尔·张伯伦（Arthur Neville Chamberlain，1869—1940），英国政治家、保守党领袖，曾任英国首相（1937—1940）。1938 年，张伯伦与希特勒签订了《慕尼黑协定》，执行纵容法西斯德国的绥靖政策。

之下。

听你说到你从来没有离开过英格兰，我很伤心。尤其是我一想到那些杂种能够旅行，住了一个宾馆又一个宾馆，除了能够感觉到温度的差别以外，任何地方都一样。与此同时，我不敢肯定旅行对人会有多少好处。有一件事情我一直相信，那就是：除非你在另外一个国家工作或者做能够真正与当地人有深交之类的事，否则你就不可能对这个国家有任何了解。这趟旅行确实让人与当地居民有很多接触。对我来说，这趟旅行很新奇，因为这是我头一次处在旅行者的位置上。其结果是，现在看来与阿拉伯人进行任何形式的接触无论如何都是不可能的了。但是假如我在这儿——比方说——是在做军火买卖，我肯定立刻就能够接触到各种各样有意思的社团，尽管有语言障碍。我经常非常惊讶，如果你和别人真正坐在一条船上，让他们接受你是多么容易；要是不在一条船上，让他们接受你会多么难。比方说我跟流浪汉们在一起的时候，仅仅是因为他们认为我也在过流浪生活，他们根本不在意我中产阶级的口音，同时他们愿意跟我套近乎，近乎得让我都有些受不了。反过来，如果说你把一个流浪汉带到家里，想让他跟你聊聊，那就构成了施恩与受恩的关系，这也就特别没有意义了。像平常一样，我仔细写下了我所看见的每一件事，不过我不敢肯定我以后是否能够把它们派上什么用场。从某种意义上讲，在这里，在马拉喀什，比在其他不太典型的阿拉伯城镇更难了解摩洛哥的情况。在一个像卡萨布兰卡这样的城镇，有一群可观的法语人口与白人无产者，以及随之而来的社会主义政党设在当地的支部，等等。这里跟侨居印度的英国人社会没有什么重要的区别，你不得不或多或少地被迫去当“真正的欧洲人”，或者遭受作为“真正的欧洲人”的痛苦。我们还会在这个城镇再住上两到三个星期，然后我们就搬到城外的一个别墅去。那样价格会稍稍高一些，但那里更安静、更适合工作，我必须保留一小块花园和几只动物。我还兴趣浓厚地想看看阿拉伯农民是怎么生活的。在这个城镇里情况非常可怕，工资总体上说是每小时 1 到 2 便士，而且这里是我所见到的乞丐真正乞讨面包并在讨到之后贪婪地吃掉的第一个地方。这里仍然非常热，但是情况正在变好，我们两个的健康状况都非常好。我的身体的确没有一点毛病，把工作扔掉 7 个月对我的身体的确大有好处，但我太讨厌浪费时间了。不写作的人认为写作不算是工作，但是你和我知道，事情不是这样。感谢上帝，我刚刚开始重新工作，并且把我的新小说开了个头。这部小说已经列入今年秋天的出版计划，但是或许明年春天才能出版。当然，假如战争爆发的话，天知道图书出版还会不会继续下去。对我来说，战争纯粹是一场噩梦。理查德·里兹说起话来好像即使打仗也不会比现在的情况更差了，但我认为他这话的真正含义，是指他没有感觉到和平时代做了什么有用的事情。很多知识分子也这样认为，我想，这可以作为所谓的左翼人士现在成了沙文主义者的原因的一种解释。但是就我个人而言，我的确感到在另外 30 年左右的时间里，我还有很多想做和正在继续去做的事情。一想到要放弃这些事情，并且还要在被杀死和被送进肮脏的集中营二者之间做一个选择，我就非常气恼。爱琳和我已经决定了，如果战争真的爆发，最好的事情就是先保住自己的生命，并因此使心智健全的人的数量有所增加。

上面的地址暂时可以找到我。当我有了新地址以后，我会告诉你新的——或许是一个“存局候领”的——地址，因为我认为他们不会把信投递到我们住的地方去。向玛丽和皮特转达我的爱意。爱琳也向你致意。

你的

埃里克

又及：

是的，我的确在舞会上碰到过阿莱克一次。这个村子里的人的确非常好，尤其是哈切特一家、安德森夫人、迪特利、凯菲、艾迪（里德利夫人的女儿）和她的丈夫斯坦利以及阿尔伯特（里德利夫人的另一个女婿）。我不知道除了在老哈切特家的母鸡不下蛋的时候给他一些鸡蛋以外，我还能为他做些什么。他是一个很可爱的老人。告诉他们你从我这里听到的一切，并替我问候他们。

致杰克·考曼

法属摩洛哥 马拉喀什
麦地纳 爱德蒙杜特街
韦拉特夫人家
1938 年 10 月 12 日

亲爱的杰克：

非常感谢你的来信。有几件重要的事情我必须跟你谈谈，但是由于欧洲局势的原因，好几次都忘记了。

第一，我想我们忘了警告你，不要用厕所里那种较厚的手纸，它有时会堵塞下水道，后果相当可怕。最好用杰斯牌的纸，这种纸大约 6 便士一包。价格上的差异是不能忽视的，但是另一方面，下水道堵塞了也是一件痛苦的事情。

第二，如果你发现起居室炉火的烟大得难以忍受，我觉得你可以找一块马口铁放在烟囱里，这正是它需要的。记住，只需要很小的一块。希秦的布鲁克一家会告诉你所有这一切，或者你也许可以自己去做。我一直想把它收拾好，但却被拖延下来。第三，我随信寄上一张 3 英镑的支票。你能不能找个时间把它兑换成现金，并把其中的 2 英镑付给菲尔德，就是沙顿的邮政局长。这是土地的租金。事实上这笔钱拖欠了很久了，但菲尔德从没有想起来讨要。菲尔德经常乘坐一辆灰色的汽车经过，车上经常装着家畜，他每个星期二都到希秦市场上去。如果你走到路中间向他招手，他就会停下来。至于剩下的那 1 镑，你能不能在冬天的某个时候，找个人把花园的土地部分或者全部（如果可能）翻一遍土？老哈切特年纪越来越大了，我真的不想让他来干这样的重活，但他总是很乐意去干。当然，他愿意为很低的报酬去工作。这件事情不急，这只是一个等到冬天的某个时候把空地翻一翻的问题，并且最好能够埋进一些肥料（如果没有混入草的话，羊粪就是很好的肥料）。

按照正式的协约，明年春天我们就该放弃小房子的使用权，所以我想假如用经济眼光来看的话，就应该把土地的肥力用尽，好好收获一季卷心菜，然后就让这地见鬼去。但是我不喜欢把土地搞得贫瘠。此外，我还想接着租这个小房子。我觉得现在你也看出来了，我们只是希望事情不至于惨到这个地步；但事实是它好歹是个房子，而搬一次家除了搬家本身的麻烦以外，花费也实在太大了。我想我愿意保留那所小房子，以便我们在明年 4 月搬进去。即使到时候我们没能搬也要保留，因为我不知道我明年的经济状况会是什么样子。我认为我关于西班牙的那本书不会很畅销。如果我还要回到英格兰，并且最终以大约 50 英镑的稿酬写另一部书，我更愿意从一开始就有一块立锥之地。有一块立锥之地是一件大事，即使是一间漏雨的房子。当爱琳和我最初结婚的时候，我正在写《通向威根码头之路》，我们的钱实在太少了，以至于有时甚至吃了上顿没有下顿，但是我们发现自己靠吃土豆之类的东西，以非同寻常的方式熬过来了。我希望母鸡已经开始下蛋了。我们刚刚买了在我们的新家里喂养的母鸡，我们将在星期六搬进去。这个国家的母鸡是一种小得可怜的小东西，就像印度的母鸡一样，大小跟爪哇产的矮脚鸡差不多，被认为是产蛋多的鸡也不过每两周下一次蛋，价值不到 1 先令。它们应该只值 6 便士，但在一年中的这个季节，由于刚刚过去赎罪日，每一个犹太教徒（在这个城市里有 13000 名犹太教徒）都要吃一只整鸡来补偿 12 个小时的斋戒，所以鸡蛋的价格也随之上涨。

如果危机过去以后，张伯伦的“股票”稍微有所下跌，我认为人们不应该对此感到奇怪。我从家里寄来的信中判断，人们和你的感觉都一样：你正准备从跳板上往下跳，后来想想还是不跳更好。真正的焦点应该是在大选中会发生什么事情，除非保守党发生分裂，我预言他们将取得大选的胜利。因为另外那些大傻瓜除了“我们需要战争”之类的叫嚣以外，不会制定任何政策。尽管如此，害羞的人们或许会觉得，我们已经放弃了捷克斯洛伐克，还可以放弃另外一些国家，这样到了最后摊牌的时候，他们应该避免战争了吧。工党当选的唯一希望，是突然发生了大的灾害，或者大选在一年后举行，而恰好这段时间里又有 100 万人失业。我认为我们已经在缓慢法西斯化的道路走了一段时间了，就是那种陶尔斐斯—舒施尼格[1]法西斯主义，这大概正是张伯伦和保守党想介绍到英国来的。我宁愿那样也不想让左派政党在公众心目中成为好战的政党。唯一的希望就是，如果张伯伦赢得了胜利，他就会认真地为与德国的战争做准备，他当然会这么做；而工党则被逼无奈采取反战政策，他们将能够利用征兵等给人们带来的不满情绪。同时并存的呼唤战争的政策和假装谴责征兵以及重新武装都是一派胡言，普通老百姓还没有傻到连这也看不出来的程度。至于战争来到以后的结果，虽然某种革命的局面已经出现，但我认为它只会导致法西斯主义，除非左派一开始就是反战的。有些人认为，他们可以先把国家拖进捍卫民主的战争去，然后等到人们对战争有点儿厌倦的时候突然转向，高喊：“现在我们将要进行一场革命。”对于这样的傻瓜，除了轻蔑以外没有别的。左翼人士尤其是知识分子最让我恶心的是他们根本不去注意事情发生的方式。当我在缅甸的时候，我经常阅读反对帝国主义的东西，并且常常被这些东西

1. 恩格尔伯特·陶尔斐斯（Engelbert Dollfuss，1892—1934），奥地利基督教社会党首领，曾任奥地利总理（1932—1934），因反对德国吞并奥地利被奥地利国内的纳粹分子刺死。库尔特·冯·舒施尼格（Kurt Von Schuschnig，1897—1977），曾任奥地利司法部长（1932）、教育部长（1933），1934 年接替被刺杀的恩格尔伯特·陶尔斐斯担任奥地利总理至 1938 年。德国占领奥地利后被纳粹分子逮捕入狱，1945 年获释后曾到美国执教。著有《与希特勒斗争》。

所打动。你有没有读过批评家金斯利·马丁发表在上周的《新政治家与民族》上的文章，文章是关于工党在战争中支持政府的条件的，尽管政府会同意任何条件。工党的这些大傻瓜似乎在认为战争是一场板球比赛，我希望什么人会把我在今年早些时候写的反战小册子[1]印出来，但是没有人会这么干的。

祝你一切都好，并请转达我对玛丽和皮特的问候。爱琳也向你致意。

你的

埃里克

1. 据称这种小册子肯定曾以油印的形式出版过，但迄今为止没有找到一件实物。

致约翰·斯奇茨

法属摩洛哥 马拉喀什新城

布瓦特邮局 48 号信箱

1938 年 10 月 26 日

亲爱的斯奇茨[1]：

我希望你一切都好。离开英格兰之前，我曾想去看你，但是因为我是直接从隔离病房上的船，并且只在伦敦待了一个白天，因此事情安排得特别满，没能抽出时间。我现在给你写信的目的是为了听听你这位专家的建议。我正在写的这部小说[2]中有一个小伙子，我想他该是一位保险代理人。他的工作对于小说来说一点也不重要，我只是希望他成为这样一种人的典型：他是个中年人，每周大约有 5 英镑收入，在郊区有一套房子，并且他还很有思想，受过良好的教育，甚至还稍稍带点儿书生气。他做一个保险代理人比做一个——举个例子说——比如旅行推销员，似乎更合理一些。但是，对有关他的工作的一些情况，我希望得到你的一些提醒，以矫正我写得不对的地方。对于一个保险代理人究竟是做什么的，我只有一些模模糊糊的认识。我想让小说的主人公做一个到处旅行并从保险业务的提成中得到自己的收入，而不仅仅是办公室的雇员。像这样一个保险代理人有没有一个"管辖区"或者一个类似旅行推销员常规活动的范围？他是东跑西跑招徕生意，还是仅仅在顾客要求办理保

1. 约翰·斯奇茨（John Sceats），出生于 1912 年，保险代理人，曾在《论争》杂志上发表过一些文章，很受奥威尔推崇。奥威尔曾经在 1938 年夏天邀请他到自己家中做客。关于《论争》杂志，参见 1938 年 11 月 24 日致约翰·斯奇茨的注释。

2. 指《游上来吸口气》。

险时去签一下合同？他是在所有的时间里都在外面跑，还是有一部分时间会留在办公室里？他有自己的办公室吗？大的保险公司是不是在各地都设有分支机构（这个人住在郊区，或许是海斯，或许是萨乌斯奥），还是只有一个总公司而从那里把所有的代理人派出去？还有，这个人可以从事财产评估工作吗？同一个人能不能既做财产保险又做人寿保险？如果你能够对这些问题给我做一些解释，我将非常高兴。我对这个人的勾画是这样的：他每个星期中大约有两天是在他郊区分公司的办公室里，其余的时间他都开着车在差不多半个国家大的区域里跑来跑去，跟那些写信表示希望办理保险的人见面，对他们的房子、股票及其他东西进行估价，也延揽一些生意以获取额外的佣金。就这样，在他跟着这家公司干了 18 年之后（他是从最底层的职员开始干起的），他每周可以挣到 5 英镑。我想知道这样的情况是否合乎常理。

“人间的月亮熬过了月食，不吉的兆头戏弄自己的预言。”从《新政治家与民族》上判断，一些预言家的确非常悲哀。尽管如此，我想他们在 2 年后还是会得到他们所盼望的战争。对于这件事，统治阶级的真正态度可以用我经过直布罗陀要塞时偶然听到的话来概括：“非常明显，希特勒将要占领捷克斯洛伐克。那就让他占领好了。到 1941 年我们就准备好了。”同时，下一个结果将是保守党在大选中的一个彻底的胜利。我从家里那些多少可以算作保守党的亲戚的来信中判断，既然各地的人们都有些厌倦了，并且在说：“多可惜呀！我们为什么不能再坚持一段时间，或许那样希特勒就会让步的。”而在工党这些大傻瓜们看来，英国人无论如何的确需要另一场战争，来使这个世界可以更加安全地追求民主，并且最好的办法就是利用反法西斯来做文章。他们似乎没有看到大选会唤起危机时代的精神，中心的话题将是张伯伦与和平。如果工党到处嚷嚷“我们需要战争”，普通人会把这理解为对希特勒采取强硬政策，这样，他们就会为工党喝彩。我认为在过去的两年中，很多人被左派图书俱乐部之类的现象误导了。他们可以让大约50000人心甘情愿地在关于西班牙和中国等国家的事情上大放厥词，但是因为绝大多数的人往往是沉默的，这样就给人以这种印象：左派图书贩子的声音是代表国家的，而并非代表极少数人。似乎没有人想到，当大多数的人保持沉默的时候，少数人说些什么并不重要；关键是危机发生的关头大多数人怎么去做。唯一的希望是，假如工党在大选中遭受重创（这几乎已经成为定局了），将迫使他们返回到原先所采取的适当的政策上来。但是我想，这恐怕是一到两年之后的事了。

饭菜凉了，我要下去吃饭了。再见吧！如果你什么时候能告诉我那些问题的要点，我将非常感激。这件事情不用太着急。

你的

埃里克·布莱尔

致约翰·斯奇茨

法属摩洛哥 马拉喀什新城

布瓦特邮局 48 号信箱

1938 年 11 月 24 日

亲爱的斯奇茨：

非常感谢你的回信，信中告诉了我许多关于保险公司的非常有用的信息。我明白了，我的主人公应该是一个代理商，并且我有点低估了他的收入。我已经做了很多工作，但是不幸的是，在浪费了不下两周时间为各式各样的报纸写了一批稿子之后，我又生了一点小病。因此，恰当地说，我已经足有三个星期没有做任何工作了。由于生了所有这些病，我已经决定把 1938 年看作我一事无成的一年了，似乎应该把这一年从日历上划掉。同时，集中营在一步步逼近我们，人们还有很多事情想去做。我现在这样想：假如我有 5 年和平而平静的时间，我觉得我可以写一部非常好的小说。但是从目前的情况看，5 年的时间是可望而不可即的。

总体上说，这是一个乏味的国家。在做完 X 光透视以后的某个时间，我们想到距离这里 50 或 100 英里的阿特拉斯山脉，去过一星期的野营生活。这座山看起来还是非常令人兴奋的。从这里看下去，这里都是平板的、干瘪的农村，更像一块废弃了的大自留地，而且除了橄榄树和棕榈树以外，没有其他树木。贫穷的确是某种可怕的东西，尽管这对处于热带气候的地区总是稍稍容易忍受一些。人们有一块很小的土地，他们似乎是用从摩西时代带来的过时农具来耕种它们。在整个国家事实上没有野生动物，因为任何可以食用的东西都被人吃光了。饥饿普遍到何等程度由此可见一斑。我不知道这里跟印度更穷的地方如何进行比较，但是跟这儿比起来，缅甸好像就是天堂。很明显，法国人对这个国家的压榨是十分无情的。他们夺取了大多数的肥沃土地和矿石。考虑到这里人民的贫穷程度，税收似乎是太重了。从表面上看，他们的管理似乎比我们要好一些。的确，他们在从属国人民中受到的憎恨要少一些，因为他们几乎没有肤色歧视。但我认为，从深层次上讲并没有什么区别。就我的判断而言，在阿拉伯人中没有任何程度的反对法国的活动；即使有，也几乎可以肯定只能是民族主义的而不是社会主义的，因为绝大多数的人民还处在封建阶段，我猜想法国人希望他们仍旧如此。对于当地的社会主义运动，我几乎一无所知，因为在一段时间以来，社会主义运动只能以非法的形式存在。我曾经要求独立工党让法国社会党介绍我跟这里存在的任何社会主义运动取得联系，我只是希望由此而对当地的情况有更多的了解，但是他们没有这样做，或许是因为这样太危险。当地的法国人跟在印度的英国人有很大的区别，他们中的大多数是小商贩甚至是手工业工人。尽管如此，他们还是自以为是地保守，并且温和地拥护法西斯主义。就当地的情况，我曾给《季刊》写过两篇文章，我希望他们会发表，因为这两篇文章没有什么大错，甚至还有点托洛茨基主义。顺便再说一句，我还希望《论争》[1]没有停刊。如果它停刊了，那将是一场灾难。如果《新领袖》改为月刊，那将是更大的灾难。至于《论争》，如果他们多付出一点努力，愿意把他们的一些过期杂志拿去卖，销售量肯定会有所增长。我回去以后会在离我最近的镇子上，尽我所能帮助他们进行销售。

1.《论争》（*Controversy*）杂志是一个社会主义性质的月刊，致力于实现无阶级社会的宣传。由 C.A. 史密斯创办，在 1936 年到 1939 年之间出版发行。《论争》为坚持不同方针和策略的人提供了一个公开的论坛，客观上造成了左派政党的分裂。该刊 1939 年 6 月到 9 月更名为《左派论坛》，1939 年 10 月到 1950 年 5 月期间又更名为《左派》。

你有没有听到一些关于大选的传言？在这里，我唯一可以有一些联系的就是英国领事。我想他或许应该知道一些事情。他也觉得政府将会无限期地推迟大选，并且或许会采取一些措施使老的自由党恢复一点元气。我个人认为，任何事情也无法阻止张伯伦的当选，除非出现预想不到的丑闻。工党会赢得一些补缺选举。大选将会在完全不同的情绪气氛中举行。可以期望的最好结果就是工党从中得到了一个教训。我只能断断续续地得到一些英文报纸，还没有看到一些补缺选举的结果。我认为工党会在达特福德取胜，而保守党将在牛津取胜。

什么时候给我再写上几行信，我好知道事情进行得怎么样了。

你的

E.A. 布莱尔

致西里尔·康诺利

法属摩洛哥 马拉喀什新城

布瓦特邮局48号信箱

1938年12月14日

亲爱的西里尔：

我看到你的书[1]已经出版了。寄一本给我，好吗？在这里我买不到英文书籍。《新英国人周报》准备送我一本让我写评论，但他们现在还没有这样做，或许他们还没有搞到这部书。我到这个地方已经大约3个月了，因为据说在这里过冬会对我的肺有好处。对于“特定的气候对你有好处”这类的理论我几乎完全不相信，一经调查就会发现，这往往是旅游机构跟当地医生联合经营的一项生意。但是我既然来到了这里，就打算待到大约4月份。在我看来，摩洛哥是一个非常单调乏味的国家，没有森林，而且确确实实没有野生动物。在大城镇周围的人们完全被旅游者的喧嚣和自身的贫穷搞得堕落了，他们加入了与乞丐和卖古玩的商贩之间的竞赛。下个月的某个时间，我们将到阿特拉斯山去待上一段时间，那里或许会更有趣一些。我正在写我的小说，这部小说已经列入了今年秋天的出版计划，但是由于我的健康状况不佳，这本书两三个月之前才开始写。当然，现在我正抓紧赶稿子，因为我必须在明年春季及时把它完成。尽管它的构思很好，但是，很遗憾，我觉得假如你看到的话，你不会喜欢这本书。现在人们从事的任何写作都被笼罩在冲向悬崖峭壁的可怕感觉里，我们无法阻止我们自己或者其他任何人这样做，我们必

1. 指《承诺之敌》。

须做好迎接某种程度的战争的准备。我猜测，距离枪声开始打响大约还有两年左右的时间。我盼望着读到你的书。从一些评论中，我推断书中有许多内容是关于伊顿的，而这将使我兴趣非常浓厚地去关注伊顿给你留下的印象与给我留下的印象有没有某种程度的相似。当然，在学校的时候你各个方面的表现都比我成功得多，我的地位是很复杂的，实际上这是受我远不如我周围的那些同学有钱这一事实支配的。但是，至于外部情况，我们在 1912 年到 1921 年之间的这段时间里有着几乎完全一样的经历，并且我们在文学上的一些进步也让我们在某些特定的方面更为接近。大约是在 1914 年的时候，我们有一个同学在圣西普里安学校搞到一本 H.G. 威尔斯[1]的《盲人的国度》，我们被这部书吸引住了，大家反复把他的书偷走藏起来。你还记得这件事吗？我对我偷书的那次记得特别清楚。那是仲夏的一天早晨，大约只有 4 点钟的样子，我把书偷到手后，沿着走廊来到你住的宿舍，把书掖到你的床边。你记不记得几乎与此同时，我把一本考普顿·麦肯齐[2]的《邪恶的街道》[3]带到了学校，你开始读了，然后……威尔克斯夫人发现了，我们也因为把"那样一种书"（尽管那时我甚至连"邪恶"意味着什么都不是很清楚）带到学校挨了一顿臭骂。我常常想把圣西普里安学校生活中的一天写成一本书。我一向坚持，公立学校也不坏，但是人们在达到进入公立学校的年龄之前，早已在这些乌烟瘴气的私立学校遭受了巨大的损害。

请把我最好的祝愿转达给你的妻子。我希望回去的时候能够看到你。

---

1. 赫伯特·乔治·威尔斯（Herbert George Wells，1866—1946），英国著名作家，主要作品有科学幻想小说《时间机器》《星际战争》，社会问题小说《基普斯》《托诺－邦盖》以及历史著作《世界史纲》等。
2. 考普顿·麦肯齐（Compton MacKenzie，1883—1972），苏格兰作家，代表作品有《火箭发射岛》和《千载难逢》等。他在 1952 年被授予爵士。
3.《邪恶的街道》，又译《阴险街》，是考普顿·麦肯齐 1914 年出版的一部成长小说。

你的

E.A. 布莱尔

又及：

我想，在牛津当选的昆汀·霍格[1]，大概就是在我离开学校时还受高年级学生使唤的那个低年级的年轻人。

1. 昆汀·麦克加勒尔·霍格（Quintin McGarel Hogg，1907—2001），英国政治家，以其超长的政治生涯而闻名。他也曾在伊顿公学读书。

致弗兰克·詹利内克

法属摩洛哥 马拉喀什新城
布瓦特邮局 48 号信箱
1938 年 12 月 20 日

亲爱的詹利内克[1]：

非常感谢你的来信。我很抱歉我把《曼彻斯特卫报》上那个按语归因于你，但我这样做是因为《曼彻斯特卫报》并没有否认。事实就是这些。因为在战场上受伤，我事实上已经是半个残疾人（尽管用不了多久就复员了），所以我决定回英国。6 月 15 日，我去西塔莫去取我的退役文件，因为我不清楚的原因，必须到前线去取。当我到达前线的时候，前线的以及西塔莫附近的马克思主义统一工人党国民军都正在为几天后的一次军事行动紧张准备，仅仅是因为一点点运气，我没有被卷入这次战斗中，不过那时候我的右臂还不能活动。6 月 20 日，当我设法赶回巴塞罗那时，我发现马克思主义统一工人党已经被镇压了，我认识的所有人或者入狱，或者失踪。有两个夜晚我不得不露宿街头，警察不断地用非常令人厌恶的方式干涉我的妻子。在所有这些事情中，真正让我感到愤怒的是，这一切都对前方战士严格保密，甚至对莱里达（6 月 20 日我正在那里）的人也是如此。记不清在哪一天，我在东方宾馆的咖啡厅看到过你，正要

1. 弗兰克·詹利内克（Frank Jellinek，1908—1975），美国作家、新闻记者。20 世纪 30 年代早期为共产党报纸《劳动月刊》撰稿。在 1936 年至 1939 年的西班牙内战期间，他曾作为《曼彻斯特卫报》记者赴西班牙采访，并于 1938 年出版了《西班牙内战》，奥威尔对这部书进行过评论。1937 年末，他迁居墨西哥，长期担任《曼彻斯特卫报》等媒体的记者。在墨西哥，他多次会见托洛茨基，在托洛茨基 1940 年遇刺前不久还曾遇到过他。从 20 世纪 40 年代到 70 年代，詹利内克主要从事翻译工作，对福柯等多位著名作家的作品进行了翻译。

穿过马路去跟你打招呼，但正在这个时候，我想到现在的气氛不太正常，我几乎也准备认定每一个共产主义者都是间谍，所以就径自往前走了。后来在英国，当我仔细检查《曼彻斯特卫报》的文件时，我看到了这个按语说马克思主义统一工人党不是法西斯主义者（或者差不多的话），我自然把这个归因于你了。我大受触动，写信给《曼彻斯特卫报》，向他们表示祝贺并且询问你的地址。我猜测回信的人不知道是谁发了那条信息，他只是说你在墨西哥，他们也不知道你的地址。我准备给《新领袖》发个按语[1]，说明在谁发出那条信息的事情上搞错了。如果他们不能把按语插入版面，请相信这只是因为版面空间不够了。他们非常诚实，尽管无疑会出错，但一周只有 8 个版面，因此可供使用的空余的版面空间非常少。

我同时也在给我的经纪人写信，请他寄给你一本我写的关于西班牙战争的书。其中的几个部分或许会让你感兴趣。毫无疑问，我在这个问题上犯了很多错误，也有误导性的陈述，但我一直试图告诉大家，这个问题从头到尾都是非常复杂的，让我极易犯错误，极易产生偏见。如果没有详细回答你信中的所有要点，我可能会在一两个不可避免出现争议的问题上，比我在书中表达的更清楚地表明一下我的态度。我完全同意你的观点，关于马克思主义统一工人党的整个事情都有太多的麻烦，这类事情的最终结果是损害那些反对西班牙政府的人们。但我的观点一直是这样的：如果人们在开始时不说谎，争论就会“寿终正寝”，并且只会造成相对较小的伤害。事情的进展大致是这样的。马克思主义统一工人党所宣扬的“路线”，可能会也可能不会使西班牙政府更难拯救其军事效率，这与 1930 年共产党所说的何其相似！共产党认为他们必须不惜一切代价使之保持沉默，因此开始在媒体上声明，马克思主义统一工

1.《对一个错误的更正》，1939 年 1 月 13 日发表在《新领袖》（伦敦）上。

人党是伪装的法西斯分子。与任何普通论战相比，这种指责都更让人感到愤怒，其结果是被称为“托洛茨基主义”的不同的人和政党倾向于发展成为轻微的反共产主义者。是什么使它复杂化并极大地增加了它所造成的痛苦感觉呢？那就是资本主义媒体总体上是在争论中站在共产主义者一方。我知道共产主义者一般不相信这一点，因为他们已经习惯性地认为自己在受迫害，几乎没有注意到自从1936年前后（即：从“路线”发生改变开始）以来，民主国家对他们的态度是相当不同的。以其现在的形式出现的共产主义学说也吸引着富人，至少是一部分富人，他们在英国和法国的新闻界都有非常密切的关系。比如说在英国，《新闻纪事报》和《新政治家报》都受到共产主义的直接影响，有相当多的报刊实际上是共产党官方报刊，某些有影响的报纸，它们强烈地反对社会主义，但却更推崇“斯大林主义”而不是“托洛茨基主义”。另一方面，当然，这无关紧要，因为现在被称为托洛茨基主义（“托洛茨基主义”这个词正在被广泛使用）对年收入超过500英镑的人都没有吸引力。其结果是，除了像《曼彻斯特卫报》等少数几份报纸以外，最令人震惊的谎言可以被其他报纸发布出来。《曼彻斯特卫报》等报纸坚持了旧的传统，这种传统是很难被反驳的。人们可以求助的唯一对策是创办一些可怜的小报，就像托洛茨基分子办的报纸一样，必然是反共产主义的报纸。毫无疑问，发表关于马克思主义统一工人党的令人震惊的谎言的报纸不仅有共产党的官方报纸，还包括一些诸如《新闻纪事报》《新政治家与民族》之类的报纸，它们在报纸出版后拒绝在相应的栏目中刊登任何相对应的真实情况。我不知道你是否看到了关于对马克思主义统一工人党进行审判的说明。这一审判清楚地显示，如果审判公正地进行，那么间谍活动的指控是没有事实依据的，这在很大程度上只是愚蠢的。例如，有一项指控说，阿拉贡前线几英里的地方已经整整两个月空无人烟了——那个时候我本人正在那里。这个目击者在证人席被驳倒了。同样，在《工人日报》之类的报纸刊登的所有关于“200人已招供”的声明后，完全没有提供出任何证据。虽然通过或多或少的镜头，人们知道审判在进行着，但后来《工人团结报》[1]被允许发表一份报道，报道明确指出间谍活动的指控被驳回，四名被判刑的人只是因为被证实参加了巴塞罗那的五月战争而获刑。面对这一切，共产党的报纸刊登报道说他们因间谍罪而被判刑。此外，一些亲共产党的报纸也是这样做的，这也足以证明亲法西斯的报纸，例如《观察家报》，以这样一种方式报告判决，让裁决看起来是间谍活动之一，这个国家的法语媒体——当然是亲佛朗哥的——报道了这一指控，声称这是“被证明了”的，后来却没有报道判决的情况。你必须承认这样的事情很可能会引起怨恨，并且在激烈的时刻，声称“这些人是在阻挠我们——所以他们也可能是法西斯主义者——所以我们会说他们是法西斯”，这似乎是“现实的”，但最终它可能弊大于利。我不是一个马克思主义者，我不赞同把所有这些东西归结到一句“任何促进了党的事业的事情都是正确的”。在我的书的标题页上，你会发现两个箴言中的文本，总结了两个与法西斯主义斗争的主流理论。我个人同意第一个，而不是第二个[2]。

我想你会在我的书中找到一些你所说的问题的答案。事实上，我对马克思主义统一工人党的“路线”给予了比我实际感觉更富有同情心的阐释，因为我总是跟他们说他们错了，并且拒绝加入这个党派。但我必须尽可能地把同情放在它这边，因为它在资本主义报刊上没有申诉机会，在左翼报刊上也只有诽谤。事实上，考虑到西班牙的事态发展情况，我

1.《工人团结报》（*Solidaridad Obrera*）是那个时期的一个西班牙无政府主义报纸。

2.“不要照愚昧人的愚妄话回答他，恐怕你与他一样。”“要照愚昧人的愚妄话回答他，免得他自以为有智慧。”《旧约圣经·箴言·二十六》之四、之五。

认为他们说的话有些道理，尽管毫无疑问，他们说话的方式是极其令人生厌和富有挑衅性的。

我的伤已经恢复了，没有任何不良影响，但现在我的肺一直在给我带来麻烦。他们安排我在这个国家过冬。我认为这对我有好处。我希望能够在四月回到英国。

你的

埃里克·布莱尔（乔治·奥威尔）

又及：

我不同意你的观点，“没有对马克思主义统一工人党的民兵进行迫害”的说法是错误。我从一个比我受伤晚的人那里了解到，后来有许多马克思主义统一工人党的民兵因伤被送到医院。今天我收到一封乔治·考普的信（在前线的时候他是我的指挥官）。他刚刚结束了为期 18 个月的牢狱生活逃离西班牙。所有的人都在夸大其词。我知道经历过那种状况的人难免总会夸大其词，但是毫无疑问，他受到了耻辱的对待。卷入同一案件的可能还有几百人。

那个告诉你关于独立工党民兵签署了某种声明的人可能是一个叫帕克的家伙。如果确实如此，那么这可能是在故意撒谎。同上，如果这个人是一个叫作希德尔斯通[1]的人，那么可能不是故意撒谎而是搞错了。我对这件事一无所知，因为我来西班牙是完全独立的。

1. 巴克·帕克（Buck Parker）、弗兰克·法兰克福（Frank Frankfort）、雷吉·希德尔斯通（Reg Hiddlestone）都是英国独立工党派往西班牙的特遣队的成员，特遣队隶属于马克思主义者独立工人党列宁支队第三团，乔治·奥威尔也是其中的一个成员。

致杰克·考曼

法属摩洛哥 马拉喀什新城

布瓦特邮局48号信箱

1938年12月26日

亲爱的杰克：

……几天后我可能会给你寄几英镑（恐怕最多也就只有几英镑）来补上你的花销。最近我写信给我的银行，了解我是不是还有剩余的钱，几天后我就会得到他们的答复。当然，这次旅行花费很高，而且花的都是借别人的钱[1]。我可以说我不认为自己未来的三到四个月里会有任何收入。4月初的时候这部小说可以写完。这部小说真是一团糟，尽管某些部分我还是喜欢的。一个我此前从未真正接触过的大课题突然展现在我面前，现在我没有时间去很好地解决它。我无法告诉你我有多么希望在接下来的几年里活下去，不用担心坐牢，不为金钱发愁。我想，在这本书之后，我会写某种仅以糊口为目的的粗糙作品，但我心里有一个创作多卷本大部头小说的模糊想法，我需要用几年的和平时间来筹划出来。当然，当我说和平的时候，我的意思并不是说没有战争，因为事实上，即使在打仗的时候，你仍然可以设法让自己身处和平之地，但我不认为我所说的和平与现代极权主义的战争是相容的。与此同时，企鹅图书有

1. 利奥·迈尔斯（Leo Myers，1881—1944），原名利奥波德·汉密尔顿·迈尔斯（Leopold Hamilton Myers），英国小说家，代表作是《根与花》四部曲。他是奥威尔作品的仰慕者。1938年夏，他第一次跟奥威尔见面。当时，他和马克思·普劳曼及多萝茜·普劳曼（Dorathy Plowman）一同到埃尔兹福德的隔离病房去看望奥威尔。考虑到奥威尔需要到温暖的气候条件下疗养，他通过多萝茜·普劳曼给了奥威尔300英镑用作奥威尔的旅行费用，但要求多萝茜·普劳曼不要透露自己的身份。

限公司正打算重印我的某一本书[1]，我也希望他们会这样做，因为我知道虽然我从中拿不到多少钱，但这是最好的广告。此外，我看到你的书脱销了，这真够讨厌的。我的一本书——《巴黎伦敦落魄记》——也完全脱销了。除了我妈妈还有一本以外，无论是我还是我认识的其他任何人都没有这本书，尽管它还是达特摩尔图书馆里借阅率最高的书。我非常高兴沃尔伯格幸运地选准了一本书。我必须说，就他而言，他很有事业心，涉猎的图书出版领域比任何人都要广。我关于西班牙的那本书卖得一点不好，不过没什么大不了的，因为我的经纪人已经拿到了他的钱，并且这本书的评论也还不错。

天知道那个包裹什么时候会出现。以我对法国邮局的了解，如果它正好赶上 1939 年圣诞节的时候送到，也不会让我吃惊。事实上，我留下这个包裹和其他许多东西，让店主寄过去，因为经过漫长的一整个下午的购物，我已经被弄得疲惫不堪。购物在这个国家像在大多数东方国家一样累人。阿拉伯人比印度人更擅长讨价还价，人们甚至不得不断定他们喜欢讨价还价。如果一件物品的价格是 1 先令，店主先要价 2 先令，买主以 3 便士开始还价，他们可能会花半个小时的时间来讨价还价，最终在 1 先令的价格上达成协议，尽管从一开始他们双方就知道这是合适的价格。有一件事在很大程度上影响了一个人在国外的联系，那就是英国人的神经不像其他种族的人那样耐受力强。比如，他们不能忍受噪声。我喜欢阿拉伯人，他们非常友好，而且就他们的地位而言，他们一点也不卑躬屈膝。不过我跟阿拉伯人没有真正的接触，部分原因是因为他们大多说一种奇怪的法语，而我也懒得学习任何阿拉伯语。这个国家里的法国人似乎迟钝、古板，远远超过盎格鲁—印第安人。我怀疑阿拉伯人是否会有真正的政治运动。左翼政党都受到（人民阵线）压制，但我认为他们不会有太多收获。人们完全处于封建阶段，大多数人似乎认为他

1.《巴黎伦敦落魄记》，1940 年由企鹅图书有限公司重新出版。

们仍然被苏丹统治，这是出于他们的虚构。除了法国报纸外，没有任何其他媒体报道突尼斯的活动。如果一场阿拉伯的大规模运动出现，我认为它必然是亲法西斯的。有人告诉我，意大利人在利比亚残酷地对待他们，但他们的主要压迫者是所谓的民主国家。英国和法国所谓的左翼人士对帝国主义的态度让我感到恶心。如果他们以同样的方式继续下去，他们最终会把每一个有思想的有色人种的个体变成法西斯分子。这背后的事实是，英国和法国的工人阶级对有色人种中的工人阶级绝对没有团结的感觉。

你问我马拉喀什在哪里，我告诉你它靠近非洲左上角，紧邻阿特拉斯山脉北部。有趣的是，即使在这里我们也遇到过寒冷天气，并且圣诞节前夕这里还有一场严重的霜冻。不知道这是不是司空见惯的情况，但从植被判断，我认为这并非经常发生的事情。看到树上的橘子和柠檬结满了霜，我有一种既奇怪又愉快的体验。很显然，霜冻并没有对它们造成伤害。霜冻的影响非常奇怪。我早先种下的一些旱金莲花已经枯萎了，但是从南非传过来的热带植物仙人掌和叶子花就未受影响。在过去的一段时间里，山脉稍低的斜坡甚至被雪覆盖。只要我一完成小说的草稿，我就给自己放一周假，走进大山看看。罗马人认为阿特拉斯山脉是世界的尽头，看起来的确很像。在白天的时间里，天气一般都很好，非常明亮，但我们一天到晚都生着火。唯一的燃料是橄榄树，因为方圆几英里之内找不到一棵野生树木。这是一个几乎全部被沙漠覆盖的国家，只能养活很少的人口和野兽，他们把任何可以食用的东西作为食物，把地球表面上任何可以燃烧的东西作为燃料。因此，这样的地方哪怕多一个人，都有可能造成饥荒。想想罗马时代吧，那时候的北非覆盖着大面积的森林，森林中满是狮子和大象。而现在，几乎没有比野兔体型更大的野生动物，我猜想人口也肯定减少了不少。我正在读的差不多就是福楼拜的《萨朗波》[1]中的这些相关部分，以前由于某种原因我总是跳过去不读，但现在读起来简直令人叫绝。

对于约翰·米德尔顿·莫里进入英国国教会[2]，我一点也不感到惊奇。不过他在里面待不长。我猜想在不久的将来就会有一本叫作《法西斯主义的必要性》的书出版。但是我想，现在确实是需要有人开始深入研究法西斯主义的时候了，其内涵肯定远比人们从左派报纸中获取的更加丰富。他们自1926年起就说墨索里尼“快要倒台”了。

法国人几乎不怎么庆祝圣诞节，只庆祝新年。阿拉伯人或许庆祝新年，但是他们庆祝新年的方式跟我们不太一样。除了因为太穷不能在食物上过分讲究以外，他们是非常严格的马霍德人。我们还没有庆祝圣诞节。等收到从英格兰寄过来的布丁的时候我们再庆祝。爱琳在圣诞节当天病了，我也因此忘记了圣诞节的事，直到晚上才想起来。所有的事情都让人沮丧。我妹妹原本是要来这里的，因为我的父亲病得很重，现在也不能成行了。两个朋友刚刚回西班牙了。一个是名叫罗伯特·威廉姆斯[3]的小伙子，他从战场上撤出来时肚子里面满是碎弹片。他说巴塞罗那已经被毁得认不出来了，每个人都处于半饥饿状态，900比塞塔才能兑换1英镑。另一个是乔治·考普，一个比利时人，在我的书里有很多关于他的内容。他在“格伯乌”[4]的监狱里待了18个月，刚刚逃离魔窟。在监狱里他的体重减轻了7英石[5]。他们是一帮血腥的蠢货，在对他实施了那么多令人发指的行为后，却让他逃了。我想他们一定是无法控制

1.《萨朗波》是法国作家居斯塔夫·福楼拜（Gustave Flauber）的作品。这部作品的时代背景是公元前三世纪罗马和迦太基之间的战争，反映了迦太基盛极而衰的社会状况。《萨朗波》的史诗特征十分明显，堪称历史小说发展新阶段的一部重要代表作。

2. 指约翰·米德尔顿·莫里成为英国国教会的通讯会员。

3. 罗伯特·威廉姆斯（Robert Williams），马克思主义统一工人党国民军的一位成员。

4. 原文作“G.P.U.”，Gosudarstvennoe Politicheskoe Upravlenie 的缩写，（苏联）国家政治保卫局。

5. 英国重量单位，1英石相当于6.35千克或14磅。

自己。几个事情可以证明共产主义者已经丧失了他们绝大多数的力量，“格伯乌”只能以非官方的形式存在。

代我问候玛丽和皮特。爱琳也向玛丽问好，感谢她给我们写信。等银行回信后，我会再给你们写信的。我希望寒冷天气能够结束，它能让一间小屋子冷得难以忍受。大约 2 月份我们就要考虑给穆里尔[1]配种了，但现在还不用着急。无论发生了什么事，都别让她去找尼科尔斯先生[2]的那个“老爷车”，20 年来，那只公羊跟自己的姐妹们、女儿们、孙女们和曾孙女们都交配过，它已经疲惫不堪了。

你的

埃里克

又及：

你有没有用可以让鸡加速成长的碎谷粒混合饲料喂鸡？克拉克的饲料相当不错。

1. 穆里尔（Muriel）是乔治·布莱尔的一只山羊的名字，他还与这只山羊合过影。后来他把《动物农场》里的山羊命名为穆里尔。

2. 尼科尔斯（Nicholls）是乔治·布莱尔在沃灵顿的一位邻居。

1939 年

致赫伯特·里德

法属摩洛哥马拉喀什新城
布瓦特邮局48号信箱
1939年1月4日

亲爱的里德：

感谢你的来信，也感谢你的宣言[1]。非常有趣的是我已经在《箭头》上看到了这篇宣言，并且正有进一步探寻此事的打算。我当然愿意在上面签字。不过，如果你只需要少数几位能够代表英国的人签字，你应该找远比我有名的人。但是，无论什么情况，用我的名字做任何有价值的事我都是乐意的。你问我宣言是否还有需要进行修改的地方，我有疑问的唯一一个地方，是你在第二页所说的："为了保证俄国官僚政治的安全，首先是德国工人，后来是西班牙工人，再后来是捷克斯洛伐克工人，都已经陷入困境。"无疑这是事实，但现在我们提出捷克问题，在战略上是不是明智之举呢？毫无疑问，俄罗斯人的确让捷克陷入困境，但在我看来，他们的所作所为与英国政府、法国政府相比似乎并没有更坏，或者说区别不大。含蓄地提议他们应该为保卫捷克而战，其实就是暗示英国和法国也应该参战。这只是人民阵线那些人的说辞，我不相信是真的。我并不打算发表自己的这一观点，只是私下提个建议而已。不管是否做出修改，都可以把我的名字加在宣言上。

由于肺病的原因，我正在这里过冬，我想或许这会对我有些好处。由于该死的健康问题，我事实上几乎在整整一年的时间里虚度光阴，但

1.《走向自由的革命艺术》，呼吁组建国际独立革命艺术联合会，超现实主义者运动创办者和领导人安德烈·布莱顿（Amdre Breton），以及墨西哥革命画家迭戈·里维拉（Diego Rivera）在宣言上签名，当时他们在政治上和文化上拒绝了第三国际。宣言发表在《钥匙》月刊上。

是长时间的休养也已经给我带来了好处，我正在写一部新的小说，而一年前，在结束了在西班牙的可怕噩梦之后，我曾认真地思考过我再也不能写一部小说了。与此同时，非常奇怪的是，我有一段时间一直在考虑给你写信，这件事在我脑海中萦绕。这件事就是：

我相信，对我们中间那些反对即将到来的战争的人来说，开始组织非法反战活动是非常必要的。非常明显，无论是战争开始之后，还是战争迫在眉睫之时，任何公开的和合法的鼓动都是不可能的。如果我们现在没有准备好发行小册子等宣传品，当决定性的时刻到来时，我们将无能为力。目前新闻界有相当大的自由度，没有购买印刷机、储存纸张等方面的限制，但我不相信这种情况会持续下去。如果我们不做准备，那么无论是在战争期间还是战前鼓动进程开始时，我们可能都会发现自己处于绝对的沉默和无助之中。让人们看到这种危险是很困难的，因为大多数英国人在本质上都不能相信任何事情都会改变。此外，当一个人必须与真正的和平主义者打交道时，人们通常会发现他们会对非法活动和地下工作有一种挥之不去的道德异议。我非常同意，人们——尤其是那些有某种恶名的人——可以通过公开的斗争来获得最好的结果，但是我们也会发现拥有一个地下组织也是非常有用的。在我看来，要做的常识性的事情就是积攒我们制作小册子、招贴画等所需的物资，把它们放在一些不显眼的地方，直到必需时再使用。为此，我们需要组织，特别是需要钱，需要 300 到 400 英镑。在人们的帮助下，这些钱应该是可以一点一滴地筹到的。可以写信给我，告诉我你是不是赞同这个想法。不过即便你不赞同，也请你不要告诉别的任何人，好吗？我在这封信里附上了我签了名的宣言。

你的

埃里克·布莱尔

又及：

我保存着《钥匙》的宣传单，只要我去马拉喀什，我就会马上汇款订阅这份期刊。

致杰弗里·高尔勒

法属摩洛哥 马拉喀什新城

布瓦特邮局 48 号信箱

1939 年 1 月 20 日

亲爱的高尔勒：

在很长的一段时间里我一直想给你写信，现在我终于在这样做了。自从 9 月份以来，我们就来到这个国家。我想，这里的气候对我的肺起了很好的作用。我现在不怎么咳嗽了，体重还增加了差不多 7 磅。爱琳过得非常好。9 月的时候天气特别糟糕，热得让人难受，还有各种各样的蚊虫，不过冬天快要来了，天气也将变得特别晴朗宜人，就像英格兰的春天似的。我现在给你写信的地方是在阿特拉斯山上，有 5000 到 6000 英尺高。我已经完成了我的小说草稿，想休息一个星期，所以我们到这里宿营。这里的风景实在是太美了，巨大的石灰岩峡谷，被冰雪结结实实地覆盖着的溪流，以及柏柏尔人[1]的小村庄，村子里面有很多用泥做成的屋子，屋子的顶部都是平的。柏柏尔人——在这儿都被称作赤勒人——简直太有魅力了，通常多多少少都是红红的脸膛，女人们都有着特别漂亮的眼睛。不过最使我着迷的是她们实在太脏了。你能够发现楚楚动人的美丽女子，可她们的脖子由于堆积着厚厚的灰尘，走过去的时候别人几乎难以看到她们的皮肤。这里的贫困状况跟你想象的差不多。你只要拿出一盒香烟，立即就会拥上来有男有女、有老有少的一大群人来跟你抢香烟，你就会被这些人压在下面。不过在摩洛哥，这种情况到

1. 柏柏尔人是撒哈拉大沙漠最早的原住民之一，现在主要居住于北非的摩洛哥和阿尔及利亚。

哪儿都一样。可笑的是所有的山地居民都有点相似，可能他们走路的样子稍微让我想起了缅甸的克钦人。

我希望你那本关于雷布查人的书[1]能够一切顺利地出版。我对我小说的某些部分还算满意，希望能够在4月初把它写完。我也不知道下一步要做什么。尼尔森公司想让我写一本书[2]，作为他们正在出版的系列书中的一本。结果由于我生了病，这事就泡汤了。要是我还能跟他们再联系上，我就先把这件事情做完，然后再写另外一部小说。我现在有足够的素材，可以写一本非常庞大的小说。事实上这是一个三部曲，这样体量就跟《战争与和平》差不多了。不过我需要再用一年的时间来把第一部分好好想一想。我觉得一个人要是开始想写一本家世小说的话，那就是他上了年纪、不太中用了的一个征兆。不过不管怎么说，这等于我换了一种说法，表示我希望战争不会爆发。因为，我觉得我肯定不会在战争中间写出一部家世小说，尤其不会在集中营中写出来。我必须说我们非常高兴在战争危机之中离开了英格兰。关于这次战争的事，人们的争论让人烦透了。你能够想象到的东西都已经被人说出来了。我想你比我年轻一些，对第一次世界大战可能已经记得不是那么清楚了。不过我记性很好，因而现在当我听见别人大骂希特勒的时候，我往往觉得似乎时钟倒转了20年。在摩洛哥，法国人根本不去关注战争，并且他们明显觉得战争是无法想象的。我觉得法国人那种绝对的、无底洞似的自私自利也许会挽救局势，因为很明显，除非法国本土遭到侵略，否则他们是不会打仗的。高层人士也许知道这些。西班牙这里打得一团糟，一个刚从西班牙出来的朋友告诉我，巴塞罗那已经被毁坏得让人无法辨认了。所有的儿童都在挨饿。你用1个英镑可以换900个比塞塔。我不断间接地听到我所认识的西班

1. 指《喜马拉雅山村》，1938年出版。

2. 在1938年，奥威尔已经跟托马斯·尼尔森(Thomas Nelson)父子出版公司谈好，为他们写一本题为《实践中的贫穷》的书，但是由于奥威尔的健康状况不佳，这一计划受阻。

牙人的情况，消息总是这些人被杀死了。看起来这确实毫无意义。乔治·考普——你可能记得在我写的那本关于战争的书中读到过他的名字——最近跑了。感谢苏联国家政治保卫局在 18 个月里为他所做的一切：他的体重减少了 49 磅！我希望他的经历能够写成书出版，因为现在是应该让这种事情停止的时候了。

我不知道你现在在哪里。不过我当然会把这封信寄到海格特。我希望你春天的时候会在英格兰。这样，当我们回国的时候就可以见到你了。

爱琳向你问好。

你的
埃里克

致赫伯特·里德

法属摩洛哥马拉喀什新城

布瓦特邮局48号信箱

1939年3月5日

亲爱的里德：

非常感谢你的来信。我可能会在3月22日或23日离开这个国家。在这个月底，我可能就回到英国了。我会在伦敦停留几天，打算安排时间去看你。如果能够对《反抗》[1]有所帮助，我会乐意去做，尽管在看到这是一个什么类型的报纸之前，我对自己是否能发挥什么作用一无所知。问题是如果我像平常一样，在投入到一本书的创作中的时候，几乎不可能再做任何其他的有创造性的工作。但是从另一方面说，我喜欢写评论文章，如果他们需要这类文章的话。如果我们的评论能够继续保持左派而不是斯大林主义的立场（这完全就是一个钱的问题，真的），我相信很多人会很高兴。人们不是傻瓜，他们很快就能够看穿这个“反法西斯主义”骗局。一个让我非常振奋的想法是，每一代人，如果在文学上意味着大约10年，都在反抗上一代人，就像奥登们起来反抗斯夸尔[2]们和

1.《反抗》，由弗农·理查兹（Vernon Richards）在伦敦编辑，从1939年2月11日起至7月3日止共出版了6个月时间，目的是从无政府主义者的视角报道西班牙内战。弗农·理查兹（1915—2001），英国作家和编辑，无政府主义者。

2.可能是约翰·科林斯·斯夸尔（John Collings Squire，1884—1958），英国作家，著名的《伦敦水星》（*The London Mercury*）编辑。其代表作是1921年出版的《现代诗人诗集》。

德林瓦特[1]们一样，也必将会有另一伙人起来反抗奥登们。

下面谈谈关于印刷机的问题。有人说，从某种角度看，如果不知道谁要去竞选、为什么去竞选，就开始准备一场地下运动，这是非常荒谬的。我非常同意这种说法。但关键问题是，如果迟早要参加竞选，你事先不做任何准备，到时候就会无能为力。我不能相信一个人可以不经任何询问就买到一台印刷设备的时代会永远持续下去。举个类似的例子，当我还是个孩子的时候，只要不是买野战炮而只是买枪，你可以走进任何一家自行车店或铁匠店，买一把你喜欢的枪。而且，大多数人都没有想到俄国革命和爱尔兰内战会让他们的国家完蛋。对于印刷机等，情况也是一样的。至于我们要做的事情，我看到的情况就是这样。在我看来，工党或任何左派组合赢得选举的机会都是零。在任何情况下，如果他们真的当选，我怀疑他们也不会比张伯伦好多少，或者与张伯伦比不会有太大不同。因此，我们要么在未来两年里进行战争，要么是长期进行战争准备，或者可能只是假冒战争准备用以掩盖其他目的，但在任何情况下都会招致一个独裁政体，即某种形式的奥地利法西斯主义。只要客观的、真实的或假装的是对德国的战争，左派中的绝大部分就会把自己与法西斯化的过程形成关联，这最终意味着将自己与减薪、压制言论自由、在殖民地施暴等联系起来。因此，对这些事情的反抗必定是反左也反右的。反抗者将由两个部分组成，一部分是持不同政见的左派，比如我们；另一部分是法西斯主义者，这次是理想主义的希特勒法西斯分子，在英国或多或少地可以由莫斯利代表。我不知道莫斯利是否会有决心和勇气

1. 约翰·德林瓦特（John Drinkwater，1882—1937），英国著名诗人、剧作家、评论家和演员。他的第一部戏剧《亚伯拉罕·林肯》（*Abraham Lincoln*，1918）在伦敦和纽约等地演出获得极大成功，奠定了他作为一个剧作家的地位。此后他还创作了历史剧《奥利弗·克伦威尔》（*Oliver Cromwell*，1921）、《玛丽·斯图亚特》（*Mary Stuart*，1922）和喜剧《手中之鸟》（*Bird in Hand*，1927）等。他也是个多产的诗人，第一本诗集出版于1903年，风格属于典型的“乔治派”，作品多数收入五卷本《乔治派诗集》（*Georgian Poetry*，1912—1922）中。作为20世纪初英国文坛的活跃人物，德林瓦特与哈代、T.S.艾略特、凯瑟琳·曼斯菲尔德（Katherine Manthfield）、约翰·高尔斯华绥（John Galsworthy）等均有广泛交游。他还编辑过文学史和文学选集，并为许多书籍撰写导读，显示出卓越的编辑才华。

坚持反对与德国的战争，他可能会决定兑现爱国主义事业，但在这种情况下，其他事情将取代他。如果战争导致灾难或革命，官方的左派已经屈服，并在公众心目中被认定为战争党，法西斯分子们就可以大权独揽、胡作非为了，除非有同时反战和反法西斯的人。事实上，会有这样的人，可能他们的数量还非常巨大，但是他们是否能够做成任何事情，都在很大程度上取决于他们在不满情绪增长的时候采取何种表达方式。我怀疑是否有很大希望把英国从这种或者那种法西斯主义中拯救出来，但是非常明显，人们必须投入一场战斗，在一个人可能只是因为自己没有事先采取一些预防措施而吵架的时候，保持沉默似乎是愚蠢的。如果我们在某些稳妥的地方放置印刷机等，我们就可以谨慎地去工作，建立起一个分发机构，然后我们就可以有这样的感觉了："好吧，如果麻烦确实如期而至，我们已经准备好了。"另一方面，如果战争没有降临，我也会非常高兴，不会觉得白费了力气。至于金钱，除非有意外的事情发生，否则我可能在今年剩余的日子里一文不名。也许如果我们确定了一个行动纲领，你的朋友彭罗斯[1]可能会提出一些建议，我想还有其他人可以看到其中的必要性，比如说伯特兰·罗素，你觉得怎么样？我猜想他应该有些资金，并且如果能说服他承认"自由言论受到威胁"的事实，他会很快接受这个想法。

回国后我会给你写信或者打电话，安排一下见面的事情。如果你在4月初前后进城，另一方面，或者要离开，或者有其他事情，可不可以提前知会我？但是不要按照这封信上的地址给我写信，那样我可能就收不到了。写信请寄到这个地址：SE10，格林尼治，克鲁姆兹山24号。

你的

埃里克·布莱尔

1. 罗兰·彭罗斯（Roland Penrose，1900—1984），英国画家、历史学家、作家、现代艺术收藏家，也是伦敦当代艺术学院（Institute of Contemporary Arts，简称ICA）的联合创办者之一。他独立地资助了许多画家和左翼艺术项目。1966年被授予爵位。

致杰克·考曼

萨福克郡 南沃尔德镇

高街 36 号

星期日 [1939 年 4 月 9 日]

亲爱的杰克：

非常感谢你的来信。这封信已经从伦敦转过来了。我们没有及时回信，也没有及时露面，请原谅。我原来打算在这里短暂停留以后，于上星期三（5 日）回到沃灵顿的，但是我到这里不久便又生了一次病，在床上躺了一个星期。病并不严重，主要原因肯定是气温的变化。或许由于同样的原因，爱琳也患了感冒。我们准备在星期二（11 日）去沃灵顿，但是也许得到傍晚 6 点或者 7 点的时候才能到达。我想爱琳的母亲早些时候曾到那里去过，安德森夫人[1]知道这件事，所以无疑全部的情况都会是很正常的。如果我们很晚才到，到了以后还要把你撵走，为此我非常抱歉……我希望你容光焕发，把冬天的感冒抛到了脑后。如果你住的是地方当局营造的公房，无疑你会发现它比我们的小房子卫生多了。我们准备住一个夏天，然后搬走。就在回国之前，我完成了我的小说[2]，并且已经寄给了出版商，但是目前还没有回音。戈兰茨非常担心，用他们的话说，是我不应该“离开”他。按照合同他还要出版我接下来的三部小说。但是，假如他要为难我，我想我会离开他的，然后在寻找另外的出版商这件事情上又会有很长时间的麻烦。向玛丽和皮特问好——希望能尽快见到你。

你的

埃里克

1. 奥威尔在沃灵顿的邻居。

2. 指《游上来吸口气》。这部书于 1939 年 6 月 12 日由维克多·戈兰茨有限公司在伦敦出版。1950 年哈科特·布雷斯公司在纽约出版了该书的美国版。

1940 年

致维克多·戈兰茨

赫特福德郡 北巴尔多克镇

沃灵顿村商店

1940 年 1 月 8 日

亲爱的戈兰茨先生：

这会儿我没法借给你《北回归线》了，因为我的那本书被查封了。当我正在写上一本书的时候，两个侦探遵照公共检察官的命令，突然来到我的屋子，查封了我“通过邮寄收到的”所有的书。我的一封地址为奥比利斯克邮政信箱的信在邮寄的过程中被开封检查了。警察不过是执行命令，他们的态度还是非常好的，甚至连公共检察官也写信来说，作为一个作家，或许有一种保留某些非法图书的需要，这他能够理解。基于这些原因，他归还了一些书，比如《查泰莱夫人的情人》等。但是，这显示出米勒[1]的书出版的时间还不足够长，还没有成为一本受尊敬的书。尽管如此，我知道西里尔·康诺利也有一本《北回归线》。目前他正患感冒，但等我再次跟他取得联系的时候，我会借来这本书寄给你。

至于你对我的书[2]的评价，我非常高兴你能喜欢这本书。你认为我过于悲观主义了，或许你是对的。思想自由等或许可以幸存于一个经济集权主义社会中，这是可能的。这要等到一个集体化经济在西方国家中试验成功以后，我们才能辨别清楚。在英国这样的国家中，普通老百姓能否准确地把握民主和专制政治的区别，以至于他们愿意去捍卫自己的

1. 指亨利·米勒，《北回归线》的作者。

2. 指《鲸鱼体内》的手稿。

自由，对这一问题的回答的不确定性在这段时间里一直让我忧心忡忡。直到人们看见他们自己在以一种非常明显的方式受到威胁，他们才真正搞清楚。目前知识分子们指出，民主和法西斯主义完全是一回事。这种说法让我觉得非常压抑。尽管如此，当危急时刻真正来临的时候，普通老百姓或许会证明，他们比那些聪明人更聪明。我当然希望这样。

你真挚的

埃里克·布莱尔

致杰弗里·高尔勒

赫特福德郡 北巴尔多克镇

沃灵顿村商店

1940 年 1 月 10 日

亲爱的高尔勒:

好久没有看到你了，也好久没有听到你的消息了。我不知道这会儿你是在哪个半球待着。但是，不管怎么样，我还是要把这封信寄到海格特，相信它还是可以转到你手上的。我大概是在战争刚刚开始的时候给你打过电话，是你哥哥接的，他说你在美国。

我们在今年春天从摩洛哥回到英国。我已经开始写我的另一本书[1]。我遗憾地告诉你，我的父亲去世了[2]。大家都非常痛苦，心烦意乱，但是当可怜的老人离去的时候，我还是有些高兴的，因为他已经 82 岁了，并且在最后的几个月时间里，他受了很多罪。

然后我又继续写我的书。但是战争使我脱离了我的轨道。因此，一本本来可以在 4 个月里完成的很短的小书，却花了我 6 到 7 个月时间。这本书大概在 3 月份出版，我想其中的部分章节你可能会感兴趣。迄今为止，我已经完全失去了效忠女王陛下政府的本领，尽管我很愿意，因为在我看来，我们似乎已经卷入了可恶的战争之中，我们必须赢得这场战争，我希望能帮上点儿忙。他们不会让我参军的，至少现在无论如何也不行，因为我的肺有毛病。

1. 指《鲸鱼体内》。

2. 理查德·瓦尔斯利·布莱尔（Richard Walmesley Blair，1857—1939），奥威尔的父亲，1939 年 6 月 28 日在南沃尔德去世。

爱琳在一个政府部门找到了工作[1]，同往常一样，是通过熟人的熟人介绍的。我也想找个工作，因为我想把写作稍稍抛开一点，我觉得我已经把自己写光了，应该“休眠”一段时间了。从某种程度上讲，我是在酝酿一部篇幅很大的小说，是一种家世小说，我只是不想在完全做好准备之前开始写作。出版商长着翅膀的小马车随时都可能疾驰而来，这种感觉对作者来说实在太坏了。

你有没有看到一本新的杂志——《地平线》月刊？它是西里尔·康诺利和施蒂芬·斯彭德主办的。他们正试图摆脱讨厌的政治上的陈词滥调，现在这样做也正是时候。我最近见过一次戈兰茨，他正在生前共产党朋友的气，因为他们撒谎，等等。所以假如左派图书俱乐部能够设法生存下去，它或许会再次一劳永逸地成为一支相当重要的力量。

我相信到明年的某个时候将会有一次严重的纸张短缺，书籍的印数将会有所削减。尽管如此，出版商这会儿还是会非常快活，因为战争使人们需要阅读更多的东西。告诉我你最近怎么样，是否在英国或者什么时候会在英国，你能不能给我指一条找工作的路，当然，我会非常感激的。

如果爱琳在这里，她会向你致意的。

你的

埃里克

1. 在新闻检查部。

致戴维·H. 汤姆森

赫特福德郡 北巴尔多克镇

沃灵顿村商店

1940 年 3 月 8 日

亲爱的汤姆森先生[1]：

非常感谢你的来信。你欣赏那篇文章[2]我很高兴。儿童报纸的所有问题都挺难处理，因为我相信孩子需要这种没有价值的东西，如果他们得不到它（单纯从文学的观点出发，我肯定孩子们的生活从廉价惊险小说开始比起从“好书”开始要好得多），就好像丢失了东西似的。但是与此同时，由于英国掌握出版业的特定方式，儿童读物不可避免地从源头上就遭到了污染。关于这个问题，我收到了大量的信件，这使我深切地感受到，近来有很多人在思考这个问题。或许对于像《新闻纪事报》这样的报纸，会作为副业开始以更符合现代潮流的观念经营一份儿童报纸或妇女报纸，我们不应该抱太大的希望。我敢肯定这种报纸的读者群是存在的。像《图片邮报》《新闻评论报》这类的报纸能够马上取得成功，显示了在最近几年中出现了多少有些思想、同时还很“左翼”的文化修养不很高的公众。

因为你对这篇文章感兴趣，所以我顺便说一句，或许你也会对收入这篇文章的书（《鲸鱼体内》[3]）感兴趣。星期一这本书就出版了，无疑

1. 大卫·H. 汤姆森（David H.Thomson），英国国家社会服务委员会负责地方事务的官员。

2. 指《男孩周刊》。

3.《鲸鱼体内》是一部散文集，包括《查理斯·狄更斯》《男孩周刊》和《鲸鱼体内》等，1940 年 3 月 11 日由维克多·戈兰茨有限公司出版。

你能够从图书馆借到这本书。这篇文章还将稍微做些删节，然后在《地平线》上发表。

您诚挚的

乔治·奥威尔

致杰弗里·高尔勒

赫特福德郡 北巴尔多克镇

沃灵顿村商店

1940 年 4 月 3 日

亲爱的高尔勒：

收到了你的来信，并且知道了你生活舒适、工作惬意的情况，我非常高兴。在沃灵顿“前线”，一切都非常平静。像其他几乎所有的人一样，我也没有得到任何“战时工作”。但我正在努力去加入一个政府的训练中心，去学习机械制图技术。这部分地是因为我想找一个工作；部分地是因为我觉得这可能会激发出我的兴趣，我猜测在大约一年的时间里，我们都会以这样那样的形式被政府征用，这样的话，我可以做一些或多或少的包含一点技术性的工作；部分地是因为学会了一项手艺之后可以比较容易地度过战争时期。尽管如此，我还不知道我能不能被批准。

爱琳仍然在一个政府部门工作，但是只要我们可以支付日常的开销，当我们的事情也处理得差不多的时候，我就准备让她辞掉这份工作，因为除了它使我们几乎不能在一起之外，工作繁重得甚至可以把她累死。我想如果我全力以赴地写作的话，我们的收入也是可以维持我们的生活的，但是目前我很想放慢工作节奏，不急于写我的下一本书，因为到现在为止，我已经在 8 年的时间里出了 8 本书了，这太多了。

我想你还没有看到我几周前出版的最后一本书（《鲸鱼体内》）。这本书里面有一篇散文你可能会感兴趣，是关于《男孩周刊》的，因为这篇文章可能跟你的研究正好搭界。也许你还记得几年前我曾经给你说过，那些通俗小说应该去浏览一下，我还举出埃德加·华莱士作为例子。这篇散文最早是稍稍删节之后在西里尔·康诺利的月刊《地平线》上发表的，现在《磁石》——无疑你从儿童时代就记得它——的编辑请求我抽出点时间，他准备答复我的"指责"。我等待着这件事，但也带着一些不自在，因为我的文章里肯定也有很多错误，但是或许他要挑的刺儿却是我的一点暗示，指的是这些报纸试图反复灌输谄上媚下。我手上没有这份杂志了，所以没法送给你，但你可以从图书馆找到它。还有一篇关于狄更斯的散文，你可能也会有兴趣。我发现这种半社会学的文学批评非常有意思，我想对很多其他作家进行这种研究，但不幸的是不能在这里挣到钱。戈兰茨在一本书上提前支付给我的全部稿酬只有20英镑！

至于小说，那肯定更容易卖一些。我现在正构思一部真正的大型小说，我指的是它的篇幅。在开始写这部小说之前，我想稍微"休眠"一下。当然，天知道将来有没有靠写作为生的希望，天知道几年后我们都会在哪里。如果战争真的进行下去，人们最终都可能得到打仗的机会。到目前为止，我还不是很想参军，因为即使混过医生这一关，他们也把所有这些较老一点的人编入轻工兵。真可怕，这么快就变成"较老一点"的了。

英格兰没发生什么大事。根据我的猜测，人们对战争已经厌倦了，但厌倦情绪还不是十分强烈。除了和平主义者之类的小部分人以外，人们还是想让事情得到解决。我想如果他们认为牺牲会非常平均地降临到每一个人头上，他们愿意继续再打10年仗，这可能跟现在政府的观点不太相符。政府似乎在用最高级的愚蠢进行他们的宣传，而当人们发现打仗意味着上12小时白班的时候，政府就会面对极不愉快的事情了。新创刊的杂志《地平线》办得很好，每期已经可以销售大约6000或7000份。

戈兰茨留了小胡子。他跟他的共产党伙伴闹翻了，部分地因为芬兰等问题，部分地因为他最近刚刚意识到他们的不诚实。当我最近见到他的时候——这是最近三年内我第一次见他——他问我，在西班牙内战期间，据说苏联国家政治保卫局十分活跃，这是不是真的。他还告诉我，当他 1936 年开始跟共产党建立起密切联系的时候，他除了知道人民阵线以外，对共产党其他的政策一无所知。一些如此无知的人却拥有这么大的影响力，这实在太可怕了。食物的情况还相当不错，我认为定量供应（肉、糖、黄油）并不是非得如此，这只是为了给人们一个教训。我正在忙着给我的花园翻土，我将努力把今年的土豆产量提高半吨，因为假如明年冬天出现食品短缺，我是不会觉得奇怪的。如果我觉得我会一直在这里住下去，我准备繁殖很多母鸡，还想喂些兔子。

如果爱琳在这里，她会向你致意的。

你的

埃里克

致汉弗莱·豪斯

赫特福德郡 北巴尔多克镇

沃灵顿村商店

1940 年 4 月 11 日

亲爱的豪斯[1]先生：

非常感谢您的来信。收到您的信我很开心。关于这个宣言[2]，我手上还没有，但至于您提出的特定问题——关于“教会”——我应该说这是一个很好的经验法则，如果您可以避免提及宗教，那最好就不要提它。我不知道在英国有多少宗教信徒，但不可能超过 1000 万人（可能更像是 600 万人），甚至在那些人当中，有少数活跃分子因为有人建议教会不要把他们的入教誓言付诸实践而感到生气。无论如何，除了信奉天主教的爱尔兰工人外，教会对工人阶级毫无影响力。另一方面，您总是可以求助于老百姓的公序良俗，这是绝大多数人信赖的，而不需要把它与任何抽象的信仰联系起来。至于“白人—有色人种”这件事，我无法做出评价。

以下是我对于宣言的总体意见。如果让我来起草宣言，我当然会把宣言写得完全不同。这类事情是否会有广泛的吸引力，我不敢确定，除

1. 汉弗莱·豪斯(Humphry House,1908—1955),英国学者,牛津大学华顿学院研究员,他编辑了曼雷·霍普金斯、查理斯·狄更斯等作家的大量经典作品。

2. 理查德·阿克兰爵士(Richard Acland,1906—1990)，准男爵，1935 年成为自由党议员。从 1936 年起，他积极参加人民阵线的竞选活动。战争爆发时，他宣布自己转向社会主义，或者他更喜欢称之为“共同所有制”。1940 年 2 月，他出版了《我们的战斗》（企鹅公司最成功的特约书中的一种），要求读者写信予以支持。1940 年 3 月 12 日，阿克兰在下议院召集了一次会议，大约 150 位给他写信的人参加，通过了《平民宣言》草案。奥威尔此处所指就是这个宣言。

非发生了一些事情，让问题进入了普通百姓的头脑之中，这类事情不会吸引很多人关注的。这个“平民”的宣言必须由一位男爵议员起草，并交给 50 个人在虚线上签字，而不是自发地从人民自身的角度提出自己的建议。我愿意尽我所能提供一些小小的帮助，因为我大体上是同意的。比如说，我也认为必须做一些事情来平衡收入差距、废除阶级特权、解放被征服的民族。不要把它放在更广阔的范围里讨论。如果从战争的全过程来审视战争，我不相信战争会取得胜利，人们根本看不到政府现在或任何可能的将来采取了任何恰当的应对，除非他们被欺凌而卷入战争。但是宣言不是像阿克兰的书《我们的战斗》那样。我本来就不会和它有任何关系。这样一本书的实际效果，无论其主观意愿如何，都很容易传播失败主义。我们必须记住，大多数人都是用非常简单的方式看待事物的，当下的紧迫问题是：“我们是与希特勒作战还是投降？”读过《我们的战斗》的 100 个人中会有 99 个人从书中得出结论：我们应该尽可能快地、尽可能屈辱地投降。在我看来，阿克兰几乎是个十足的蠢货，尽管他是出于好意的。在战前的几年中，当可以想象通过复兴国际社会主义运动来避免战争的时候，他把自己和战争贩子“人民阵线”绑在了一起；现在战争已经开始了，在同样的人影响下，他突然发现希特勒也没有比我们更坏，事实上甚至更好一些。他允许自己成为像普利特[1]那样的人的工具，显然不能看到这个国家的纳粹宣传摆出了俄罗斯宣传的姿态。然而，在宣言中，他避开了那种事情，所以我愿意把它与自己联系起来，因为我确实同意走向平等的绝对必要性。但我会在宣言中使用更有力的措辞，更清楚地强调方案的两端（击败希特勒和平衡收入）。

1. 丹尼斯·诺维尔·普利特（Denis Nowell Pritt，1887—1972），英国皇室法律顾问，1935 年—1940 年作为工党代表担任过国会议员，后因在政策上持有不同观点被开除出党，此后一直到 1950 年，他一直作为无党派的社会主义者担任国会议员。他是以出庭律师及左翼事业和苏联的热情支持者而闻名于世的。

下面谈谈狄更斯。对于狄更斯，显然您比我了解的要多很多。我从未真正“研究”过他，仅仅是阅读过他的作品并且欣赏他，还有，我敢说他的作品中我肯定有没读过的。您提到的关于狄更斯不写工作的那一点，我没有表达得很好。我应该说过的是，当狄更斯详细描绘一个人工作时，经常是他人从外面看到的表象，通常是滑稽模仿（像韦米克[1]或维纳斯[2]）。我避免对这件事追根溯源，因为这会引领我讨论起英国小说中的滑稽模仿来，而这就远远地偏离了正题。至于狄更斯的“不满”，我觉得我坚持这种品质是必要的，我认为这种品质在现代知识分子中的缺失是一件非常险恶的事情。当然，狄更斯对于政治等问题的观点是非常幼稚的，但我认为那是因为他有完美的道德感，能够在任何政治或经济环境中找到自己的方位。我认为大多数维多利亚时代的人都可能做到这一点。关于现代知识分子，令我惊恐的是，看到人类社会必须以公序良俗为基础，他们无能为力，不管政治和经济类型是什么样的。要回到阿克兰和他的《我们的战斗》上面，他显然看不出俄罗斯现政权出了什么问题。私有财产已经被废除，因此他认为所有的东西或多或少都是正确的。在我看来，这表明道德嗅觉的缺失。狄更斯对社会主义等主张毫不了解，应该一眼就能看出政权出了一些问题，每几年都需要废弃一堆东西。正如尼采[3]评价基督教教义时所说（我是根据记忆引用的）：“如果你正身处其中，不必让你知道它是腐烂的。”你能闻到它，它散发着恶臭。所有道德健全的人都知道，从 1931 年起俄罗斯政权就臭气熏天。

1. 韦米克（Wemmick）是查理斯·狄更斯的小说《远大前程》（又译《孤星血泪》）中的一个虚构人物。
2. 维纳斯（Venus）先生是查理斯·狄更斯的小说《我们共同的朋友》中的虚构人物。
3. 弗里德里希·威廉·尼采（Friedrich Wilhelm Nietzsche，1844—1900），德国哲学家，他的著作在形而上学、观念论、宗教、道德及科学等领域做出了颠覆性的批判。他的写作风格独特，经常使用格言和悖论的技巧，对后世哲学发展影响极大，尤其表现在存在主义与后现代主义上。研究哲学前，尼采是一名古典语文学家，并在 24 岁时成为巴塞尔大学的古典语文学教授，但在 1879 年由于健康问题而辞职，之后一直饱受疾病煎熬。1889 年尼采精神崩溃，从此再未恢复，在母亲和妹妹的照料下活到 1900 年辞世。

正如我在我的书[1]中指出的那样，部分问题是英国知识分子眼光如此局促以至于他们无法想象出一个极权政府是什么样的。他们也受到了固有的机械主义的马克思主义观念的感染，即如果你做出必要的技术进步，道德上的进步将随之而来。对这一看法，我从未接受。我不相信作为封建主义制度对立面的资本主义制度提高了人类生活的实际质量，我也不相信社会主义制度本身能够有效地带来任何真正的改善。或许希特勒就是一个声势浩大的证明。我相信，这些经济发展只是提供了一个前进的机会，但迄今为止还没有发生。一年前，我在阿特拉斯山脉看到了那里的柏柏尔村民，我突然意识到，也许我们比这些人领先了 1000 年，但并没有比他们更好，也许在总体上更糟。例如，我们身体上不如他们，而且明显不那么快乐。我们所做的一切都是为了达到一个能真正改善人类生活的程度，但没有“公序良俗是必需的”这一共识，我们不会实现这个目标。对于未来，我主要的希望是：老百姓从来没有脱离他们的道德准则。比如，我从来没有遇到过一个接受马克思主义的真正的工人。对于无产阶级专政（如果它能够发生的话）我从来没有丝毫担心。我在西班牙战争中看到的某些东西也证实了这一点。但我承认，我对发生在俄罗斯和德国的理论家的独裁感到恐惧。

我想找个时间跟您见面。我被捆绑在这里了，因为除了其他事情，我还想加入一个政府培训中心，他们可能很快会打电话给我。

谢谢您的来信。

您诚挚的

乔治·奥威尔

1. 指《鲸鱼体内》。

致雷纳·海本斯托尔

赫特福德郡 北巴尔多克镇
沃灵顿村商店
1940 年 4 月 11 日

亲爱的雷纳:

那些照片可以吗?如果可以的话,我想让你把那些看起来值得复制的寄给我,并且告诉我底片多少钱等,这样我将非常感激。我刚刚收到美国的文学名人录[1]编辑部寄来的一个东西,说要把我的名字收进去,还要带照片。我想这也算是一种广告,因此我最好照办。

我希望你一切都好。我一个人在这里。只要可能,爱琳每周都去度周末。在她工作的那个部门,他们拼命地使用她。我想如果条件允许的话,就让她辞掉这一工作算了,但是现在恐怕还不行,因为我工作的事八字还没有一撇呢。我还没有接触我的小说[2],而是整天忙于写那些可以使我们免于挨饿的书评。还有花园,也够我忙的,目前春种正在如火如荼地进行。我的目标是让土豆增产 6 英担[3],以抵御我预料中的明年冬季的饥荒。你有没有机会去参加在朗格海姆[4]举行的东部会议?他们

1. 指斯坦利·加斯蓬·库内茨(Stanley Jasspon Kunitz)和霍华德·海克拉夫特(Howard Haycraft)合编的《二十世纪作家》,1942 年在纽约出版。斯坦利·库内茨(1905—2006),20 世纪美国诗坛的历史见证人。他曾两度荣膺美国桂冠诗人,荣获过众多诗歌奖项。他成功走出 T.S. 艾略特、埃兹拉·庞德(Ezra Pound)、罗伯特·弗罗斯特(Robert Frost)和华莱士·斯蒂文斯(Wallace Stevens)等前辈诗坛巨擘的影子,成为当代著名诗人,一度被誉为"诗人中的诗人"。霍华德·海克拉夫特(1905—1991),美国作家、评论家。

2. 奥威尔计划中的一部家世小说,分为三个部分,但是从来没有认真开始写过。

3. 英担是一种重量单位,在英国等于 112 磅或者 50.80 公斤。

4. 指设在埃塞克斯郡朗格海姆的《阿代尔非》中心。这个时期,中心由马克思·普劳曼和热情的和平主义者掌管。

邀请我在会议上讲话，我脱不开身，但我提交了一个书面讲话稿[1]，请其他什么人代我读一下。在这个讲话稿中，我对和平主义者拼命进行了攻击。我不知道他们是否喜欢这篇讲话稿，很希望能够听到当时在那里的人讲讲有关情况。

请代我问候玛格丽特[2]，希望她一切都好。

你的

埃里克

又及：

最近我手头有一些自称“启示文学派”[3]的大傻瓜们写的一些书需要写评论，我利用这个机会好好吹捧了一下戴兰[4]。从某种意义上讲，我的确很喜欢他的东西。

---

1. 这个讲话稿迄今为止还没有发现。

2. 雷纳·海本斯托尔夫人。

3.《新启示文学作品——评论、诗歌、小说选集》，1940年出版，代表着以诗人亨利·特里斯（Henry Treece）和J.S. 亨德利（J.S.Hendry）为中心的新浪漫主义运动。

4. 戴兰·托马斯（Dylan Thomas，1914—1953），威尔士诗人、作家，其代表作是《不要温柔地走进那个美好夜晚》和《死亡与出场》等。评论界普遍认为他是继奥登以后英国的又一位重要诗人。1953年11月9日因连喝了18杯威士忌而暴毙于纽约，年仅39岁。

致雷纳·海本斯托尔

赫特福德郡 北巴尔多克镇
沃灵顿村商店
1940 年 4 月 16 日

亲爱的雷纳：

一千个祝贺，祝贺你孩子的降生。我希望并且相信肯定是母子平安。请把我最美好的祝福和最热烈的祝贺带给玛格丽特。有一个自己的孩子是一件多么激动人心的事啊！我也一直想要个孩子。但是雷纳，千万别用一个没人知道该如何拼写的凯尔特人式的名字来折磨这个小家伙。她长大以后或许会成为对超自然的力量特别敏感的人。人们长大后往往跟自己的名字很相似。我花了 30 年时间才消除了被叫作埃里克的影响。如果我希望一个女孩长大以后漂亮，我会叫她伊丽莎白；如果我希望她诚实并且成为一个烹调高手，我会选择一些类似玛丽、简之类的名字。问题是假如你叫她伊丽莎白，每个人都会想，你是仿照女王取的这个名字，说不定她哪天真的能成为女王。

非常感谢你寄来的那些照片，但是你没有告诉我底片等东西花了多少钱。我挑选出编为 3 号和 5 号的照片寄给了人家。我认为编号为 3 号的那张最像，但是我自然知道我的脸从正面拍摄最像我本人。希望这些照片可以达到预期的效果。考虑到那是为地球另一端的人们准备的，我不知道人们为什么不选一张航空公司的漂亮男孩或者别的。我恐怕太缺少魅力了，因为现在我收到了许多读者来信，但是这些信都是目空一切地指出我所犯的错误的，从来没有过年轻女人写给我的告诉我我是一个美男子的信。有一次我收到一个助产士的几封美妙的信，我给她回了信并且故意没有告诉她我已经结婚了，但是最后让爱琳非常高兴的是这个人竟然是一个 35 岁的女人，并且有了 4 个孩子。

我不知道我什么时候会到城里去。我被埋葬在那些老是需要评论的书的下面。天知道这些书是否已经被人评论过，天知道出版小说这类的事情两年后还会不会有。

祝你一切都好。

你的

埃里克

致《时代与潮汐》编辑[1]：

阁下：

几乎可以肯定，英格兰将会在今后的几天或者几周的时间里遭到侵略，由海军发动大规模的入侵可能性非常大。在这一时刻，我们的口号应该是“武装人民”。我没有能力探讨如何抵抗入侵这种涉及面太广的问题，但是，我认为从法国的抵抗运动和最近的西班牙内战中可以看出，至少有两个事实是清楚的。

一个事实是：当人民没有得到武器的时候，伞兵、摩托化士兵和零星的坦克都不但会带来可怕的灾难，而且会对本来应该抵抗敌军主力的正规军构成威胁；另一个事实（被西班牙内战所证实）是：相比把武器交到坏人手里的危险，武装人民的好处要大得多。战争爆发以来的补缺选举显示出，在英国的普通百姓当中，只有极少数的人没有受到战争影响，大多数人都已经登记在册。

“武装人民”本身是一个含义不明确的短语，并且我确实不知道什么武器能够马上发给大家。但是有几件事现在——即今后的三天内——无论如何能够做、也应该做：

第一，手榴弹。这是战争的现代武器中唯一可以较为快速、较为容易生产的一种，也是最有用的武器之一。成千上万的英国人都习惯使用手榴弹，他们随时准备教会其他的人。据说手榴弹对付坦克非常有效，并且假如手持机关枪的敌人的伞兵准备在我们的大城市里着陆的话，手

1. 这封信发表在 1940 年 6 月 22 日出版的《时代与潮汐》上。

榴弹绝对是必不可少的武器。我在前沿的位置观察过巴塞罗那 1937 年 5 月的巷战，观察的结果使我坚信，由于子弹不能够穿透一堵普通的墙这一事实，人们都躲藏在自己家里，所以只需要几百个手持机关枪的人，就可以使一个大城市的生命处于瘫痪状态。可以用大炮轰走他们，但总是用枪去瞄准也不太可行。另一方面，西班牙最初的巷战说明，如果采取正确的策略，完全可以用手榴弹甚至炸药棒，把武装的敌人从石头建筑里赶出来。

第二，猎枪。有一种说法是给地方防卫志愿者小分队配备猎枪。如果所有的来复枪及布朗式轻机枪都用来满足正规军的需要了，那么配备猎枪或许也是需要的。但假如是那种情况，武器分发应该从现在就开始进行，并且应该立即从军械商店里征用所有的武器。据说几个星期前就这样做了，但事实上许多军械商店的橱窗里仍然陈列着枪。这些枪摆在那里不仅毫无用处，还是一种实实在在的危险，因为这些商店很容易遭到袭击。猎枪的功能及其局限（使用大号铅弹，在大约 60 码内是致命的）应该通过广播向公众解释。

第三，封锁开阔地以防止飞机着陆。关于这件事有很多人在说，但目前只有极少数的地方在做，原因是这件事留给自发的努力去做了，即那些没有足够的时间、没有征用物资的权利的人在承担这一任务。在一个像英国这样的人口密集的小国，我们能够在几天的时间里做到让飞机不可能在机场以外的地方降落。所有需要的东西就是劳动力。当地政府应该因此拥有在需要的时候征用劳动力以及有关物资的权利。

第四，涂掉地名。在路标方面这一点做得很好，但是到处都是商店店面、商人的大篷车等，上面都有他们当地的地名。地方政府应该有立即强制性地涂掉这些地名的权利。这还应该包括写在民房建筑上的酿酒商的名字。虽然这些东西大多被限制在很小的范围之内，但德国人仍然可能有足够的办法弄清楚。

第五，收音机。每一个地方防卫志愿者司令部都应该有一台收音机，这样如果必要的话，可以通过电波来接收命令。完全依赖电话在紧急时刻是致命的。至于武器，政府应该毫不迟疑地征用所有需要的东西。

所有这些事情都是可以在几天之内完成的。同时，让我们再次重复“武装人民”，希望越来越多的声音会接纳它。几十年来，我们第一次有了一个富有创造力的政府[1]，他们至少有可能听取我们的声音。

此致。

乔治·奥威尔

1.1940年5月10日，张伯伦政府垮台，温斯顿·丘吉尔（Winston Churchill）成为联合政府的首相。

致约翰·莱曼

伦敦 NW1 埃佛地区

查戈福德街 多塞特 18 号房

1940 年 7 月 6 日

亲爱的莱曼：

非常感谢你装在同一信封里的两封来信。在答应了你的约稿要求后，我一直没有给你写任何东西，十分抱歉。就在我正准备写点儿什么的时候，战争的局势变得严峻起来，我再也无法静下心来写作这类东西。除了书评等以外，在过去很长时间里，我没有写其他任何东西，并且，我的时间都用在帮助地方防卫志愿者组织[1]做一些工作上了。在这种形势下，最讨厌的事莫过于不能做任何事情。政府不把我用在任何一个职位上，甚至连个办事员也不让我当，我又因为肺病不能参军。我一方面开始觉得自己没有用处了，可另一方面却到处看到一些笨蛋和亲法西斯主义者占据着重要的工作岗位，这种事情太讨厌了。尽管如此，事情正在发生一点变化。战争事务处通知我，他们将不再坚持反对参加过西班牙内战的人的看法。当然，如果你愿意的话，你可以再次发表关于大象的随笔[2]。能给两个几尼[3]作稿酬就说明你很慷慨大方了。至于你另一封信里提到的照片，必须是一张真正的肖像照片吗？抓拍的照片不行吗？

一般说来，我拍摄的照片没有好看的。随信寄去的是身份证上用的

---

1. 地方防卫志愿者组织后来改为地方军，存在于 1940 年—1957 年，是由市民自发组成的军事小分队，目的是抵御可能发生的入侵者。

2. 指《猎象记》。

3. 几尼（Guinea），又称畿尼、基尼，英国旧货币名，1 几尼 =1.05 英镑 =21 先令。

照片，照得很像，但我不知道能不能放大。如果还要我再拍摄一张更合适的照片，请按照我上面的地址写信通知我，至少下个星期前后我会在那里。目前我正住在伦敦，因为我在为《时代与潮汐》搞戏剧评论。

你的

乔治·奥威尔

致詹姆斯·拉夫林

英格兰 伦敦 NW1 埃佛地区
查戈福德街 多塞特 18 号房
1940 年 7 月 16 日

亲爱的拉夫林先生[1]：

非常感谢您的来信，我刚刚收到。是的，您当然可以重印关于亨利·米勒的散文[2]。我不很清楚我跟我的出版商之间的合同什么时候到期，但我给他写过信，我知道他是不会反对的。当我收到他的信以后，我会再给您写封信，把这件事情再确认一下。我相信哪一封信也不会破坏您的计划。

我不知道您是否清楚亨利·米勒在哪里。自从大约 1939 年初以后，我就再也没有收到过他的信。当这部书[3]出版的时候，他曾通过英国国内的朋友，请求我按照某个美国的地址，把这部书寄给他一本，我这样做了，但是始终没有得到他是否收到的消息。他的朋友阿尔弗雷德·佩尔斯[4]在这里参加了英国军队。正像您所说的那样，所有这些出书的计划都有可能被战争撕成碎片。就在我的一本书要在巴黎重印前的两到三个星期，希特勒占领了巴黎，可笑的是几天后我收到了一张要求我支付

1. 詹姆斯·拉夫林（James Laughlin，1914—1997），美国新导向图书的出版者、编辑、作家，一生出版了二十余部诗集和散文集。

2. 选自文集《鲸鱼体内》。

3. 指《鲸鱼体内》。

4. 阿尔弗雷德·佩尔斯（Alfred Perles，1897—1990），作家。1897 年出生于维也纳的捷克犹太人家庭，后来成为英国公民，是美国作家亨利·米勒终生的好友。其代表作为《情感极限》（1936）、《叛徒》（1943）、《异形玉米》（1944）和《浮生的场景》（1968）等。

重印版税收入的税单。除了为报纸杂志写些稿子之外，实际上我已经不再写作了。在这种情况下我无法写作，而且在几个月后将会有一场严重的纸张短缺，只能有很少的书可以出版。无论如何，我觉得我们所认为的文学已经走到了尽头。就目前情况看事态非常严重。我们所有的人都在为很可能并不会发生的入侵做积极的准备。我个人非常担心希特勒会在肃清北非和近东后提出议和。事实上我非常希望他们会入侵英国本土。我们的军队斗志高昂，如果遭到入侵，我们一定可以把找我们麻烦的来犯之敌干净彻底地消灭掉。当然，对于欧洲战场上的事情，我想您可能比我了解得更多。几天内我会再寄给您一封信，对有关内容加以确认。

谢谢您的来信。

您真挚的

乔治·奥威尔

1941年

致埃尔沃斯·琼斯牧师

伦敦 NW8 埃贝路

兰福德大院 111 号

1941 年 4 月 8 日

亲爱的琼斯[1]先生：

非常感谢您的来信[2]。或许在一到两个问题上我的表达有些模棱两可，通过回答您的一些质疑，我们可以把事情弄得更清楚一些。

第一，“即使大商业计划开始实施，美国要调动它的资源也需要大约一年时间。”您的评论认为是罢工者阻碍了生产。当然是这样。但是我正试图从更深层次而不是从表面上观察这一问题。现在国家在战争时期需要的那种努力，只能由劳动者和资本家两方面通力合作才能做到。最终的需要就是劳动者像武装力量一样接受训练。这种情形在苏联和集权主义国家是很流行的。但是，这只有在各个阶级都同样接受训练的时候才行得通，否则就会连续不断地滋生仇恨和社会矛盾，并且以罢工和蓄意破坏等形式表现出来。从长远观点看，我认为最难付诸实施的将是商人，因为他们在现行体制废除后失去的东西最多，并且在某种情况下，他们还可能存心偏袒希特勒。除此之外，他们还将为失去的经济自由而抗争，并且只要他们这样做，工运事业就不会停息。

第二，关于战争目标。当然我主张公开我们的战争目标，尽管非常详细地公开宣布战后重建的细节有些危险性，因为希特勒不遵守诺言而

1. 埃尔沃斯·琼斯（Iorwerth Jones），公理教会的一个牧师。

2. 在他的信中，埃尔沃斯·琼斯牧师请求奥威尔对于他在《狮子和独角兽：社会主义与英国天才》一文中发表的几点意见做一个详细的阐述。

且还不为之感到羞耻，只要我们一宣布战争目标，他就会以更高的要价逼迫你就范。在这本书里我所反对的，就是认为无须凭借军事力量、只要通过宣传攻势就能达到目标的这种观点。我曾经提到过阿克兰的那本书《我们的战斗》。此书似乎认为，如果我们告诉德国人，我们想要得到一个公正的和平，他们就会停止战斗。“人民大会”[1]那帮人（普利特和人民大会）也在散布类似的观点，当然，他们不过是说说而已。

第三，关于印度发生的亲希特勒的暴动。我并不认为暴动主要是由印度人搞的，我想肯定还有在印度的英国人社会。一个想发动法西斯政变的将军一定会选择印度作为跳板，正如佛朗哥把摩洛哥用作跳板一样。当然，他们在战争的现阶段并没有很多相似性，但是人们不能不想想将来。如果把赤裸裸的法西斯主义强加于英国之上的努力付诸实施之后，我认为几乎肯定会动用有肤色的军队[2]。

第四，关于甘地[3]与和平主义。或许我不应该说和平主义者常常是那些需要庇护的个人，尽管事实上单纯的和平主义者常常属于中产阶级，并且是在优越的条件下长大的。但是和平主义作为一种运动，仅仅存在于人们感觉到有外来侵略与征服的可能性的社会中，这却是一个事实。那正是为什么和平主义运动总是在处于战争中的国家里出现的原因（在日本也发生了相当规模的和平主义运动）。政府不能完全执行“纯粹的”和平主义路线，因为任何一个拒绝在所有情况下使用武力的政府，都可以被任何一个团体甚至任何愿意使用武力的个人所推翻。和平主义拒绝

1. 人民大会，1941 年 1 月由共产党组建，关于其宗旨，他们表面上声称是为维护公民权利、争取更高的工资和更好的防空设施以及加强与苏联的友谊等而斗争，但是一些历史学家指出，它的真实目的是煽动反对为战争所做的努力。在 1941 年 7 月苏联也卷入战争以后，它马上更名为第二前线。到 1942 年，它终止了积极的工作。

2. 指由印度人组成的部队。

3. 莫罕达斯·卡拉姆昌德·甘地（Mohandas Karamchand Gandhi，1869—1948），尊称“圣雄甘地”，是印度民族解放运动的领导人和印度国民大会党领袖。他是现代印度的国父，是印度最伟大的政治领袖，也是现代民族资产阶级政治学说——甘地主义的创始人。他的“非暴力”思想影响巨大。

面对政府的问题，和平主义者常常不能设身处地地站在控制局面的角度去思考问题，这就是称他们为不负责任的人的原因。

20年来，印度政府一直认为甘地是最得力的人之一。我对此有发言权——因为我过去曾经在印度皇家警察部队中任职。大家常常用玩世不恭的方式承认，甘地使英国人对印度的统治变得容易了，因为他的影响常常是反对采取任何可能引发争执的行动。当甘地还在狱中的时候为什么受到如此宽容的对待，当他的绝食斗争延长到有一定危险的时候有时还会对他做出一些让步，其原因是英国官员担心他会死去，担心他会被不太相信“心灵的力量”而更相信炮弹的某些人所取代。当然，甘地作为一个人来讲的确非常诚实，他没有觉察到他被利用的方式，而他个人的诚实使他总是有用的。我不敢保证从长远的观点看他的方法不会成功。无论如何人们可以说，他这种通过防止暴力并由此防止关系激化超出一定程度的方法，更有可能最终使印度的问题得以依靠和平的方式解决。但是很难相信英国人会被用这种办法赶出印度，当权的英国人肯定也不会相信。至于德国对英国的征服，甘地肯定会建议我们：让德国统治这里好了，不要跟他们打仗——事实上他的确提出过这样的建议。并且假如希特勒征服了英格兰，我猜想希特勒也会掀起一场全国性的和平主义运动，以阻止强烈的抵抗，并因此使英国更易于统治。

谢谢您的来信。

您诚挚的

乔治·奥威尔

致多萝茜·普劳曼

伦敦 NW8 埃贝路
兰福德大院 111 号
1941 年 6 月 20 日

亲爱的多萝茜[1]：

关于马克思的去世，我不愿多说什么。你知道，当某个人去世的时候，对他的亲人进行安慰似乎是毫无用处的。我主要的悲痛是，在这场可恶的战争还没有结束的时候他就已经死去了。我已经有近两年没有见到过他了。在关于和平主义的问题上，我跟他有很大的分歧，尽管我常常为此感到遗憾，但是或许你可以理解，我从心里认为这并没有什么要紧。虽然我和他在大多数最基本的问题上意见不一致，但我常常感到，这丝毫没有改变我们的私人感情。这不仅因为他从来不做偏狭委琐之事，还因为他从来不对真诚地持有某种观点的人产生憎恨的情绪。我觉得尽管马克思和我几乎在所有领域的问题上意见都不一致，但是至少有一点我是同意的，那就是：在生活中他是一个绝顶好人。我很喜欢他，他对我也总是那么好。如果我没有记错的话，在英国编辑中，他是第一个发表我的作品的人，而那已经是 12 年前甚至更早的事情了。

还有那笔借款的事。我通过你们从我的那位匿名捐助者那里借了 300 英镑[2]，我希望这笔钱不至于让你从中为难。目前我根本不可能归还这笔钱。尽管如此，我希望你明白，我没有放弃还钱的想法。现在除了

1. 多萝茜·普劳曼（1887—1967），马克思·普劳曼（1883—1941）的遗孀。

2. 这 300 英镑的匿名捐赠者是利奥·迈尔斯。对于这 300 英镑，奥威尔总认为这是一笔债务，一直到 1946 年他仍然不知道从哪里找到门路归还这笔借款。

勉强糊口之外，人们挣不到更多的钱。在这种噩梦般的环境里，你不可能写什么书，虽然我可以接到足够的新闻和广播上的活儿，但那不过是可以勉强维持生存罢了。几乎是从战争刚刚爆发开始，我们就来到了伦敦。我们还保留着那处小房子，但我们把它连同家具一起租出去了，图的只是我们可以偶尔过去住一段时间。爱琳已经在新闻检查部工作了一年多，但我已经劝她把工作暂时辞掉了，因为这项工作影响了她的健康。她将好好休息一段时间，然后找个稍微有益一点、不那么烦人的工作来做。由于我的身体状况被医生评为 D 级，所以我无法参军，但我参加了地方军（我是一个中士）。我有一段时间没有听到理查德·里兹的消息了，我最后一次收到他的信的时候，他正在一条运煤船上当机枪手。

爱琳向你致意。请代我向皮尔斯[1]和其他每一个人问好。我从你的明信片上推测，皮尔斯现在是在英国，我希望你能保护好他，别让他碰到危险。对于生存来说，现在的确是一个糟糕透顶的时代，但是我想，像皮尔斯这个年龄的孩子应该有机会看到一些更美好的东西。

你的

埃里克·布莱尔

1. 普劳曼的儿子。

1942 年

致萧乾[1]

英国广播公司

1942 年 1 月 14 日

亲爱的萧乾先生[2]：

非常感谢您的讲稿，我非常喜欢。我恐怕还是不得不仅就一些言语做一些细小的改动。如果您能够在我们播出这篇讲稿之前，就这一话题再赶写出另外一篇让我们先行播出，那就再好不过了。原因是这样的：您按照我的要求，在您的讲稿里讲述了日本人是怎样用阴险的伎俩把中国人争取到自己一方的，我还需要关于日军暴行常见种类的另一个演讲，我觉得先播出后者再播前者更好。我一直没有遇到过第二个曾经到过沦陷区的中国人。从您对我讲的和您在讲稿中所写的内容判断，我确信您可以做到。我需要一些关于日本人敲诈、抢劫、强奸以及从事鸦片交易等方面的内容。或许您可以约个时间来一趟，我们见面商讨一下这件事情的细节。也许这样我们就可能在下周和下下周把这两篇讲稿都安排播出。

您真挚的

《帝国演讲》节目助理：埃里克·布莱尔

1. 本书收入的奥威尔给萧乾的九封信，时间跨度为 1942 年 1 月 14 日至 5 月 11 日，选自《奥威尔全集》第十三卷《一切宣传都是谎言》（*All Propaganda Is Lies*）。该书由皮特·戴维森（Peter Davison）主编，伦敦塞克尔与沃尔伯格出版公司出版。

2. 萧乾（Hsiao Ch'en，1910—1999），1935 年毕业于燕京大学新闻系，曾任天津、上海、香港《大公报》编辑及记者，伦敦大学讲师，剑桥大学研究生，《大公报》驻英特派员、随笔记者，1946 年回国后任复旦大学教授，1949 年后历任《人民中国》（英文）副总编，《译文》副主任，《文艺报》副总编，人民日报社、人民文学出版社顾问，中央文史研究馆馆长。主要作品包括短篇小说集《篱下集》、长篇小说《梦之谷》、报告文学集《人生采访》以及回忆录《未带地图的旅人》等。在 1942 年 7 月提交给英国广播公司的简历中，萧乾说："我担任一些教职，但我真正的工作是小说创作。"此时萧乾在伦敦大学东方与非洲研究院工作。

致萧乾

英国广播公司

1942 年 1 月 24 日

亲爱的萧乾先生：

非常感谢您的第二篇演讲稿，两篇我都很乐意采用，这正是我想要的。但我不太确定什么时候把它们排到我的节目中。我认为最好的安排就是请您本人录制演讲稿。你能不能在下周某一天来这里录音呢？整个过程，包括排练和实录，可能需要一个半小时左右。对我来说最合适的时间是星期二、星期三或星期四，但是一天中具体哪个时间段我就无法提前说定了，因为这牵涉找到合适的录音室的问题。您能不能尽快打电话给我，说说哪一天您最方便，那样我就可以用最快的速度把事情确定下来。

您真挚的

印度部《演讲》节目助理：埃里克·布莱尔

致萧乾

英国广播公司

1942 年 1 月 27 日

亲爱的萧乾先生：

我将很快寄出您要的两次演讲的打印稿[1]。

希望很快收到您的来信。

您真挚的

印度部《演讲》节目助理：埃里克·布莱尔

1. 第一次演讲的题目是“日本与新秩序”（*Japan and the New Order*），在 1942 年 2 月 26 日播出。第二次演讲的题目是“这发生在中国的沦陷区”（*It Happened in Occupied China*），在 1942 年 3 月 5 日播出。萧乾随后要回了这两篇演讲稿。

致萧乾

英国广播公司

1942 年 3 月 13 日

亲爱的萧先生：

您送给我的《苦难时代的蚀画》我收到了，我耽搁到了该读这本书的时候才给您写信致谢。对这本书，我非常感兴趣，它让我充分认识到，对中国当代文学我的无知达到了何种地步。我不知道您会不会同意在四月底前后就这个主题为我们做两次演讲？我们正在策划关于当代文学的系列演讲，计划以六次关于英国文学的演讲开始，接下来是四次关于俄国文学的演讲和两次关于中国文学的演讲。我相信您是承担这后两次演讲的恰当人选。演讲都是半小时时长的，换句话说，每次演讲不要超过二十七分钟。在每次演讲前的大约一星期前，我需要先看到讲稿。能不能告诉我您是否愿意承担这项工作？如果愿意，我可以告知您更多的细节。如果您不能在播出的当天来直播的话，我们可以事先录音，这对我们来说很容易做到。

您真挚的

印度部《演讲》节目助理：埃里克·布莱尔

（埃里克·布莱尔口授，并于他不在时投寄）

致萧乾

英国广播公司

1942年3月19日

亲爱的萧乾先生：

非常感谢您3月17日的来信。想改变演讲的日期恐怕很难，事实上是不可能的，提前一点做可能对您会更方便一些，那样的话，我们安排录音就很容易了。实际的播出日期是5月19日和5月26日。这意味着我需要在5月15日之前拿到第一次的演讲稿。

至于演讲的范围，希望您把写进书里的内容都简略地涉猎到。把近两千年来的文学都谈到了，只是以当代文学做结尾，我觉得这样不行，因为这个系列节目的总体思路就是探讨当代的东西，总的来说是近二三十年来的文学。我们要播出六个关于英国文学的演讲，四个俄国文学的，以两个中国文学的演讲结束这个系列。

您书里的内容为我开启了一个全新的世界，而之前我对此一无所知，我想我们的听众也是如此。我要让我们的听众知道，中国当代文学是多么的生机盎然，通过英语翻译他们是完全可以领略到的。但是，当然，也请您先介绍一些关于早期中国文学的背景知识，以便说明中国当代文学究竟新在何处。

是的，我在《新作品》中读过几个中国的短篇小说[1]，就是这些小说带给我关于这些演讲节目的最初想法。提出的这些日期能行吗？还要烦请您告知。

您诚挚的

印度部《演讲》节目助理：埃里克·布莱尔

1. 萧乾在《中国的文学革命》（*China's Literal Revolution*）中提到《新作品》中的中国短篇小说包括张天翼的《华威先生》、姚雪垠的《差半车麦秸》等。

致萧乾

英国广播公司

1942 年 3 月 25 日

亲爱的萧乾：

（我想我们可以把“先生”两个字抹掉了，对不对？）我想安排你的演讲在连续的两周播出，换句话说，第二篇讲稿要在 5 月 26 日播出，我要在大约 5 月 22 日前后收到（不能晚于这个时间），我希望你能够设法做到。

这些文学演讲看来以二十分钟左右最为合适，就是说需要 2500 ~ 3000 字的篇幅，超过 3000 字太多就不行了。

期待拜读你关于中国当代文学的高论。

你诚挚的

乔治·奥威尔

致萧乾

英国广播公司

1942年3月31日

亲爱的萧乾：

非常感谢你3月29日的来信。我很高兴那两个日期对你合适。至于中国的政治史，你可以畅所欲言，因为到目前为止我们还没有遇到什么麻烦，也似乎没有可能会得罪谁。至于印度，那就是一个棘手的题目了，但正如你所说，并没有特别的理由将有关印度的内容插在这里。

你的

（无署名，未注明职位）

致萧乾

英国广播公司

1942 年 5 月 6 日

亲爱的萧乾：

请允许我提醒你一下：你答应为我就中国当代文学做两次演讲，一次是在 5 月 19 日，另一次是在 5 月 26 日。我不知道你是决定进行直播呢，还是更喜欢预先录好？如果你想录音，我觉得我们应该早做安排了，这样的话我可以定一个适合你的时间。

我热切盼望看到你的讲稿，希望你最晚在下周初让我看到第一篇演讲稿。如果你打算直播，稍后我们可以安排一个时间见一下面，排练一下。

你的

印度部《演讲》节目制作人：乔治·奥威尔

致萧乾

英国广播公司

1942 年 5 月 11 日

亲爱的萧乾：

我们刚刚收到来自印度的关于我们二月份下半月广播的收听报告，下边的一句话来自达卡，想来你对它会有些兴趣——“2 月 26 日由一个中国主讲人所做的关于《沦陷的中国和日本的新秩序》的演讲非常有趣。”

我们从印度听到的评论不太多，所以这句话就更加令人鼓舞！我非常期待看到你关于中国当代文学的第一次演讲的文稿。[1]

你诚挚的

印度部《演讲》节目制作人：乔治·奥威尔

1. 在这封信之后，奥威尔与萧乾没有进一步的通信联络，英国广播公司的演讲预订表中也没有追踪到这次演讲的情况。

致叶公超[1]

英国广播公司

1942 年 9 月 2 日

亲爱的叶博士[2]：

我想您肯定还记得我吧？那天晚上和燕卜荪一起吃饭的时候我们见过面。我想知道您是否可以抽时间为我们的印度广播节目做一次英语演讲？我们正在进行关于现代日本的系列讲座，这个系列叫作“日本对亚洲的威胁”，由三个讲座组成。第一个讲座是关于明治时期的日本，第二个讲座是讨论从 1894 年中日战争到 1931 年的日本，第三个讲座讨论“九一八事变”至今的日本。我确信，如果能够挤出时间，您是这个系列讲座的最佳人选。讲座的时间是 9 月 29 日，但我们需要提前一周拿到演讲稿。讲座时间为 13 分 15 秒，1500 字左右。如果您愿意承担这一工作的话，可否尽快告诉我？

您真挚的

印度部《演讲》节目制作人：乔治·奥威尔

---

1. 奥威尔给叶公超的这封信选自《奥威尔全集》第十四卷《让我们的小角落保持洁净》（*Keeping Our Little Corner Clean*）。该书由皮特·戴维森（Peter Davison）主编，伦敦塞克尔与沃尔伯格出版公司出版。

2. 指叶公超（George K.C.Yeh，1904—1981），时任国民政府中央宣传部国际宣传处驻伦敦办事处处长。叶公超于 1920 年赴美留学，获麻省赫斯特大学学士学位。后转赴英国，1924 年获剑桥大学文学硕士学位。离英后，再赴法国巴黎大学研究院从事研究工作。1926 年归国，先后担任北京大学英文系讲师、暨南大学外国文学系主任、吴淞中国公学英国文学教授、清华大学外国文学系教授、西南联合大学外国文学系主任。1941 年后从政。叶公超未获得过博士学位，奥威尔称其为“叶博士”或许是出于礼貌，或许是搞错了。叶公超 9 月 3 日回信称他不能在 9 月 29 日去演讲，因为那段时间他不在伦敦。不过，叶公超于大约一年后去 BBC 录制了另外一个英语讲座“我希望的世界”（*The World I Hope For*）。

致《泰晤士报》编辑[1]

伦敦 NW6

新月街区 莫蒂默 10a

1942 年 10 月 12 日

阁下：

英国政府决定报复德国战俘[2]，迄今为止还几乎没有引发任何反对意见。请允许我对这一问题发表一到两点见解。

通过给德国战俘戴上脚镣手铐来回应德国人的同一行为，从我们普通观察者的角度来看，我们这是把自己降低到与敌人一样的水平上去了。当人们回想一下过去 10 年的历史时，我们可以清楚地看出，毫无疑问，在民主和法西斯主义之间始终存在着巨大的道德差异，但是假如我们实行以眼还眼、以牙还牙的方针，那就等于简单地抹杀了这一差异。而且，在残忍这方面，我们不可能比得过我们的敌人。就像意大利电台刚刚广播过的，法西斯主义的原则就是：你打瞎了我一只眼睛，我就要打瞎你两只；你打掉我一颗牙齿，我就要打掉你满口牙齿。按照一些观点或者英国的一部分公众的意见，我们在听到这种意味深远的谈话后应该退缩。要预测将来会发生什么并不是困难的事。作为我们行动的结果，德国人会给更多的英国战俘戴上脚镣手铐，我们也随之给更多轴心国[3]

1.《泰晤士报》没有把这封信公开发表。本书选用的原始文本系一复印的副本。

2. 在 8 月份，英国和加拿大联合对迪佩进行了一次短时间的进攻。德国人声称在进攻中，英国曾经捆住德国战俘的手；作为报复，他们将给一定数量的英国战俘戴上脚镣手铐。于是英国政府接着也宣布，他们准备给同样数量的德国战俘戴上脚镣手铐。

3. 第二次世界大战期间，德国、意大利、日本三国结成轴心国三国联盟。

的战俘戴上脚镣手铐，这种情况会不断继续下去，直到双方所有的战俘都戴上脚镣手铐为止。事实上，我们当然厌恶首先采取这一步骤，并且我们可以宣布，给战俘戴脚镣手铐的行为现在要停止了，这几乎可以肯定会使戴脚镣手铐的英国战俘远远多于轴心国的战俘。我们如果也像德国人那样做，就会显得既野蛮残暴又色厉内荏，那只会损害我们的名声，而不会对敌人构成威胁。

我认为对德国人行动的文明的回答应该是这样的："你们宣布要给数以千计的英国战俘戴上脚镣手铐，原因只是由于我们在迪佩战役中把几十个德国战俘暂时性地捆绑起来，这是令人作呕的虚伪。第一，因为你们在过去的 10 年中没少做这类事情；第二，因为军队在抓到俘虏之后不得不通过某种方式把他们严密看管，直到把他们转移到安全的地方为止。在这种情况下捆住战俘的双手，跟给已经关押在拘留所里的无助的战俘戴上脚镣手铐是完全不同的两码事。现在我们无法阻止你们虐待我们的战俘，但是我们也许会记住这一切，等到和平到来的时候，我们要与你们清算这笔账。但是不要担心我们会用同样的手段进行报复。你们最近的行为只能证明我们之间的差异。"

从现在这个时候来看，这似乎并非一个令人非常满意的答复，但是在 3 个月的时间过去以后，再回过头来看，就能够发现这样做比我们目前采取的行动更好。在采取进一步报复的愚蠢措施之前，那些能够保持冷静头脑的人，有义务对这种行为提出抗议。

您真挚的

乔治·奥威尔

致 T.S. 艾略特[1]

亲爱的艾略特：

我不知道你是否愿意参加星期二（11 月 3 日）的一个节目。我们每个月播出一次叫作《声音》的节目，就好像是一本以广播形式播出的杂志。我们想请一些诗人在节目中朗诵他们自己的作品。我们常常在每一期节目中都围绕一个主题进行安排，我想把下一期办成一个“美国号”。我想你是目前在英国的唯一一位美国诗人，尽管或许还有其他人。假如你能够参加并且朗诵一些你自己的作品，我肯定会非常高兴。你可以朗诵一到两首任何内容的诗，但是总的时间要控制在 5 分钟以内。另外一些可能参加的人是赫伯特·里德、威廉·燕卜荪[2]、我和玛尔克·拉加·阿南德[3]，但是如果可能的话我们还会再找一些美国作家。如果这个日期对你合适的话，请你一定参加。这只不过耽误了你某一天的一个上午时间。

你诚挚的

印度部《演讲》节目制作人：乔治·奥威尔

1. 这封信采用的是一个复印的副本。原信没有日期，从信的内容估计应该是 1942 年 10 月底或 11 月初。此时乔治·奥威尔已经在英国广播公司东方节目印度部工作。他是从 1941 年夏季开始加盟英国广播公司的。

2. 威廉·燕卜荪（1906—1984），英国诗人、批评家。曾任日本东京文理科大学英国文学教授、中国西南联合大学英国文学教授、英国广播公司远东部中文编辑、英国谢菲尔德大学英国文学教授。“燕卜荪”是他为自己取的中文名字。燕卜荪在 1941 年—1946 年为英国广播公司工作期间是奥威尔的同事。1947 年他重回中国，在北京大学教书，直到 1952 年回国。他在中国期间，奥威尔多次在信中提到他。

3. 玛尔克·拉加·阿南德（Mulk Raj Anand，1905—2004），印度诗人、小说家和批评家，主要作品包括《不可触摸》（1935）、《村庄》（1939）、《横跨黑水》（1939）、《剑与镰刀》（1942）和《印度王子的私生活》（1953）等。其作品《苦力》在 20 世纪 50 年代就被翻译为中文出版。在第二次世界大战期间他为英国广播公司印度部播音。

致乔治·伍德科克

伦敦 NW6

新月街区 莫蒂默 10a

1942 年 12 月 2 日

亲爱的伍德科克[1]：

很抱歉没能抽出时间早些给你回信，单位上这些天实在太忙了。我一直忙于粗略地回应《党派评论》上的争论，当我受到攻击的时候，我常常不得不这样做——尽管如此，我希望不至于伤害任何一方。

你说你在为英国广播公司做完节目后没有收到报酬，还说当接到来电台做节目的邀请时你曾怀疑是“一个陷阱”。读到这些内容的时候，我忍不住笑了。事实上邀请你是玛尔克[2]的主意。那次特别节目从某种意义上说，是我们每月一次的个人的疯狂行为。如果能有 500 个听众我都会感到吃惊。不管怎么说，用任何一种广播节目争取印度公众都是不可能的，因为他们根本没有收音机，尤其是没有收听我们节目所需要的短波收音机。以我们的设备，我们实际上只能是在为学生广播，尽管如此，他们除了听听新闻或许还有音乐（虽然政治形势已经如此糟糕了）以外，并不听任何别的节目。

很抱歉，我所说的关于“从财政上讲是有利可图的”那番话引起

1. 乔治·伍德科克（George Woodcock，1912—1995），诗人、作家、批评家，无政府主义者，1940 年—1947 年担任《现在》杂志编辑，后曾担任《加拿大文学》编辑。从 1955 年开始担任不列颠哥伦比亚大学英语教授，直到 20 世纪 70 年代。他跟奥威尔之间的友谊一直保持到奥威尔逝世。1966 年，乔治·伍德科克出版了研究奥威尔的著作《水晶精神：乔治·奥威尔研究》，并以此获得总督奖；1984 年，他又出版了奥威尔的传记《奥威尔的信息：〈1984〉和现在》。

2. 指玛尔克·拉加·阿南德。

了不满——我并不是指你或者其他某个人，而仅仅是指文学上敲诈勒索的整个过程。对于这些，你知道，我也知道。

至于广播的道德观，总体上说就是让自己被英国统治阶级使用。争论这些问题几乎没有任何价值。它主要是这样一个问题：你是觉得首先打倒纳粹更重要呢，还是觉得这样打倒纳粹没有丝毫意义，除非首先完成了自己的革命。但是看在上帝份儿上，别以为我不知道他们是在怎样利用我。附带要说的一点是，一个人不可能完全置身于战争之外，而通过在类似英国广播公司这样的机构内部工作，我或许可以在某种较小的程度上除去它的臭味。我怀疑我是否能在这样的工作中维持较长的时间，但是只要我在这里一会儿，我觉得就应该把我们的宣传办得比我不在的时候稍微不那么令人恶心一点儿。我正试图把我们为印度部所做的一些广播节目以书的形式出版[1]。如果行得通的话，你就可以从书中看出，我们的广播尽管跟所有的广播材料都大同小异，但它们并没有人们想象的那么差劲。为了对此有个正确评价，你也应该跟我一样与轴心国和同盟国的宣传保持密切联系，那时你就不会认为空中电波传播的都是污秽之物了。我觉得我们这个小小的角落还是非常干净的。

你的

乔治·奥威尔

1.1943 年以《对印度的谈话》的书名出版，由奥威尔编辑并撰写序言。书中还收入了萧乾的一篇讲座《中国的文学革命》（*China' s Literature Revolution*）。在 1943 年 4 月 5 日给此书出版商的信中，奥威尔推荐将萧乾和斯里兰卡诗人 J.M. 坦比姆图（J.M.Tambimuttu）的合影放在书的封面。关于坦比姆图，参见 1943 年 7 月 11 日致阿莱克斯·康姆福特的注释。

1943 年

致 R.R. 德塞

英国广播公司

1943 年 3 月 3 日

亲爱的德塞[1]：

印度政府打电报给我，请求我们用古吉拉特语[2]做一点关于《贝弗里奇报告》[3]的节目，这样我们不得不为此借用你下周一的古吉拉特语时段了。显然，他们是想要知道整个事情的来龙去脉，即该计划所倡导的观点以及议会辩论的历史。审查制度不会允许任何评论，对此我就不必多说了，也就是说，对我们这一部分的任何评论都等于批评了政府对贝弗里奇方案的削弱。另一方面，关于该论题带来的辩论，无论是赞成还是反对，都可以涉及，当然要非常客观。我建议简单地列出报告的条文，不涉及过多的细节，但要强调更重要的条款，特别是家庭补贴，然后提及辩论，最后解释报告中的多大部分是政府准备实际接受的。你可以保险地说，不管其他什么情况发生，一定程度上的家庭补贴肯定会被采纳。值得一提的是，这本身是一个重要的进步，可能会提高英国的出生率。不过他们（印度政府）显然想要一个关于贝弗里奇计划的客观报告而不是一个宣传式的声明。你可以把你的全部时段用在贝弗里奇报告上，或

1.R.R. 德塞曾在 20 世纪 40 年代为英国广播公司播出古吉拉特语节目。目前发现的奥威尔最早致 R.R. 德塞的信写于 1942 年 12 月 10 日。

2. 古吉拉特语是印度西部古吉拉特邦的语言，被印度孟买和巴基斯坦部分地区的人们使用，是印度宪法承认的语言之一，属印欧语系印度—伊朗语族印度语支，从梵语发展而来，使用人口数千万人。

3. 全称为《贝弗里奇报告——社会保险和相关服务》，是“福利国家之父”——英国经济学家威廉·贝弗里奇爵士的经典著作，对整个世界的社会保障制度建设产生了巨大的影响，被视为福利国家的奠基石和现代社会保障制度建设的里程碑。

者用十分钟，而把剩余的大约三分钟时间用在本周的头条标题上，随便你。我希望你能及时把你的脚本提交给我们。我们已经给我们公司在印度的人拍电报了，告诉他们我们这周就着手准备关于贝弗里奇的节目了。

你的

印度部《演讲》节目制片人：埃里克·布莱尔

又及：

如果我能在星期六得到这个特别的脚本，我将非常感激。

致阿莱克斯·康姆福特

伦敦 NW6
新月街区 莫蒂默 10a
星期日 [1943 年 7 月 11 日？[1]]

亲爱的康姆福特[2]：

非常感谢你寄来的《新道路》[3]。我们在《论坛报》上的争论[4]中，我恐怕对你太粗暴了，但是你自己对某些人也说不上有什么礼貌，往往不过是做了一个政治的甚至或许是伦理上的回答。作为一首诗来说，你的稿件非常优秀，但是很多人在跟我谈起这篇稿件的时候并没有注意到这一点。我想没有一个人注意到你的诗节是一韵到底的。现在的文艺评论界实在让人尊重不起来。你应该把那种风格的作品写得稍长一点，有些像《判断的眼光》。我相信现在人们可能重新喜欢那种东西了。

至于《新道路》，我被你所搜集的诗歌数量之多和总体水平之高深深打动了。作者当中有一半我以前不认识。关于阿拉贡[5]和其他人，

1. “11 日”后的问号是奥威尔自己加的，表明他对写信日期是不是 11 日并不确定。经核实，1943 年 7 月 11 日的确是星期日，说明这个日期应该没有问题。

2. 阿莱克斯·康姆福特（Alex Comfort，1920—2000），即亚历山大·康姆福特（Alexander Comfort），英国科学家、医生和作家，著名的无政府主义者和和平主义者。其代表作为《性的喜悦》（1972）。

3. 指《新道路：欧洲艺术与文学发展的新趋势》，是在 1943 年—1949 年间不定期出版的一个散文诗歌选集，最初的两期是由阿莱克斯·康姆福特和约翰·贝利斯（John Bayliss）编辑的。约翰·贝利斯（1919—2008），英国超现实主义诗人、第二次世界大战期间的重要文学编辑。

4. 康姆福特以“奥巴迪亚·霍恩布克”（Obadiah Hornbooke）的笔名发表了《一个美国游客的信》，奥威尔对此进行了答辩。

5. 路易斯·阿拉贡（Louis Aragon，1897—1982），法国诗人、小说家，早期倡导超现实主义，曾是法国共产党党员。主要作品有诗集《欢乐的火焰》《断肠集》和长篇小说《共产党员们》，等等。

我仔细考虑了你说的关于可以摧毁文学和国民生活以期取得复苏效果的说法。我认为也许你是正确的，但是，在我看来，这种复苏似乎只是为了反对什么东西，即反对外国压迫，并且除非最终通过军事手段彻底打破这种压迫，否则不可能达到很高的目标。我猜想尽管人们可能在不可理解的信仰支配下接受这种摧毁，但是这种信仰最终是会自我崩溃的。在我看来，真正最令人厌恶的事情似乎是希望“讲”和，这意味着回到1939年甚至1914年。我就菲尔登[1]关于印度的一本书写了一篇很长的文章，寄给了《地平线》杂志，里面就阐发了这一观点，但对于康诺利会不会发表我没有把握。

我准备找福斯特[2]来，让他在对印度广播里每月一次的关于书籍的节目中谈谈《新道路》，还有最新出版的那期《新作品》。如果他这个月不做，那么他下个月可能做。这在那里没有销售价值，但是可以稍稍提高一下你的知名度。你应该让人把你的一些书带到印度，在像艾哈迈德·阿里[3]这类人中间有一小部分人喜欢这种书，而目前他们正渴望着书籍。我们曾经把相当数量的现代诗歌通过广播介绍到印度，他们正在通过汉语实况广播报道的形式向中国介绍。我们还把我们的一些广播稿

1. 莱昂纳尔·菲尔登（Lionel Fielden，1896—1974），英国作家、新闻记者，代表作是《向我的邻居乞讨》和《天然牧场》。1935 年去印度，担任印度广播电台（即后来的全印度广播公司）的审查官。1940 年回到英国广播公司，担任印度新闻的编辑。

2. 爱德华·摩根·福斯特（Edward Morgan Forster，通称 E.M.Forster，1879—1970），20 世纪英国著名作家，一生创作了 6 部长篇小说，分别是《天使不敢涉足的地方》《最长的旅行》《看得见风景的房间》《霍华德别业》《印度之行》和《莫瑞斯》。这些作品几乎都是反映英国中上层阶级精神贫困的，作品主人公都试图通过挣脱社会与习俗的约束来求得个人解放，人物个性虽然易于把握，但其命运安排却变幻莫测。其中作于 1913 年的《莫瑞斯》因涉及同性恋情，直到作者死后的 1971 年才得以出版。

3. 艾哈迈德·阿里（Ahmed Ali），巴基斯坦作家，《德里的黄昏》和《夜的海洋》的作者。在第二次世界大战期间担任英国广播公司听众和研究处处长及驻印度代表。在印巴分治后，加入巴基斯坦外交使团。他还曾担任卡拉奇大学教授。

在印度印成小册子，以几个安那[1]的价格出售。这个东西倒也有些用处，但是由于官方的惰性和阻挠，做这种事情困难重重。我看到你那里有一首坦比姆图[2]写的诗。如果你的出版物还要接着出下去，你应该另找一些印度人给你写东西。有几个非常有才华的印度人，他们认为人们歧视他们，不肯出版他们的作品，并因此十分苦恼。从某种观点来看，努力促进欧洲与亚洲之间正规的文化交流具有非常重大的意义。人们所做的类似努力十分之九都是浪费劳动力，时不时地出版一些小册子，或者来上一段广播，或者提供一些他们愿意接受的东西，这些比起政客们的50次演讲效果要好得多。威廉·燕卜荪两年来竭力劝说他们在对中国广播中使用一些更聪明一点的材料，我认为这在较小的程度上的确取得了成功。一想到像他那样的人，我就对你所说的英国广播公司的现状感到非常生气，上帝知道，我对那些从根本上讲是窑子和疯人院里的人所讲的话有着最好的判断力。

你真挚的
乔治·奥威尔

---

1. 安那是从前印度、巴基斯坦和缅甸等国使用的一种辅币，等于十六分之一卢比。
2. 坦比姆图（Tambimuttu），斯里兰卡僧加罗族诗人。在1935年—1951年间，他创办并编辑《伦敦诗坛》。

致雷纳·海本斯托尔

伦敦 W1

英国广播公司广播大厦

1943 年 8 月 24 日

亲爱的雷纳：

谢谢你的来信。我希望你的新职位不是很糟糕。我准备在我们下一次文学节目中插入你的谈话，但从现在算起那也已经是 6 个星期以后的事了——时间表一直满满地排到那个时候。

我不知道你是否觉得可以改编一个短篇小说，我们现在大约每三个星期做一次。最初的两个是我自己改编的。我选择了安纳托利·法朗士[1]的《克兰克比尔》和伊格纳吉奥·西隆[2]的《狐狸》（这是个半个小时的节目）。我或许就要把这个改编的活儿交给莱昂纳尔·菲尔登去做了，但他不一定每次都做。主要的困难就是挑选合适的短篇小说，因为被选中的小说必须具备下面四个条件：第一，长度大体适中；第二，具有很强的情节性；第三，人物不是特别多；第四，本土性不能太强，因为这

1. 安纳托利·法朗士（Anatole France，1844—1924），法国作家、批评家，早年曾加入标榜“为艺术而艺术”的诗歌团体，但后来他逐渐变为关心社会问题，倾向于社会主义。1921 年加入法国共产党，同年获得诺贝尔文学奖。其主要作品有小说《希尔维斯特·科纳尔的罪行》《当代史话》及历史著作《霞娜·达克传》。短篇小说《克兰克比尔》通过一个卖菜的小贩被警察诬陷的不幸遭遇，控诉了资产阶级司法制度的阶级偏见和虚伪性。克兰克比尔冤案是影射当时的德雷福斯事件。

2. 伊格纳吉奥·西隆（Ignazio Silone，1900—1978），也译“伊格纳齐奥·西洛内”，意大利作家、政治家。少年时接受宗教教育，后改变信仰，参加政治斗争，编辑左派刊物，宣传社会主义思想。1921 年，他参与创建并领导了意大利共产党。1930 年，因与共产国际发生分歧退出意共。其主要作品包括长篇小说《丰塔玛拉》《面包与酒》和《路加的秘密》等。

些是为印度听众广播的。你知道了吗？我会给你寄一份手稿作样本，毫无疑问你会使我们的改编技能得到提高的。

关于玩世不恭的问题，如果你在干我们这种工作，你也会玩世不恭的。不过在 3 个月后我肯定就会离开这里了。然后在 1944 年的某个时间，我又将像人似的了，并且可以写点严肃的东西，现在我不过是被破靴子踩来踩去的一只小橘子而已。

你的

埃里克

致劳伦斯·弗雷德里克·拉什布鲁克－威廉姆斯

英国广播公司

1943 年 9 月 24 日

亲爱的拉什布鲁克－威廉姆斯先生[1]：

与早些时候我私下里与您的谈话一致，我想现在提交我从英国广播公司辞职的报告。如果您能够把它转交给适当的部门，我将非常感激。

我相信在与您谈话的时候，我已经把我辞职的理由说得很清楚了，但是为了防止出现什么差错，我想我还是把它写在纸上为好。我想，离开英国广播公司并不是因为与英国广播公司的政策有分歧，更不是因为我心中怀有某种不满。相反，在我与英国广播公司合作的整个过程中，我一直受到宽宏大量的对待，并且获得了很大程度的自由。在任何情况下，我都没有被迫在广播中说过任何违心的话。我愿意利用这个机会向您表示我个人的感谢，感谢您对我工作的一如既往的理解和宽容的态度。

我之所以提交辞呈，是因为在过去的一段时间里，我心里始终认为，我所做的工作是在浪费自己的时间和公众的钱财，却没有产生任何结果。我相信在目前的政治环境中，英国广播公司对印度的宣传几乎是一个毫无希望的任务。这些宣传是不是应该继续下去，这需要由其他人来判断；但是我本人不希望再把自己的时间花在这上面，而是更愿意让自己从事可以产生一些能够看出效果的新闻工作。我觉得通过回到我原来的日常写作和新闻工作上来，我能够比现在发挥更大的作用。

1. 劳伦斯·弗雷德里克·拉什布鲁克－威廉姆斯（Laurence Frederic Rushbrook-Williams，1890—1978），经常被称为 L.F. 拉什布鲁克－威廉姆斯，英国广播公司东方部主任，历史学家。他曾在印度工作过一段时间，并对东方文化有着持久的兴趣。

我不知道我应该在辞职之前多长时间提交预先通知。《观察家报》又一次把我准备到北非去的计划披露出来了。这一定要得到英国陆军部的批准，所以很可能再一次化为泡影。但是，我把这件事提出来是因为一旦去北非的计划得到批准，我会在很短的时间内离开。当然，无论如何我肯定会确保提前一些时间把工作安排好的。[1]

您诚挚的

埃里克·布莱尔

1. 奥威尔正式离开英国广播公司的时间是 1943 年 11 月 24 日。

致菲利普·拉夫

伦敦 NW6

新月街区 莫蒂默 10a

1943 年 10 月 14 日

亲爱的菲利普·拉夫[1]：

你要我提供一个可能给你们写稿子的人的名单，我仔细考虑了这件事情，但是我必须告诉你，目前的情况下想约一些稿子很难。似乎没有值得关注的新人出现，并且几乎每个人不是在部队里，就是在哪个政府部门里为写那些狗屁公文榨干了脑汁。你说康姆福特他们就要把你折磨死了，这我很理解，但我不知道你具体是跟他们中间的哪个人联系的。我认为这伙人当中最好的是康姆福特本人、亨利·特里斯、爱伦·刘易斯、阿兰·鲁克、威廉·罗杰斯、G.S. 弗雷泽、罗伊·福勒和凯瑟琳·雷恩。如果《伦敦诗坛》能够送达美国，你可能早就在这本杂志上读过他们的作品了。如果需要的话，我能够得到他们或者其他人的地址，但是弗雷泽的地址恐怕找不到，我想他大概正在中东。

在老一点的人中，我想你可能知道赫伯特·里德和 T.S. 艾略特的地址，还有斯蒂芬·斯彭德和刘易斯·麦克尼斯一些人，无论如何你都可以通过《地平线》杂志跟他们取得联系的。E.M. 福斯特已经读过《党派评论》，他很喜欢这个杂志。如果你们需要，我想他会乐意为你们做些事情的。他的地址是：萨里郡、北道金镇、阿宾杰海默村、西哈克斯特。

1. 菲利普·拉夫（Philip Rahv，1908—1973），美国批评家、编辑和散文家，《形象与思想》的作者，1933 年与威廉·菲利普斯（William Phillips）共同创办了《党派评论》并长期担任该刊编辑，这是 20 世纪上半叶最具影响力的文学期刊之一。他是最早向美国读者介绍卡夫卡的人之一。

威廉·燕卜荪仍然偶尔写点东西，你可以把信写到英国广播公司代转。我不知道你是否认识马克·本内[1]，他的一些作品也相当不错。我现在没有他的地址，但是我可以找到（如果你想写信给他，可以先把信寄给我，由我转交给他）。还有杰克·考曼，他的作品你可能也看过，如果你想跟他联系，也可以写信给我，由我代转。或许你还可以从休·斯莱特[2]（地址是：伦敦W1、北贝克街、乔治街106号）那里得到一些有趣的稿件。如果你对印度作家感兴趣，我想最好的选择是艾哈迈德·阿里，他的信可以寄到英国广播公司驻新德里办事处转交。他可以就目前印度的有关情况，尤其是印度知识界中年轻的一代的有关情况，给你写些很好的文章。我知道他一向玩命地工作，不过最近他刚刚出了一本书，所以目前一定有点儿空闲时间。罗伊·坎贝尔[3]，你知道他原来是一个法西斯主义者，并且曾经在西班牙为佛朗哥打过仗（即：他曾经是西班牙国王查理一世的支持者），但是后来他完全改变了自己的观点。他已经沉默了一段时间，但是或许又准备重新开始写作了。如果需要的话，我能够搞到他的地址。很抱歉我无法给你提供更多的名单，目前这个地方是一个文化沙漠。

在下个月月底，我将离开英国广播公司，并且如果没有什么意外干

---

1. 马克·本内（Mark Benney，1910—1973），一位有影响的作家和社会学家。出生于伦敦贫民区，完全靠自学成才，因为1936年出版了《缺钱的公司：描述一个窃贼的进化》一书而一举成名。随后他在一段时间里成为伦敦文学界的一个重要人物。20世纪50年代初远走美国，在芝加哥大学教授社会学，50年代末转至夏默学院（Shimer College）工作至1963年。

2. 休·汉弗莱·斯莱特（Hugh Humphrey Slater，1906—1958），画家、作家，是一个被开除出共产党的人。20世纪30年代初期曾在柏林参加过反纳粹的政治活动，后来作为政治记者来到西班牙，并且参加了保卫共和国的战斗。1936年—1938年，他成为国际纵队作战总指挥。1940年，他帮助汤姆·温特林汉姆（Tom Wintringham）创办了英国地方军的训练基地——奥斯特利公园培训中心。1945年—1947年，他担任《辩论》——一本关于哲学、心理学和美国学的杂志——的编辑，奥威尔曾经向该刊投寄过5篇较长的稿件。关于《辩论》（*Polemic*）杂志，参见注释564。

3. 罗伊·坎贝尔（Roy Campbell，1901—1957），即伊格内修斯·罗伊斯顿·邓纳基·坎贝尔（Ignatius Royston Dunnachie Campbell），生于南非德班，后移居西班牙，著名诗人和讽刺作家，被认为是两次大战期间最好的诗人之一。一些文学评论家认为，他与极右思想的联系损害了他的声誉。

扰的话，我将接过《论坛报》杂志文学编辑的工作。这项工作或许还可以给我留出一些时间干点自己的活儿，而这在英国广播公司是根本不可能的。通过《党派评论》我还结识了几位美国士兵，或许你听到这个会很感兴趣。一个叫作朱丽叶斯·霍罗维茨[1]的小伙子曾经给我带过克莱门特·格林伯格[2]的一个口信，他是在部队的某个地方认识格林伯格的；一个叫作约翰·施罗斯的小家伙在《党派评论》上读到我的伦敦通信[3]后打电话给我，我们一起出去喝了点儿什么；另一个叫哈利·米尔顿的小伙子也在这里，他曾经跟我在西班牙时的战友并肩战斗过，我想你或许认识他。我不知道一个叫戴维·马丁的加拿大飞行员是不是到你办公室去过，他最近要结束他的训练。他说如果去纽约的话，他会到你那里去的，他给我带去了一个口信。

你的

乔治·奥威尔

又及：

另外加印的《党派评论》怎么样了？是不是可以邮寄了？如果已经可以了，那么毫无疑问这将使它在英国的发行量稍稍有所增加。我刚刚听说它的发行将通过《地平线》杂志，采取迂回曲折的方式进行，但是由于数量有限，只能满足那些想订阅的人们的需要。能够得到一本《党派评论》的人都对它表现出最大的热情。

1. 朱丽叶斯·霍罗维茨（Julius Horowitz）及这封信随后提到的约翰·施罗斯（John Schloss）、哈利·米尔顿（Harry Milton）、大卫·马丁（David Martin）均生平不详。

2. 克莱门特·格林伯格（Clement Greenberg，1909—1994），美国艺术评论家、编辑，是20世纪美国乃至全球最重要的艺术批评家之一。20世纪40年代是格林伯格最活跃的时期。1940年—1943年任《党派评论》编辑，1945年—1957年担任《当代评论》（后来更名为《当代》）编辑，1942年—1949年定期为《国家》（*Nation*）杂志撰写艺术评论。

3. 从1941年1月3日到1946年夏，奥威尔一直坚持为美国的《党派评论》杂志定期撰写伦敦通信。

致伦纳德·摩尔

《论坛报》

1943年12月6日

亲爱的摩尔先生：

非常感谢您的支票。我终于又在写一本书了，您听到这个消息一定会开心吧！在英国广播公司的时候，我忙得几乎没时间把笔放到纸上，但是在《论坛报》的这份工作，我想我可以组织好我的时间，让我每周有两天空闲时间干自己的事。我正在写的东西非常短[1]，所以如果没有任何干扰，它应该在3到4个月的时间内完成。

我认为把报刊上发表过的评论文章结集出版不可能是一个坏主意，但我认为任何短于2000字的文章就不值得收入集子了。那些由非常短的评论文章拼凑成的书，总是给我留下一种仓促而散乱的印象。我们必须等待，等到我有10或20篇长文章可以用的时候。然而，我确实认为，在《鲸鱼体内》闪电般消失[2]的同时，其中关于狄更斯的评论应该在将来某个时间再版。这本书的另外两篇文章已转载在期刊上。

您诚挚的

埃里克·布莱尔

1. 此处所指应为《动物农场》。

2.《鲸鱼体内》，1940年3月11日由维克多·戈兰茨有限公司出版，书中包括《查理斯·狄更斯》《男孩周刊》和《鲸鱼体内》等文。在1949年的“给遗稿保管人的便条”中，奥威尔说：“这本书很难搞到，因为书的库存已经在闪电战中毁于炮火了。”

致菲利普·拉夫

伦敦 NW6

新月街区 莫蒂默 10a

1943 年 12 月 9 日

亲爱的拉夫：

非常感谢你的来信。你注意到上面的日期了吗？你信上的日期写的是 10 月 15 日，但是，直到今天早上，这封信才送到我的手上。我真不知道该拿邮件怎么办。有些人说，现在通过海运邮寄信函更快一些。我想给你们 12 月份的杂志另外再写点东西的计划泡汤了。如果你们将变成季刊并在 12 月份出版第一期，我推算下一期要到 1944 年 3 月。这是不是意味着我寄给你的任何稿件都要在 2 月底之前送达？因此，我要在 1 月中旬把稿件寄出。我希望我没有算错。如果这封信能够在预计的时间到达，你就可以进一步确定邮件从这里到你那里的时间。邮局既然是现在这种情况，看起来这些伦敦通信根本不可能及时发表出来。不过只要伦敦通信上注明了日期，读者对此还是感兴趣的，因为它至少显示了当时写这些信的时候的情况。

你当然可以重印《地平线》上的文章[1]，康诺利是不会反对的，我会告诉他这件事。但我不知道要支付的款项是怎么回事。你最好把相关事宜交给康诺利去办，然后，如果正好是我本人的事，他会来找我的。

德怀特·麦克唐纳德写信告诉我，他刚刚开始创办另外一家评论

1. 奥威尔为莱昂纳尔·菲尔登的作品《向我的邻居乞讨》所写的书评。

杂志[1]，并且向我约稿。我不知道他会在多大程度上跟《党派评论》构成竞争，但是我写信告诉他，我会给他写一些“文化方面的”文章，但不会为他写“政治方面的”文章，因为我跟《党派评论》有写政治方面的稿件的约定。

在英国广播公司浪费了两年时间之后，我离开了它，成为《论坛报》的文学编辑。这是一个左翼性质的周刊，或许你以前见过它。这个工作能给我留出一点空闲时间，但是在英国广播公司工作的时候就没有。我利用这点空闲时间开始创作我的另外一本书[2]，如果没有什么干扰的话，我希望能够在几个月后完成。我还将尝试把英国广播公司印度部最近出版的一本广播内容方面的书[3]寄给《党派评论》，它或许很值得评论。无论如何，它作为英国宣传的一个样本（尽管如此，这还是一个相当不错的样本，因为印度部被认为是非常不重要的一个部，并因此得到了很多自由），应该还有点意思。

祝你一切都好！

你的

乔治·奥威尔

1. 德怀特·麦克唐纳德（Dwight Macdonald，1906—1982），鼓吹思想行动自由的批评家和小册子作者，《党派评论》的一个联合出资人。1944 年—1949 年他独力创办并编辑出版《政治家》杂志。

2. 指《动物农场》。

3. 指《对印度的谈话》，由乔治·奥威尔编辑。

1944 年

致伦纳德·摩尔

伦敦 NW 6

新月街区 莫蒂默 10a

1944 年 1 月 9 日

亲爱的摩尔先生：

感谢您的来信。我想如果我把目前还在计划中的一两篇文章写完的话，是具有把评论文章结集出版的基础的[1]。我认为那些已经再版过两次的文章就不值得再次结集出版了。其他那些可以收入《评论文集》的是：

《查理斯·狄更斯》（约 12000 字？）

《威尔斯、希特勒和世界局势》（约 2000 字）

《拉迪亚德·吉卜林》（约 4000 字）

《W.B. 叶芝》（约 3000 字）

《甘地在梅菲尔》（约 3000 字）

最后四篇都是发表在《地平线》上的。此外，等我拿到相关的书籍后，我会为一家美国杂志写一篇关于“莱佛士”[2]的评论文章，或许 3000~

1. 这个文选 1946 年 2 月 14 日由塞克尔与沃尔伯格公司以《评论文集》为名在英国出版，由纽约的雷纳尔与希区柯克（Reynal & Hitchcock）公司以《狄更斯、达里及其他：对大众文化的研究》为名在美国出版。信中提到的文章《甘地在梅菲尔》和那些关于夏洛克·福尔摩斯（Sherlock Holmes）、乔纳森·斯威夫特（Jonathan Swift）以及杰拉德·曼雷·霍普金斯（Gerrard Manley Hopkins）的文章没有收录在内。此处没有提及但最终收入《评论文集》的包括《男孩周刊》《唐纳德·麦克吉尔》和那些关于达里、凯斯特勒和 P.G. 伍德豪斯的文章。

2. 此处指《莱佛士与布兰蒂什小姐》。A.J. 莱佛士（A.J.Raffles）是英国作家、诗人厄内斯特·威廉·霍隆（Ernest William Hornung，1866—1921）所创造的一个虚构人物。从 1898 年到 1909 年间，霍隆写了 26 部系列犯罪小说，都是以莱佛士为主人公的。奥威尔的评论把莱佛士系列小说与惊悚小说家、编剧詹姆斯·哈德利·蔡斯（James Hadley Chase，1906—1985）的《没有布兰蒂什小姐的兰花》进行了对比研究。

4000字。我还为“自由法国”[1]的杂志《喷泉》写了一篇关于夏洛克·福尔摩斯的2000字的文章。我觉得这篇文章也可以稍加扩充收录进去。我还希望收入我与乔纳森·斯威夫特的广播谈话——虚幻的对话。如果我能拿到关于杰拉德·曼雷·霍普金斯[2]的另一个演讲的广播稿，我也想把这个加进去。所有这些文章汇集起来可以编成一部30000多字的书。

我工作太忙了，现在还顾不上这件事。我还在写我的书[3]，如果我不生病，也没有别的意外，我希望能够在3月底写完。此后，我会按照合同做《图画中的英国》丛书中的一本[4]，但是那个工作用不了太长时间。

我正在写的书会非常短，2万到2.5万字的样子。它是一个童话，也是一个政治寓言，我觉得我们在寻找出版商方面会遇到一些困难。到戈兰茨公司或者沃尔伯格公司去尝试估计毫无用处，但是在别处留下一些“我有一本书进展顺利，即将完稿”的暗示或许是值得的。但是你知道哪些出版商还有印刷纸、哪些纸张匮乏吗？

您诚挚的

埃里克·布莱尔

1. “自由法国”（Free French）是第二次世界大战期间由戴高乐领导的法国反对纳粹德国侵略的抵抗组织。1940年6月法国沦陷后，戴高乐在伦敦发表了《告法国人民书》，呼吁人民继续抗战，标志着自由法国运动开始。

2. 杰拉德·曼雷·霍普金斯（1844—1889），是英国文学史上的著名诗人。他对英国诗歌的主要贡献表现在三方面：首先，秉承牛津运动的学术精神与传统，从史诗《贝奥武甫》中学习头韵、重音前移、古体字、意象跳跃等手段，为英国诗歌创作的推陈出新做出了卓越贡献。其次，他提倡并坚持使用“跳韵”（sprung rhyme）来挑战英国诗歌传统的“跑韵”（running rhyme），丰富了英国诗歌的韵律结构，促进了英国诗歌从传统向现代的转型。最后，他提出了诗歌表现中的“内在特性”（inscape）与“内应力”（instress）的概念，为宗教诗等的研究提供了一个有效视角。

3. 指《动物农场》。

4. 指《英国人》。

致格莱伯·斯特鲁福

伦敦 NW6

新月街区 莫蒂默 10a

1944 年 2 月 17 日

亲爱的斯特鲁福[1]先生：

请原谅我没有早点写信，感谢您给我的好礼物——《苏俄文学25年》，更好的是上面还有您题的词。我对俄罗斯文学知之甚少，希望您的书能填补我在这方面的许多知识空白。它已经唤醒了我对扎米亚京的《我们》[2]的兴趣，这本书是我此前没有听说过的。我对那种书很感兴趣，甚至决定我自己将来迟早也要写这样一本书[3]，为此我一直坚持做着相关的笔记。我不知道您能否告诉我布洛克[4]是否有好的译本？大约十年前，我

1. 格莱伯·斯特鲁福（Gleb Struve，1898—1985），出生于圣彼得堡，1932 年—1947 年在伦敦大学学院斯拉夫研究院任教，1947 年—1965 年在美国加利福尼亚大学伯克利分校担任斯拉夫语言与文学教授。其著作包括《1917 年—1950 年的苏联文学》和《俄罗斯流亡文学》等。

2. 叶甫盖尼·扎米亚京（Yevgeny Zamyatin，1884—1937），俄罗斯科幻小说家、政治讽刺作家，以其风格独具的民间口语叙述文体和幽默讽刺的笔墨驰誉文坛。最著名的作品就是完成于 1921 年的一部融科幻与社会讽刺于一体的长篇小说《我们》，故事发生在一个反乌托邦的未来警察政权统治的社会，因被视为“针对苏联极权国家的政治讽刺”而遭到苏联审查委员会的查封。

3. 这是奥威尔第一次提到《一九八四》。

4. 亚历山大·亚历山大罗维奇·布洛克（Aleksandr Aleksandrovich Blok，1880—1921），生于圣彼得堡的一个知识分子家庭，1906 年毕业于彼得堡大学历史语文系，是俄国诗人和戏剧家，也是俄国象征主义流派的领军人物。他的诗作富有音乐感和神秘感，带有深刻的忏悔色彩，韵律新颖别致。戏剧《木偶剧》（1906）以悲情的笔调嘲弄自己早些时候信奉的理想主义。代表作《十二个》（1918）是一部史诗，描述了 1917 年革命期间圣彼得堡街头的混乱景象。

在《生活与文学》[1]中看到了一些翻译片段，但我不知道它们翻译得好不好。

我现在在写一部讽刺作品[2]，它出版后也许会逗您一乐，但是在政治上过于敏感，以至于我事先不确定是否会有人愿意出版这部书。对于书的主题，这也许给了您一个暗示。

您诚挚的

埃里克·布莱尔

1.《生活与文学》（*Life and Letters*）是1928年6月至1935年4月期间出版的一本英国文学期刊，创办者为德斯蒙德·麦卡锡（Desmond McCarthy），后由埃利斯·罗伯茨（Ellis Roberts）接办。其主要撰稿人包括赫伯特·厄内斯特·贝茨（Herbert Ernest Bates）、马克斯·比尔博姆（Max Beerbohm）、希莱尔·贝洛克（Hilaire Belloc）、肯尼斯·克拉克（Kenneth Clark）、西里尔·康诺利（Cyril Connolly）、爱德华·摩根·福斯特（Edward Morgan Forster）、托马斯·哈代（Thomas Hardy）、弗兰克·劳伦斯·卢卡斯（Frank Laurence Lucas）和弗吉尼亚·伍尔芙（Virginia Woolf）等。该杂志发表了大量西里尔·康诺利的重要文章，包括《柏林对话》《乔伊斯的位置》《英国不是我的英国》和《在哪位国王统治下？》等，被视为康诺利的《地平线》杂志的先驱。

2. 指《动物农场》。

致罗伊·福勒

伦敦 NW6

新月街区 莫蒂默 10a

1944 年 3 月 7 日

亲爱的福勒先生[1]：

收到您的来信之后，我设法搞到了一本《小型时事讽刺剧选》[2]，并且阅读了您提到的《弗莱切》。我必须说，我本人没有从中看到一点反犹太主义的倾向。我猜想塞德里克·多佛[3]的意思是说，小说的中心人物是一个犹太人，并且是一个不那么让人佩服的人物。或许在目前这就被认为是反犹太主义了。对此我感到非常抱歉，但是您应该知道，作为一个文学编辑[4]，我不可能读完所有送来评论的书，这样，我就不得不相信书评者的评价。当然，如果他作为一个反犹太主义者，对您进行肆无忌惮的攻击，我当然会对它仔细核实之后再决定是否发表，但我认为他只是说"带有轻微的反犹太主义倾向"以及诸如此类的话。我很抱歉您会产生这样的不满。尽管如此，我还是必须补充一句，按照我的经验，

---

1. 罗伊·福勒（Roy Fuller，1912—1991），诗人和小说家。当过律师和海军。1939 年出版第一部诗集，也写过小说和回忆录。1968 年后担任牛津大学的诗歌教授。1970 年，他因诗歌获得女王金质奖章。
2. 由丹尼斯·瓦尔·贝克（Denys Val Baker）编辑，1943 年出版。丹尼斯·瓦尔·贝克（1917—1984），威尔士小说家、传记作家、记者和出版商 。
3. 塞德里克·多佛（Cedric Dover，1904—1962），出生在印度加尔各答，父母都是欧亚混血人。他是一个昆虫学家，并且从事历史学、社会学和政治学方面的写作。他于 1937 年出版的描写侨居印度的欧亚混血人社会的著作《半种姓》引起了很大的争议。1944 年 2 月 18 日，他在《论坛报》上发表了对《小型时事讽刺剧选》的评论文章。
4. 奥威尔此时是《论坛报》的文学编辑。

任何提到犹太人的文章，不管它是褒还是贬，要发表几乎都是不可能的，因为担心会惹出麻烦。

您真挚的
乔治·奥威尔

致伦纳德·摩尔

伦敦 NW6

新月街区 莫蒂默 10a

1944 年 3 月 19 日

亲爱的摩尔：

我的书[1]写完了，几天后就会把原稿寄给你。现在我正在打字。我写了大约 30000 字。为了不耽误时间，我想我们应该事先商量好该如何把它交给戈兰茨。根据我们的合同，他对我的小说有第一拒绝权，而这部书只是名义上的小说，因为它是一种“童话故事”，确切地说是一个具有政治意义的寓言。然而，我认为戈兰茨是不会出版它的，因为它具有强烈的反斯大林的倾向。浪费时间在沃尔伯格身上也没有任何用处，他可能不会触碰这种倾向的书，并且据我所知，纸张也很短缺。所以我的建议是：我们应该告诉戈兰茨，但只是让他知道这本书不太适合他，并且告诉他，只有他确定他想看这个书稿，我们再把书稿寄过去。我现在打算把这个意思写信告诉他。关键是，如果戈兰茨和他的审稿人拿到书稿，即便最终他们不出版，书稿也会在他们手上耽搁几个星期。所以我会事先写信给他，这样在你拿到原稿之前，他就了解了这些情况。

至于与哪些出版商接洽，我认为尼克尔森与沃森出版公司[2]可能是最好的。我告诉他们中的一个人说我有一本书要出，他似乎很迫切地想

1. 指《动物农场》。

2. 除了尼克尔森与沃森（Nicholson & Watson）之外，在这封给摩尔的信的顶端，还有人写了另外两个出版商的名称：艾尔与斯波蒂斯伍德（Eyre & Spottiswoode）、霍利斯与卡特（Hollis & Carter）。

得到它。或者哈钦森，我和他们的罗伯特·纽曼[1]有联系。或者其他出版商也可以，只要他们具备两个条件：一是有印刷纸；二是没有投入斯大林的怀抱。后者更重要。这本书从共产主义的观点来看是讨厌的事，尽管没有提及任何名字。如果我们能克服这些困难，我想我们应该可以根据各出版商现在出版的图书的内容，寻找一家合适的出版商。

我打算给你寄两本。我想我们也可以试一试美国的出版商。大约一年前，戴尔出版公司写信给我，要我把我写的下一本书寄给他们，我想他们可能喜欢这本书[2]。

我签了一个合同，打算做《图画中的英国》丛书中的一本，我想我要花6至8个星期时间。此后，我准备写两篇略长一些的文学评论文章，一篇是《没有布兰蒂什小姐的兰花》，另一篇是关于萨尔瓦多·达里的。当我做完这两件事后，我们就有足够丰富的内容来结集出版了。

你诚挚的

埃里克·布莱尔

1. 罗伯特·纽曼（Robert Neumann），哈钦森公司（Hutchinsons）的编辑。

2. 在《党派评论》中，威廉·菲利普斯（William Philips）声称他是美国第一个阅读《动物农场》的人，然后他把书稿推荐给了戴尔出版公司。

致维克多·戈兰茨

伦敦 NW6

新月街区 莫蒂默 10a

1944 年 3 月 19 日

亲爱的戈兰茨先生:

我刚刚写完了一部书[1]，几天后就可以打印完了。对于我的小说作品，您享有第一拒绝权，不过我认为这部书仅仅是名义上的小说。它有些像童话故事，大约 30000 字，包含着政治寓意。但我必须告诉您，我推断，从您的政治观点看，您完全不可能接受这本书(它是反斯大林的)。假如是这样的话，我不知道您是否还要看这部书稿。如果您要看，我当然会寄给您，但关键是不要让我因为手稿在过长的时间悬而未决而感到焦虑。

如果您觉得不管它政治上是否敏感您都想看手稿，可不可以告诉我和我的经纪人(克里斯蒂与摩尔)？摩尔会拿到手稿的。否则，请告知我您不打算看手稿，这样我就可以把手稿拿到别的出版商那里而不至于浪费时间。

您诚挚的

埃里克·布莱尔

---

1. 指《动物农场》。

致伦纳德·摩尔

伦敦 NW6

新月街区 莫蒂默 10a

1944 年 3 月 25 日

亲爱的摩尔先生：

感谢您的来信。我刚刚收到戈兰茨的信，他说他想看书稿[1]。这样的话，您能把书稿给他吗？不过，我仍然认为他不可能出版这部书。如果此前您已经读过了，您就会了解这个寓言究竟是什么。您能不能让他记住：如果他不打算出版的话，不要把书稿保留太久，好吗？

我想直接去接洽一下美国版就好了，不是吗？我不知道戴尔公司在这里有没有代理人。如果有困难，我想可以通过我在《党派评论》的朋友们做些什么，他们可能与许多出版商接触，并有一两次问我是否有书要出。

如果戈兰茨那边不行，我们必须决定与其他哪家出版社接触。我当然知道哈特利应该排在尼克尔森和沃尔伯格后面，但如果能够事先就得到报酬，那有关系吗？我听说他们很慷慨。至于哈钦森公司，罗伯特·纽曼正在为他们安排战后在欧洲出版一些图书的生意，他前段时间曾经来找我，想知道我是否有合适的东西给他们出。他还表示，他们正在找人充实他们的一般作者名单。他说印度小说家阿南德刚刚离开卡普投奔哈钦森公司，他告诉我阿南德现在得到的预付款是以前卡普所给的四倍之多。

---

1. 指《动物农场》。

可能的话你稍稍问一下戈兰茨，问他对策划中的评论集有什么想法，它将包括《鲸鱼体内》中的一到两篇评论文章，由大约8篇评论文章组成，长度大约为40000字。

请把这本书的进展情况告知我[1]。

您诚挚的

埃里克·布莱尔

1.1944年3月28日，戈兰茨给奥威尔写信，说他很高兴奥威尔给他寄了手稿。他确信奥威尔是从左翼立场批评苏联政权的，但苏联大使馆禁止他出版这部书，他本人也被共产党视为“比你更糟糕的敌人”。在同一封信中，他说他想看看奥威尔的评论文章，并且不反对把关于狄更斯的文章收录在内。

致伦纳德·摩尔

1944 年 3 月 31 日

星期五

（手写明信片）

我给戴尔出版公司拍了电报，询问他们是否想看《动物农场》的书稿。他们说会在一周内给我们回复。

埃里克·布莱尔

致伦纳德·摩尔

1944 年 4 月 5 日

请马上把《动物农场》寄给戴尔出版公司，最好给他们原稿的复印件。

布莱尔

致伦纳德·摩尔

伦敦 NW6
新月街区 莫蒂默 10a
1944 年 4 月 5 日

亲爱的摩尔先生：

你可能已经收到了我的电报。戴尔出版公司电报回复说："马上把书稿寄出。"我不知道用哪种方式寄最安全——我猜想寄航空件最安全，但是现在航空件的速度也都很慢。我想最好寄给他们原稿的复印件，因为美国的打字水准现在可能比我们好。

戈兰茨写信给我，说他不能出版这本书[1]，我料想到他会这么做。我已经联系了我在尼克尔森与沃森出版公司的朋友，看看他们将提供什么条件（另一份打印件在他们手上，下周会告诉我结果）。我看不出他们出版这本书对我会有什么不利因素，唯一的不利因素可能是他们在破产的时候还欠着我的稿酬。为了避免这种情况发生，我最好做到提前拿到稿酬。无论他们的财务状况如何，他们在知性上都是值得尊重的。例如，是他们发行了《伦敦诗歌》，他们还成功地出版了粮食部的烹饪书籍。当然，他们可能会说他们也不想出版这本书，但是如果他们真的想接受这部书，也给出了好的条件，我想不与他们成交是愚蠢的（当然，答应

1.1944 年 4 月 3 日，戈兰茨写信给伦纳德·摩尔，感谢他寄来《动物农场》，他说他会尽早阅读。他的确那样做了。第二天，他把手稿连同一份给奥威尔的便条寄给摩尔。他告诉摩尔，尽管他对苏联的政策持批评态度，但他不能出版像《动物农场》那样全面攻击苏联的书。"像布莱尔事先预料的一样"，戈兰茨给奥威尔的便条简单地说道："你是对的，我错了。我很抱歉。我把手稿还给了摩尔。"戈兰茨并不是唯一一位发现《动物农场》不合时宜的出版商。

他们把我将来的书交给他们出版是不明智的，不过有我和戈兰茨的合同保护，我不受它的影响）。如果读了这本书，你就会看到隐喻是什么，你也一定清楚我们要把这本书在英国出版会是多么困难，虽然在美国出版可能会更容易。我当然希望书能出版，但是如果所有的努力都失败了，我会找一家或几家我了解的高雅的小出版商。如果戴尔公司的人决定不出版它，我不知道还能找哪家美国出版商试一试，但是我打算写信给《党派评论》的朋友们，听听他们有什么建议。那里有很多高雅的出版商，但从这本书的角度来看，我不知道他们中哪一个从政治角度看是合适的。我想，如果戴尔公司的人接受了这本书，同步出版没有什么问题吧？或者甚至美国版率先出版发行？它不会真正影响到这里的销售，因为现在英美之间几乎没有书籍的交换。

我已经开始做《图画中的英国》的工作，我想我可以在 5 月的某个时间完工。随后，我就可以全力以赴地投入到计划中的文学评论文章中去了。

您诚挚的
埃里克·布莱尔

致伦纳德·摩尔

伦敦 NW6

新月街区 莫蒂默 10a

1944 年 4 月 15 日

亲爱的摩尔先生：

尼克尔森与沃森出版公司拒绝出版《动物农场》，给出的理由与戈兰茨大致相同，即用这种方式攻击盟国领袖是格调低下的，等等。我知道要让这本书在这个国家出版，无论如何我们都会有很多麻烦。与此同时，我也把我的书稿带到卡普出版公司了，因为那里的韦奇伍德[1]小姐经常叫我把我的作品带给他们看，但如果他们做出同样的答复，我也不会感到惊讶。我认为菲波尔出版公司是有可能的，如果劳特里奇出版公司有纸张的话，他们会更喜欢。卡普公司现在有了书稿，我会同时听到艾略特和赫伯特·里德[2]的意思。我最近看到了一本由艾尔与斯波蒂斯伍德公司出版的书，我想他们肯定是没有问题的，就像你说的，我把它们跟伯恩斯公司、奥茨与沃斯伯恩公司混为一谈了。如果其他的都失败了，我会尝试去找一个小的高雅出版社出版这本书。事实上，这才是最有可能成功的一次押注。我知道有一家刚刚起步的小出版社，并且它有一定数额的资金正等待着被“挥霍一空”。我当然想把这本书印出来，因为我认为它说出了应该说的话，尽管它不符合当下的潮流。

1. 西塞利·维罗妮卡·韦奇伍德（Cicely Veronica Wedgwood，1910—1997），英国历史学家，专攻17 世纪英格兰史和欧洲大陆史，1968 年被授予大英帝国女勋爵。当时韦奇伍德在为乔纳森·卡普出版公司工作。

2. 艾略特此时在菲波尔出版公司工作，而赫伯特·里德此时在劳特里奇出版公司工作。

我希望这份书稿已经在寄往美国的途中。我想你还有一份。因此，如果我能联系到里德，也许你可以寄给我，让我拿给他看看。

我与戈兰茨的版权合同进行到什么程度了？当我做完必须完成的工作后，我想编辑一本评论文选，我很想把戈兰茨先生以前出版的关于狄更斯的文章也包括在内。我想，如果我和其他出版商，如卡普公司，谈妥了关于出版《动物农场》的事情，他们可能会要我的下一本书，那本书就是评论文集。我有权把关于狄更斯的文章编入评论文集重新出版吗？因为原先那本书已经绝版了。

您诚挚的

埃里克·布莱尔

致菲利普·拉夫

伦敦 NW6

新月街区 莫蒂默 10a

1944 年 5 月 1 日

亲爱的拉夫：

非常感谢你 4 月 17 日的信。这封信是今天到的，这样看航空邮件的效率还是有所好转的。我的伦敦通信大约是在 4 月 17 日寄出的，这样假如它没有在新闻检查部受到阻挠的话，应该在 4 月底到你那儿。在信件寄出之后，我才想到信里有些内容新闻检查部可能不会同意发表（当然是因为政策原因而不是安全原因），但是到目前为止，我还没有收到他们不让这篇伦敦通信出境的通知，所以，我想可能没有什么问题。顺便说一句，你的来信没有被新闻检察官拆开检查。

我想戴尔公司的人现在应该已经收到了手稿[1]。因为你说过，你正在跟他们打交道，我想你是不是可以要求他们把手稿给你看看。我想你会同意这本书稿值得出版的意见的，但是书的“中心思想”在当下恐怕不会太受欢迎。为了在这里找一家出版商，我费尽周折，尽管正常情况下我从来没有在出版自己的东西时遇到过困难，尽管出版商现在都在高喊征求书稿。几个星期之前，一家我经常给他们写稿的报纸拒绝发表我

1. 奥威尔把《动物农场》的手稿寄给了纽约的戴尔出版公司。

的一篇书评，原因是书评带有反斯大林的腔调[1]，可笑的是斯大林主义者他们自己并没有对新闻界施加什么影响。但是斯大林似乎正在变成跟过去的佛朗哥十分相似的一个人物，一个言行举止合乎礼仪规俗、不会招致批评的假绅士。根据苏联政府的一些安排，绝大部分的俄罗斯宣传品是由一家非常强有力的大出版商控制的，这个大出版商不仅出版廉价的无聊小说，也出版邪恶的反左派的小册子以及由范西塔特[2]的追随者们撰写的半法西斯主义的东西。

还有关于戴尔公司出版我的其他作品的事。我的一些书事实上已经在美国出版了（这些书卖得不好）。应该重印的是我的一本关于西班牙

---

1. 奥威尔为哈罗尔德·拉斯基的著作《信念、理智和文明》所写的书评本来应该发表在 1944 年 3 月 16 日的《曼彻斯特晚间新闻报》上，但是遭到了该报编辑的反对。德怀特·麦克唐纳德在 1944 年 11 月号《政治家》杂志的编辑评论中写道："前些天伦敦的乔治·奥威尔写来一封信，信中提供了过去两年中英国政治思想'俄罗斯化'的一些有趣的证据。'我饶有兴趣地看到'，他写道，'5 月号的《政治家》杂志发表了一篇对拉斯基《信念、理智和文明》一书的评论。我想，假如你看到这本书最初出版时我给它写的书评，你或许会被逗笑的。这篇评论是为《曼彻斯特晚间新闻报》写的。这份报纸是《曼彻斯特卫报》（大家通常认为这是英国唯一讲真话的报纸）办的一家晚报，我每两周为它写一篇文章。编辑拒绝发表我这篇书评，很明显因为里边是有反斯大林的倾向。如果你浏览一遍这篇书评，你就会发现，我凭着始终如一的平凡的诚实，没有说这本书是有毒的垃圾。我的评论即使对《曼彻斯特晚间新闻报》这样的报纸来说还是太强硬了。这会让你知道，现在的英国哪些东西不能发表。但是这还不能归咎于目前大家评价都不太高的斯大林主义者。编辑不愿意发表任何反对俄罗斯的东西，是因为他们害怕遭到他们所假想的在普通公众中存在的俄罗斯迷们的反对，也担心苏联政府会对英国新闻界抱怨不休。'奥威尔的文章反对把俄罗斯称作'明确描述为社会主义的国家'，赞扬拉斯基因为'他意识到苏联对俄罗斯本国及其他任何地方来说，都是社会主义运动的发电机（评论者补充道：'因此，一定要不惜一切代价保护好苏联。'）。他和拉斯基争吵的原因是拉斯基对'清洗、消灭、少数人的独裁和对批评的压制等等'视而不见。奥威尔还批驳了拉斯基把斯大林的俄罗斯比作早期的基督教会的虚假比拟。这样一篇书评在主要的问题上同意拉斯基的看法——今天苏联的社会主义性质，只要是任何一个诚实和机灵的批评家，都会对拉斯基的书做出批评的问题上斗胆加以反驳。这样的书评对于《曼彻斯特晚间新闻报》之类的报纸来说实在太刺激了，因为它表明了红军的功绩是多么严重地误导了英国公众对俄罗斯的看法。（人们会回忆起《曼彻斯特卫报》——从整体上说是自由的英国新闻界——对莫斯科审判比对我们自己的出版物更诚实，更富有批判精神；尤其是《曼彻斯特卫报》，已经把自己的栏目对托洛茨基本人开放了。）"

2. 劳德·范西塔特（Lord Vansittart，1881—1957），第二次世界大战前和期间的英国外交家、作家。1938 年—1941 年担任外交大臣首席外交顾问。在第一次世界大战之前及期间，他以对德国和德国人大胆坦率的批评而闻名于世。

内战的书，但是这本书现在是最没有希望重印的。我不知道美国卖不卖企鹅公司出版的书。我的关于缅甸的小说（《缅甸岁月》）是由哈珀公司在1934年出版的，不过现在已经被企鹅公司收购了，但是如果企鹅公司没有跨越大西洋的话，那么在我看来这本书似乎都可以在那里重印，因为现在缅甸又有点成了新闻焦点的意思了。我确信版权是属于我的，但是无论如何能想出办法来。我想还有一些书值得重印，但问题是这些书太本土化了，美国人未必会有太大的兴趣。尽管如此，今年秋天我还打算重印一本文学评论文集。我早就应该这样做了，但是在书出版前我还想另外再写一些东西加进去，因为一直被其他工作压得透不过气来，这些东西一直没写。到今年7月底我无论如何也要把它们写完，或许戴尔公司对出版这本书会有些兴趣。我想，如果这本书在这里也同时出版，应该不会有妨碍。

你的

乔治·奥威尔

致伦纳德·摩尔

伦敦 NW6

新月街区 莫蒂默 10a

1944 年 5 月 9 日

亲爱的摩尔先生：

我刚刚获悉，卡普愿意出版《动物农场》，这样就太好了。我向您提到他是因为我与戈兰茨之间的现存合同的细节。我的确记不清楚这些细节了。卡普想让我与他们合作，我也愿意这样做，因为我厌倦了与戈兰茨之间的这场旷日持久的政治交易。不管怎样，如果卡普出版《动物农场》的条件是我把自己未来的书交给他们出版，请牢牢抓住这个条件。我特别希望这本书是基于政治立场出版的。但是作为回报，要尝试着让卡普同意尽快出版这本书。至于下一本计划出版的书，就是那几篇准备结集出版的重印的文章，我想这就不难安排了。我的合同中还有三篇评论文章，但这些都应该可以在七月底前完成，然后我们就可以把书编好。

谨上

埃里克·布莱尔

又及：

我请求我在《党派评论》的朋友们浏览一下《动物农场》的手稿，看看如果戴尔公司不接受它的话还有哪个出版商愿意出版。我想如果它是由这里的一个像卡普一样的著名出版商出版的话，对于《动物农场》是有好处的。

致 H.J. 威尔摩特

伦敦 NW6

新月街区 莫蒂默 10a

1945 年 5 月 18 日

亲爱的威尔摩特先生[1]：

非常感谢您的来信。您询问集权主义和领袖崇拜等是不是有不断上升的趋势，并且引证了这样的事实：这种情况在我们国家和美国的表现尚不明显。

我必须说，我认为如果把世界作为一个整体来考虑问题的话，这种事情的确是在增长。毫无疑问，希特勒将要消失了，但是为此付出了巨大的代价，它造成了这样几个后果：第一，斯大林的力量增强了；第二，英美百万富翁的力量增强了；第三，类似戴高乐[2]的各种卑劣的暴君的力量增强了。每一个地方的所有民族运动，即使是那些为抵抗德国占领而发起的，似乎也会采取非民主的方式，把力量聚集在一个超人的暴君（希特勒、斯大林、萨拉查[3]、佛朗哥、甘地、德·瓦勒拉[4]等都是例子，

1.H.J. 威尔摩特（H.J.Willmett），身份不明确。

2. 查尔斯·安德烈·约瑟夫·玛丽·戴高乐（Charles Andre Joseph Marie de Gaulle，1890—1970），第二次世界大战期间曾领导“自由法国”运动，抵抗法西斯德国的入侵。法国解放后曾任临时政府首脑、总理（1944—1946，1958）和法国总统（1959—1969）。

3. 安托尼奥·德·奥利维拉·萨拉查（Antonio de Oliveira Salazar，1889—1970），葡萄牙总理（1932—1968）、独裁者，曾于 1926 年、1928 年两次出任财政部长，就任总理之后对内实行独裁统治，对外残酷镇压葡萄牙属非洲殖民地的民族独立运动。

4. 埃曼·德·瓦勒拉（Eamon De Valera，1882—1975），爱尔兰总统（1959—1973）。早年参加过爱尔兰独立运动，曾担任新芬党主席（1919—1926），后另外组建共和党，连续四次出任政府总理（1932—1959）。在他的任期内宣布爱尔兰独立（1937）和脱离英联邦（1948）。

虽然情况各有不同）周围，并且采用通过结果来证明手段正当的理论。世界各地的运动都似乎在沿着这样的方向：集中一切可以集中的力量，以便更有效率地去“工作”。但是由于他们不是以民主的方式组织起来的，所以常常导致一种等级制度的建立。随之而来的是强烈的民族主义的过激行为和不相信客观真理存在的倾向，因为所有的事实都必须跟一些永远正确的暴君的谈话和预言吻合起来。历史在某种意义上已经不存在了，也就是说，没有属于我们自己时代的历史这种东西可以被普遍接受。并且只要军事需要不再让人们觉得不舒服，准确的科学就受到了威胁。希特勒可以说是犹太人发动了战争，如果他能够坚持下来，这就将成为官方的历史。他不能说二加二等于五，因为，比方说要发射导弹的话，二加二就只能等于四。但是，假如我所担心的那种世界——一个两到三个超级大国谁也征服不了谁的世界——真的来到，那么如果暴君愿意，一加二能够等于五。在我看来，事实上那正是我们前进的方向，尽管这个过程一定是可以逆转的。

比较而言，应该可以把英国和美国列为例外。不管和平主义者等人说些什么，目前我们还没有走向集权主义，这是一个很有希望的征兆。正像我在我的《狮子与独角兽》一书中所做的解释那样，我深深地相信英国人民和他们的能力，他们可以在不损害自由的情况下集中起自己的力量。但是人们必须记住，英国和美国还没有接受过真正的考验，它们还不知道被征服和严酷的折磨的滋味，并且还有一些不好的兆头把好的抵消掉了。首先，大家对民主衰退漠不关心。举个例子说，你有没有意识到，在英国，26 岁以下的公民现在没有选举权，但是人们却没有看到大批处在这个年龄的人曾经表示过一点不满。其次，从前景上看，知识分子比普通百姓更具有集权主义倾向。从总体上讲，英国知识界是反对希特勒的，不过是以接受斯大林为代价的。只要是对“我们”有利，他们中的大多数人早已对专政手段、秘密警察、制度化地篡改历史等完全做好了准备。事实上，在英国，我们没有法西斯运动，这在很大程度上是因为我们的青年人此时此刻正在其他地方寻找他们的“元首”。人们无法肯定这种情况不会发生变化，人们同样无法肯定10年以后的普通百姓不会像现在的知识分子那样思考问题。我当然希望他们不会，我甚至相信他们不会，但是一旦发生了这种变化，那就会付出斗争的代价。如果一个人只是宣扬所有的迹象都是好的，而不去指出导致灾难的征兆，那么他仅仅是帮助把集权主义弄得离人们更近了一点。

您还问：如果我认为世界的趋势正在走向法西斯主义，那么我为什么还支持战争？这是在邪恶之间做出的选择——我猜想每一场战争都是这样。我很清楚英国的帝国主义，而且很讨厌它，但是我应该支持它与纳粹主义或者日本帝国主义做斗争，因为英国的帝国主义在邪恶的程度上毕竟稍逊一筹。同样，我还支持苏联对抗德国，因为我认为苏联不会彻底逃避它的过去，不会完全保持原来的革命思想，这就使它比纳粹德国显示出更有兴旺的迹象。从战争爆发时的1936年前后，我就在思考这个问题，我思考的结果是：我们投入战争的理由是充分的，我们要继续努力使其更加充分，当然这需要大家不断地批评。

您真挚的

乔治·奥威尔

致伦纳德·摩尔

1944年6月8日

伦敦 NW6

新月街区 莫蒂默 10a

亲爱的摩尔先生：

非常感谢您的来信[1]。戈兰茨这件事的确令人非常尴尬。但我不记得那份关于长篇小说的合同中的任何内容。我只记得合同指的是我接下来的三部虚构作品（你可以核对一下合同，看看是不是这样）。如果是这样的话，《动物农场》无疑是一部虚构作品（任何形式的“长篇”），它也应该是其中之一。但即便如此，我还有一部小说的责任要向戈兰茨履行。您觉得是否有可能跟卡普商议一下：戈兰茨保留我下一部小说（或者下两部小说，如果《动物农场》不算在内的话）的拒绝权，而我所有的其他作品，包括与戈兰茨的合同到期后的小说作品，都交给卡普出版？如果是这种情况，我只需要在卡普公司之外出版一本或者最多两本书。（顺便说一下，我不知道什么时候我会写另一部小说。对于他们来说，这不是一个合适的时机。）[2] 无论如何，我不应该再去找戈兰茨出版非小说类的书籍。他的政治观点变化太快，我无法跟上他们。您能了解一下卡普对这件事是怎样的想法吗？

1.1944年5月26日，乔纳森·卡普写信给维克多·戈兰茨，说他倾向于出版《动物农场》，同时也愿意出版奥威尔未来的作品。他想知道这是否会被戈兰茨接受。6月1日，戈兰茨写信给摩尔，指出他有一份1937年2月1日签署的合同，合同约定要出版奥威尔的三部小说，但其中只有一部（即《游上来吸口气》）已经交付。他辩称，他拒绝《动物农场》对该协议并没有任何影响。摩尔随后就此写信给奥威尔，这封信是奥威尔的回复。

2. 当然，这并不意味着奥威尔没有考虑和计划那部将来称为《一九八四》的小说。

与此同时，对我的书的重印问题，我们该持什么态度呢？如果卡普想要，他也可以拥有。但是我特别想重印的关于狄更斯的随笔，是在一本戈兰茨此前出版的书中。他有那篇文章的版权吗？或者我有版权吗？我只还有另外的一篇批评文章要写，然后我就可以结集成册了。

《让叶兰继续飘扬》的事情我感到非常抱歉，但我认为不值得去再版一本我本人都不在乎的书。如果你告诉莱恩他们我不想再版这本书，我敢说他们会更愿意出版《游上来吸口气》。

我希望与卡普的合作会一切顺利，并且这本书不用再到别的出版公司重新开始。如果可能的话，我真的希望它能够明年就面世。

您诚挚的
埃里克·A. 布莱尔

致伦纳德·摩尔

1944年6月24日

伦敦 NW6

新月街区 莫蒂默 10a

亲爱的摩尔先生：

关于卡普公司的事[1]，我觉得很遗憾。我打电话给T.S.艾略特，告诉他这个情况，并将在星期一把另外一份书稿寄给他。我非常有把握在这个事情上艾略特是站在我这边的，但是，就像他说的，他可能无法改变菲波尔出版公司董事会其他成员的意见。

关于与戈兰茨的合同，如果30000字不是"长篇"，到底多少字算"长篇"？[2]在我们现有的合同中是否有关于字数的具体规定？如果没有，我们可以从戈兰茨那里获得一个明确的声明，解释一下他所认为的长篇小说到底需要有多少字。在合同中有这一条款，却并未对"长篇"的字数进行明确界定，这显然很不符合要求。

您诚挚的

埃里克·布莱尔

1. 乔纳森·卡普于5月26日写信给维克多·戈兰茨，说他倾向于出版《动物农场》，他的主要审稿人是那时为卡普工作的丹尼尔·乔治（Daniel George）和C.V.韦奇伍德。他们两位强烈敦促出版《动物农场》。然而，在1944年6月19日，卡普写信给伦纳德·摩尔，表示他不会出版这本书。他对奥威尔不得不把他的下两部小说提供给戈兰茨而感到焦虑，但他拒绝的依据还是他所咨询的"信息部的一位重要官员"的描述。这位官员得出的结论是：现在出版这部书是"非常不明智的"，一部分原因是它不是对独裁统治的一般性攻击，而是针对苏联的；另一部分原因是"选择猪作为统治阶级"特别具有攻击性。

2. 摩尔办公室的注释："合同仅注明'长篇'。"

致 T.S. 艾略特

伦敦 NW9

新月街区 莫蒂默 10a

（或《论坛报》CEN2572）

1944 年 6 月 28 日

亲爱的艾略特：

因为遇到了空袭，我的手稿[1]也遭到了破坏，这正是我邮寄迟了的原因。手稿稍微有些皱皱巴巴，但总算没有受到大的损坏。

我不知道你是不是可以尽快通知我，菲波尔兄弟出版公司做出了怎样的决定？如果他们有兴趣多看一些我的作品，我会告诉你戈兰茨公司跟我之间还签有一个合同的事实，不过这个合同既不用承担法律义务，也不会再持续多长时间。

如果你本人读过这本手稿，你就会看出来，它的主旨在目前还不会为人们所普遍接受，但是除了在它的末尾处我愿意做一些小的改动以外，不会同意做任何修改。卡普[2]或者信息部——我只是从信的措辞上推测，不能肯定究竟是哪一个——竟然给我提了一个弱智的建议：用其他动物而不是猪来代表布尔什维克。我当然不会做任何这种修改。

你诚挚的

奥威尔

又及：

你来城里的时候能找个时间跟我共进午餐吗？

1.《动物农场》。

2. 指乔纳森·卡普有限公司，一家出版商。

致约翰·米德尔顿·莫里

伦敦 WC2 斯特兰德大街 22 号

《论坛报》

1944 年 7 月 14 日

亲爱的莫里：

非常感谢你的来信[1]。我手头没有你的信的原文。但是发表在《阿代尔非》上的文章或多或少地提到了下列内容：

“我们总是习惯于把日本和中国之间的战争跟欧洲的战争相提并论。但这根本不是同一类型的战争。因为通常的中国人都希望被征服。那是数千年的历史教会他们这样希望的。中国将会吸收日本，日本将会为中国注入活力。对于印度也是如此。”

如果说这不是对日本入侵中国的赞扬和鼓励，以及对日本继续侵略中国和入侵印度的一个邀请，我不知道它究竟是什么意思。对于中国1912 年以后发生的事情似乎不用多加说明，英国正是用同样的理由（“这里的人们是习惯被征服的”）来证明我们在印度进行统治的正确性的。不管怎么说，它的意思是：“不要帮助中国人。”

下面谈谈关于你的记者所说的对“赞扬暴力”的指控。最近几年你所写的许多评论给我留下的印象似乎是：如果暴力残暴到一定程度，你就不再反对这种暴力了。你的意思（或者说，在我看来的你的意思）似乎是相对于我们自己而言，你更喜欢纳粹，因为至少迄今为止他们总是获胜。

1. 莫里给奥威尔的信没有保存下来，提到的那位记者身份也无法确定。但是这封信我们还是收到这里，因为这封信是奥威尔写给莫里的讨论和平主义和苏联问题系列书信中的第一封。

如果你把那本书[1]寄给我，我当然会给它一些关照的，但是我或许会请别人来写书评。当然，如果可能，我本人可以写。我被工作搞得焦头烂额，并且我们还被德国鬼子的炸弹炸得无家可归，我们还有了一个很小的婴儿[2]，所有这些都增加了我的负担。

你的

乔治·奥威尔

---

1. 可能是莫里的《亚当和伊夫》。

2.1944 年 6 月，奥威尔和他的妻子收养了一个刚刚出生三个星期的男婴，施洗时取名为理查德·霍雷肖·布莱尔（Richard Horatio Blair，“霍雷肖”和“布莱尔”都是布莱尔的姓。本书中有的“理查德”指的是理查德·里兹爵士）。

致雷纳·海本斯托尔

伦敦 WC2 斯特兰德大街 222 号

《论坛报》

1944 年 7 月 17 日

亲爱的雷纳：

感谢你在书评中所做的修改。[1]最后我把那些用苏格兰方言写的书给了别人（这些书看起来不怎么好），但是要给你的书或许比较有趣，尽管我还没有仔细看过。它是第一次印刷的《青年艺术家的画像》，我猜想这肯定是谁从废纸篓中抢救出来的。

我想你已经看到了对你反苏格兰的评论[2]的答复，但是这些东西太愚蠢了，无论如何也不值得回应。唯一正确的陈述是："我要往海本斯托尔先生的眼睛里吐口水。"我想作者事实上还没有这么做，至少目前还没有。

艾略特已经为英国国会工作了好几年了。他至少为《英国同盟者》——一份在莫斯科出版的英国宣传刊物——写过一次稿子。通过他的私人谈话判断，尽管他还没有做出什么公开声明，但是他的某些政治观点明显发生了改变。罗伊·坎贝尔（我并不认识他，但我们有一些共同的朋友）在佛朗哥获胜之后依旧留在了西班牙，他如此厌恶随之而来的统治，以至于完全变成了一个反法西斯主义者。他曾经受雇担任了一

---

1. 为雅克·巴仁（Jacques Barzun）所著《浪漫主义和现代利己主义》一书写的书评，见 1944 年 10 月 17 日的《论坛报》。

2. 雷纳·海本斯托尔为毛利斯·林德赛（Maurice Lindsay）编辑的《最佳苏格兰诗歌》所写的书评，发表在 1944 年 4 月 7 日的《论坛报》上。

段时间火灾警戒员，后来参了军，我想他现在仍然在部队里。阿瑟·布莱恩特[1]是保守党知识界一个出名的“大炮”。在西班牙内战期间，他曾经说过：“锯断一个保守党商人的双腿在共和党执政的西班牙是一件很稀松平常的事。”这话给我留下了深刻印象。

我很愿意能够下去看望你，但是我很难出城。我的工作十分繁忙，我的房子在空袭中被炸毁了，再加上一个小婴儿，我现在的生活塞得太满了。什么时候你进城的时候来看我吧（《论坛报》的地址是最佳的地址）！

你的

埃里克

1. 阿瑟·布莱恩特（Arthur Bryant，1899—1985），英国历史学家、专栏作家。他的著作包括《塞缪尔·佩皮斯（Samuel Pepys）的生活》《乔治五世》《火和玫瑰：英国历史上戏剧性的时刻》和《一千年的英国皇室》。布莱恩特的史学观是基于他对理想化的农业历史的怀旧所引发的英国浪漫主义。他讨厌现代商业和金融资本主义，强调对权利的责任，把民主等同于“傻瓜”和“无赖”。

致伦纳德·摩尔

伦敦 WC2 斯特兰德大街 222 号

《论坛报》收转

1944 年 7 月 18 日

亲爱的摩尔先生：

非常感谢您的来信……

同时，能不能请您把您手头上的书稿寄给我。菲波尔公司用同卡普公司同样的腔调给了答复[1]。沃尔伯格又一次说，他想看看这本手稿，还说如果有办法搞到纸的话，他会将它出版的。但是这个“如果”要变成现实就太难了。如果这次又落了空，我不会再向其他出版商兜售这部作品，这样做实在太浪费时间了，而且不会有任何结果。我将以小册子的形式自己印出来。我已经差不多安排好了，并且找到了财政支持。就这本书目前已有的一些需求，再加上我可以在一两家报纸幕后操纵进行一些宣传，我能肯定我们会收回投资，尽管或许不会有很多利润。您知道把这本书付印是非常重要的，并且，如果可能的话，最好在今年。

我被（德国鬼子的炸弹。编者注。）炸得无家可归了。我想我已经把这件事儿告诉过您了。因此，最安全的通信地址还是《论坛报》的地址。

您诚挚的

E.A. 布莱尔

1. 乔纳森·卡普公司和菲波尔兄弟公司是拒绝出版《动物农场》的众多出版公司中的两家。它们的理由是，从政治上看，当时不是出版这种作品的合适的时机。

致约翰·米德尔顿·莫里

伦敦 WC2 斯特兰德大街 222 号

《论坛报》

1944 年 7 月 21 日

亲爱的莫里：

没有及时回应你的记者来信，非常抱歉，这封信就算作给你的回信吧。

我没有材料的出处（我所有的报纸都收藏起来了），但是如果你查阅一下《阿代尔非》的合订本，你肯定能找到这篇文章。我想它跟我引用的不会有很大差别。我也不能同意这样一种陈述不是从主观和客观两个方面支持日本的说法。你还有许多其他的言论，就是你在赫斯[1]到达后不久所讲的那些话，也同样如此。你认为我是把你当成了替罪羊，但是你错了。我想，在我已经发表的文章中，只有两次提到过你，一次是在《地平线》的文章[2]上，另一次是在《阿代尔非》[3]上，当时我给你写了一篇关于阿莱克斯·康姆福特的小说的评论。你还认为我不喜欢全心全意的和平主义者，这一点你也错了，尽管我的确认为他们是错误的。我反对的是那种谴责一种暴力而赞成或者避免提到另一种暴力的谨慎小心的和平主义。我的意思是，关于俄德战争，你自己没有表达清楚。我能够尊重愿意面对不受欢迎的境遇的每一个人，不管我是多么反对他的意见。

你真挚的

乔治·奥威尔

---

1. 鲁道尔夫·赫斯（Rudolf Hess，1894—1987），纳粹官员，作为希特勒的继承者担任纳粹党副党魁，1941 年 5 月 10 日飞往苏格兰，建议举行和平谈判，被作为战犯拘押。1946 年被国际法庭判为终身监禁，后在监狱中自杀身亡。
2. 指奥威尔为莱昂纳尔·菲尔登的《向我的邻居乞讨》一书所写的书评。
3. 指奥威尔为阿莱克斯·康姆福特的《没有这样的自由》一书所写的书评。

致约翰·米德尔顿·莫里

伦敦 WC2 斯特兰德大街 222 号

《论坛报》收转

1944 年 8 月 5 日

亲爱的莫里：

感谢你 2 日的来信。我说“关于俄德战争你自己没有表达清楚”，意思是这样的：当你鼓吹和平主义的时候，据我所知，你从来没有说过俄国人不应该保卫自己。在我读过的你的文章中，你与众不同地避开了俄德战争的全部问题。如果我没有记错的话，下面的 5 期或者 6 期《阿代尔非》在继续讨论德国入侵俄罗斯的时候，甚至根本没有提到德国与俄罗斯之间正在交战。当俄国人在战争的前几个星期入侵波兰的时候，你写作的那种腔调只能让我理解为你是持赞同态度的。通过阅读你所有与此有关的文章，你留给我的印象——这绝对不是我一个人的推断——是：对俄国人或许还有德国人和日本人来说，他们发动战争完全是正确的，但是，对我们和美国人来说则是完全错误的。我真是弄不明白你是如何使这种看法符合和平主义原则的。如果对一个国家而言，它保卫自己的国家主权是错误的，那么任何一个国家保卫自己的主权都是错误的。如果对某一个国家而言它是正确的，那么和平主义就是一句空话。

下面谈谈关于“那种谨慎小心的和平主义”的问题，这又要提到俄国的事情了。你在一封信中对我说，在可怕的程度上，苏联是不是比纳粹德国要小，这还很难讲；它们谁能打败谁，你觉得实在是无关紧要的事情。但是据我所知，在你发表的文章中，你总是始终如一地使用赞同的语调谈论苏联，你还一成不变地拿苏联来跟我们国家进行比较，而这对我们来说是十分不利的。你把苏联描述为“唯一真正和平的国家”，你甚至还为它的理性集权主义辩护，说同样的事情在我们这里也存在，不过是以隐蔽的形式出现而已。你也没有提高调门反对1936年—1939年之间发生的肃反这一恐怖事件，并且在谈到对富农的大规模流放等事件时，你毫无必要地使用了委婉的说法。就我读到的文章判断，我很难把这些公开的陈述与你给我的私人信件中的表达调和起来。我无法抹掉这种印象：你回避或者掩饰所有那些有关俄罗斯军国主义及其内部的集权主义等问题，因为它不仅与你所标榜的和平主义相矛盾，还直言不讳地谈论这些问题，也只会让你成为知识分子所关注的不受欢迎的人。

当然，狂热的共产主义者和亲俄分子们总体上说来是可以尊重的，即便他们是错的。但是对于像我们这样一些怀疑苏联在某些事情上犯了严重错误的人来说，我认为是否愿意批评俄罗斯和斯大林是对知识分子诚实与否的一次测验。从一个文学界的知识分子的观点看，这是唯一真正危险的事情。如果一个人已经超过了可以参军的年龄，或者身体状况不允许当兵，或者一个人只在知识界内部过日子，那么说一些拒绝服兵役需要勇气之类的话，或者表达任何一种自相矛盾的意见，在我看来都完全没有意义。这样只能陷入死硬而傲慢的保守分子的麻烦中，谁会在乎他们说些什么呢？在任何情况下，极端死硬而傲慢的保守分子几乎都没有什么妨碍。需要勇气的事情是批评俄国，这是英国知识界的大部分人都认同的唯一的事情。你以十分温柔的方式谈到了斯大林和他的统治，把它跟你对丘吉尔的谴责进行一下比较，似乎证明我使用“谨慎小心的”这个词是正当的。如果你是真的反对暴力，你至少应该像反对英国一样反对俄国。但是反对俄国可能会树敌，而反对英国则不会——即：像我们这样的敌人你是不会在乎的。

我不赞同和平主义，但我通过和平主义者回避的主题来判断他们真诚的程度。大多数的和平主义者谈到战争的时候，似乎战争只是在英国和德国之间举行的一场轰炸比赛，根本没有其他的国家卷入。一个勇敢的和平主义者不应该只是说说“英国不应该轰炸德国”而已，任何一个人都会说这话。他应该说：“俄国人应该让德国人占领乌克兰，中国人不应该保卫自己、反对日本，欧洲人民应该向纳粹屈服，印度人不应该试图脱离英国。”真正和平主义者的主张必须包括上面所有的内容，但是，一个人很难既说那种话又与知识界的其他人保持良好关系。这是因为他们总是避免提到类似这样的事情，同时还继续尖声叫嚷反对灭绝种族的轰炸等等，这使我发现自己很难对大多数的英国和平主义者尊重起来。

你诚挚的

乔治·奥威尔

致约翰·米德尔顿·莫里

伦敦 WC2 斯特兰德大街 222 号

《论坛报》收转

1944 年 8 月 11 日

亲爱的莫里：

感谢你寄来的那本《和平消息》和你的来信。由于你对苏联的态度的缘故，我曾经对你进行过攻击，我一定要向你表示深深的歉意。我很少看《和平消息》，也不知道你是坚持这一路线的。我只是按照你早些时候——比如在俄国入侵波兰的时候以及战争之前——的言论，继续对你进行攻击。毫无疑问，许多和平主义者把苏联看得十分神圣，他们对苏联进行的战争保持沉默，与此同时，却把其他同盟国对战争付出的努力大加谴责，我错误地推断在这一问题上你也会这么做。我应该跟上你的言论，但我却在过时信息的基础上写了一封几乎可以算是谩骂的信，对此我深表遗憾。现在写一点反对斯大林的文章会惹出多大的麻烦来，对此我再清楚不过了，我钦佩你这样做的勇气。幸运的是我还没有在某些事情上发表文章——比如攻击军国主义却又对红军网开一面——对你进行公开抨击。至于我对和平主义的总体评价，我认为我不用收回什么话。我坚持自己的观点，即：和平主义客观上赞成暴力，并且有导致武力崇拜的趋势。但即便是现在，我或许还是要把年轻知识分子中的和平主义者坚持这种观点的原因主要归结到你身上，他们中的一些人在我看来似乎是腐败的。等你的新作品《亚当和伊夫》出版以后，你是不是打算送我一本？我可以在《论坛报》我主持的栏目中为它做些事情。那样的话我会克服困难挤出时间来做好这件事。最后，再次请你接受我因对你态度的错误评价而表示的歉意。

你的真挚的

乔治·奥威尔

又及：

你有没有看过我在《论坛报》上主持的专栏？你一定不要认为因为我“支持”战争，不反对轰炸，所以我赞成进行报复和让德国偿还血债，等等。你可能不明白这一点，只要你不恨他们，我不认为把他们杀掉很重要。我还认为，有的时候你只有通过杀掉他或试图杀掉他，才能表现出你对其他人的手足之情。我相信大多数普通人都感觉到了这一点，并且如果他们在这件事上有发言权的话，他们愿意在那种意义上讲和。对于战争，几乎没有普遍的反抗，也几乎没有憎恨。这是一项不得不做的工作。

致伦纳德·摩尔

《论坛报》收转

1944 年 8 月 29 日

亲爱的摩尔先生：

我刚刚见到了沃尔伯格。他已经明确安排在 1945 年 3 月出版《动物农场》，所以也许您可以就合同的事情与他接洽一下。他愿意支付 100 英镑的预付款，其中的一半在今年的圣诞节前后支付[1]。我会把我未来所有的书的选择权交给他，但我不希望合同会把自己完全束缚住，这样的话如果出于某些特殊的原因，我可以把一本书拿到别处出版。我已经完成了评论文集中的最后一篇评论文章，并且会尽快把全部书稿打印完成并寄给您一份。沃尔伯格大概在明年的某个时候才能够做到这一点，但与此同时，我们应该尝试出版美国版。戴尔出版公司要求看看这本书，我基本上答应了把书稿寄给他们。

您诚挚的

埃里克·A. 布莱尔

又及：

9 月 1 日后，我的地址将改为：

伦敦 N1　伊斯灵顿　坎农伯利广场 1 号[2]

但是 9 月 8 日之前我可能不会搬过去，所以《论坛报》目前仍然是最安全的地址。

---

1. 奥威尔的账簿显示，在一个没有明确记录的日子，他从塞克尔与沃尔伯格出版公司收到了 45 英镑的版税，而这恰巧是 100 英镑减掉 10% 的经纪人佣金后的一半。

2. 原稿中此处的数字“1”不清晰，事实上奥威尔的地址是坎农伯利广场“27b”。

致弗兰克·巴伯

伦敦 N1 伊斯灵顿

坎农伯利广场 27b

1944 年 12 月 15 日

亲爱的巴伯先生[1]：

非常感谢您 12 月 8 日的来信。我很肯定这的确是斯大林的生活而不是列宁的。我是从其他渠道听到这个的。但是当我再一次查阅了《党派评论》之后，我发现它明显指的是《斯大林的生活》。这一期的《党派评论》提到了三本被收回的书。一本就是那本关于斯大林的书，一本是巴尔麦恩[2]的《一个劫后余生的人》；还有一本《我在苏联的岁月》，作者 G.E.R. 格德埃[3]曾经是《纽约时报》驻莫斯科记者[4]。我猜想英国的

1. 弗兰克·D. 巴伯（Frank D.Barber，1917—1999），英国新闻记者，此时为《利兹公民周刊》的助理编辑。

2. 亚历山大·格里高利·巴尔麦恩（Alexander Grigoryevich Barmine，1899—1987），原为苏联军官、外交官，后为躲避斯大林的清洗逃到法国和美国，后应征加入美国陆军参加了第二次世界大战。战争结束后，巴尔麦恩先是在《美国之音》工作，后又担任美国新闻署苏联事务高级顾问。

3. 乔治·埃里克·罗·格德埃（George Eric Rowe Gedye，1890—1970），常被称为 G.E.R. 格德埃，英国记者、作家和情报官员，曾在多家报纸做过国内记者和驻外记者，其中包括《纽约时报》驻莫斯科记者。

4. “对于苏联目前的统治，这三本书要么进行批评，要么表现出明显的敌意。因此，在公开发布了将要出版的消息以后，这三本书还是先后被抽回来不再出版。达布尔戴与道尔兰公司在今年春天取消了《一个劫后余生的人》——前苏联外交官亚历山大·巴尔麦恩的一本回忆录——的出版计划。哈珀公司抽回了前《纽约时报》驻莫斯科记者 G.E.R. 格德埃撰写的《我在苏联的岁月》，还有托洛茨基的《斯大林的生活》。后者已经送去请人写书评了，但是几天后（在 12 月份）被卡斯·坎菲尔德的一个便条给追了回来。便条上写着：‘我们希望你们跟我们配合，不要对这一传记发表任何评论，也不要对书的延期出版发表任何评论。’”（1942 年 3 月—4 月《党派评论》的编者按语）卡斯·坎菲尔德（Cass Canfield，1897—1986），美国出版高管，曾长期担任哈珀兄弟出版公司的总裁兼董事长。

托洛茨基分子能够给予更进一步的证实，但我跟他们没有联系。

我对您作的有关巴尔麦恩的注释很感兴趣。多年来，我一直在尽我所能，以微不足道的方式跟制度化地篡改历史做斗争，但这种情况仍旧在延续。我想您或许会对我的一个朋友不久以后将要在《世界评论》上发表的一篇文章[1]感兴趣。这篇文章揭穿了过去为了反对米哈伊洛维奇[2]而撒的谎。我的一位俄罗斯老熟人（我不能说出他的名字）写信把苏联官方出版的1944年《参考年鉴》中的一些内容告诉了我。书中的重大事件年表竟然没有把1939年俄德签订合约收录进去！我是根据自己在西班牙内战期间取得的经验，第一次注意到了某些人对历史的蓄意篡改的。当大街上的行人都知道把社会主义事业跟苏联等同起来的时候，您是不能够对此制造很多噪声的，但是我相信人们可以通过发表的一些事实真相，感觉到事实真相与被篡改的历史之间的差异，即便事实真相只是以一些隐晦的方式披露出来的。

有一个人可以在这些事情上给您提供一些有趣的材料，她就是露丝·费希尔[3]，现在在美国。您可以通过美国纽约的《政治家》杂志找到她。

您真诚的

乔治·奥威尔

1.《米哈伊洛维奇事件真相》，作者为R.V.埃尔森（R.V.Elson），发表于1945年1月的《世界评论》。

2. 德雷加·米哈伊洛维奇（Draja Mihailovich，1893—1946），南斯拉夫爱国者，是1941年德国入侵南斯拉夫时成立的南斯拉夫民族主义游击队的军事领导人。后来他为了争夺对游击队的控制权，与作为共产主义者的铁托展开了激烈的斗争。1946年，米哈伊洛维奇被铁托政权逮捕并处以死刑。

3. 露丝·费希尔（Ruth Fischer，1895—1961），奥地利共产党员和德国共产党员。1918年，她与他人一起创建了奥地利共产党，1923年—1926年担任德国共产党总书记，后被当作托洛茨基分子开除出党。她离开德国后，先后在法国和美国居住，撰写以政治为主题的作品。后来她成为一名坚定的反共活动家。根据2010年解密的机密信息，她是美国情报机构的重要特工，代号为“池塘”。

1945年

致伦纳德·摩尔

伦敦 N1 伊斯灵顿

坎农伯利广场 27b

1945 年 2 月 15 日

亲爱的摩尔先生：

我正要把这些合同寄回去。因为我一直很忙，寄得有些迟了……

我正准备去法国，打算在那里住上两个月或者更长一段时间[1]。因此我推测，当《动物农场》出版的时候，我可能已经离开了。我正要给沃尔伯格写一个免费赠书以及提供评论用书的名单，我不知道您能不能把关于这本书的书评剪报及任何其他通信直接转给我的妻子，她可以在出现的任何问题上全权做出决定。

您真诚的

埃里克·布莱尔

1. 奥威尔是作为《观察家报》的战地记者去法国的。

致罗杰·塞恩豪斯

巴黎 9e 斯克里布大街

斯克里布宾馆 329 房间

1945 年 3 月 17 日

亲爱的罗杰[1]：

感谢你的来信，感谢你寄来的《向加泰罗尼亚致敬》。我根本没有把这本书送给安德烈·梅尔劳克斯，他现在不在巴黎，而是送给了琼斯·罗维拉，他是我们在西班牙部队时的一个指挥官，我在这里的一个朋友家中遇到了他。

我不知道《动物农场》是不是肯定出版了。如果事实上它还没有开印，我还想对其中的一个词做进一步的修改。在第八章（我想应该是第八章）中，当风车被炸掉以后，我这样写道："所有的动物，包括拿破仑，全都大惊失色。"我想把它改为"所有的动物，除了拿破仑以外，全都大惊失色"。如果书已经付印，那就不值得再麻烦了，但是我想这个改动可能对 J.S[2] 更公正，因为在德国进攻苏联期间，他的确留在了莫斯科。

我希望弗雷德[3] 能够好好地休个长假。我知道要使一个人的力量真正恢复需要很长时间。我一直在想办法到克勒根待上几天，但是一拖再拖。我将在 4 月底回到英格兰。

你的

乔治

1. 罗杰·塞恩豪斯（Roger Senhouse）是出版《向加泰罗尼亚致敬》和《狮子和独角兽》的塞克尔与沃尔伯格出版公司的一个经理。

2. 指约瑟夫·斯大林（Joseph Stalin）。

3. 指塞克尔与沃尔伯格出版公司的弗雷德里克·约翰·沃尔伯格。

致安东尼·鲍威尔

巴黎 9e 斯克里布大街

斯克里布宾馆 329 房间

1945 年 4 月 13 日

亲爱的托尼[1]：

上周我还在伦敦的时候，我就想跟你取得联系，但是没有成功。我不知道你是不是从其他渠道听说了最近发生的事情。爱琳去世了。她死得非常突然，非常出乎预料。她是在 3 月 29 日的一次被认为没什么危险的手术中突然死去的。我远在巴黎这边，没有任何希望发现哪儿出了错，事实上可能谁都没有犯错误。我没有看到最后的调查结果，也不想看到，因为那样也不能使她重新活过来，但我认为麻醉剂是事故发生的原因。这实在是一件十分恐怖的事，因为 5 年来她身体一直不好，还要过艰苦的生活并且超负荷地工作，而现在情况刚刚开始好转，她却撒手人寰了！唯一稍好一点的事情，就是我认为她死前没有经受很多痛苦，也没有经历对死亡的恐惧。她实实在在地希望能够通过手术治好身上的痼疾。在她的信件中，我发现了一封在她去世前一小时肯定还在写的信，很明显她是希望从手术中苏醒过来以后再接着写下去的。她正在变得对理查德越来越疼爱，并且把理查德的抚养问题安排好了，在这个时候她却死去了，这的确太令人悲伤了。我很高兴地说，理查德很健康，现在

1. 安东尼·鲍威尔（Anthony Powell，1905—2000），小说家，自 1936 年起就跟奥威尔建立了通信联系。他们 1941 年见了面，直到奥威尔去世，他们都一直是朋友。其代表作为十二卷本系列小说《与时代合拍的舞蹈》。1995 年被巴斯大学授予荣誉文学博士学位，2008 年被《泰晤士报》列入“1945 年以来最伟大的作家”名单中。

我们还在抚养着他。他正跟他的一个阿姨[1]在一起。他的阿姨和我住在同一个广场，并且她自己也有一个孩子。我希望在很短的时间内能够找到一个可以长期照看理查德的保姆。一旦我找到一个保姆和一处房子，我就会把孩子带到乡下去，因为我不想让他在伦敦学走路。我正想着在把他安顿好之后立即赶回这里，因为在家里我感觉非常不舒服，我想我更愿意不停地忙碌奔波。最近我在德国待了几天，现在刚刚回到这里，还要在这里再过一到两个星期。

我给你写信的部分原因，是想问问你是否知道马尔科姆·马杰里奇[2]的地址。他离开了巴黎，我不知道怎么才能跟他取得联系。我隐隐约约地听到他曾经卷入了某种争吵，沃德豪斯[3]也掺和到这件事情里，但我不知道具体是怎么回事。信件大体上需要两个星期，但是按上面的地址可以找到我。请代我向维奥莱特[4]问好。

你的

乔治

---

1. 多琳·考普（Doreen Kopp），格温·奥肖纳西（Gwen O'Shaughnessy）医生——爱琳·布莱尔的寡嫂——的姐姐。

2. 托马斯·马尔科姆·马杰里奇（Thomas Malcolm Muggeridge，1903—1990），英国记者、讽刺作家、文艺批评家、新闻记者和电视界名人。年轻时，马杰里奇是一位左翼同情者，但他后来成为反共产主义者。在第二次世界大战期间，他作为士兵和间谍为英国政府工作，曾因帮助特蕾莎修女饱受赞誉。晚年他写了两卷广受好评但未能最终完成的自传《浪费时间的记录》。在20世纪30年代后期，他和奥威尔经人介绍相识，此后他们一直保持着朋友关系，直到奥威尔去世。

3. 佩勒姆·格林威尔·沃德豪斯爵士（Pelham Grenville Wodehouse，1881—1975），常被称作P.G.沃德豪斯，英国小说家、剧作家，1955年加入美国籍，代表作包括小说《长翅膀的猪》和音乐剧《演艺船》等。在英国《泰晤士报》2012年评出的“六十年六十书”中，奥威尔的《一九八四》名列第一，P.G.沃德豪斯的《长翅膀的猪》则名列第四。

4. 维奥莱特·鲍威尔（Violet Powell）女士，安东尼·鲍威尔的妻子。

致莉迪亚·杰克逊

巴黎 9e 斯克里布大街
斯克里布宾馆 329 房间
1945 年 5 月 11 日

亲爱的莉迪亚[1]：

刚才我几乎同时收到了你和派特的来信。我不打算把房子重新出租，因为我想暂时把它留下来当作偶尔去度周末的一个地方。尽管如此，我还是要给你做以下的安排。要么我在夏季把房子借给你用 1 个月，具体时间由你选定；要么你继续在这所房子里一直住下去，条件是我可以在任何我愿意的时间里来住上一个星期左右。不管是哪一种情况，我都不要你向我支付任何费用。在大约 5 月 25 日前后，我应该回到了伦敦，到那时我们可以进一步做最后的安排。只要你能事先通知我，你可以在 6 月、7 月或其他任何时间使用这所房子。目前似乎不太可能在乡下找到一所住处。正是由于这个原因，我想保留着这所房子，以便于理查德可以不时地来呼吸几天农村的空气。爱琳和我希望他不要在伦敦学走路，但现在看来，这似乎是不可避免的了，因此我还是要继续保留着那套单元房。

格温[2]说你借了她一个冰箱。你是不是觉得我们可以把它还回去？

1. 莉迪亚·杰克逊（Lydia Jackson），写作时使用“埃利斯维塔·芬”（Elisavita Fen）的笔名，1899 年出生于俄罗斯，1925 年去了英国。1934 年她在伦敦大学学院遇到了爱琳·布莱尔，从那以后她们就一直是朋友。派特是莉迪亚·杰克逊的一个朋友，她和莉迪亚·杰克逊共同享有奥威尔在威灵顿的小房子。

2. 奥威尔的嫂子，格温·奥肖纳西医生。

因为在夏天的几个月里要保存好牛奶防止它变酸很不容易，而这使喂养孩子更加困难。

在爱琳去世之后，我直接来到了这里。我觉得要是绝大多数时间里都在工作，那感觉还稍微好一些。德国受到的破坏非常可怕，比在英国的人们所能领会的程度还要坏很多。但我在德国的旅行还是十分有趣的。我希望我还能到奥地利额外做一番旅行，然后在本周末回到英国。我接到多琳[1]关于理查德情况的通报，看来理查德很好，在 11 个月的时候，他的体重已经增加到他出生时的三倍。下面的事情就是给他找一个保姆，而在目前这几乎是不可能的。我不知道这封信需要多久才能到你的手中——有时只要 4 天，有时大约 3 个星期——但是如果这封信在我回去之前寄到，而你想到沃灵顿的房子去住，你尽管去住好了。希望能见到你们两位。

你的

乔治

1. 指多琳·考普，乔治·考普的嫂子，此时担任奥威尔养子理查德·布莱尔的临时保姆。

致弗雷德里克·约翰·沃尔伯格

伦敦 N1

1945 年 6 月 13 日

亲爱的弗雷德：

感谢你 12 日的来信。我会把图书海报[1]尽快寄给你。

至于小说合同，当两份合同送给我的时候，我正在法国，当时我可能没有对我没签小说合同并划掉了另一份合同的职权范围的原因给予充分的解释。首先，合同中所指的小说过去不存在，现在也还是不存在。第二，我和戈兰茨之间还存在着一个合同，这也是一个问题。按照这个约定，我必须把我下面两部小说作品的第一拒绝权交给戈兰茨，但是我不准备遵守这个约定，因为他既没有在精神上又没有在文字上保留这个约定。我想保留我的权利，这需要把一些事情跟摩尔先生解释清楚，但是他没有理解。我曾经把《动物农场》交给过戈兰茨，当然我事先就知道他会拒绝出版的。这本书稿是在他的坚持之下交给他的。在他拒绝出版《动物农场》之后，他还拒绝承认这本书是他享有第一拒绝权的两本小说之一，因为它篇幅太短。看来他享有第一拒绝权的作品还要有标准的长度。接着，我试图让摩尔从戈兰茨那里讨个说法，问问他所说的“标准长度”到底是多长。摩尔没有理解我的目的，只是说，按照出版贸易上的说法，标准长度就是大约 70000 个单词，并且 65000 个单词被看作最低限度。此后我决定，我在写作下面两部小说的时候，如果可能的话，就让它少于 65000 个单词，这样我就可以从这个合同中解脱出来。正是

1. 为《动物农场》所作。

由于这个原因，我不想跟你签订一个普通小说的出版合同，因为这样就给了戈兰茨说我欺骗他的机会。如果你愿意，我们可以签订另外一个措辞不同的合同。但是你知道，除了为某些特殊目的写作的书以外，不管怎么样，我都会把我所有的书拿来给你出版的。

我认为赠送书的评论者名单不需要再添加什么人了。我觉得你能安排人把这些书送出去最好，因为你办公室里的人做这些事情比我更有计划性。你是不是已经定下了具体的出版日期？

维克多·塞杰[1]现在还不想把他的回忆录横跨大西洋寄过来，因为他似乎害怕书稿会在路上丢失或者被扣押。我已经写信建议他把书稿再另外复制一份。

我可以按照你的建议，在6月19日跟你共进午餐。从现在到那一天之间，我还会为此给你打电话的。

你的

乔治

1. 维克多·塞杰（Victor Serge，1890—1947），作家、记者，出生于布鲁塞尔一个流亡的俄国知识分子家庭，后被法国人所收养，是俄罗斯革命党人中最具文学修养者之一。他同巴黎的无政府运动有关联。俄国革命后，他将活动转移到了莫斯科、列宁格勒。1933年，他被当作托洛茨基分子流放西伯利亚，获释后在西班牙内战期间担任过西班牙马克思主义统一工人党驻巴黎联络员。1941年后定居墨西哥，直到穷困潦倒地死去。他的作品包括《从列宁到斯大林》（1937）、《托洛茨基的生与死》（1951）以及《一个革命家的回忆：1901—1941》（1951）。

致《论坛报》编辑[1]

我带着一些失望读完了你们关于在莫斯科发生的审判16个波兰人事件[2]的评论。在这篇评论中你们暗示：波兰人做了一些有损脸面的事情，理应受到惩罚。

早在事件进行的过程中，我就形成了这样的观点：从技术上讲，被告的确是有罪的。他们犯了什么罪呢？很明显，他们只是在自己的国家遭到外来势力占领的时候，做了一些每个人都会认为正当的事。比如：努力保存一些军事力量啦，和外部世界保持联系啦，搞些颠覆活动啦，偶尔杀几个人啦，等等。换句话说，他们被指控的就是试图保持他们国家的独立、反对未经选举的傀儡政府、仍然服从那时被除苏联以外的全世界所承认的政权。在德国占领期间，德国人也应该对他们进行完全一样的控告，因为他们犯了同样的罪。

要说波兰人保持独立的努力"客观上"帮助了纳粹并且就此为止了，这样可不行。左翼人士并不反对的许多行动"客观上"帮助了德国人。随便举个例子，那么民族解放阵线[3]呢？他们也试图保存自己的军事力

1. 这封信大约写于1945年6月26日前后。尽管当时这封信已经在《论坛报》上排好了版，但最终并未见报。在载有这封信的印刷校样上有奥威尔手书的这样一条注释："因为《论坛报》在接下来的一个星期中改变了态度，这封信被撤了下来。"

2. 英国发起了一个由波兰地下团体领导人参加的会议，讨论雅尔塔决议中关于波兰各党联合政府组成方案的实施问题。预备会议在莫斯科举行，下次会议计划在伦敦举行。但是，在波兰人抵达莫斯科的时候，他们被俄国逮捕并进行了审判。

3. 民族解放阵线，1941年德国入侵后在希腊建立。开始的时候它是一个以几乎全国人民为成员的真正的民族抵抗运动。到了1942年初，大家发现它事实上是共产党组织的。后来建立的一支全国性游击部队打德国人，但是不知怎么回事他们也跟民族解放阵线打仗。当英国人在1945年返回希腊后，他们也不知不觉地跟民族解放阵线打了起来。

量，他们也杀同盟国——比如英国——的士兵，他们的行动不听被任何人都公认的合法政府的命令。但那又怎么样？我们不反对他们的行动。假如16个民族解放阵线领导人现在被带到英国，并且被判处长时间的监禁，我们应当正直地予以反对。

要反对波兰人和支持希腊人，只有在一种情况下是可能的，那就是建立一个双重的政治伦理标准，一重标准是对苏联的，另一重标准是对世界其他国家的。在那16个波兰人去莫斯科之前，他们被新闻媒体描述为政治代表，据说他们被召集到莫斯科来，是为了参加关于新政府组成的谈判。在他们被逮捕以后，所有提及他们政治代表地位的内容都被人们从英国报纸上撤了下来。看来要使大众接受这种双重标准，进行新闻检查的确是必须的，这个例子就是一个明证。任何一个消息灵通的人都还能想到一些同样的例子。我们只再举一个例子：我们国家上上下下的代言人都在宣扬俄国人的内部清洗是正当的，理由是俄国没有出“卖国贼”；同时，任何披露包括几位将军在内的大批俄国军队改变立场为德国打仗等内容的消息，都被谨慎的编辑隐瞒住了。这种掩盖真相的做法可能出于一些不同的动机，其中的一些动机可能是令人尊重的，但是假如长此以往的话，它对社会主义运动的影响将是致命的。

在我给你们的栏目写东西的时候，我反复说：如果你对俄国的行动进行这样那样的批评，你千万不要摆出道德优越的架子。他们的行为跟资本主义政府相比也坏不到哪里去，并且事实上他们的结果往往更好一些。我们也不太可能通过告诉苏联统治者，说我们反对他们，以改变他们的行为。全部问题就是俄国神话对这里的社会主义运动产生的效果。目前我们差一点就要公开地使用双重伦理标准了。我们的嘴一方面高声叫嚷大规模的流放、集中营、强制劳动、压制言论自由等是骇人听闻的犯罪，另一方面我们又声明，如果这些事情是苏联或者它的“卫星国”

干的，那就没什么关系了。只要需要，我们就通过篡改消息和删除令人不快的事实来使新闻更符合我们的口味。假如不管苏联犯了什么罪，人们都予以宽恕，那么逐步建立健康的社会主义运动是根本不可能的。现在说任何反对俄国的话都是不受欢迎的，对此没有人比我更清楚了。但这是怎么回事呢？我只有 42 岁，我能够记得过去说拥护俄国的话就像现在说反对俄国的话一样危险的年代。的确，我已经老得足以看到工人阶级听众讥笑和嘲讽那些利用社会主义这个字眼的资产阶级的代言人了。这种时尚已经过去了，但是不能指望他们会好多久，除非人们愿意提高声音反对那时候的谬误。这是因为在过去的一百年中，只有数量很少的团体和孤独的个人愿意面对这样一个不受欢迎的事实：社会主义运动一直存在。

乔治·奥威尔

致伦纳德·摩尔

伦敦 N1 伊斯灵顿

坎农伯利广场 27b

1945 年 7 月 3 日

亲爱的摩尔先生：

我就合同的情况跟沃尔伯格谈了一次话。他对我愿意把我未来所有著作交给他出版的承诺非常满意。属于经审定具有特殊性质的书（例如那本《图画中的英国》[1]）可以拿到其他的地方出版。他不强求签订严格而牢靠的合同，但是他无疑更喜欢等另一件事情了结之后跟某个人签合同。

真正的麻烦跟戈兰茨有关。要把我的下面两本书交给戈兰茨的合同依然存在，因为他拒绝把《动物农场》看作我完成任务的两本书中的一本。看起来他还是想继续保留这份合同。同时，我直率地承认，如果我们可以解除这个合同的话，我更愿意不再给他提供任何一本书。我们两个私下里没有任何争吵。他对我十分慷慨。当其他人都不愿意接受我的书稿的时候，是他出版了这些书。但是跟一个部分地因为政治原因接受或拒绝出版你的书、而他本人的政治观点又经常变化的出版商捆绑在一起，这很明显是一件难以让人满意的事情。比如，当我写《动物农场》的时候，我事先就知道了这本书很难找到一个愿意接受它的出版商，我不得不把它交给戈兰茨，而这仅仅意味着会浪费很多时间。从他在过去的一两年时间里出版的一些书来判断，这种事还可能一次又一次地发生。我怀疑

1. 重印时更名为《英国人》。

现在我还能不能写出什么戈兰茨同意出版的东西。例如，最近我开始写一本小说[1]。鉴于我还得做许多写作以外的工作，我不期望在 1947 年之前完成这部小说。但是我有十足的把握，到时候戈兰茨会拒绝出版这部书，除非那时候他的政治态度又一次发生了变化。他会说，就小说而言，他不在乎它们表达的是什么观点，但是把小说送给一个出版商而把非小说的东西送给另一个出版商，这是一个不怎么好的安排。举个例子说吧，关于西班牙内战的那部书几乎是我写过的最好的书，假如由戈兰茨公司出版，或许销售量能够更大一些，因为那个时候我在戈兰茨公司的读者中知名度很高。在沃尔伯格那里，这些困难没有出现。他对宣传不太感兴趣。无论如何，他的观点跟我非常接近。这足以使我们不至于产生重大分歧。我猜想，按照戈兰茨本人的观点，我也不是一个好人。他把我列入他的作者名单，仅仅意味着他可以时不时地出版一本他和他的朋友都没有异议的书。在我看来，如果他能同意，取消这个合同似乎更好；如果他不同意，我希望合同严格地落实到文字上。即：合同指的是另外两部小说。这样，我无疑可以跟沃尔伯格谈妥。或许您可以就此事跟戈兰茨接洽一下。如果您愿意，您可以引用我信中的这段话。

前几天我见到了 W.J. 特纳[2]。我问他“图画中的英国”丛书的情况。他说埃德蒙·布兰登[3]正在撰写丛书中的另一卷，这两本书将会同时出版。我说，鉴于他们在一年前就拿到了书稿，我觉得他们应该支付给我一些钱，谈妥的预付款是 50 英镑，我建议他们现在给我 25 英镑。他说，这

1. 指《一九八四》。

2.W.J. 特纳，即沃尔特·詹姆斯·雷德费恩·特纳（Walter James Redfern Turner，1889—1946），英国诗人、小说家和音乐批评家，偶尔做一些新闻、出版方面的工作。当他约请奥威尔为柯林斯出版有限公司“图画中的英国”系列丛书提供稿件的时候，他同时还担任《旁观者》杂志的文学编辑。

3. 埃德蒙·布兰登（Edmund Blunden，1896—1974），英国诗人、著名编辑，曾 6 次被提名为诺贝尔文学奖候选人。1931 至 1943 年担任牛津大学默顿学院英国文学评议员和指导教师。1966 至 1968 年担任牛津大学诗歌教授。他的著作包括《1914 年至 1930 年间的诗歌》和《战争的潜在含义》等。

应该不会招致什么反对意见。我告诉他，您也愿意给他们写东西，而且或许您已经开始写了。

哈米什·汉密尔顿[1]写信告诉我说，哈珀公司想多出一点我的作品。我告诉他，我有一些散文书稿[2]，如果戴尔公司拒绝出版的话，或许值得拿给哈珀看看，尽管我认为这本书不太符合他们的路数。

您真挚的

埃里克·布莱尔

1. 哈米什·汉密尔顿（Hamish Hamilton），此处指哈米什·汉密尔顿有限公司，英国的一家图书出版公司，成立于1931年。

2. 指《狄更斯、达里及其他》等，后来收入《评论文集》。

致赫伯特·里德

伦敦 N1 伊斯灵顿

坎农伯利广场 27b

1945 年 8 月 18 日

亲爱的里德：

感谢你的来信。听说你喜欢《动物农场》[1]，我非常高兴。如果你将在 8 月底回到伦敦，我们或许可以在你回来后不久见上一面，因为我想跟你谈谈保卫自由委员会[2]的事。乔治·伍德科克邀请我担任副主席，我答应了，但不是很积极，因为我在这种事情上真的不太擅长，并且对于这一工作究竟是怎么回事，我心里还是模模糊糊的。在 9 月 10 日前后，我将外出度假，但从那以后我将一直待在伦敦。

在 3 月份的时候，我失去了我的妻子。你是否曾经见过她，我已经记不清楚了。这是一次糟糕透顶的残酷经历。我知道她不愿意死（她的死是在一次手术中发生的）。假如她愿意死的话，也许这个结果还不算太坏。事情发生的时候我正在法国，我只是在她死后才回来的。我的小儿子现在 15 个月了。幸运的是他的健康状况总是非常棒的，我找了一个很好的保姆，由她来照顾我们两人的生活。我试着在朱罗岛租了个房子，我将在 9 月份去安排一下租金及修缮事宜。如果我能把它修好并

1.《动物农场》1945 年 8 月 17 日由塞克尔与沃尔伯格公司在伦敦出版，1946 年 8 月 26 日由哈科特·布雷斯公司在纽约出版。

2. 保卫自由委员会（Freedom Defence Committee，简称 F.D.C.）是 1945 年建立的，目的是为了处理任何一位英国公民的自由遭受侵犯的事件。它介入了无数的案件，这些都在它的公报上予以公布。赫伯特·里德是这个委员会的主席，乔治·奥威尔担任副主席，乔治·伍德科克担任秘书长。

运一些家具过去（这是最困难的事情），我夏季就可以住在那里了。那将是一个孩子学走路的最理想的场所了。

雷纳·海本斯托尔已经离开了军队，现在在英国广播公司工作。既然工党赢得了大选，《论坛报》也将发生一些变化。贝文[1]和施特劳斯[2]马上就要正式断绝与《论坛报》的关系，米切尔·福特[3]将接手社论委员会。这样它将可以继续作为一个批评机构而不总是政府支持者。休假回来之后，我或许还将继续主持我的栏目或者某些类似的东西。我在法国的时候停止主持这个栏目并且没有再重新开始，因为贝文有这样的担心：假如《动物农场》在大选前出版的话，围绕着这本书也许会发生争吵，而这会产生一些麻烦，因为最初的时候的确有这种迹象。

希望能够见到你。

你的

乔治

1. 安奈林·奈·贝文（Aneurin Nye Bevan，1889—1960），英国社会主义政治家，也是工党的国会议员、左翼领袖，在战后的工党政府中担任卫生部长，同时还是英国最著名的演讲家之一，左派的社会主义追求的象征。作为《论坛报》的董事，他给予奥威尔充分的自由，让奥威尔随心所欲地写作。

2.G.R. 施特劳斯（G.R.Strauss），工党的国会议员，与贝文同为《论坛报》董事。

3. 米切尔·福特（Michael Foot，1913—2010），政治家、作家和新闻编辑。曾担任工党领袖，在工党中坚持极左立场。在新闻编辑生涯中，曾先后任职于《新政治家周报》《论坛杂志》和《标准晚报》等媒体。在 1957 年以前，福特是安奈林·贝文的重要盟友，在 1957 年的工党大会中，由于贝文对单方面裁减核武器加以谴责，两人关系破裂。

致弗兰克·巴伯

伦敦 N1 伊斯灵顿

坎农伯利广场 27b

1945 年 9 月 3 日

亲爱的巴伯先生：

非常感谢您的来信，非常感谢您在《约克郡晚间新闻报》上的评论，我已经看到了。遗憾的是您漏掉了《利兹公民周刊》，因为它是工党的几种重要报刊之一，俄国宣传部门不会不订阅它的。我认为知识界的气氛是稍稍有了一点变化。我很惊诧《动物农场》就这样被友好地接受了，要知道这本书在排成铅字后等了大约一年时间，因为出版商不敢把它出版，直到战争结束后它才得见天日。我没有料想到还会重印一些书，因为第一版很快就销售一空。沃尔伯格正在印刷第二版的 6000 册，但是，我想在书印出来之前，还会有一些惯常的延误。

不，我还没有跟《论坛报》脱离关系，尽管我已经不再承担文学编辑的职责。当然，我是在我出国期间被迫停掉那个栏目的，但是到 10 月份的时候，我将继续为他们一个每周一次的专栏撰稿。

您诚挚的

乔治·奥威尔

致阿索尔女公爵[1]

伦敦 N1 伊斯灵顿

坎农伯利广场 27b

1945 年 11 月 15 日

亲爱的阿索尔女公爵[2]：

我刚刚收到您 13 日的来信。

我恐怕不能充当欧洲自由联盟的代言人。我只要回答日期对我不合适，或者——这是大实话——我对南斯拉夫一无所知，就可以轻易地从中解脱出来，但是我更愿意直言相告。按照我对联盟的了解，我不同意他们的最终目标。我参加过最早的一次公开会议（或者最早的之一），并就此写了一点儿东西，发表在《论坛报》上，或许您已经看到了。当然，您在您的纲领中所讲的内容比起大多数报纸上撒谎的宣传要真实得多。我不能把自己跟一个本质上保守的团体联系在一起，他们宣称保卫欧洲的民主，却丝毫也不触及英国的帝国主义。在我看来，人们只有一视同仁地坚持要英国结束在印度不受欢迎的统治，才能去谴责现在发生在波兰、南斯拉夫等国的犯罪。我属于左派，因而必须在左派内部工作，尽管我十分憎恨俄罗斯的集权主义及其在我们国家的恶劣影响。

您真挚的

乔治·奥威尔

1. 此信采用的是复印件。

2. 阿索尔女公爵（Duchess of Atholl，1874—1960），英国工联主义者，国会议员（1923—1938），1924 年成为英国政府中两位女部长之一。在西班牙内战期间，她因为非常强烈地反对佛朗哥的态度而被称为“红色女公爵”。她的一生曾经为不同的“事业”斗争过。

1946 年

致阿瑟·凯斯特勒

伦敦 N1 伊斯灵顿

坎农伯利广场 27b

1946 年 1 月 10 日

亲爱的阿瑟[1]：

今天我见到了芭芭拉·沃德[2]和汤姆·霍普金森[3]，我把我们的计划告诉了他们。他们都有些胆怯，我想这主要还是因为他们意识到，这样一个组织[4]事实上是反俄罗斯的，或者将被迫成为反俄罗斯的，而他们正经历了一个反对效忠美国的敏感阶段。尽管如此，他们还是急切地想了解更多的情况，当然不会对这一想法抱有敌意。我说下一步将给他们看宣言的草案。我想知道你是否见到了伯特兰·罗素？如果见到了的话，他说了些什么？毫无疑问，他们这些人会在某种程度上把我们的想法向

1. 阿瑟·凯斯特勒（Arthur Koestler，1905—1983），匈牙利裔英国小说家，著名新闻记者，20 世纪 30 年代曾因为是共产党员被关进法西斯集中营。他的作品关注政治和哲学问题，代表作包括《中午的黑暗》《角斗士》《来来往往》《渴望的年代》和《应召女郎》等。

2. 芭芭拉·沃德（Barbara Ward，1914—1981），1950 年后因为嫁给澳大利亚将军罗伯特·杰克逊（Robert Jackson）而被称为杰克逊夫人（Lady Jackson），经济学家、政治题材作家。1935 年—1957 年任《经济学家》杂志编辑，对所有跟个人自由和公民权利方面的事件都非常关心。

3. 汤姆·霍普金森（Tom Hopkinson，1905—1983），英国著名新闻记者、图片编辑和作家，持自由主义和左翼观点，1940 年—1950 年担任《图片邮报》编辑，1958 年担任《南非之鼓》杂志编辑，反抗南非的种族隔离政策。离开《南非之鼓》后，曾在一些英国大学教授新闻学，也到美国大学研究新闻学。1970 年—1975 年，他在威尔士的卡迪夫创办并主持大学学院的新闻学研究中心。1978 年，他被英国女王伊丽莎白二世授予爵士爵位。

4. 在 1945 年岁末，奥威尔和凯斯特勒两个人都感觉到全世界的民主气氛大为下降，他们想发起一个国际组织，目的是保护每一个国家的每一个人，反对任意逮捕、不经审判就进行监禁、流放及限制活动自由等，促进新闻自由、出版自由以及按照个人选择提名及选举参议员的权利。他们建议给新组织取名为保卫和发展民主联盟或者人的自由和尊严联盟。

其他人传达的，但是在一些阶段跟爱德华·赫尔顿[1]取得私人联系会更有用。这件事我自己会做的。我没有发现人权联盟做过任何一件引人注目的事。大家的文件夹中都没有关于它的记载。我能发现的所有内容，就是它在法国仍然存在着，在希特勒上台之前，它在德国也是存在的，因此，过去它肯定一直是个国际组织。我能肯定的是，在战争爆发前的几年中，它就变成了一个斯大林分子的组织了，因为我清楚地记得它拒绝支持西班牙的托洛茨基分子，而且我记得迄今为止它也没有对莫斯科的审判做任何事情。但是所有这些都应该再核实。

我希望你身体一切都好。我还跟往常一样忙得要死。前几天我和尼格林[2]一起吃了一顿午饭，但我没能从他那里得到很多信息。我没办法单独去看他。我仍然十分肯定地认为他不是俄国人，因为他有参加过西班牙内战的名声。不过我并不认为这有什么区别，因为我担心等佛朗哥下台后，尼格林也没有多少卷土重来的胜算。如果我能得到跟他以较平等的方式谈话的机会，我会问他一些有关斯大林的事，因为他曾几次非常近距离地见到过斯大林。

已经跟我签了合同要翻译《动物农场》的法国出版商临阵退缩了，他说“由于政治的原因”，这件事不可能了。世界上有这么多国家，可这样一件事情竟然在法国发生了，一想到这个我就感到悲哀。我已经安排好了该书美国版的出版，这件事我告诉过你吗？

这本评论文集已经开印了，因此他们说不能再做什么修改了。但是我们准备加进去一个勘误表，至少需要更正一下那篇德文翻译成英文的

1. 指爱德华·赫尔顿（Edward Hulton，1905—1983），一位持自由主义观点的报业大亨和杂志出版商，此时为《图片邮报》的老板。

2. 朱安·尼格林（Juan Negrin，1892—1956），处于内战最后阶段的西班牙总理，战后他建立了西班牙流亡政府。

文章。[1]

请代我向玛麦恩[2]致意。理查德[3]身体非常好，西莉亚[4]星期二来喝茶时看到了他洗澡。

你的

乔治

1.《评论文集》中的更正是针对《阿瑟·凯斯特勒》的。更正清楚地说明，凯斯特勒早期的书是用德文写成的。

2. 玛麦恩·凯斯特勒（Mamaine Koestler，1916—1954），母姓佩吉特（Paget），阿瑟·凯斯特勒的妻子。

3. 理查德·布莱尔，奥威尔的养子，这个时候22个月大。

4. 西莉亚·科文（Celia Kirwan），出生于1916年，母姓佩吉特（Paget），现在是阿瑟·古德曼（Arthur Goodman）夫人，玛麦恩·凯斯特勒的双胞胎姐姐。

致杰弗里·高尔勒（在美国）

伦敦 N1 伊斯灵顿

坎农伯利广场 27b

1946 年 1 月 22 日

亲爱的杰弗里：

你给我寄来了这么多东西，你真是太好了。那些东西在这里大受欢迎，尤其是理查德，他吃了那么大一份李子布丁，后来竟然也没闹肚子。我被包裹外边写的“这是一件主动赠送的礼物”逗笑了，我猜想这是写了乞讨信的人所需要的一个惯用语。

我过了一个非常好的圣诞节。我到了威尔士，跟阿瑟·凯斯特勒一起待了几天，因为这段时间我们的保姆带着她自己的小孩离开了。理查德去参加了许多聚会，在那里他是唯一的小孩。除了会偶尔弄脏自己的裤子（我还没能把他训练成有卫生习惯的小孩）以外，他的举止镇定沉着，坐着普通的椅子在餐桌上就餐。但是，恰恰在圣诞节前后旅行当然也是很可怕的。离开伦敦的时候，你不得不在火车开车前排两个小时的队，并且回来的时候火车晚点 4 个小时。把你放到城里以后，又因为地铁堵塞，耽搁了一个半小时。尽管如此，我还是为理查德喜欢旅行感到幸运，我想，当你带着个小孩的时候，跟搬运工打交道更容易一些。

这里非常冷，并且煤炭短缺的状况达到了顶点。而整个冬天我们只得到了一吨左右的煤炭，这几乎可以肯定是不可能坚持完冬季的时光的。同时，煤气的压力太低，人们难以点着火，一个人一星期只能得到一加仑半灯油。我要做的事就是用我们剩余的一点煤生起火来，我碰巧还有一点泥煤，然后就用湿漉漉的泥煤把炉子全天封起来。在农村，你如果没有引火材料的话，到外边找一点生炉子的木头是很容易的。在其他方面这里也不坏。食物跟过去差不多。昨天我带着西隆[1]夫妇一起出去吃午饭，他们到这里才刚刚几天，还处于为食品感到惊讶的阶段。在罗马的英国人都告诉他们，我们正在这里挨饿。当人们像他们一样第一次来到英国时，我总是羞于跟他们说："不要以为英格兰在和平时期也是这个样子。"但是西隆夫妇说，相对于罗马而言，伦敦在干净程度和维修状况上简直是一个美丽的梦。他们说，在罗马，只要有足够的钱，你可以买到任何东西；但是，举个例子说吧，一件大衣，就要花掉相当于120英镑的钱。

你是不是告诉过我你在马来亚的时候遇到了丹尼斯·柯林斯[2]？他是一位人类学者，我想他后来当上了新加坡一家博物馆的副馆长。过去我跟他很熟。最近他回过一次家，前几天我还收到他一封信。他在爪哇时曾经被抓了起来，在俘虏营里当了一段时间翻译，好像并没有受到什么折磨。

我记不清你离开之前我是否已经开始为《标准晚报》撰写每周一次的专栏文章了。尽管按照我的标准来说，那是一笔数量可观的稿费，但事实上这并没有在经济上给我带来多大的好处，因为每周一篇的额外的文章增加了我的工作量，使我不得不聘请一位秘书。她帮助我承担了一定数量的单调而乏味的工作，我还让她帮我整理我收藏的小册子[3]，并对这些小册子进行编目。我发现到现在为止，我已经拥有了大约1200册小

1. 伊格纳吉奥·西隆，意大利小说家。参见1943年8月24日致雷纳·海本斯托尔的注释。
2. 丹尼斯·柯林斯，埃里克·布莱尔的朋友，1934年加入殖民服务后，成为新加坡莱佛士博物馆助理策展人。
3. 从1935年起，奥威尔养成了搜集代表少数派观点的小册子的习惯。他收藏的小册子现藏于大英博物馆。

册子，当然数量还正在不断增加。我已经明确地做出安排，5 月份我将不再为《标准晚报》写东西了，也不再接手其他新闻工作。我准备花 6 个月时间，出去写我的另一部小说。如果朱罗岛上的房子[1]今年能够收拾好，我就去那里，否则我就到农村的什么地方租个有家具的房子，最好能够靠近大海。但是不管怎么样，这儿一定是打电话也找不到我的地方。我重印的那本书最近就要出版了，这本书在美国的书名是《狄更斯、达里及其他》。斯科里伯纳公司出版这本书，哈科特·布雷斯（我想是这个名字）出版《动物农场》。我想这本书在美国的销售量可能不会很大，但是也说不准，因为大多数书籍在美国似乎是要么能卖 100000 本，要么一本也卖不动。《动物农场》的许多外语翻译版本的出版工作，我已经安排好了，但是第一个签订翻译合同的法国出版商却打了退堂鼓，他说在目前形势下这本书"由于政治原因"不可能出版。世界上这么多国家，这样的事情偏偏在法国发生了，一想到这个我就感到悲哀。

这封信现在必须停下来了，因为苏珊[2]今天休息，我必须出去采购了。理查德正在试着帮助我打这封信。他现在已经 20 个月大了，体重是大约 32 磅重。他仍然不会说话，但是他在其他方面非常机灵，并且极其活跃，事实上你无法让他安静一小会儿。我想，如果他愿意说话，他是能够说话的，但是他几乎用不着说话，因为他常常可以通过一些含混不清的声音和用手来指，就能得到他想要的东西。他根本无法准确地指向他要的东西，只是把他的两个手臂向着东西所在的大致方向伸过去。

告诉我你过得怎么样，美国的情况怎么样。我听说他们现在比以前更憎恨我们了。

你的

乔治

1. 奥威尔在内赫伯里兹群岛的朱罗岛上租了一所房子，这所房子已经空置多年。

2. 苏珊·沃森（Susan Watson），此时是奥威尔雇用的管家，兼任他的养子理查德的保姆。

致赫伯特·罗杰斯牧师

伦敦 N1 伊斯灵顿

坎农伯利广场 27b

1946 年 2 月 18 日

亲爱的罗杰斯[1]先生：

只是在 3 天前我才收到您 10 日的来信。我无法给您一个详细的答复，但我会着重答复两个要点：

第一，关于布劳根[2]源出切斯特顿[3]。我推测读过我文章的人都会对切斯特顿代表着什么有或多或少的了解，即向一个分布广泛的农民社会的回归。即使在切斯特顿活着的时候，这也非常明显是一个毫无可能的计划，因为没有很多人真正地希望这样做。到了切斯特顿死后，他所倡导的运动完全土崩瓦解了。在布劳根的方案中，您又一次看到了对私有财产的保护，但这是建立在一个比较现实的水平上的。布劳根现在正在为自由资本主义辩护，并且反对计划、社会保险和国家总体干预。严格地说，这并不是切斯特顿的立场，但是假如不想让人们哄笑着打断的话，现在这已经最接近切斯特顿的立场了。切斯特顿的路线是“不要政府任

1. 赫伯特·罗杰斯牧师（Reverend Herbert Rogers），埃尔郡圣蒙果学校的牧师，科尔姆·布劳根（Colm Brogan）的妹夫。他给奥威尔写了一封信，抱怨奥威尔为《晚餐桌旁的民主人士》写的书评中做出了不恰当的评价。

2. 科尔姆·布劳根（1902—1977），苏格兰新闻记者、作家，曾写了大量文章和小册子来宣传保守党主张。在 1943 年出版的《谁是“人民”》中，他提出左派的政治意识形态应该为阿道夫·希特勒的权力提升负责。在 1947 年出版的《我们的新主人》中，他进一步阐述了这一观点。

3. 吉尔伯特·凯斯·切斯特顿（Gilbert Keith Chesterton，1874—1936），英国作家、新闻工作者，写有大量的小说、诗歌、散文、评论和传记等，以写布朗神父的侦探小说最为著名。

何形式的干预”。他甚至反对——比如——国家对被父母遗弃的孩子的保护。原因是孩子的福利应该是由父母负责的。布劳根明白，这种态度在当今没有任何希望，所以他的路线是“尽可能少的干预”。因此，他没有公开地反对社会保险或者孩子离校的年龄的延迟，而是反对强制性地推行这些措施。这种态度听起来挺自由，但是到了真正需要做出选择的时候，采取这一态度的人最后常常是站在了法西斯主义一边，因为他们的观点相对于社会主义来说，跟法西斯主义更为接近，最终以墨索里尼的崇拜者的身份宣告结束。

第二，关于这类出版物作为一个整体来讲本质上是防御性的和消极的。《观察家报》删掉了我的评论中的一两句话。我指出，自从 W.H. 马洛克[1]写了《新共和国》以来，就出现了一个人们可以称作“聪明的保守派”的书籍持续不断的出版热潮。这些书反对当前的动向，却又不能提出任何可行的方案来替代它。如果你回顾一下 20 年前的情况，你就会发现，像罗纳德·诺克斯[2]、西里尔·阿灵顿[3]、切斯特顿及其许许多多的追随者们，在谈到诸如社会主义、工业主义、进化论、心理疗法、普遍强制教育、收音机、飞机和其他难以归类的东西时，总是耻笑这些东西是根本不可能存在的。在任何时候，笑话当时的先进思想都是再容易不过的事情，但事实是世界正朝着一个大体能够辨认出的方向发展。必须承认，这是任何严肃思想的起点。我自己根本没有把握说这种文明就能够存活下去，不过如果它确实存活下去的话，我觉得很明显，它不会重新倒退到经济混乱和自由主义的状态。不论我们是否喜欢，趋势是朝着中央集

1. 威廉·赫里尔·马洛克（William Hurrell Mallock，1849—1923），英国小说家和经济学家。
2. 罗纳德·阿布斯诺特·诺克斯（Ronald Arbuthnot Knox，1888—1957），英国神学家、作家、圣公会牧师，1917 年后改宗天主教。著作包括讲道集和侦探小说，以重译《圣经》闻名于世。
3. 西里尔·阿灵顿（Cyril Alington，1872—1955），英国学者、作家，曾担任过几所学校的校长，其中包括自 1916 年至 1933 年任伊顿公学校长。

权制和计划经济发展的，试图使肯定要到来的集体主义社会具有人情味，比起跟布劳根一样自欺欺人地以为我们会倒退到过去的阶段要有用得多。19世纪的经济体制是不是比当今的经济体制更令人满意，这可以探讨，但问题是想退回到那样一种体制的人寥寥无几。我认为布劳根已经意识到了这一点，他明白，自己没有找到答案，他通过嘲笑共产主义和政府部门的顾问班子等方式寻求躲避。对于这本书和切斯特顿的著作，我用了“自我陶醉”这个词，因为这类书中包含着这样一些谈话：与作者持相同观点的人将获得最大的好处。这种书明显是报复自己在生活中总占不到上风的一种方法。不是天主教徒的人能够进行聪明而机智的辩驳的情况，我没有在布劳根的书中找出一个例子，在切斯特顿的书中我也同样找不出。但是你有没有注意到现实生活中天主教徒总是比其他人健谈呢?

您诚挚的

乔治·奥威尔

致多萝茜·普劳曼

伦敦 N1 伊斯灵顿

坎农伯利广场 27b

1946 年 2 月 19 日

亲爱的多萝茜：

我随信寄去一张 150 英镑的支票，作为对 1938 年匿名借给我的那 300 英镑的第一批还款。我开始还款的时间实在是太迟了，但是在今年之前，我的确没有还钱的能力。只是最近，我才开始挣些钱。我从理查德·里兹那里得到了你的地址。我已经很长时间没有得到你的消息了，我记得，即使马克思[1]去世的时候，我都没有给你写信。当这类事情发生的时候，人们常常不知道该说些什么。我为《曼彻斯特晚间新闻报》写了关于普劳曼书信集的书评[2]，可能你已经看到了。

我的《动物农场》卖得非常好，另外一本重印的书[3]似乎也很畅销。爱琳[4]没能活着看到《动物农场》的出版，这真是一件遗憾的事，她特别喜欢这本书，甚至还帮助我进行了策划。我想你知道她死的时候我正在法国。这件事的发生实在是太残酷了。你肯定知道我有一个叫理查德的小男孩，我们是 1944 年收养他的，当时他才刚刚 3 个星期大。当爱琳去世的时候，他也只有 10 个月大，现在他已经 21 个月了。爱琳给我

1. 马克思·普劳曼（1883—1941），多萝茜·普劳曼的丈夫。

2. 奥威尔为马克思·普劳曼的《通向未来之桥：马克思·普劳曼书信集》所写的书评发表在 1944 年 12 月 7 日的《曼彻斯特晚间新闻报》上。

3. 指《评论文集》。

4. 爱琳·布莱尔，奥威尔的妻子，1945 年 3 月去世。

的最后一封信，就是告诉我他已经开始会爬了。现在他已经长成一个强壮的大孩子了，非常活跃，非常聪明，尽管他现在还不能说话。我有一个保姆兼管家照顾他和我的生活，幸运的是我们还能找到一个打杂女工。理查德的精力太旺盛了，现在把他留在房间里正变得越来越难，我希望能够带着他到伦敦以外的地方度过整个夏天。我还不能定下来到底会去哪儿。我想或许是赫伯里兹群岛上的一个房子，但是今年他们可能无法把它收拾到能够住人的程度，这样的话我将把理查德带到东海岸的某个地方。我想找一个地方可以让他自由地跑进跑出，而不用担心交通问题。从我自己的角度讲，我也想尽快离开伦敦，因为我一直被新闻单位搞得焦头烂额。目前我每周要写 4 篇专栏文章。我想写我的另一部小说。但要完成这部小说，除非能够有 6 个月的安静时间，否则根本不可能。在整个战争期间，我几乎都待在伦敦。爱琳在政府机关工作了四五年，总的说来每天要工作 10 个小时甚至更多，爱琳早逝的部分原因就是这些年的过劳。

到 1947 年，我或许会回到农村去，但是目前还不太可能找到没有家具的房子，所以我不敢放弃我的那套房。

理查德·里兹住在切尔西，并且留起了胡子，尽管他已经复员了。雷纳·海本斯托尔在英国广播公司找到了工作，他似乎还很喜欢这份工作。真有趣，你竟然住在罗伊斯顿，离我们过去住的地方[1]非常近。我不得不在某个时间到我仍旧保留的乡下的小房子里去。因为上次是跟爱琳一起去住的，所以要故地重游使我心烦意乱。皮尔斯[2]现在变成什么样子？我希望你们母子一切都好。

你的

埃里克·布莱尔

1. 在赫特福德郡的沃灵顿，从 1936 年到 1947 年，奥威尔曾经在此租有一所房子。

2. 普劳曼夫妇的儿子。

致伦纳德·摩尔

伦敦 N1 伊斯灵顿

坎农伯利广场 27b

1946 年 2 月 23 日

亲爱的摩尔先生[1]：

非常感谢您寄来《悉尼先驱晨报》的剪报，这次随信寄还给您。我认为他们写得很好，但我想，假如决定出版插图本的《动物农场》的话，这些东西并不值得收入书中。关于这个问题，我会跟沃尔伯格再谈一次。我预测这本书什么时候还要重印，当然最好还是加上插图。我现在有一个不很清晰的想法，就是让罗[2]来画插图，因为按照霍雷宾[3]的说法，罗有一次曾经表示，他愿意承担这一工作。但是，我认为这件事不会有任何结果。我想什么时候我能够碰到一些风格适合这部作品的青年艺术家。

我还随信寄去了意大利的合同，他们按时签了。如果再晚一段时间，这个合同可能就会由于没有足够的英国货币，也就是说无法预付版税，因此不能出版这本书了。这本书翻译为意大利文对我来说非常重要。如果他们只能支付里拉，我也总能找到办法在意大利花掉这些钱。如果那样的话，我会让他们赔偿您的佣金。我很高兴听到翻译出版《动物农场》的挪威文版和丹麦文版的计划。我想那位翻译成波兰文的妇女可能已经

1. 克里斯蒂与摩尔有限公司的伦纳德·摩尔担任奥威尔的文学经纪人，直到他逝世。

2. 大卫·罗（David Low，1891—1963），1962 年被授予勋爵，是一位同情左翼思想的英国漫画家，出生于新西兰。他在同时代的政治漫画家中是最为有名的一个。他在第二次世界大战期间创作的许多政治连环漫画为他赢得了极高的声誉。其主要作品有《毕林普上校》和漫画集《激愤的时代》。

3. 詹姆斯·弗朗西斯·霍雷宾（James Francis Horrabin，1884—1962），英国左翼新闻记者、插图作家。

完成了这项工作。准备发行波兰文版的《动物农场》的是格拉斯哥的波兰文出版商。一位俄罗斯妇女也写信给我，表达了想让在纽约的几位俄文出版商翻译出版这部书的愿望。我告诉她，按照波兰的先例，我不会为此索要任何费用，但是我想如果他们决定出版这本书的话，应该还是可以卖掉相当数量的俄文译本的，因为无家可归的和其他无法归类的流落到德国和法国的俄罗斯人不在少数。发表在《泰晤士报》上的捧场文章写得很好。如果美国版很快可以出版的话，这篇文章对它的销量应该是有所帮助的。我想出版商已经注意到了这一点。在您上次的信中，您提到有关把将来的出版的书的自由选择权交给哈科特·布雷斯公司的事情。这个想法还很不成熟，因为我没有什么已经准备好的书，但我认为哈科特·布雷斯是那种应该跟他们建立紧密联系的人，因为他们有出版《动物农场》的勇气。但是假如这本书在美国不受欢迎，他们当然就会打消这个主意。很可能会这样。美国公众是不是能够明白这本书讲的是什么，对此我没有把握。您或许还记得几年来戴尔出版公司一直在向我征求书稿，但是当 1944 年我把《动物农场》给他们的时候，他们却把书稿还给了我，简短地说了句“在美国动物故事根本卖不动”。就在最近，他们写了封信，声称“这里出了一些错误”。他们还是想为这本书提供另一个出版的机会。我猜想他们最初可能把它当成真正的动物故事了。因此，我想在美国版图书的封套上描述一下这本书是关于什么的，这或许是有价值的。尽管如此，哈科特·布雷斯会对此做出最好的判断。

在今后的六个月时间里，我准备把所有新闻媒体的活儿都抛开，开始写我的另一本书。我想，在六个月的时间里我无法完成这部书，但是我可以把书中最困难的部分写完。它将是一本小说[1]，但对于这部小说，目前我不想说更多。

您诚挚的

乔治·奥威尔

1. 即《一九八四》。

致 F. 丁尼生 · 杰西[1]

伦敦 N1 伊斯灵顿

坎农伯利广场 27b

1946 年 3 月 4 日

亲爱的丁尼生 · 杰西女士[2]：

您问我对缅甸有什么了解。我对缅甸的了解有些过时了，但跟别人相比还是相当不错的。从 1922 年到 1927 年，我一直在英国皇家警察驻缅甸部队任职，因此，对于统治那一类国家的工作，我从内部有一些了解。我也知道欧洲人过去通常怎么做，而且，从我在缅甸得到的经验和我从熟人那里了解的情况来看，近年来他们仍然没有大的改观。在您的书中，您压根儿没有提到对这个国家的经济剥削，也没有提到我们以极低的价格从缅甸取得石油和原材料（假如缅甸是一个独立国家的话，价格肯定会高得多）。您虽然提到了英国在较长时间里的不正当行为以及由此引起的摩擦，但您对此总是轻描淡写。至于第五栏中提到的缅甸人的数字，我不能接受 5000 这个数，因为这个数字离真实情况相差太远了，我相信这个数字比起当时报道的数字还要小。官方所说的 5000 一点都不可信。相反，因为那些行政当局的负责人自然会极力缩小反对者的数目。自从 1931 年以来，小规模的游击战就时有发生，卷入战斗者大有人在。在 1941 年的战役中，非常多的缅甸人跟日本人作战，这在一定程度上

1. 此信采用的是打印件。

2. 弗里尼韦德 · 丁尼生 · 杰西（Fryniwyd Tennyson Jesse，1888—1958），英国小说家、编剧和新闻记者。奥威尔曾经为她的《缅甸的故事》一书写过书评。她对这一书评十分不满。为此，她给奥威尔写了两封信，表达了自己的不同意见。

影响了战争的结局。我听到过一些当时在缅甸的人的描述。在严重的威胁面前，这个国家的整个行政当局只有撒手不管了，在此之前好几年就能预料到是这种结果。比起其他国家来，我们对缅甸算是好的，但是从整体上讲，这是一个悲惨的故事，任何一本关于缅甸的故事在开始的时候都应该这样说。您读过我关于缅甸的小说《缅甸岁月》吗？我想在某些方面它是不公正的，在某些具体细节上它是不准确的，但总体上说来，它是我看到的东西的真实反映。

您诚挚的

乔治·奥威尔

致 F. 丁尼生·杰西[1]

伦敦 N1 伊斯灵顿

坎农伯利广场 27b

1946 年 3 月 14 日

亲爱的丁尼生·杰西女士：

我卧病在床，这正是我没有早一点回信的原因，并且即使到了现在，我还是不能写出一封合乎体统的信。

我认为您错误地理解了我的观点。问题不是您针对在缅甸的英国人的作为讲了些什么，而是您没有讲什么。任何一个人都不会从您的书中引申出这样的结论：英国人除了有点愚蠢、有时执行错误政策以外，还做过一些更糟糕的事情。绝对不是通过像缅甸石油公司这样的大商号，对缅甸进行“经济挤奶”之类的事；也不是英国人最近才停止的令人作呕的不良行为。我还真知道一些情况。除了我自己在那里待过以外，我们三代人在缅甸都有亲戚。我的祖母在缅甸生活了 40 年，到头来竟然连一句缅甸话也说不来。这典型地反映了普通英国妇女的态度。

您诚挚的

乔治·奥威尔

1. 此信采用的是打印件。

致《前进报》编辑[1]

阁下：

在1936年到1937年的莫斯科政治审判期间，有人提供了很多材料，断言利昂·托洛茨基[2]一方面跟被指控有罪的其他人有联系，另一方面还跟纳粹政府以及盖世太保有联系。

随着莫斯科审判的进行，保卫利昂·托洛茨基美国委员会受其他国家类似组织的委托，发起组织了一个调查委员会。

在美国会议之后，它选举了著名的自由主义国际法专家、教育家约翰·杜威博士[3]担任主席，作家、新闻记者苏珊妮·拉·弗莱特[4]担任秘书长，由J.P.芬纳蒂[5]担任辩护人。芬纳蒂是因为给萨科和凡采蒂[6]以

1.奥威尔的这封信发表在1946年3月16日的《前进报》上。在这封信的剪报的空白处，奥威尔写道："这封信被广泛地提供给英国新闻界，但是（我认为）只有《前进报》和《曼彻斯特卫报》发表了这封信。"事实上《曼彻斯特卫报》并没有发表这封信，发表这封信的只有《前进报》一家报纸。

2.利昂·托洛茨基（Leon Trotsky，1879—1940），又译"列夫·托洛茨基"，俄罗斯革命理论家和苏联的政治家，第三国际和第四国际的主要缔造者之一。他是20世纪国际共产主义运动中最具争议的、也是备受污蔑的左翼反对派领袖，以对古典马克思主义"不断革命论"的独创性发展闻名于世。1936年8月，莫斯科公审所谓的"托洛茨基－季诺维也夫联合总部"阴谋集团，法院认定每个人都有罪，季诺维也夫等被枪决。此后又进行过至少两次审判，事实上都是斯大林的清洗行动。

3.约翰·杜威（John Dewey，1859—1952），美国哲学家、教育家和实用主义的集大成者。他的著作很多，涉及科学、艺术、宗教伦理、政治、教育、社会学、历史学和经济学等诸方面，使实用主义成为美国特有的文化现象。

4.苏珊妮·拉·弗莱特（Suzanne La Follette，1893—1983），美国作家、新闻记者，是20世纪上半叶著名的自由主义和女权主义倡导者。

5J.P.芬纳蒂，即约翰·保罗·芬纳蒂（John Paul Finnerty），当时世界闻名的律师。

6.尼古拉·萨科（Nicola Sacco）和巴尔托洛梅奥·凡采蒂（Bartolomeo Vanzetti）都是出生于意大利的美国无政府主义者，他们被指控于1920年4月15日在美国马萨诸塞州的斯莱特与莫里尔鞋业公司杀害了一名警卫和一名主管。7年后，他们被执行了电刑。这一案件因审判细节上存在的问题以及萨科和凡采蒂被怀疑是无辜者而引起全世界的关注，数十个城市为此举行了抗议活动。

及汤姆·穆内[1]做辩护人而出名的。

这个委员会的其他成员由社会学家、教育家、编辑、新闻记者和作家等知名公众人物组成。在委员会随后发行的篇幅很长的《报告》中，委员们把他们自己描述为“……一些持有各不相同的政治社会观点的人，并且他们中间没有一个是利昂·托洛茨基的政治追随者……”

委员会完全解除了对托洛茨基不利的指控。

在1936年和1937年莫斯科审判发生的时候，在1937年调查委员会成立的时候，这两个方面的任何一方当然都不可能利用来自纳粹方面的材料，对托洛茨基和纳粹串通一气的断言进行核实。

尽管如此，现在的情况不同了。盖世太保的全部记录都在同盟国政权的控制之下，并且赫斯——被莫斯科列入起诉名单中的唯一一位纳粹——正在纽伦堡等待着公众的讯问。

为了还原历史真相，确定人物的政治忠诚和国际立场的倾向性，进行这一调查的价值是难以估量的。

因此，我们提出以下建议：

1. 就被指控的赫斯曾与托洛茨基会见一事在纽伦堡审问赫斯。

2. 在纽伦堡审判开庭期间，邀请娜塔莉亚·塞多夫－托洛茨基[2]（利昂·托洛茨基的遗孀）认可的代表和官方一起参加，以盘问犯人和证人。

3. 在同盟国方面的专家检查盖世太保的记录之后，要说明这些材料是否能够证明纳粹党跟托洛茨基以及其他前布尔什维克领导人之间的话，要将有关材料公之于众。

---

1. 汤姆·穆内（Tom Mooney），即托马斯·穆内（Thomas Mooney，1882—1942），美国政治活动家和劳工领袖。1916年因一起爆炸案被指控谋杀罪，次年被判有罪。在服刑22年后于1939年得到赦免。

2. 娜塔莉亚·塞多夫－托洛茨基（Natalia Sedov Trotsky，1882—1962），利昂·托洛茨基的遗孀。也常被称作娜塔莉亚·塞多娃夫·托洛茨基。

（签名）

约翰·贝尔德[1]

A.A. 伯拉德

弗兰克·霍雷宾[2]

C.E.M. 琼德[3]

阿瑟·凯斯特勒

乔治·奥威尔

乔治·佩德摩尔[4]

保罗·波茨[5]

F.A. 里德利[6]

亨利·萨拉[7]

C.A. 史密斯[8]

朱利安·西蒙斯[9]

H.C. 威尔斯

1946 年 2 月 25 日

1. 约翰·贝尔德，可能是约翰·罗杰·贝尔德（John Logie Baird，1888—1946），苏格兰电气工程师及发明家，是电动机械电视系统的发明人。

2. 弗兰克·霍雷宾（Frank Horrabin，1884—1962），即詹姆斯·弗朗西斯·霍雷宾（James Francis Horrabin），经常被称作 J.F.Horrabin，英国社会主义者、激进作家和漫画家，与大卫·罗和乔治·奥威尔都是很好的朋友。

3. 西里尔·埃德温·米钦森·琼德（Cyril Edwin Mitchinson Joad，1891—1953），英国哲学家。

4. 乔治·佩德摩尔（George Padmore，1903—1959），特立尼达拉与多巴哥人。他于 1924 年赴美学医，在那里加入了共产党，此后成为一位政治活动家、记者和作家。

5. 保罗·休·霍华德·波茨（Paul Hugh Howard Potts，1911—1990），英国诗人、作家。

6.F.A. 里德利，即弗朗西斯·安布罗斯·里德利（Francis Ambrose Ridley，1897—1994），经常被称作“弗兰克·里德利”（Frank Ridley），英国作家、马克思主义者。

7. 亨利·萨拉，即亨利·托马斯·威廉·萨拉（Henry Thomas William Sara，1886—1953），英国无政府主义者、政治活动家。

8.C.A. 史密斯，即查理斯·安德鲁·史密斯（Charles Andrew Smith，1895—？），英国政治家，在几个小党派中担任重要职务。

9. 朱丽安·西蒙斯（Julian Symons，1912—1994），英国诗人，小说家，传记作者，1937 年—1939 年担任《20 世纪诗歌》的编辑。其创作涉猎社会、军事、历史、传记等多个方面，曾获得美国侦探作家协会（MWA）颁发的大师奖、英国犯罪作家协会（CWA）颁发的钻石匕首奖，这两个奖项都是世界上公认的侦探小说中至高无上的荣誉。在第二次世界大战期间他认识了奥威尔，从那时起直到奥威尔逝世，他们一直都是好朋友。

致阿瑟·凯斯特勒

伦敦 N1 伊斯灵顿
坎农伯利广场 27b
1946 年 3 月 16 日

亲爱的阿瑟：

我已经病了整整一个星期了（似乎是患了一种叫作胃炎的病，这意味着胃出了些毛病——我想，假如是脑袋出了毛病，他们会称之为脑炎，等等），现在刚刚能够下床活动。当我还在床上躺着的时候，一个名叫亨生[1]的美国人来看望我。他告诉我，美国也有一个跟我们的路线有些类似的组织。很显然，我们应该跟他们保持联系。我随信寄去一张他们的信纸，你可以从上面看到是谁发起成立了这个组织。我还把亨生留给我的一份关于英美关系的备忘录也寄给了你。国际援助与救济委员会的目的，按照我的理解，是为了援助集权主义制度下的受害者，尤其是做一些为贫困的人们提供救济、帮助难民逃脱集权主义统治的事，等等。他说，这绝对不是斯大林主义者的组织，他们了解斯大林主义者的所有做法，并且一直把斯大林主义者排斥在外。从他们的援助对象大多是托洛茨基分子这个意义上讲，这是一个反斯大林主义的组织。他的这些话给我留下了深刻印象。看起来他们有数量相当可观的资金供他们支配，因此，他们能够实实在在地帮助一些人。我随信寄去的另一份文件中所

1. 弗朗西斯·A. 亨生，即弗朗西斯·亚当斯·亨生（Francis Adams Henson，1906—1963），美国人，一位著名的经济和政治事务发言人，也是国际援助与救济委员会在欧洲的一位代表。1949 年，他担任了美国汽车工人联合会的教育处长。1963 年 7 月 9 日，亨生在萨克拉门托参加一个商业会议时突然去世。

提到的民主行动联盟，我猜想大概是与国际援助与救济委员会有着某种松散联系的一个组织。但是，从他讲的话中我能够听出来，斯大林主义者及其同情者并没有从那个组织中彻底清理出去。

他询问我们这个组织的有关情况，我告诉了他这个组织已经进行到什么程度了，以及谁跟这个组织有着密切联系。他对我们将在复活节召开的会议的详细情况非常感兴趣。[1]在出发去巴黎之前，他想去看看工党中形形色色的人。我猜想他会在巴黎待上一段时间，我们可以按照他留的地址写信给他。很显然，这正是我们应与之保持密切联系的那种人，他是和我们或多或少地有着同样追求的人。

我告诉他，一旦我们要明确地做些什么事情了，我们会向合适的美国知识分子及国际法专家发出书面通知。他留给我两个我不认识的收信人名字。一个是伯特拉姆·沃尔夫[2]，你可能读过他写的小册子。另一个是伯特·居里斯[3]，这个人你可能不认识，但是他的观点跟我们非常相似。我增加了维克多·塞杰的地址，最近我经常收到他的信。我想你和其他人正开始考虑提出一些合适的收信人。显然，我们应该有一个包括所有国家的同情者在内的全面的名单。

伯特拉姆·沃尔夫，纽约布鲁克林蒙塔古大街 68 号；

伯特·居里斯，纽约城西区大道 270 号；

1.1946 年 1 月，凯斯特勒跟伯特兰·罗素探讨了他和奥威尔提出的建立一个国际组织的想法，罗素也很喜欢这个主意，并且建议召开一个不超过 12 个人参加的会议，并设想所有参加会议的人都是各个方面的专家，比如一个远东方面的专家，一个中东方面的专家，等等，最终由这些专家制订出一个行动计划。凯斯特勒和奥威尔决定在 1946 年复活节召集这样一个会议，但是由于出现了种种困难，这一会议没能召开。

2. 伯特拉姆·沃尔夫（Bertram Wolfe, 1896—1977），美国作家、学者，其著作包括《迭戈·里维拉》《三人闹革命》和《罗萨·卢森伯格》等。对于沃尔夫的生年，企鹅出版社四卷本的《乔治·奥威尔评论、报道及书信集》在注释中作“1895”。

3. 伯特·居里斯（Bert Jolis），美国作家，生平不详。

维克多·塞杰（V. 帕德雷夫斯基），墨西哥城埃莫西约路 19 号 5 号公寓。

现在我不能再写下去了，因为我还是觉得身体有些不舒服。

你的

乔治

致阿瑟·凯斯特勒

伦敦 N1 伊斯灵顿

坎农伯利广场 27b

1946 年 3 月 31 日

亲爱的阿瑟：

我随信寄去国际援助与救济委员会的人写来的信，这个人我以前曾给你写信提到过，还有他们的一份新闻简报。新闻简报中有一部分内容是关于詹妮·李[1]和米切尔·福特的，这一部分说得十分含糊，我不清楚他们想让我做什么。但我希望明天可以去看看詹妮·李，跟她说说这件事。我想米切尔是在德黑兰。

星期三我准备去看马罗礼·布朗，我会告诉他将要在复活节举行的会议已经取消了。这件事有没有人告诉米切尔？

我想我在朱罗岛上的房子 5 月份之前应该收拾好了，我准备在 4 月底把我的家具运过去摆放好，然后，如果没有什么意外，我会在 5 月初搬过去。如果这件事泡了汤，我将搬到别的地方去住，但无论如何我都会离开伦敦。我将在两个月的时间里不再搞创作，也不做写作之类的事情，彻底放松一下。我感到非常劳累和疲惫。理查德很健康也很活泼，但是依然不会讲话。

我终于得到了贝克[2]——我跟你说起过的那位科学家——写的一本

1. 詹妮·李(Jennie Lee, 1904—1988)，1929 年—1931 年和 1945 年—1970 年两次出任英国国会下院议员，工党左翼政治家，安奈林·贝文的妻子。1965 年—1970 年担任英国首任文化部长。

2. 约翰·兰德尔·贝克（John Randal Baker，1900—1984），英国生物学家、动物学家，1927 年获得牛津大学博士学位，20 世纪中叶成为牛津大学细胞学讲师、教授。他的著作包括《科学的生活》(1942)、《科学和有计划的状态》(1945) 以及《生物显微技术原理：一项关于固定和染色的研究》(1958) 等。

书。在我们起草好我们的方案之后，很显然他是我们应该通知到的人之一。或许他还可以告诉我们其他一些讨厌集权主义的科学家的名字，这件事情十分重要，因为作为一个整体来讲，科学家比作家更容易接受集权主义的思维习惯。汉弗莱[1]找来沃丁顿[2]给他的《辩论》[3]写文章，我认为这个做法很好，因为这篇文章将和我们回击《现代季刊》[4]的那期杂志同时出版。不幸的是，这篇文章写得实在太糟糕了。

向玛麦恩致意。现在正处于晚春最美好的天气里，黄水仙到处盛开着。在一个个冬天里，我发现自己越来越难以相信春天会真的到来。

你的

乔治

---

1. 即汉弗莱·斯莱特。

2. 康拉德·哈尔·沃丁顿（Conrad Hal Waddington，1905—1975），英国发育生物学家、古生物学家、遗传学家、胚胎学家和哲学家。从1947年起担任爱丁堡大学动物遗传学教授。沃丁顿兴趣广泛，在诗歌、绘画方面均有一定造诣。他持有左翼政治倾向。在专著《科学的态度》中，他提出了“中央计划经济”等话题，被马克思誉为“深刻的、科学的哲学”。

3.《辩论》（*Polemic*），是1945年至1947年间出版的英国“哲学，心理学和美学杂志”，旨在成为一般或非专业的知识期刊。它由前共产主义者汉弗莱·斯莱特编辑，共发表过奥威尔的五篇文章。

4.《现代季刊》（*Modern Quarterly*），1938年创刊，目的是促进对艺术和科学进行现实主义的、社会性的重新评价，并且特别关注关于宇宙的唯物主义解释方面的研究。在战争期间，它曾经短暂停刊，1945年12月复刊，由约翰·刘易斯（John Lewis）博士担任编辑。从观点上看，它是马克思主义的，有许多著名科学家为它撰稿。它对“搞乱道德问题的不断尝试”，例如奥威尔在《辩论》上发表的“关于民族性的短文”中的“诡辩”，进行了攻击。

致菲利普·拉夫

伦敦 N1 伊斯灵顿

坎农伯利广场 27b

1946 年 4 月 9 日

亲爱的拉夫：

感谢你 4 月 6 日的来信。我注意到你希望在大约 5 月 20 日之前得到下一封伦敦通信，这样我准备在 5 月初寄出这封信。我准备丢掉这里所有的新闻工作到苏格兰去，从大约 4 月底开始，待上 6 个月时间，但是我还没有最后确定离开的具体日期。一旦我定下来离开的时间，我就会告诉你我的新地址，但是不管怎么样，按上面的地址寄给我的信无论如何也能够到我的手中。

是的，我看到了《泰晤士报》上的那篇文章，这多少有些靠运气。毫无疑问，这本书[1]很容易遭到一些联合抵制。但是迄今为止，就这个国家而言，它并没有引起不友好的反应，我一直为此感到诧异。它已经被翻译成 9 种语言，最难对付的是法语。一个出版商已经签了合同，然后又说，由于政治方面的原因，这本书“不可能出版了”。另外的一些法语出版商也给出了同样的回答。尽管如此，我还是跟蒙特卡洛的一位出版商把这件事定了下来，我觉得这样更安全一些。这位出版商是位女性，名叫奥迪尔·勃西。那些有不受欢迎的书需要翻译出版的人应该记住她的名字，因为她有勇气。这在最近几年的法国很不普通。毫无疑问，

1. 指《动物农场》。

加缪[1]说的是很正确的。他告诉我，法国出版商现在是被阿拉贡和其他人“统率”着，他们不出版不受欢迎的书（根据我的信息，海明威的《丧钟为谁而鸣》[2]就是这样一本不受欢迎的书）。在这种事情上，共产党没有实际的管辖权，但是，在警察的纵容下到出版商的办公楼内放火却在他们的权限之内。我不知道这种事情还会持续多久。在英国，反对共产党的情绪无疑也在不断加强。一年前我就有这样的感觉：在法国几乎任何一个人都对出版自由等毫不在乎。那个时候我遇到的我认为可以自由地进行交谈的法国人只有一个，他名叫雷姆勃德，一个驼背的男人，是一份有点接近于托洛茨基主义的周刊《自由》的一位编辑。奇怪的事情是，尽管在过去10年左右的时间里法国的道德沦丧十分严重，但我敢说，在法国出现的文学天才比起英国和其他任何国家都要多。

我不知道你是否看过《辩论》杂志，这是一种新创刊的评论双月刊。在第三期上有我的一篇关于詹姆斯·伯恩海姆的长文，将来我准备把它重印成一本小册子[3]。他不喜欢这篇文章——尽管如此，它说出了我想说的话。

你的

乔治·奥威尔

---

1. 阿尔贝·加缪（Albert Camus，1913—1960），法国作家、哲学家，存在主义文学和“荒诞哲学”的代表人物。1957年获得诺贝尔文学奖，代表作包括《局外人》《鼠疫》等。

2.《丧钟为谁而鸣》（*For Whom the Bell Tolls*）是美国作家厄内斯特·米勒·海明威（Ernest Miller Hemingway）于1940年创作的长篇小说，以美国人参加西班牙人民反法西斯战争为题材，是海明威的代表作之一。

3.《对詹姆斯·伯恩海姆的再思考》（重印时题为《詹姆斯·伯恩海姆和经营革命》），见1946年5月的《辩论》杂志。詹姆斯·伯恩海姆（James Burnham，1905–1987），美国哲学家和政治理论家。20世纪30年代的伯恩海姆是一个著名的托洛茨基分子，后来成为一个公共知识分子。曾在美国普林斯顿大学和牛津大学贝利奥尔学院任教。

致阿瑟·凯斯特勒

伦敦 N1 伊斯灵顿
坎农伯利广场 27b
1946 年 4 月 13 日

亲爱的阿瑟：

我很有兴趣地读完了斯蒂芬·金－霍尔[1]的回忆录，现在把它归还给你。

你的每月可以为《观察家报》写两篇文章的提议，我已经向戴维·阿斯特[2]转达了。我认为他们会十分急切地接受这个提议的。我向戴维建议，现在应该立即安排《观察家报》的某个人给你写信。

至于笔会的事，我刚刚收到德斯蒙德·麦卡锡[3]的一封信，邀请我加入笔会。他竟然还厚着脸皮谈到他们去年出版的那本糟糕透顶的书《表达的自由》。我准备把我去年这个时候为这本书写的一篇书评的剪报[4]

---

1. 斯蒂芬·金－霍尔（Stephen King-Hall，1893—1966），英国将军、新闻记者和政治家。在经历了一段著名的海军生涯以后，他于 1929 年离开海军。1939 年—1944 年担任国会议员，1936 年开始创办《金－霍尔新闻服务通信》，1941 年后改为《全国新闻通信》。他属于右翼分子，敢于大胆发表意见。他作为一个政治评论家，以自己的评论干预事件，受到高度评价。不知道奥威尔此处所指的金－霍尔的回忆录究竟是关于什么主题的。

2. 戴维·阿斯特（David Astor，1912—2001），英国著名的新闻工作者，1946 年担任《观察家报》的特邀编辑，1938 年起担任该刊编辑。在第二次世界大战初期，他认识了奥威尔，直到奥威尔去世，他们都一直是好朋友。

3. 德斯蒙德·麦卡锡（Desmond McCarthy，1877—1952），1951 年被授予勋爵。他是一个极具文学修养的人，又是一位聪明、快乐、慷慨的评论家。他担任《新政治家与民族》的文学编辑多年，后来为《星期日泰晤士报》每周提供一篇稿件。此时他是英国笔会的会长。

4. 奥威尔为赫尔曼·奥尔德（Herman Ould）编辑的《表达的自由》一书写了一篇书评，发表在 1945 年 10 月 12 日的《论坛报》上，他的散文《文学的障碍》一文就是由此引发的。

给他寄去。即使他们邀请我在执行委员会中担任职务，我也不会做这种工作。这样的工作只能让人们的时间和精力化为乌有。你知道，无论如何今年整个夏天我都不在伦敦。人们络绎不绝地前来，要我去做报告，委托我写小册子，加入这个、那个组织，等等。我多么想从这些事情中彻底脱身，能够再多一些考虑问题的时间。

请代我向玛麦恩致意。

你的

乔治

致 A.S.F. 高

伦敦 N1 伊斯灵顿
坎农伯利广场 27b
1946 年 4 月 13 日

亲爱的高先生：

这次收到您的来信，我非常高兴。几乎同时，我还收到了 M.D. 希尔[1]写给我的信，信中谈到《宝石与磁铁》[2]，还有乔治·利特尔顿[3]，目前他正为霍姆与凡·撒尔出版公司编辑一套系列出版物，希望我能够给他们写点儿什么。遗憾的是，我不得不拒绝了他，至少现在不行，因为我希望把所有新闻工作和其他偶然性的工作扔掉 6 个月，目前正准备全力以赴地进行文学创作。在这一阶段，我或许会开始写作另外一本书。我已经下定决心，不再写那种平庸的东西，因为两年来我每周都要写 3 篇文章；而在那之前的两年时间里，我还为英国广播公司工作过，那时我写了多得数不清的垃圾文字（新闻及评论，等等），足够塞满一个书架。我越来越像一只被榨干了汁液的橘子。我准备脱离开这一切，到苏格兰找一个没有电话、也没有很多邮政服务的地方，待上 6 个月时间。

自从上次我见到您之后，我的情况又发生了很大的变化。我很遗憾地告诉您，在一年多之前，我失去了我的妻子。尽管她的身体在一段时间里相当不好，但她的死对我来说还是发生得非常突然。我有一

1. M.D. 希尔（M.D.Hill），奥威尔在伊顿公学读书时的一位男老师，生平不详。
2. 见《男孩周刊》。
3. 乔治·威廉·利特尔顿（George William Lyttelton，1883—1962），英国古典文学学者，奥威尔在伊顿公学读书时的一位男教师。

个养子，他现在接近两岁了。当他的妈妈去世的时候，他才刚刚10个月大。我们收养他的时候他才出生了3个星期。这是个相当出色的孩子。很幸运，他非常健康。这对我来说自然是一件幸事。在战争中我没有做什么，因为我属于第四等级[1]。我患上了一种叫作支气管扩张的病，一叶肺还有一些机能性障碍。后者可能是先天的，不过当我还是个孩子的时候，这个毛病没有被诊断出来。但事实上我的健康状况在过去的几年中已经有了明显好转。我所看到的那点儿战争除了对伦敦的空袭以及国民自卫军的活动以外，就是在纳粹德国行将垮台的时候，我作为战地记者在德国的采访，这的确是一段有趣的经历。我还参加过西班牙内战，颈部受了伤，造成了一只声带麻痹，但并不影响我说话。可能您已经估计到了，在我靠写作谋生的最初阶段，我曾度过了一段艰苦的生活。现在回过头来看，如果我早早地了解到内情，我或者可以做得稍好一些。据我了解，目前作家们面临的难题是，尽管靠从事新闻或广播工作谋生相当容易，但靠写书为生则几乎是不可能的。在战争爆发之前，我的妻子和我常常完全是靠写书谋生的，每周只有5英镑的生活费用，那时我们还没有孩子。在过去的几年中，生活支出不断地急剧上升，我发现我写书的唯一方式，就是为杂志写较长的散文，然后把散文汇总起来重印成书。尽管如此，在过去的几年中，我受人雇佣所写的文章的确也有一些好处，那就是给我带来了一些新的读者，这样一旦我的书出版，它往往比我战前出版的书卖得多得多。

您提到了阿尔弗雷德·艾耶尔[2]，我不知道您早就认识他。他是我的一个好朋友。一本新的杂志《辩论》，迄今为止只出了两期，但我对它能

1. 在另外一封信（1941年6月20日致多萝茜·普劳曼）中，奥威尔提到他的健康状况被评定为D级，所以在这里奥威尔调侃自己“属于第四等级”。

2. 即阿尔弗雷德·朱尔斯·艾耶尔（Alfred Jules Ayer，1910—1989），英国哲学家、新实证主义的代表人物，1952年起担任英国科学院院士。1936年，他出版了革命性的著作《语言、真理和逻辑》，提出了验证原则作为哲学唯一有效的基础。

够成为一本优秀的杂志抱有很大的希望。伯特兰·罗素当然是灿烂星空中的一颗主星。博比·朗顿[1]的遇难的确是一件很不幸的事。当博比·朗顿在威灵顿公学的时候，这个学校非常开明。或许您认识一个名叫米切尔·迈耶[2]的小伙子，他过去曾在英国皇家空军服役，我想现在可能又回到了剑桥，他曾经在博比·朗顿主持的威灵顿公学学习，对博比·朗顿评价很高。

下次我到剑桥的时候，我一定会去看您，但我真说不准下次会是什么时候。我记得上次见您是在两年前我给疏散到剑桥的牛津经济学院的学生做报告的时候。我还想就我的名字做个说明。最近10多年的时间里，我一直在用“奥威尔”作笔名，我认识的人大多叫我乔治，但是事实上我从来没有改过名字，有些人还是叫我布莱尔。

您的

埃里克·布莱尔

又及：

您不要希望读完您以前的学生的所有作品，但是我不知道您是否读过我的最后一部作品《动物农场》？如果没读过，我很高兴送给您一本。这本书很短，但或许会让您很开心的。

1. 罗伯特·博比·朗顿（Robert Bobby Longden），与奥威尔和康诺利同为伊顿公学的同学。他在学术生涯中取得了显赫的成绩，在战争爆发前成为威灵顿公学的校长。1940年被落在学校内的一颗炮弹打中，以身殉职。

2. 米切尔·迈耶（Michael Meyer，1921—1989），作家、翻译家。1943年他第一次见到奥威尔后两人就成为好朋友。此时他作为牛津大学的毕业生应征入伍。1948年来到瑞典乌普萨拉后，他翻译了瑞典剧作家奥古斯特·斯特林堡（August Strindberg，1849—1912）和挪威作家易卜生的大量作品。

致斯塔福德·考特曼

伦敦 N1 伊斯灵顿

坎农伯利广场 27b

1946 年 4 月 25 日

电话：CAN3751

亲爱的斯塔福德[1]：

收到你的来信我非常高兴。我没想到你仍然在英国皇家空军服役。当你在伦敦的时候，如果我也在这里，请一定过来看我（如果我在伦敦，上面这个电话号码可以找到我），但不久以后我将离开 6 个月的时间。在过去的几年中，我做了太多的事务性的新闻工作，现在我想把这种工作稍微抛开一些。我的意思是：在两个月内，我什么事情也不做，然后，我或许会开始写另外一本书，但是无论如何，直到明年秋天，我绝对不再做任何新闻工作。有两年时间，我每星期都要写 3 篇文章，这还不算在此之前的两年时间里为英国广播公司写作的所有那些无聊文章。我放弃了在赫特福德郡租用的小房子，又在赫伯里兹群岛的朱罗岛上另外租了一所房子，如果我的家具按时到达的话，我希望在 5 月 10 日前后搬到那里去。那个地方非常不容易进入，但那所房子相当不错。我认为经过一些努力，那儿能够成为一个非常舒服的住处。这样我就以少得几乎可以说是零的租金，拥有了一个离群索居的好住所。我想我的小儿子你

1. 斯塔福德·莱斯利·查理斯·考特曼（Stafford Leslie Charles Cottman，1918—1997），出生于英国南安普敦，原为当地政府办事员，1937 年参加了英国独立工党赴西班牙的小分队，在那里他认识了奥威尔。此时他是英国皇家空军的中士。

可能还没有见过。他现在已经接近两周岁了，非常活泼，这也是我急于在夏天离开伦敦的原因之一。爱琳去世的时候，他只有10个月大。非常遗憾，多年来爱琳一直工作过度，健康状况很差。在情况正在好转的时候，那件事情发生了。唯一的好事就是，我认为她根本就没有预料到手术会出意外。在被注射了麻醉药剂后很短的时间里，她就离开了人世。事情发生的时候，我正在法国采访，因为我们俩都没有想到手术会有多么严重的后果。我想，那时孩子还太小，还不能离开她。现在孩子的健康状况很好，其他方面也都很好。我有一个很好的管家，她照顾孩子和我的生活。

有一天我在街上碰到了佩迪·多诺万[1]。他找到了一个擦窗户的工作。他说他会给我打电话的，但一直到现在也没有打。他是在部队将要跨越莱茵河的时候在德国受了伤。明年秋天的时候如果你在城里，一定不要忘记给我打电话。

你的

埃里克·布莱尔

1. 约翰·佩迪·多诺万（John Paddy Donovan），出生于1905年，工人，在西班牙内战期间曾担任过奥威尔的中士。

致弗雷德里克·约翰·沃尔伯格

伦敦 N1 伊斯灵顿

坎农伯利广场 27b

1946 年 5 月 4 日

亲爱的沃尔伯格：

昨天我刚刚收到了托洛茨基的《斯大林的生活》和维克多·塞杰的回忆录[1]。星期一我将用另一个邮件把这两本书寄给你。对于后者，除了发现手稿不太整洁以外，我几乎没有仔细看。但是如果按照《政治家》上发表的内容来看，它应该是一本很有价值的书。我认为我还是把这本书直接转交过去为好，因为我可能没有时间读它。一个很短的通知使我不得不离开伦敦。我遗憾地告诉你，我的一个姐姐[2]突然去世了，因此，我只好在星期一去诺丁汉。尽管如此，在下周五左右我最后离开伦敦之前，我还要回伦敦一次，我希望那时能够见到你和罗杰[3]。

下面谈谈关于托洛茨基的那本书的情况。这本书我没有完全读完，但我读了绝大部分。这些部分主要是涉及斯大林的童年时代、内战和所谓谋杀列宁的计划。关于它以前被哈珀公司从出版计划上撤下来的原因，在1942年3月到4月的《党派评论》上，编辑特地加了这样一个编者按语：

对于俄罗斯目前的统治，这三本书要么进行批评，要么表现出明显

1. 参见奥威尔 1945 年 6 月 13 日《致弗雷德里克·约翰·沃尔伯格》。

2. 指他的姐姐玛杰丽·达金（Marjorie Dakin）。

3. 罗杰·塞思豪斯，塞克尔与沃尔伯格出版公司的一位董事。

的敌意。因此，在公开发布了将要出版的消息以后，这三本书还是被撤下来不再出版……这里也包括托洛茨基的《斯大林的生活》。事实上后者已经被送出去写书评了，但几天后（在 12 月份）被卡斯·坎菲尔德总裁的一个便条给追了回来。便条上写着："我们希望你们跟我们配合，不要对这一传记发表任何评论，也不要对书的延期出版发表任何评论。"

特别是考虑到时间（是美国宣布参战的一周后），我认为取消出版这本书的原因很明显是为了避免伤害俄国人的感情，并不是像后来所说的那样，是因为托洛茨基分子的反对。如果托洛茨基分子的反对起了一定的作用，我肯定早就听说了，更何况我还曾一两次在公开场合下谈到这本书在出版过程中受到压制的情况。并且不管怎样，假如哈珀公司原先是因为托洛茨基分子的反对取消出版这本书的计划，那么现在它为什么又重新安排出版这本书呢?

下面再谈谈这本书的内在价值。我认为，如果你能买到足够印刷比如 1000 本书的纸张并且能把它们装订起来，那么这本书还是非常值得出版的。重新出版这本专业性很强的书会花费很多的金钱，会消耗大量的纸张。在我看来，这是一本真的书，因为它要么是托洛茨基亲自写的，要么是由别人记录的托洛茨基可能说过的话。这本书尚未完成之时，托洛茨基就被暗杀了。实际上这本书是由译者最终完成的。那些不是出于托洛茨基亲笔所写的部分被括在方括号中，以这种方式表示出来。校订也进行得十分忠实，可能是出自托洛茨基的遗孀或者其他接近托洛茨基的人之手。我注意到这本书最初的部分，把童年时代和早期历史中的斯大林描述成一个革命者，这非常有趣，因为它们显示出，要验证已成为宣传主题的公众人物的任何事实都是十分困难的。我认为，所有这些部分和那些关于内战的内容成功地揭示出，那些"一直到 1925 年斯大林都是二号人物”的说法，以及现在把斯大林描述为“列宁的左右手”的说法等，都纯属面壁虚构，而这些内容平常是不可能听到的。那些关于党内政治的段落对我来说有些乏味，但我想专家们可能会对这些内容有兴趣。总体上说，我觉得这本书具有历史价值。当然，尽管这本书并非毫无偏见，但与涉及同类题材的其他著作相比，这本书显得更加成熟。

这种书不是我因为它自身的原因愿意去读的书，但我本人认为它是那种值得出版的书。如果真要给这本书的英文版加上一个说明的话，或许值得透露一些关于托洛茨基被暗杀的情况的信息，因为托洛茨基被暗杀也许或多或少地跟这本书有关。在此之前，他就遭遇了一次未遂暗杀。获悉了这次未遂暗杀的日期之后，人们或许能够从中推断出一些什么……

你的

乔治

致米切尔·迈耶

阿盖尔郡 朱罗岛

巴恩希尔

1946 年 5 月 23 日

亲爱的米切尔：

非常感谢你的努力。不，我还没有许可证[1]（在这个岛上没有一个警察），因此，不要为黑色炸药的事情担心。我自己做了一些，但不像买的那么好。如果你能搞到雷管，我将非常感激。

我刚刚在这里安顿下来……按照我的眼光来看，这是个可爱的住所。理查德要到 6 月底才会过来，因为苏珊要动一个小手术，而我一个人对付不了理查德。因此，我不得不让他在外寄宿，请别人代管一下。尽管如此，我得到的消息是他对这一切十分适应。目前存在的困难是：第一，我没有吉普车（我希望在本月月底能够搞到一辆），现在只好凑合着骑摩托车，而在这样的路上骑摩托车简直太可怕了；第二，由于旱情严重，这里虽然有足够的饮用水，但没有水可以洗澡。即便如此，在这里人们也不可能太脏。过来住一段时间吧，这并不是一个非常困难的旅程（从伦敦到这里来只要大约 48 个小时），我这所房子里有足够的房间供你居住，尽管房间的条件不是很好。

祝你一切都好。

你的

乔治

---

1. 指携带火药的许可证。

致弗农·理查兹

阿盖尔郡 朱罗岛

巴恩希尔

1946 年 8 月 6 日

亲爱的理查兹[1]：

我随信寄去了纳恩·梅[2]的请愿书。虽然我有一些小小的疑虑，但我还是在上面签了字。我认为请愿是对的，因为：第一，判决的刑期太长了；第二，对搜寻间谍的活动越少纵容越好。但是我忍不住想到，请愿书在陈述事实的时候措辞并不正确。似乎非常清楚，纳恩·梅的动机仅仅是向苏联而不是全世界移交一件军事秘密。他没有公开他的情报，恰恰相反，他是把情报转交给一个情报机构。并且，根据在第一次审讯时获得的证据，他还与设在伦敦的其他情报机构取得了联系。我当然不能肯定他打算或者希望出卖情报以获取报酬，但是因为俄国人的确给了他一些东西，因此，毫无疑问，他们的确认为他们不过是买下一条情报，并且纳恩·梅应该早就知道他正在与之打交道的是些什么样的人。我认为确定他与俄国情报机构取得联系的时间，对于立论意义重大。但我忘记了这一时间，是不是发生在战后？

1. 弗农·理查兹（Vernon Richards，1915—2001），出生于伦敦索霍区，土木工程师、新闻记者、摄影师，无政府主义者。1936 年—1939 年担任《西班牙与世界》及其后续刊物《反抗》的编辑，后来还担任过无政府主义报纸《自由》的编辑。

2. 阿兰·纳恩·梅（Alan Nunn May，1911—2003），英国核物理学家，20 世纪 30 年代加入英国共产党。他和克劳斯·福克斯（Klaus Fuchs,1911-1988）一起受聘进行绝密研究。据说他把研究的某些相关信息透露给苏联，或许因此帮助俄国人发明了原子弹。阿兰·纳恩·梅于 1946 年 3 月被捕，5 月 1 日被判处 10 年监禁。他生前留下的一个声明在 2002 年发表。在声明中，他说他对自己的间谍活动并不后悔。

代我向玛丽·路易斯[1]致意。我希望10月份能够回到伦敦。在过去的几个月中，我几乎什么工作也没有做。这简直太可怕了。理查德身体很好，已经开始能够说些话了。

你诚挚的

乔治·奥威尔

1. 玛丽·路易斯·理查兹（Marie Louise Richards，1918—1949），是1937年5月初被共产党杀害于巴塞罗那的著名意大利无政府主义者卡梅罗·伯内利（Camillo Berneri）的女儿，也是弗农·理查兹的妻子。她是《西班牙与世界》的撰稿人，20世纪40年代还担任过《自由》的编辑。

致西莉亚·科文

阿盖尔郡 朱罗岛

巴恩希尔

1946 年 8 月 17 日

最亲爱的西莉亚[1]：

你能够搞到白兰地并主动给我寄来，这简直妙极了。我随信寄去一张 9 英镑 15 先令的支票。我希望在白兰地上你没有额外的花费。如果有的话，请一定告诉我。

有一件事情我忘记跟你说了。我想，在关于斯威夫特的评论文章[2]中，有一两个标题用错了，因为我是根据记忆引用的。但只要我看到长条校样，把错误改正过来并不难。

听说你在伦敦憔悴得很，我感到十分遗憾。在一年中的这个时候待在伦敦的确是一件十分讨厌的事，尤其是要忍受糟糕透顶的天气，就像我们这里前一两周刚刚度过的天气一样。我依然没有做什么值得一提的工作，似乎总有一些其他类型的工作在做。我刚刚进行的一次旅行也是令人惊讶的。苏珊的孩子要来这里，我按计划到格拉斯哥接她。我前天早晨出发后，我的摩托车在路上扎破了车胎，因此没有接到她坐的船。我先是搭乘了一辆大货车，然后又坐了辆轿车，最后摆渡到了另外一个岛上，希望能够在那里乘上飞往格拉斯哥的飞机。但是当我到达那里的时候，飞机已经满员了。因此，我不得不乘公共汽车到艾伦港，那里有

1. 西莉亚·科文此时是《辩论》杂志的助理编辑。

2. 指《政治与文学》。

一班星期五的船。由于正在举行牲畜展示会，艾伦港简直人满为患，所有的宾馆都爆满，我不得不跟其他很多人一起睡在警察局的一间牢房里，这其中还包括一对带着童车的夫妻。早晨我上了船，找到这个孩子带了回来。我们雇了辆车，走了前 20 英里，然后又步行了 5 英里，就这样回到了家中。今天早晨，我搭乘别人的摩托艇，来到我存放摩托车的地方，补上扎破的车胎骑回了家。做好所有这些事情竟然花了我前后 3 天时间。我想我们也应该有一艘摩托艇，即一艘在舷外装有发动机的船。因为在天气还不错的时候，摩托艇在这里是最好的交通工具。现在我们只有划船。划船在浅海钓鱼还行，但不能到深海中去。我们几乎每天晚上都去钓鱼，我们有两只捕虾的篓筐，还能捕到一定数量的龙虾和螃蟹。我还学会了如何捆龙虾的爪子。如果你想让龙虾活着，你就不得不这样做。但是这样做很危险，尤其是在黑暗中的时候。当贮藏的食品不足时，我们还得去打一些野兔，种一些蔬菜。由于我们来这里不久，还没能从土地中得到足够的回报。当我们到达这里的时候，这里还只是一片丛林。从这些事情中，你可以猜想到我肯定没进行很多写作。尽管如此，我还是已经开始了我的新书的创作工作。希望我 10 月份回到伦敦的时候，能够完成 4 到 5 章。

我很高兴汉弗莱[1]完成了他的著作《异教徒》，不知道这部书的销路会怎么样。诺尔曼·柯林斯[2]为这本书写了一篇非常狂妄、目空一切的书评，我在《观察家报》上读到了这篇书评。

---

1. 指休·汉弗莱·斯莱特。

2. 诺尔曼·柯林斯（Norman Collins，1907—1982），英国作家、广播电视制作人、独立电视网（ITV）创办人之一，代表作为《伦敦属于我》（1945 年由戈兰茨出版公司在英国出版；1947 年由哈珀出版公司以《洋琴街》的书名在美国出版）和《大主教的孩子们》（1951 年分别由英国的戈兰茨公司和美国的迪尤尔公司出版）。1934 年—1941 年在维克多·戈兰茨有限公司任副主席；1946 年—1947 年担任英国广播公司明星访谈节目的监制。

理查德现在穿着带背带的真正的短裤，这是另外一个小孩穿小的。我还给他搞到了几双农民穿的长筒靴。当他要到离房子较远的地方时，他就不得不穿上靴子，因为如果他穿的是普通的鞋子，他很可能会自己脱掉鞋子，而这里常常有蛇出没。我想你肯定喜欢这个地方。如果你想来，请一定抽个时间到这里来。但是假如你来，你要提前告诉我（这意味着你要提前一周写信，因为我这里每周才送两次信），这样我才能安排雇一辆汽车。不要带很多行李，最多带一只帆布背包。但是另一方面，如果你有能力的话，一定带点儿面粉来。自从实行食品定量供应以来，我们这里的面包和面粉经常短缺。你不需要带很多衣服，只要带一件雨衣、一双结实的靴子或鞋子就可以了。记住，每周一、三、五有轮船航班，你要在大约8点的时候离开格拉斯哥。我希望能在这里待到大约10月份。

爱你的

乔治

又及：

你可以代我请教阿尔弗雷德[1]，既然他有一把心灵哲学的椅子，谁在非智力哲学的椅子上？

1. 阿尔弗雷德·朱尔斯·艾耶尔。参见1946年4月13日致A.S.F.高的注释。

关于“文学的花费”的信[1]

[1946年9月，乔治·奥威尔回答了《地平线》杂志关于的“文学的花费”的问卷，其中有几位作家被问到下面的问题：

1. 你认为一个作家需要多少钱生活？

2. 你认为一个严肃的作家能通过写作赚到这笔钱吗？如果能赚到，怎么赚？

3. 如果不能，你认为对他来说最合适的第二职业是什么？

4. 如果作家从事了其他的职业，你认为这会让他的创作力因精力分散而受到损害，还是会增强他的创作力？

5. 你认为国家或其他机构应该为作家做更多的事吗？

6. 你对自己解决生计问题的方式满意吗？你有什么特别的建议给那些希望通过写作谋生的年轻人吗？]

1. 就目前的货币购买力而言，我想，对于一个已婚男子来说，缴纳所得税后最少需要每周10英镑；对于未婚男子或许需要每周6英镑。一个作家的最佳收入，我应该说——仍然是就目前的货币购买力而言——大约是每年1000英镑。有这些钱，他可以过着合理范围内的舒适生活，没有人来追债，没有必要为糊口而受雇写一些无聊的东西，当然，也不会有已经进入特权阶层的感觉。公正地说，我认为人们不要期望一个作家尽自己最大的努力可以赚到工人阶级的收入。他的第一件必需品，就像对于木匠不可缺少的工具一样，是一个舒适、温暖的房间，他可以

1. 这封信发表于1946年9月号的《地平线》和1947年第1期《当代英国思想》上。

确信在那里工作不会被打扰。尽管这听起来并不太多，但是假如人们从家庭安排的角度算一算，就会知道这意味着相当多的收入要花在这上面。一个作家的工作是在家里完成的，一旦他中断自己的工作，他必将面对持续不断的打断。要防止受到干扰，总是要直接或间接地花钱。再者，作家们需要大量的图书和报刊，需要空间和家具来“爬格子”，在通信上也花费不菲，至少需要兼职秘书的帮助。下面的事情也会对大多数作家的写作有帮助：外出旅行，生活在他们所认为的富有同情心的环境中，品尝美食，饮用美酒，能够带他们的朋友外出就餐或者留他们住在家里。所有这些都需要花钱。理想的情况下，我希望每个人都能有同样的收入，假如这是一个相当高的收入：但是只要有区别，我认为作家的位置应该处于中等，这意味着，按照目前的标准，一年大约1000镑。

2. 不能。有人告诉我，在英国仅有几百人纯粹靠写书谋生，其中大部分人可能是侦探小说作家等。从某种意义上说，对于像埃塞尔·梅·戴尔[1]这样的人来说，做到不去卖淫要比当一个严肃作家容易一些。

3. 如果可以这样安排，不占用他的全部时间，我认为作家的第二职业应该是与文学无关的工作。我想如果这是一个适意的工作，那就更好了。但我仅仅是想象——举个例子说——一个银行职员或保险代理人回家后，晚上或许还可以做严肃的工作；然而，如果一个人已经把精力浪费在类似教学、广播或者为一些团体（如英国文化委员会）做宣传这样的半创造性的工作上，那么要业余从事写作就需要付出更艰苦的努力。

4. 假定一个人没有在其他的职业中把全部时间和精力用完，我认为它是有益的。毕竟，我们必须与普通世界进行某种接触。否则，我们写什么呢？

1. 埃塞尔·梅·戴尔（Ethel May Dell，1881—1939），英国女作家，一生创作了超过30部颇受欢迎的浪漫爱情小说，比如《鹰之路》《沙漠之灯》《他的生活与激情》和《百分之一的机会》等。此外，她还出版过几个短篇小说集。

5. 国家唯一能做的事情就是把更多的公共资金转移到为公众图书馆购置书籍上。如果我们要有充分的社会主义，那么显然作家必须得到国家的支持，并且应该被置于待遇优厚的群体中。但是，只要我们有一个像现在这样的经济体，其中有大量的国有企业，也有大量的私人资本主义，那么作家与国家或任何其他组织的牵连越少，对作家和他的作品就会越好。与任何一种私人赞助有一贯的联系，就意味着作家事实上是某个有钱人的依附者，而这显然是不受欢迎的。迄今为止，最好和最不苛刻的赞助者是大众。

不幸的是，英国公众现在不花钱买书，尽管书读得越来越多。我认为，在过去的20年里，人们品评图书的平均水平已经大大提高了。目前，我相信，英国公民平均每年花在买书上的钱在1英镑左右，而他在烟草和酒精上合计花费了接近25英镑。通过税率和税种的调节，他可以很容易地花更多的钱，甚至不知道这一点——因为在战争年代，由于财政部对英国广播公司的资助，他在广播上花了比平时更多的钱。如果政府可以简单地拨出更大数额的资金购买图书，而且不把整个图书贸易转变为宣传机器的话，我认为作家的经济状况会得到缓解，文学也会受益。

6. 就我个人而言，我是很满意的。也就是说，从财务意义上说，因为我在过去的几年里一直是幸运的。从一开始我就在写作的道路上拼命挣扎。如果我听了别人对我的劝告，我就永远不会成为一个作家。甚至直到最近，每当写下我认真对待的东西时，我都会付出艰苦的努力，有时还会出现相当有影响力的人来阻止它出版。对于一个意识到自己有点东西的年轻作家来说，我唯一能给出的建议就是不要听取别人的意见。当然，在经济上，我可以提供一些技巧，但除非有某种程度的天赋，否则这些技巧也毫无用处。如果一个人只想靠文字来谋生，那么英国广播公司、电影公司之类的机构都是有帮助的。但是在我们的社会，一个人如果想要成为一个作家，他就像一种可以被容忍但不能被鼓励的动物——某种程度上就像是一只家雀——如果一个人从一开始就意识到自己的位置，对他来说会更好。

致乔治·伍德科克

阿盖尔郡 朱罗岛

巴恩希尔

1946 年 9 月 2 日

亲爱的乔治：

非常感谢你寄来的茶，这茶到得正是时候。因为这星期整个村庄都在收获玉米，并用货车把玉米运送到我们房子的前面，而当这一工作正在进行的时候，茶当然会像流水一样，用得非常快。至少趁着没有下大雨，还可以在田里工作，我们一直忙着帮助我们唯一的邻居——一个小农场的佃户，收获干草和玉米。在这里，所有的工作都是在以一种令人难以置信的原始方式进行着。即使到了用拖拉机耕地的时候，人们依然要手工播种谷物，然后用长柄大镰刀收割，用手把割下来的谷物捆成捆。整个苏格兰似乎都播种谷物，比如燕麦，但我必须说，这些活如果用机器来干，可以干得同样出色。因为潮湿的缘故，我们直到 9 月底或者更晚的时候，才把干草收获起来，有时候甚至要等到 11 月。他们不能把干草露天放在野外，而必须全部放在草料仓库里收藏起来。许多还没有完全成熟的谷物也被收割起来，捆成捆，当作喂牲口的饲料，就像干草一样。佃户们必须非常努力地工作，但是跟城市工人相比，他们的经济状况稍好，在很多方面也更独立一些。假如他们能够从机械、电力、公路等方面得到一点儿帮助，假如地主能够少打扰他们一点儿，假如他们能够消灭毁坏粮食的鹿，他们应该可以过得非常舒服。鹿在一些岛上非常普通，这些动物绝对是祸害。它们吃光了本来应该是羊饲料的牧草，还使得做栅栏的成本大大提高。政府不允许佃户猎杀鹿，因此，在打猎的季节，佃户们不得不浪费时间到山上，从猎户的手上买下鹿肉，然后再背下山来。猎户想尽一切办法捕鹿，因为鹿是较容易获得的一个提供肉类的源泉，所以拥有鹿的人总是有利可图的。我推测，这些岛屿迟早会被鹿占领的。到那个时候，这些岛屿或许会成为第一流的奶、肉生产基地，或许会只有很少的几户以放牧和捕鱼为生的农民，而他们可以养活数目非常可观的人口。在 18 世纪的时候，这里的人口是 10000 人，而现在只有不到 300 人了。

请代我向茵兹[1]致意。我希望能够在 10 月 13 日前后回到伦敦。

你的

乔治

1. 后来她成为乔治·伍德科克夫人。

致乔治·伍德科克

阿盖尔郡 朱罗岛

巴恩希尔

1946 年 9 月 28 日

亲爱的乔治：

当我听到克莱特书店[1]接收了社会主义图书中心的消息以后，我感到非常吃惊。这样的事是怎么发生的呢？他们的出版物，比如他们经常出版的小册子，究竟怎么了？前几个月他们还出版了我的一个小册子[2]，我甚至不知道他们到底卖了多少册。如果没有一个不受共产党控制的大型左翼书店，那真的会造成一场灾难。尽管如此，我认为树立一个成功的竞争者并非不可能，因为任何一个共产党的书店都将由于不准出售那种"错误"的文学书籍而使自己的发展受到阻碍。当我回到伦敦以后，我们一定要好好讨论一下这件事。我不知道你需要多少资本才能建立一个存货种类充足的书店，但我猜测需要几千英镑。假如能让投资者看到不会赔钱，从几位像赫尔顿[3]那样的好人那里筹集到这笔钱并不是不可想象的事。事情的关键是，这个书店除了卖左翼书籍以外，必须首先是一个好书店，必须有一个书库供读者借阅，必须由一些懂点儿书的人进行经营。因为我曾在一家书店干过一段时间，在这个问题上了解一些东西，我回去后会把这些东西告诉你的。

1. 官方在伦敦办的共产主义书店。

2. 即《詹姆斯·伯恩海姆和经营革命》（*James Brunham and the Managerial Revolution*）。

3. 指爱德华·赫尔顿（Edward Hulton）。参见 1946 年 1 月 10 日致阿瑟·凯斯特勒的注释。

当然，《政治家》上的那篇文章[1]对我有些过分吹捧了。现在我手上一本《让叶兰继续飘扬》都没有。这本书几个月前我曾经在一家旧书店里买到过一本，但很快就又送人了。我的作品中有两三本让我觉得有些不好意思，我因此不同意把这些书重印或者翻译出版，那本《让叶兰继续飘扬》就是其中之一。还有另外一本书，叫作《牧师的女儿》，甚至比这本书还要差。我写这本书仅仅是为了做个实验，原本不应该把它拿去出版，但那时我太需要钱了。写《让叶兰继续飘扬》的时候也是同样的情况。那个时候，我还没有一本书出版过，在饥饿边缘的我不得不出版点儿什么挣上 100 镑左右的钱。

我将在 9 日离开这里，13 日抵达伦敦，到时候我会打电话给你的。

代我向茵兹致意。

你的

乔治

1. 指《乔治·奥威尔：19 世纪的自由主义者》，作者为乔治·伍德科克，发表在《政治家》杂志 1946 年 12 月号上。

致伦纳德·摩尔

伦敦 N1 伊斯灵顿

坎农伯利广场 27b

1946 年 11 月 2 日

亲爱的摩尔先生：

11 月 1 日的来信收到，非常感谢。

我已经仔细读过了《纽约客》提出的建议。我认为自己没有什么反对意见，只是有两点疑问。其中一个是他们标为（C）的，提出把我发表的文章重印成书，由《纽约客》杂志发行。这里就出现了“编辑”的问题。对于重印之类的文章，我并不十分关心，因为它们都是些严肃的书评，字数不超过 1500 字。对于不足 2000 字的文章，我是不会以书的形式重印的。因此，如果他们摘录一些我的文章组成一个选集，我是不会特别介意的。如果一个人的文章必须选入这类书中（我常常碰到这类事情），他从这里似乎得不到几英镑稿费，似乎也得不到别的什么东西，因为，很明显，版税要在很多不同的作者之间分配。我觉得不值得去要求《纽约客》抛弃它惯常的操作方式。“编辑”的问题可能更困难一些。按照我的经验，谁也难以确保自己的文章不经修改就在日报或者周刊上发表出来。比如，如果碰到版面紧张的问题，《观察家报》总是习惯于不跟我商量，就在最后一分钟对我的文章进行删节。在给类似《标准晚报》之类的报纸写稿时，我不仅碰到了被删节的问题，事实上有时我的意思也被改变了，而仅仅是删节也会在某种程度上改变文章的原意。这里真正重要的事情在于你与之打交道的是不是一家开明和理智的报纸。对于

《纽约客》来说，他肯定会时不时地对我的文章进行删节。作为一个惯例，他们也不会有时间跟我商量，但我不喜欢他们以任何我坚决反对的方式改变我文章的意思。总体上来说，我可以接受他们的建议。

您诚挚的

E.A. 布莱尔

1947 年

致《论坛报》编辑[1]

[在读了奥威尔前一封《伦敦通信》以后，康尼·齐力亚克斯[2]参议员给《论坛报》编辑写了下面这封信。这封信发表在1947年1月17日的《论坛报》上。]

一位在美国的朋友寄给我一本《党派评论》（第八卷第三期，1946年夏出版），其中有乔治·奥威尔写的一篇《伦敦通信》。在这篇《伦敦通信》中，对由于一些人的反对可能给贝文先生“伟大的”外交政策带来的危害，奥威尔表达了他的惊恐与震惊。这些人被奥威尔称作“‘地下的’共产党参议员——也就是说，虽然是作为工党的参议员当选的，但却是共产党的秘密成员，或者非常同情共产党”。随后，他又写到“议会中的‘地下’共产党员，比如齐力亚克斯；新闻界的‘同情者’，比如普里斯特利”。

极端保守主义者在美国的新闻媒体上诋毁英国工党参议员，这是一件非常低劣的事，因为这等于间接地诋毁了议会本身。在我看来，奥威尔先生似乎做了一件非常卑鄙的事情，因为大家一直认为他是工党的支持者。

鉴于他认为在公开场合下诋毁贝文—丘吉尔外交政策的工党反对

1. 在企鹅出版社的四卷本《乔治·奥威尔评论、报道及书信集》中，《论坛报》上的这两封信被排在1946年4月25日《致斯塔福德·考特曼》与1946年5月4日《致弗雷德里克·约翰·沃尔伯格》两封信之间，可能奥威尔写作这封信的时间是在1946年4月25日至1946年5月4日之间，不清楚《论坛报》为什么直到1947年1月17日才将其发表。

2. 康尼·齐力亚克斯（Conni Zilliacus，1894—1967），政治家，同时也是小册子作者，曾写作过17种以政治为主题的书。1945年—1950年，他作为工党左翼的代表当选参议员，1955年后再度当选，直到他去世。由于无条件支持苏联的态度，他常常与工党发生矛盾。

者（尤其是我本人）是合适的，我希望您能够允许我通过提醒大家注意这篇文章来对他进行揭露，并对他提出几个问题。

虽然我有幸成为工党的参议员，为什么奥威尔先生还坚持认为我是一名共产党员呢？我现在不是共产党员，过去也从来没有加入过共产党。我认为秘密地成为任何一个与工党的宗旨不完全一致的政党或组织的成员都是不光彩的。在近28年前，第一次世界大战结束，我复员后加入了工党，至今我仍然为这一选择感到自豪。从那以后，不管形势是好是坏，我都始终坚持着这一信仰，一直在为工党工作。

至于说我是共产党的“可靠的同情者”，《论坛报》的读者或许还记得，我曾经多么尖锐地攻击共产党的反战立场（还有我对《苏德友好和互不侵犯条约》的批评，对此我现在仍然认为我是正确的；我还对苏联—芬兰战争中的苏联表现出强烈的敌意，现在我承认这件事我错了）。

奥威尔声称，目前我在外交政策上的观点跟工党赢得大选时的外交政策不一致，甚至跟我在竞选参议员时的演讲也不一致。如果他这样认为，那他就错了。保持前后一致并不是一个必需的品质，但事实上在这件事情上我是始终如一的。

最后，奥威尔先生试图表明，我在对外交事务发表谈话，或者写作关于外交事务方面的文章时，没有完全以我的知识、判断以及我的良心为依据，而是别有用心的，这也在某种方式上体现出不诚实。这些说法也完全是不真实的。

简而言之，作为工党的参议员，我们认为，反对贝文—丘吉尔在外交政策上偷偷摸摸结成的临时联盟是我们的职责；而奥威尔先生却在美国的出版物上发表了一些愚蠢的和攻击性的错误言论，说我们是“共产党的秘密成员”。奥威尔先生还能够再为此做出一些连自己都未必能够完全信服的解释吗?

K. 齐力亚克斯参议员

于下议院

[针对齐力亚克斯的信，奥威尔做了答复。这封信同样发表在1947年1月17日的《论坛报》上。复信全文如下：]

尊敬的编辑先生：

如果您把齐力亚克斯先生的信中的废话(如“不光彩的”“卑鄙的”等等)删去，那么他的意思可以归结为：他说他不是“秘密的共产党员”。但事实上他的确是秘密的共产党员，他还能有别的什么话可说？扒手在跑到人群中去的时候，不会在外衣翻领上戴上“扒手”的标签。同样，一个宣传人员也不会公开承认自己是宣传人员。齐力亚克斯先生及其合伙人的全部有效论据，都建立在他们没有戴着共产党员的标牌的基础上。

我认为齐力亚克斯先生过去经历的记录并不能算作什么证据。他自己也承认，他的某些观点发生了变化。这一事实几年前我就注意到了。对于他是否有共产党的党票或者与共产党有没有直接的联系，我并不关心。直到我看到相反的证据之前，我现在相信，将来也会继续相信，他和与他相似的人在追随一种与共产党几乎没有区别的政策，事实上他们是苏联在这个国家的宣传员，当苏联与英国的利益在他们看来发生冲突的时候，他们将捍卫苏联的利益。我无法在法庭上证实这些，就像战前我无法证实天主教廷同情法西斯主义一样。我只是以齐力亚克斯先生及其合伙人的言论、写作和其他政治活动为依据做出了推理，尤其是他们坚持不懈地说服这个国家的公众，让他们相信东欧国家所实行的傀儡统治是民主的，这应该很能说明问题。如果齐力亚克斯先生不是“共产党的可靠同情者”，那就让他用行动来证明吧。我要说，他的信恰恰在某种程度上证明了我的理论。因为，假如我所说的明显失实，他为什么对此感到恼怒和不安呢？最近，我发觉美国的一家报纸把我描述为法西斯主义者，但我并没有写信对此加以谴责，也没有说这是“诋毁”，因为没有人会注意到这种事情。那么，齐力亚克斯先生为什么不能对自己是“秘密的共产党员”一笑置之呢？

齐力亚克斯先生歪曲了我在《党派评论》中表达的意思，他认为我丝毫不加批评地支持贝文的外交政策，并且对其做出高度评价，甚至称之为“伟大的”。事实上我在文章中只用了很短的一点文字提到外交政策，我要表达的主要观点是，假如“秘密的共产党员”成功地分裂了工党，那么从中受益的将是极端保守主义者。齐力亚克斯先生还认为，在外国的新闻媒体上责备英国工党是“低劣的”“卑鄙的”，等等。为什么呢？参议员是一个公众人物，每一个选民都有权对其加以评论，并且，假如我没有在《伦敦通信》中准确地说出我对这个国家领导人的想法，那么我就是在逃避自己的职责。在齐力亚克斯先生的信中，他还提到了一个“贝文—丘吉尔偷偷摸摸结成的临时联盟”。他能够毫不迟疑地在纽约或者莫斯科重复一下这种谴责吗？如果他不能，我为什么要忍住不说关于那伙被称作“秘密的共产党员”的人的心里话呢？回顾四年来我写作的《伦敦通信》，我发现其中有不少内容对艾德礼[1]、丘吉尔、比弗布鲁克[2]、哈利法克斯[3]等人表现出敌意，但在这些事情上，齐力亚克斯先生并没有因为我“诋毁议会”而跳出来拔刀相助。难道他认为他以及和他

1. 克莱门特·理查德·艾德礼（Clement Richard Attlee，1883—1967），英国首相（1945—1951）、工党领袖（1935—1955），其政府对英国大工业实行国有化，并创办了国民保健事业。

2. 威廉·麦克斯韦尔·艾特肯·比弗布鲁克（William Maxwell Aitken Beaverbrook，1879—1964），英国报业巨头，在两次世界大战期间均为英国内阁成员，为保守党的决策人之一。

3. 即第一代哈利法克斯伯爵（1st Earl of Halifax），原名爱德华·弗里德里克·林德利·伍德（Edward Frederick Lindley Wood，1881—1959），英国保守党人，历任印度总督（1925—1931）、上院领袖（1935—1938）等要职。在外交大臣（1938—1940）任上，对纳粹德国实行绥靖政策。后任驻美国大使（1941—1946）。

臭味相投的一小撮人应该享有特别的批评豁免权吗？或者，他认为他的恐吓可以让我保持沉默吗？他应该确信，我会继续努力，反对在这个国家中进行集权主义的宣传。另一方面，如果他在某个时候改变了自己的观点，重新成为一个民主的支持者，我或许会第一个注意到他的这种转变，并且我当然会非常高兴地去承认它。

乔治·奥威尔

伦敦 N1

致维克多·戈兰茨

伦敦 N1 伊斯灵顿
坎农伯利广场 27b
1947 年 3 月 14 日

亲爱的戈兰茨：

我相信伦纳德·摩尔已经跟你说过了我跟你之间依然存在的那个合同的事，并且表达了我希望解除这一合同的愿望。我想，我们之间继续存在的这个合同是在 1937 年为《让叶兰继续飘扬》一书签订的。合同规定，我应该把我下面三部小说的第一拒绝权交给你。《游上来吸口气》可以算作其中的一部。1944 年我给了你《动物农场》的手稿，你看过后拒绝了它，但是你不愿意把这本书算作其中的另一部。所以，按照合同条款的规定，我还欠你另外两部小说的第一拒绝权。

我知道我请求你取消合同是请你帮我一个大忙，跟 10 年前签订这个合同时相比，情况已经发生了很大的变化，终止这个合同对你会有好处，当然对我也有好处。目前的情况是，从那时算起你出版了我 3 本书，你也以政治原因为由拒绝出版另外两本书。此外还有一本书，虽然你没有拒绝，但似乎还是拿给别的出版商更自然一些。最困难的一个例子就是《动物农场》。当我完成这部小说的时候，要出版它的确非常不容易，那时我就决定，如果可能的话，谁愿意出版这本书，我就把自己将来创作的所有作品都交给谁，因为我知道，敢于冒风险出这本书的人，肯定敢于出任何一本书。塞克尔与沃尔伯格出版公司不但准备出版《动物农场》，而且假如纸张足够的话，他们还愿意把我认为值得重印的我的著作，用外观完全相同的版式重印出来，其中包括我的一些目前已经完全脱销的书。今年，他们还急切地准备以普通的版式重印我的《游上来吸口气》。但是，他们做这些有一个并非不合乎人情的条件，就是与我签订一个全面的合同，授予他们对我任何作品的控制权。

从我本人的观点看，把小说作品放在一个出版商那里出版，同时却要把非小说作品送到另一个出版商那里出版，这显然是非常不合适的。我认识到你现在的政治立场与拒绝出版《动物农场》的时候又不完全相同了，并且，在任何情况下，我都会尊重你不愿出版与你的政治原则相对立的书籍的选择。但是，在我看来，这种困难将来还是极有可能以这样那样的形式出现。因此，如果你愿意把所有这些事情了结，那是再好不过的事了。

如果你希望就此事与我单独会面，这完全听从你的安排。我将在这个地址上待到 4 月 10 日。

你真挚的

乔治·奥威尔

致维克多·戈兰茨

伦敦 N1 伊斯灵顿
坎农伯利广场 27b
1947 年 3 月 25 日

亲爱的戈兰茨：

非常感谢你的来信，感谢你在信中体现的好心和体贴。这件事我已经反复地仔细考虑过了，不管怎么样，我仍然认为，如果你能够同意，还是终止我们之间的合同为好。这并不是说我正在写着的这部书中有些东西会惹麻烦，但是我不得不为总体情况着想。除非能够在我所有的作品中都享有选择权，否则，无论是沃尔伯格，还是别的什么人，都不会把我当成好家伙。如果我能够把我所有的作品交给一家出版公司出版，很明显这样更好一些。并且由于我肯定还会经常写一些政治题材的作品，我担心我们还会像过去一样出现分歧。你知道最难处理的是什么？就是关于俄国的问题。在 15 年多的时间里，我以极端厌恶的感情注视着俄国的统治。尽管如此，如果我能够找到理由，我当然还是愿意改变我的意见。我认为只要俄国的共产党还在掌权，我的感觉就不太可能发生改变。我知道最近几年你的政治立场与我并没有很大的差异，但是，举个例子说吧，假如俄国与西方又一次恢复外交关系（这在今后几年中是很可能发生的），我不知道事情会怎么样。或者又一次处于事实上的战争状态，老天作证，我不想让战争发生，但是假如人们被迫在俄罗斯与美国之间做个选择的话（我想，这个选择或许是每个人都必须做出的），我将选择美国。我很熟悉沃尔伯格，也很清楚他绝对不可能以政治原因为借口，拒绝出版我的任何一本书。正像你所说的那样，没有一家出版商会盲目地签订一个愿意出版一个作家所写的任何一部作品的合同，但是我认为沃尔伯格可能与大多数的出版商不太一样。

我知道我对你要求得太多了，毕竟这是因为我们之间有个合同，这个合同是我自愿签订的，而且至今我还在遵守。如果你决定要把这个合同延续下去，我当然不会违反它。但是，只要我自己的感觉还存在，我就更愿意终止这个合同。请原谅我貌似无礼的要求，也请原谅我给你带来的麻烦。

你诚恳的

乔治·奥威尔

致维克多·戈兰茨[1]

伦敦 N1 伊斯灵顿

坎农伯利广场 27b

1947 年 4 月 9 日

亲爱的戈兰茨：

本来我应该早几天给你写信，但因为我卧病在床，把这件事给耽搁了。非常感谢你慷慨大度的行为。

您诚挚的

乔治·奥威尔

1. 此信采用的是打印件。

致索尼娅·布朗内尔

阿盖尔郡 朱罗岛

巴恩希尔

1947 年 4 月 12 日

最亲爱的索尼娅[1]：

因为我的打字机在楼下，我现在是在用笔给你写信。我们是昨天到达的，一路上十分顺利，没有碰到任何麻烦。旅途中理查德非常乖。在克服了最初的陌生感觉以后，他显得非常喜欢独自享有一个位置。我们在格拉斯哥刚刚上飞机，他就睡着了，或许是因为噪声太大的缘故吧。以前我从未乘过飞机，我觉得乘飞机的确更好。与坐船相比，乘飞机要多花 2 到 3 英镑，但是要节省 5 个小时的时间，少受 5 个小时的熬煎。即使晕机也值得，因为那只需要 3 刻钟，而晕船的话则要受 5 个小时的罪，碰到坏天气更是需要 6 个小时。这里的气候就像前段时间的英格兰，几乎看不到百花争艳的征兆，昨天我还看到了大量的积雪。尽管如此，现在这里仍然是美丽的早春天气。我在新年伊始种下的植物似乎正蕴藏着勃勃生机。这个地方到处都是黄水仙，黄水仙是这里唯一盛开的花儿。我还在全力经营我那块或多或少还是处女地的花园，但我想，到了明年，我将在这里拥有一个相当不错的花园。当然，今天全天都在收拾东西，理查德又太小帮不上忙，我们已经是疲惫不堪了，但是东西总算是有条

1. 索尼娅·布朗内尔（Sonia Brownell，1918—1980），1945 年—1950 年任《地平线》的编辑干事，她在 1949 年与奥威尔结婚，成为奥威尔的第二任妻子。索尼娅被认为是《一九八四》中“朱莉娅”的原型。

理多了，房子看起来又充满了文明气息。要使运输问题彻底解决，我们还需要几星期时间，否则我们早已全部装备好了。等我把鸡舍建好以后，还要喂几只母鸡。我还能够提供酒精饮料，这样人们每天就可以享用一点儿朗姆酒了，而去年我们事实上不得不当绝对禁酒的人。我想，在一周的时间里，一切都会井井有条，花园中最关键的工作也已经做完，然后，我就可以安心写点儿东西了。

我给珍妮塔[1]写了信，邀请她在任何她喜欢的时间里到这里来，并告诉了她到这里来的路线，只是由于她在带孩子，还不能马上成行。旅程其实非常简单。我愿意告诉你有关这一旅程的全部细节，其实旅程并不像它写在纸上那样让人望而生畏。事实是这样的：

每个星期一、星期三、星期五会有船来朱罗岛。你们必须在早晨8点从格拉斯哥乘坐接驳港口的火车，这意味着你们提前一天赶到格拉斯哥过夜更安全一些，因为通宵火车总会非常讨厌地晚点一两个小时，这样就会赶不上港口联运火车。具体的时间表等内容如下：

早上8点，离开格拉斯哥中央车站去古拉克。

在古拉克乘船去塔伯特。大约12点到达东塔伯特。

乘公共汽车去西塔伯特（公共汽车与轮船的运营是相对应的）。

在西塔伯特换乘去克雷格豪斯（朱罗岛）。

大约在下午3点半，到达克雷格豪斯。

如果你想乘飞机来，每天都有航班（除了星期天以外，我想）。如果不是大雾天气，航班是不会取消的。具体旅程如下：

1. 珍妮塔·基（Janetta Kee），索尼娅·布朗内尔的朋友，也是与《地平线》和《辩论》杂志有联系的作者的共同朋友。

10:30 到达苏格兰航空公司在圣恩伊诺克站的办事处（航空办事处就设在火车站里面）。

10:40 乘坐公共汽车前往伦弗鲁机场。

11:15 乘坐飞机飞往艾莱。

12:00 到达艾莱。

雇一辆汽车（或乘公共汽车）去渡口，然后乘船去朱罗岛。

大约 13:00 摆渡过去。

雇一辆汽车去利尔特。

提前告诉我们你到达的时间，这非常重要，因为这样我好联系租车事宜。这里每周只送两次邮件，这样我就只有两次机会捎信到克雷格豪斯预订汽车。如果你乘船来，你或许可以在码头叫一辆汽车，但如果你是乘飞机来的，如果不是事先预订，机场可能没有汽车（那里距离克雷格豪斯还有好几英里路程）。因此，如果计划要在——比如说——6 月 15 日到这里来，最好在 6 月 5 日前后就给我写信，因为你的信到我手上需要 4 到 5 天，我捎信预订汽车还需要 3 到 4 天时间。拍电报是没有用的，因为电报也需要邮递员来送达。

你需要一件雨衣，如果可能的话还要有一双结实的靴子或鞋子——最好是胶鞋，如果你有的话。我们可能还有几双富余的胶鞋，但我没有把握。我们有很多富余的油布雨衣，或者其他类似的东西。如果你要把那一周定量供应的食品——一点面粉和茶——带过来，那么这些东西会对你有帮助的，因为他们总是不能及时地把新来的人的食品送过来。

给你说了这一切之后，我担心你会对这一旅程望而却步。但是，事实上它非常容易，我这里的房间也非常舒适。你将要居住的房间很小，但是向外眺望的时候可以看到大海。我的确非常希望能让你来这里。我希望等你来的时候，我们已经在我们的船上装上了马达，这样，如果天气好的话，我们就可以绕道去这个岛西面的海湾看看。那里还完全没有人居住，沙是白色的，非常漂亮，海水非常清澈，海豹在水中游来游去。如果碰到下雨，我们还可以在那里找到一个岩洞躲雨。那里还有一个牧羊人搭建的窝棚，已经很久没人使用了，但还是可以住的，甚至到那里来个一到两天的野营都是可以的。不管怎么说，请你一定来，只要你高兴，你可以在任何一个你喜欢的时间来，只要想着事先告诉我一声就行了。同时，请一定照顾好自己，保持愉快的心态。

我刚刚想起来，你给我买的白兰地我还一直没有付给你钱，所以随信寄去 3 英镑支票。我猜想你大概花了这么多的钱，对吗？这种白兰地味道非常好，在回来的路上我就已经开始享用了。这里要搞到酒精饮料非常不容易。相邻的艾莱岛就制造威士忌酒，但他们的产品都出口到美国了。我给了司机很多啤酒，比通常两个人饮用的量还要多，可这些酒以令人难以置信的速度消失了，似乎“咔嗒”一声落到了他胃的底部。

爱你的

乔治

致弗雷德里克·约翰·沃尔伯格

阿盖尔郡 朱罗岛

巴恩希尔

1947年5月31日

亲爱的弗雷德：

非常感谢你的来信。这本书[1]我已经有了一个很好的开端。我想，我的草稿大概已经完成接近三分之一了。我刚刚达到我原先计划这个时候应该完成的进度。从今年1月前后以来，我的健康状况的确处于最差的情形中（仍然还是肺里的毛病），始终不能完全摆脱病魔。尽管如此，我仍然坚持不懈地写作，并且希望到10月份我离开这里的时候，我要么完成了全部草稿，要么至少完成了书中最困难的部分。当然，草稿往往混乱不堪，与最终的定稿常常联系不大，但它仍然是这一工作的主体，因此，如果我能够确保在10月份写完草稿，我或许可以在1948年初完成这部书。当然，这没有把疾病的因素考虑在内。我不喜欢在书没有写完之前谈论书的内容，但现在我愿意告诉你，这是一本关于未来的小说，就是说，它是一部幻想作品，但又是以一种自然主义形式出现的小说。这一工作的难点也正在于此。当然，作为一部幻想的书，它写起来相对容易一些。

我寄给你一个独立成篇的长篇自传[2]。最初我是把它作为西里尔·康诺利的作品《承诺之敌》的附录来写的，他请求我把我们一起在预科学

1. 指《一九八四》。

2. 指《我们如此欢欣》（*Such, Such Were the Joys*），也有人译作《我们欢喜异常》《如此快乐童年》等。此时沃尔伯格并未将其出版。1952年，在奥威尔去世之后，美国《党派评论》才最早将其发表。

校读书的事情写成一个回忆录。事实上我还没有把这篇东西寄给康诺利或者《地平线》杂志，因为除了对于一本杂志来说它显得篇幅太长以外，公开出版它还有诽谤的嫌疑。但除了或许会把人物姓名换一换以外，不准备再对它进行修改。但是我想，当这篇文章涉及的人物大多死去以后，它迟早会公开发表的，或许迟早我还会编写一本回忆那段生活的文集。我还必须为这份打印稿向你道歉。它不是复印件，而是花钱请人打印的，里面错误百出，我不得不仔细进行校对——尽管如此，我想绝大多数的错误还是更正过来了。

理查德非常健康，只是偶尔会有一些小病小灾。他先是不小心摔倒了，划破了自己的前额，不得不去缝了两针；然后他又患上了麻疹。他现在已经能讲很多话了（大约一周之前他刚刚过完 3 周岁生日）。在经过了一段时间恶劣透顶的天气以后，现在的天气又重新变得令人欢欣鼓舞。我们在荆棘丛生的处女地上开垦出来的花园，现在的情况正一天好似一天。

请代我向帕米拉[1]和罗杰[2]问好。

你的

乔治

1. 弗雷德里克·约翰·沃尔伯格夫人。

2. 罗杰·塞恩豪斯。

致乔治·伍德科克

阿盖尔郡 朱罗岛

巴恩希尔

1947年6月18日

亲爱的乔治：

是的，慕尼黑的人要从《现在》杂志上重印这篇文章[1]，这当然可以。

得知你打算写点关于王尔德[2]的东西，我很高兴。我一直十分拥戴王尔德，十分喜欢他的《道恩·格林的画像》，尽管它在某种方式上显得有些荒谬。最近我刚刚读完海斯凯茨·皮尔逊[3]著的关于王尔德生平的一本书，这只是一本卖钱的普通传记，但我发现其中有些章节很有意思，尤其是描写王尔德在监狱里度过的那段时光的部分，读起来非常有趣。我想，我从前没读过王尔德的传记，尽管几年前我读过弗兰克·哈里斯[4]写的一些回忆录，但那明显有些失实，因此，谢罗尔德[5]所著的一

1. 指《穷人如何死去》（*How the Poor Die*）。

2. 奥斯卡·王尔德（Oscar Wilde，1854—1900），爱尔兰作家、诗人，19世纪末期英国唯美主义的代表人物，主要作品包括：《认真的重要》《少奶奶的扇子》和长篇小说《道恩·格林的画像》（*The Picture of Dorian Gray*），等等。

3. 海斯凯茨·皮尔逊（Hesketh Pearson，1887—1964），英国演员、戏剧导演和作家。他主要以他的流行传记著称，曾为奥斯卡撰写过传记《奥斯卡·王尔德：他的人生与机智》。

4. 弗兰克·哈里斯（Frank Harris，1855—1931），是爱尔兰裔美国作家、编辑、记者和出版人，曾编辑与经营《星期六评论》《皮尔逊家人》等。其代表作是五卷本自传体小说《我的生活与爱情》。他曾为奥斯卡·王尔德创作过传记《奥斯卡·王尔德：他的人生与忏悔》。

5. 指罗伯特·哈伯罗·谢罗尔德（Robert Harborough Sherard，1861—1943），英国作家、新闻记者。他是作家奥斯卡·王尔德的朋友，同时也是王尔德的第一位传记作家，著有多部奥斯卡·王尔德的传记，如《奥斯卡·王尔德：一个不快乐的友谊的故事》《奥斯卡·王尔德的生平》及《真正的奥斯卡·王尔德》等。

本书中对哈里斯传记中的不实之处进行了反驳。我很希望能够读到对这桩公案的更详细的说明。你寄给我的那个女人在美国杂志上的发言让我乐不可支。真是一头蠢驴！

这里的天气只好了一两个星期，又重新变得恶劣起来。

你的

乔治

致乔治·伍德科克

阿盖尔郡 朱罗岛

巴恩希尔

1947 年 8 月 9 日

亲爱的乔治：

我终于抽出了时间回复你 7 月 25 日的来信。正像你所说的那样，我原则上同意为你提到的丛书写文章。说“原则上”是正确的，因为我实在太忙，所以在最近的将来，我不想承担别的工作。我正在拼命赶写这部小说，我希望在 1948 年初能够写完。我甚至不敢奢望在大约 10 月份完成草稿，10 月份后我必须回到伦敦待上 1 个月左右的时间，处理一些形形色色的事情，写一两篇我已经答应了人家的文章。然后，我会花上 4 到 5 个月的时间，重新写作这部小说。即使我什么别的事情都不做，写一部书所花费的时间也太多了，但我忍不住要偶尔写一点儿别的文章，经常是为美国的杂志写东西，因为一个人必须不时地赚点儿钱花。

我想我或许会在 11 月回来并且在这里过冬。在这里，我的工作可以较少被打扰，并且我觉得这里的冬天稍微暖和一些。此处气候虽然潮湿，但不像英格兰那么冷，并且在这里寻找燃料会比较容易。我们正在尽可能地节省我们的煤，希望在冬天开始的时候能够有 3 吨煤的储备。在这里，你还可以得到 40 加仑的一圆桶油，而去年冬天我们在伦敦的时候，不得不为每两周供应一次的 1 加仑油求爷爷告奶奶。这里还有木材和泥煤，但是搜集木材、把泥煤运回来也是个累人的活儿。冬天的部分时间里，天气可能十分阴冷，有时还会有一到两周时间，人们跟本土的联系被完全隔绝，但是只要你的手里有面粉可以做烤饼，这也没有什么关系。近来这里的天气一直令人难以置信的坏，我担心不久以后我们恐怕还要为此付出代价。上周我们驾着一叶扁舟，绕岛转了半圈，来到这个小岛靠近大西洋的那边，那里还完全没有人居住。我们在一个牧羊人搭建的空窝棚里住了几天。那里没有床，但却非常舒适。那边有漂亮的白色沙滩，并且假如你往山的深处爬上大约半个小时，就能到达一个里边满是鳟鱼的内湖。由于交通不便，还没有人到这里打鱼。上周我们都竭尽全力把干草收了进来，理查德也帮了忙，他喜欢光着屁股在干草堆里打滚。如果你什么时候想到这里来，请一定来，只要提前一星期给我一个通知就行了，因为这样我好去接你。9 月份以后，这里的天气将变得十分温和，尽管我知道，即使在隆冬季节，这里也有非常暖和的天气。

我得到两份保卫自由委员会[1]的新闻简报。我并不高兴在纳恩·梅事件中有进一步的行动，即把他塑造为一个本意良好的受害者形象。内政大臣如果乐意，他可以把这个声明搞得混乱不堪。我虽然在第一份请愿书上签了字[2]，但并非没有疑虑，只是因为我觉得 10 年监禁的判决太重了（假定任何判决都是公正的）。如果我参加了对这一案件的辩论，或许我已经指出，假如他是把情报给了美国，或许最多只会被判 2 年监禁。但事实上他只是一个普通的间谍——我并不认为他这样干是为了钱——他到加拿大去也是作为间谍网的一个部分。我想你读过了关于这一事件

1. “保卫自由委员会成立于 1945 年，目的是处理任何侵犯大英帝国公民自由权的事件。自从保卫自由委员会成立以后，它在数量可观的案件中进行了成功的干预，这些情况在它的新闻公报中得到全面的反映……” 见 1947 年 2 月 7 日由保卫自由委员会主席赫伯特·里德、副主席乔治·奥威尔和秘书长乔治·伍德科克联合署名的一封致《论坛报》的信。

2.1946 年 8 月 6 日，奥威尔在请愿书上签了名。

的蓝皮书。在我看来，蓝皮书上说他觉得不应该在同盟国内部封锁情报，在我看来，这似乎不是一个很有说服力的理由，因为在他那个位置上，应该知道俄国从来不跟任何国家交换军事情报。尽管如此，只要这份抗议书能够让他早一点出狱，我是不会反对的。

你的

乔治

致安东尼·鲍威尔

阿盖尔郡 朱罗岛

巴恩希尔

1947 年 9 月 8 日

亲爱的托尼：

非常感谢你寄来的明信片。大约在 11 月初，我将到伦敦去，但或许只停留一个月左右的时间。我们计划在这里过冬，因为在这里我可以专心致志地进行创作，而不至于经常被新闻方面的工作打断。并且，我还认为，这里除了有些潮湿和闭塞以外，比起伦敦来还是更舒服一些。这里燃料充足，总体上说食物供应也更富足。最差劲的地方就是面包定量供应得太少，还有就是新实行的汽油供应量的削减，因为我们每周至少要驾车外出一趟，购买一些日用杂货等物品。现在我们的房子已经收拾得相当舒服了，只是我们还是不得不使用油灯来照明。我的花园建设也已经初见成效了。我们碰到了令人难以置信的坏天气，这的确是严重的干旱，结果造成水龙头在两周的时间里没有一滴水，在那段时间里谁也没法洗澡。从理论上讲，人们可以到大海里去洗澡，但我发现海水对我来说太凉了，除了有一两次我不情愿地洗过海水澡以外，我再也没下过水。理查德长高了，也长胖了，能说的话也越来越多。今年他跌了一跤，摔得挺厉害，前额上落了一块疤，但我想一两年后这块疤痕就会消失的。我正在抓紧写我的小说，如果不再做其他的事情，我希望能够在明年春天完成。我知道，如果我回到伦敦，就不得不为新闻媒体写每周一次的专栏文章，我就再也难以让我的小说有所进展。目前人们用来工作的能力总是有限的，因此，必须更加合理地使用。克里斯登夫人[1]说你送给我一本书[2]——我想可能是一些维多利亚时代小说的重版本，你为这些书写了介绍——但是她还没有把书寄来。不管怎么说，非常感谢。我一回到伦敦就会给你打电话的。

请代我向维奥莱特[3]致意。

你的

乔治

1. 克里斯登夫人曾经做过达克沃斯出版公司（战前鲍威尔曾在这个公司里工作）的董事，出版家，后来她到牛津大学出版社印度部工作。在第二次世界大战期间，她留在日本占领区，此时刚刚回到英格兰。当时在朱罗岛的奥威尔把他在坎农伯利广场的那套住房租给了克里斯登夫人，让她在返回远东之前使用。

2. 指《维多利亚时代以来上流社会小说选》，安东尼·鲍威尔编。

3. 维奥莱特·鲍威尔（Violet Powell，1912—2002），作家、批评家，安东尼·鲍威尔夫人。

致阿瑟·凯斯特勒

阿盖尔郡 朱罗岛

巴恩希尔

1947 年 9 月 20 日

亲爱的阿瑟：

我想一个名叫伊霍尔·谢夫申科[1]的乌克兰流亡者可能给你写过信——他告诉我他给你写过信，而你至今尚未给他回信。

他想知道的是：他们能不能把你的一些作品翻译成乌克兰文，当然，没有任何报酬，只是为了在乌克兰流亡者之间分发。他们现在似乎在德国的美国占领区以及比利时拥有自己的印刷设备，专门印刷乌克兰文书籍。我告诉他，我想你会为自己的作品在苏联公民中传播感到高兴的，并不会在乎报酬。他们刚刚翻译出版了一个《动物农场》的乌克兰文译本，这本书的印刷、装订都很好。我通过跟谢夫申科的通信判断，这本书翻译得非常出色。我刚刚从他们那里听说，慕尼黑的美国权利机构搞到了 1500 册《动物农场》，把它们分给遣返回国的苏联流亡者。但是事实上第一次在这些流亡者中间分发的《动物农场》数量就在 2000 册以上。如果你允许他们翻译出版你的一些作品，你最好先把这件事当成一种需要保密的事情，不要告诉很多人这件事情的目的，因为此事的整个过程

1. 伊霍尔·谢夫申科（Ihor Sevcenko，1922—2009）后来成为拜占庭学研究的顶尖学者、哈佛大学教授。在漫长而杰出的学术生涯中，他曾在哈佛大学、加州大学伯克利分校、密歇根大学、布达佩斯中欧大学和牛津大学等 15 个机构担任过教职。

都是非法的。谢夫申科同时还问我，拉斯基[1]会不会同意让他们翻译出版他的某些作品（他们希望印一些能够反映西方思想的代表作品）。我告诉他，不要与拉斯基发生任何联系，并且绝对不要让他那类的任何人知道有人正在同盟国控制的区域内，非法印刷出版使用苏联语言的书籍。但我告诉他们，你是一个信得过的人。我确信，我们应该尽我们所能帮助这些人，并且，自从1945年我就一直在说，这些流亡者为我们提供了推倒俄国与西方之间存在着的那堵高墙的天赐良机。如果我们的政府看不到这些，我们就私下里进行操作好了。

11月期间我将重返伦敦，但我还是要回到这里过冬，因为我想这里更容易取暖（有更多的煤，等等），还因为我想继续写我的小说，我希望明年春天能够写完。在写这部小说的同时，我不准备做很多别的事情。从去年冬天开始，我的健康状况在一年中的很多时间里不是很好，同往常一样，还是因为肺病。但是跟在伦敦相比，还是在这里更舒适一些，食品供应也更富足一些。理查德比以前更高了、更胖了。

代我向玛麦恩问好。

你的

乔治

1. 哈罗尔德·约瑟夫·拉斯基（Harold Joseph Laski，1893—1950），英国政治理论家、马克思主义者、作家和新闻记者，同时也是费边社社员，曾任工党主席（1945—1946），从1920年起任教于伦敦政治经济学院，1926年—1950年在伦敦大学担任政治学教授，思想由多元政治转向民主社会主义，代表作品有《现代国家的权利》和《政治典范》等。

致朱丽安·西蒙斯

阿盖尔郡 朱罗岛

巴恩希尔

1947 年 10 月 9 日

亲爱的朱丽安：

11 份我将回到伦敦，我想大概是 5 日到伦敦，希望那时我们能见上一面。等到临近的时候我会给你打电话或者写信的。

你心肠太好了，对于我那部傻里傻气的小册子《英国人》，你竟然在《曼彻斯特晚间新闻报》上发表书评[1]给予了很高的评价。事实上我几乎是在特纳的“威胁”下才写这本书的。这本书是 1944 年初写的，但一直没有出版。去年，审读人员匆匆忙忙地通过了这部书，在大选开始的同时，这部书的评论也不时地在这里那里露面。

理查德又长大了许多，已经能讲很多话了。今年夏天是理查德的多事之秋。他得过麻疹，前额磕到了一个破坛子上，碰掉一大块肉。总体上说来，这里的天气还是相当不错的。我们经历了连续 6 个星期不下雨的天气，其中还有一到两个星期连自来水龙头里也没有水。后来又下了大量的雨，不过今年与去年相比，他们在收获庄稼的时候少受了不少罪。

你的

乔治

1. 西蒙斯为奥威尔的《英国人》一书所写的书评发表在 1947 年 8 月 7 日的《曼彻斯特晚间新闻报》上。

致罗杰·塞恩豪斯

阿盖尔郡 朱罗岛

巴恩希尔

1947 年 10 月 22 日

亲爱的罗杰：

现在我把《游上来吸口气》的校样寄还给你。

我没有做很多更改。有一种情况是虽然没有出现打印错误，但我还是做了一些修改，其中包括一两处原稿中的错误。

那个日期是怎么回事？在书的扉页上写着“1947”，但它并不是在 1947 年出版的。是不是应该在别的什么地方提一提这本书最初是在 1939 年出版的？

顺便说一句：你有没有注意到这部书中没有一个分号？大约就是在那个时候，我开始想到分号是一种不必要的停顿，并且决定在写下一部书的时候不再使用分号。

我将在 11 月 7 日回到伦敦，并将在伦敦停留大约 1 个月的时间。我有不少浪费时间的事要做，要去做报告，等等。我希望在回到伦敦之前，能够完成我小说[1]的草稿，目前小说已处在最后冲刺阶段。但是草稿乱得一团糟，除了需要做通常的润色以外，大约有三分之一的内容需要全部重写。我不知道做完这些工作需要多少时间，我希望只要 4 到 5 个月，但很可能会更长一点。我的身体状况终年欠佳，以至于我似乎从来没有

1. 指《一九八四》。

很多过剩的能量。我不知道弗雷德会不会在 11 月份回来，我希望那时能够见到你们两位。

你的

乔治

致安东尼·鲍威尔

阿盖尔郡 朱罗岛

巴恩希尔

1947 年 10 月 23 日

亲爱的托尼：

关于吉辛的那本书[1]——我非常愿意为它写书评，但是我恐怕必须说不行。原因是我不仅要拼死拼活地写我的这本书，在伦敦的时间里也会非常忙碌。我有各种各样的浪费时间的事情不得不去做，除此之外，我还有另外一篇无法推托的长文章不得不去写。我希望我在伦敦的时候能够完成这篇长文章中最困难的部分，但这意味着我不能再承担其他任何任务。非常抱歉——其实我更希望我已经为吉辛写了那篇书评。

我将在 11 月 7 日来伦敦，到了以后我会给你打电话的。这里的冬季已经开始了，非常黑暗，非常阴沉。在大约下午五点半的时候，我们就不得不点上灯。尽管如此，跟在伦敦相比，我们在这里有更多的煤，这里的房子与伦敦的套房相比防御风雨的能力更强。去年冬天，伦敦的那套房子有 12 个地方漏雨。

请代我问候维奥莱特。

你的

乔治

1. 安东尼·鲍威尔曾经请求奥威尔为乔治·吉辛的《生命的早晨》一书写书评。乔治·吉辛（George Gissing，1857—1903），英国小说家、散文家，代表作包括小说《黎明的工人》《在流亡中诞生》《德谟斯》《新格拉布街》及散文集《四季随笔》。

致朱丽安·西蒙斯

阿盖尔郡 朱罗岛

巴恩希尔

1947 年 10 月 25 日

亲爱的朱丽安：

我忍不住要卖弄一下学问了。基德·刘易斯[1]或许一直是作为一个次中量级拳击手出现的，但我认为他是一个轻量级拳击手。我会告诉你我是怎样记住这些的。刘易斯曾经向卡本切尔[2]挑战，当时他宣称他的体重被高估了。最初卡本切尔（一个轻量级拳击手）说，他拒绝与低于他体重的人交手。最后他们打了一场，刘易斯被击倒在地，他的支持者宣称他是被愚弄了。那是 1922 年（也可能更晚一些）的事[3]。

在新党中，他是莫斯利的支持者，并且参加了怀特柴波尔地区的竞选。我想那是 1931 年，那一年新党在选举中遭到惨败。我想他支持莫斯利的时间更长一些，至少在莫斯利开始把自己称为法西斯主义者以

1. 西蒙斯在发表在《曼彻斯特晚间新闻报》上的关于奥威尔所著《英国人》一书的书评中提到基德·刘易斯的拳击及政治生涯，在这封信中，奥威尔谈的也是这个。泰德·基德·刘易斯（Ted Kid Lewis，1890—1970），英国职业拳击手，常与历史上最伟大的拳手并列。退役后曾一度步入政坛，做过新党领袖奥斯瓦尔德·莫斯利的保镖，参与过地方选举，但后来又因对待犹太人的分歧与莫斯利分道扬镳。

2. 指乔治·卡本切尔（George Carpentier，1894—1975），著名法国拳击手，1911 年成为欧洲次中量级冠军，1912 年成为欧洲中量级冠军。在 1920 年 10 月，他成为世界轻重量级拳王。1991 年，卡本切尔进入国际拳击名人堂。

3. 奥威尔没有记错。乔治·卡本切尔接受基德·刘易斯挑战的拳击赛的确发生在 1922 年，具体时间是 6 月 11 日，地点是伦敦。此次比赛以乔治·卡本切尔击倒基德·刘易斯卫冕世界轻重量级冠军而告终。

后。因为我记得布什罗伊德[1]跟我谈到一次发生在公众会议上的斗殴事件，那大约是1932年，刘易斯也卷入了那次斗殴。我确信，莫斯利一开始的时候就有一个犹太职业拳击家做保镖。那时人们还不认为法西斯主义是反犹太主义的，莫斯利直到1933年或者1934年才开始采取反犹太主义的政策。

希望能够早一点见到你。

你的

乔治

1. 这里提到的布什罗伊德应该是约翰·巴希尔·布什罗伊德（John Basil Boothroyd）。约翰·巴希尔·布什罗伊德（1910—1988），英国幽默作家，以其与拳击的长期关联而闻名。年轻时他曾在一家银行工作，后来开始以写作和编辑为生。其主要文学作品是菲利普王子的官方传记。

致安东尼·鲍威尔

阿盖尔郡 朱罗岛

巴恩希尔

1947 年 11 月 29 日

亲爱的乔治：

来信收到，非常感谢。我仍然卧病在床，但我觉得在经过多次反复以后，我的身体真的在逐步好转。如果我能够找到以前给我治病的胸科专家给我医治，或许我现在已经完全好了。但是，我不敢在我发着烧的时候冒险进行这趟到本土的旅行。即使在一部分旅程中能够乘坐飞机，在冬日里进行这次旅行也不是一件愉快的事。尽管如此，我现在已经安排好一个人从格拉斯哥到这里来，对我进行一次草草的检查，然后我或许会动身去伦敦，或许只走到格拉斯哥。我想我也许不得不到医院住上一段时间，因为除了接受治疗以外，我还要进行 X 光检查等。在那之后，如果我能得到一家报纸的委派，我还打算到国外某个温暖的地方待上几个月。当然，我已经好几个星期没有做任何工作了——我正好刚刚写完我小说的草稿，通常我只把草稿看作半成品。我原来计划在 5 月份之前最终完稿，而现在，只有天知道究竟什么时候能够完成。我很高兴那本关于奥布里的书[1]最后终于出版了。今年春天，我一直忙于重印我 1939 年出版的一本书[2]，那本书因为第二次世界大战爆发几乎被扼杀。那也是我开始写作我的新小说太晚的一小部分原因。

1. 指安东尼·鲍威尔的《约翰·奥布里和他的朋友》（*John Aubray and His Friend*）。

2. 指《游上来吸口气》。

很明显，克里斯登夫人刚刚出海远行了。我给你写这封信的原因之一，是想问你这样一个问题：你有没有或者你知不知道什么人有马鞍要出卖？只要肚带和马镫完好，其他地方情况好坏无关紧要。这种马鞍有些人也许会扔掉的。我们的这只小马只是出于节省汽油的特殊目的才骑的，但是骑在没有马鞍的马背上实在太累了。我准备出一个合理的价钱。

理查德身体好得不得了，他时时刻刻充满着攻击性和暴力。

请替我向大家问好。我希望能够尽快见到大家。

你的

乔治

致西莉亚·科文

阿盖尔郡 朱罗岛
巴恩希尔
1947 年 12 月 7 日

最亲爱的西莉亚：

收到你的来信，我太高兴了。不幸的是我的回信不可能写很长，因为我的确病得非常厉害。至于你向我询问的伊内兹[1]的情况，事实上我已经很久没有收到她的信了。不过当我发现自己没法去伦敦（因为这场病）的时候，我给她写信，请求她打电话通知有关的一些朋友，她照我说的做了。我因此推想，无论如何她的情况应该一切正常。

我卧病在床已经 6 个星期了。在住院之前的某些时间，我的感觉相当不好。我努力试着想尽快恢复，以便进行我计划中的伦敦之行。最后，我请一位胸科专家到这里来。他说，我必须住院治疗，或许需要大约 4 个月的时间。住在医院里，生活单调乏味极了，尽管如此，如果他们可以治愈我的病，那也是值得的。我认为朱罗岛上的气候对我的身体并没有什么不好的影响。我所住的这家医院靠近格拉斯哥，与朱罗岛的气候几乎一样。事实上，今年的气候除了有些干燥以外，还是相当不错的。

理查德的身体始终很好。他越来越结实，也越来越重了。等我到了医院以后，我会告诉你那家医院的地址。我希望能够在某个时间跟你见个面——但是天才知道那得等到什么时候。

爱你的
乔治

1. 伊内兹·霍尔登（Inez Holden，1903—1974)），女作家、新闻记者，西莉亚·科文的一个远房亲戚，同时也是奥威尔的朋友。她是个女权主义者，终身未婚。主要作品包括《甜蜜的骗子》《朋友的家庭》《夜班》和《成人》等。

致托斯科·菲弗尔

拉那克郡 东基尔布莱德地区

海尔麦尔兹医院 三号病房

1947 年 12 月 31 日

亲爱的托斯科[1]：

非常感谢你的来信。如果你什么时候真的来看我，我会非常高兴的，但是当然不要为了看我而把自己搞得太疲劳，最好是顺便。他们对于探视时间的规定似乎也不太大方。院方规定的时间是：星期日、星期三、星期六的下午 2 点 30 分至 3 点 30 分，星期二的晚上 6 点至 7 点。到这里来要走很远的路。我是乘小轿车来的，所以不十分清楚这家医院距离格拉斯哥究竟有多远，但我想至少有 20 分钟车程。

我住进医院才有 10 天左右的时间，但从我病重算起已经有两到三个月了。其实整整一年我的身体都不是很好。当然，我很早以前就患上了这种病，但不是很严重。去年我的身体相当好。我想是从去年冬天[2]得的那场重感冒开始，我的病慢慢变得严重起来。在今年年初，我就感觉到病情在加重，虽然那时我就怀疑自己患上了肺结核，但我还是像个傻瓜似的，决定不去看医生，而是留在家里继续写我的书。当时的情况是我的书刚刚写完一半，那在我看来就跟还没开始写一样。尽管如此，医生们似乎非常有把握，认为他们可以让我恢复健康。因此我想，或许到了 1948 年的某个时间，我就可以回来承担比较繁重的工作了。

---

1. 托斯科·约瑟夫·菲弗尔（Tosco Joseph Fyvel，1907—1985），常被称作 Tosco R. Fyvel 或 T.R. Fyvel，作家、新闻记者，奥威尔的一位朋友，此时为《论坛报》的文学编辑。

2.1946 年至 1947 年的冬季出现了前所未有的寒冷天气，但是煤炭却出现了严重的短缺。

过一段时间，我打算开始为《观察家报》写一个小书评。这样，或许我躺在病床上也可以挣点儿钱花。这周与上周相比，我感觉好了一些。治疗就是让受到感染的肺停止工作，据说这样可以给它一个比较好的恢复机会。我想这是一个很漫长的过程，同时，在这里接受适当的护理，对我的身体肯定是有好处的。这是一个相当不错的医院，医院里的每一个人都对我很好。下一件事就是别让理查德传染上这病，尽管我敢肯定地说，从他的体格来看，他目前不太像有病的样子。当我知道了我自己得的是什么病的时候，我就尽可能地不让他和我接触。我们还找到一只经过检查的奶牛，以便能够使他饮用的牛奶质量稍稍有一些保障。我们还一直坚持把他的牛奶煮沸后再给他饮用，当然，偶尔可能也有忘记的时候。等明年年初，当我的妹妹到伦敦购物的时候，我打算让我妹妹带他去照一次 X 光，以便最终确诊一下。

请代我向玛丽[1]和所有其他人致意。我不知道担忧巴勒斯坦有什么用处。如果这场愚蠢的战争再进行一二十年，也许这个国家就要从地图上抹掉了。唯一的希望就是找一个不值得用炮弹轰炸的地方安个家，喂上几只动物，静静地生活着。

希望什么时候能够见到你。

你的

乔治

1. 托斯科·约瑟夫·菲弗尔夫人。

1948 年

致格温·奥肖纳西

拉那克郡 东基尔布莱德地区

海尔麦尔兹医院 三号病房

1948 年 1 月 1 日

亲爱的格温[1]：

我想你可能很想知道我病情的进展。我相信狄克先生[2]已经告诉了你一些我的情况。他一完成对我的肺部听诊就说：在我的左肺上有一个面积很大的空洞，在另一叶肺的顶端也有一小块空洞。我想后者可能很早以前就有了。接下来的 X 光透视证实了狄克先生的诊断。现在我到这里已经接近两个星期了，他们给我的治疗是让我的左肺停止工作，大约需要 6 个月时间，这样可能给它一个更好的治愈的机会。他们先是压碎膈神经，我猜想大概就是膈神经使肺扩张或者收缩的；然后往膈中泵入空气，我理解这是为了让肺进入一个不同的状态，使其摆脱某种自主进行的运动。每隔几天我就不得不往膈中重新输入一次空气，但我想也许不久就会减少到每周一次了。至于其他，我的病情依然很严重，身体还是相当虚弱。来到这里以后，我发现自己瘦了 21 磅，但是我的感觉还是稍稍好了一些，不像以前那样夜里常常盗汗了，胃口也好多了。他们让我吃很多食物。目前他们还不允许我下床活动，因为那样的话会给肺增加额外的负担。这是一个很好的医院，每一个人对我都特别好。我自己有一个房间，我不知道这是暂时的还是永久的。我已经有两到三个月

1. 格温·奥肖纳西医生，爱琳·布莱尔的哥哥劳伦斯·埃里克·奥肖纳西的遗孀。

2. 海尔麦尔兹医院的专家。

时间任何工作都不做了，但我想也许过不了多久，我就可以胜任一些较轻的工作。我计划写一点儿书评。

当我离开家的时候，理查德非常好。在我弄清楚自己得的是什么病之后，我试图不再允许他进入我的房间，但是当然不可能完全做到。当艾弗里尔[1]1月或者2月去伦敦购物的时候，我准备利用这个机会，让她带着理查德到医院去做个全面的检查，以确定他身体正常。自从你提醒过我们之后，我们都把他的牛奶煮沸后再让他饮用，当然，这要把个别忘记了的时候除外。有比尔·邓恩[2]住在那所房子里，照料起牲口来比较容易，这意味着如果需要的话我们可以走得开。应该说理查德看起来不太像患了肺结核的样子，但我觉得最好还是通过检查确定一下。我想，他们肯定在巴恩希尔过了一个愉快的圣诞节。

我很高兴在圣诞节之前就离开了家，以免会把这病传染给大家。我恐怕没有给任何人写过圣诞贺卡或者其他东西，现在连写信祝贺新年都有些晚了。希望到今年夏天我可以基本恢复健康，能够回到巴恩希尔待上一段时间，希望那时候你和孩子们能够再次光临。这次或许有一匹小马可以骑。我们目前已经有了一匹马，但它只是借的。医院的人们为病人举行了一次盛大的新年晚会，所有的病床都被拖进一间大病房，有唱歌的，也有表演魔术的。

我希望你度过了一个快乐的圣诞节。请替我问候孩子们。

你的

乔治

1. 艾弗里尔·诺拉·布莱尔（Avril Nora Blair，1908—1978），奥威尔的妹妹，此时正为奥威尔管家并且照顾他的儿子。

2. 比尔·邓恩（Bill Dunn），一个因伤病从军队复员的苏格兰年轻人。1947年他在朱罗岛上工作时，遇到了理查德·里兹爵士，两人开始合伙为奥威尔经营巴恩希尔农场。1951年，他与艾弗里尔结了婚。

致朱丽安·西蒙斯

拉那克郡 东基尔布莱德地区

海尔麦尔兹医院 三号病房

1948 年 1 月 2 日

亲爱的朱丽安：

感谢你寄来的笔[1]。你可以看到，我现在正用你寄来的笔写信。当然，它像伯罗牌圆珠笔一样好用。我很喜欢墨水的颜色。我另一支笔已经是在垂死挣扎，因为经常漏墨水而不能在床上使用了。

我想我已经好了一点了。我不太像快要死的人，一顿饭吃掉的东西比以前要多很多。在这里，他们总是往我的肚子里填东西。我不知道我的体重是否在增加，因为我在这个阶段只能严格地按照要求躺在床上……你总是想，苏格兰一定很冷，这真是太好玩了。苏格兰的西部并不比英格兰冷。我想，那些海岛总体上说来肯定更暖和一些，尽管它们夏天的时候或许并不那么热。等到我的身体好到可以离开医院的程度以后，我还是不得不继续进行泵气治疗。这样我可以在格拉斯哥或者伦敦待上几个月，暂时躲开朱罗岛。我已经把朱罗岛那边的事情完全安排好了。我们，就是说我和我的妹妹，拥有那所房子，一个在战争中失去了一只脚的年轻小伙子[2]替我们照料牲口和经营小农场。我的另一位朋友[3]充当着一种隐名合伙人的角色，他管理着农场的财务，并且在农忙的时

1.1947 年 12 月 26 日，奥威尔给朱丽安·西蒙斯写信，请他代买一支新圆珠笔，还在信里附了 3 英镑作为买笔的钱。

2. 指比尔·邓恩。

3. 指理查德·里兹。

候过来帮帮忙。这样，我可以在我乐意的任何时候离开，因为一切都会在我缺席的时候得到很好的照料。

下面谈谈有关书评的事。我从来没有想过要回到《曼彻斯特晚间新闻报》，我只是想每两个星期为《观察家报》写一篇书评。我还试着固定另外一家报刊，也为他们写每两周一次的书评，因为我现在或许能够胜任每周写一篇文章。我认为，这意味着我的身体状况在好转，因为几个星期前，对于这些我还连想也不敢想。我不能做严肃的、重要的工作。我从来不能躺在床上搞文学创作，即使感觉好的时候也不行。我无法给你看那部还没有完稿的小说，也没有把它给任何人看过，因为它还只是一个草稿，甚至可能跟最后的定稿没有很多关联。我常常说，一部书在它最终完成之前是不存在的。我很高兴你写完了你哥哥的传记[1]。现在要写完一本书往往要付出极大的代价。

关于《论坛报》的事，我同意你的意见，但是我认为应该对过分强调犹太复国主义负责的或许是菲弗尔而不是金切[2]。当工党介入报纸并且给报纸毫不避讳地贴上一个政府机构的标签的时候，他们就能做得更好一些。因为，首先，他们在所有的主要问题上都同意政府的意见；其次，工党没有完全忠实于自己的周报，并且，就新闻界而言，工党事实上是守势。我想报纸的邪恶天才就是克劳斯曼[3]，他通过福特[4]和菲弗

1. 指《A.J.A. 西蒙斯：他的生活与猜测》。A.J.A. 西蒙斯，即阿方斯·詹姆斯·阿尔伯特·西蒙斯（Alphonse James Albert Symons，1900—1941），朱丽安·西蒙斯的哥哥，也是伦敦文学界的名人，当时著名的作家、学者和藏书家。

2. 乔恩·金切（Jon Kimche，1909—1994），作家、新闻记者。他是一位瑞士裔犹太人，12 岁来到英国，后加入英国独立工党。1934 年至 1935 年间，他与乔治·奥威尔一同在汉普斯台德的“爱书者之角”书店工作。1942 年—1946 年任《论坛报》的编辑，1952 年—1967 年任《犹太观察家》编辑。此时他正编辑《新中东》。

3. 理查德·霍华德·斯塔福德·克劳斯曼（Richard Howard Stafford Crossman，1907—1974），有时被称为迪克·克劳斯曼（Dick Crossman），学者、新闻记者和左翼政治家，是英国工党的议会议员，也是该党犹太复国主义和反共分子中的关键人物，曾两次担任英国政府内阁部长。克劳斯曼在晚年担任《新政治家》编辑。如今他因其高度揭露性的三卷本《内阁部长日记》而被人们铭记。

4. 米切尔·福特。

尔影响报纸。那个团伙的其他人认为，在抨击外交政策方面，他们看到了他们可以填补的空缺位置，而外交政策在这种情况下肯定会越来越糟。因此，每当遇到诸如征兵之类的重大问题时，《论坛报》就站在政府一边，同时通过对希腊提出强烈抗议等行动试图显示出极左的姿态。我真的认为我更喜欢齐利亚克斯，因为毕竟他们确实有一个政策，即安抚俄罗斯。针对此事，我已经着手撰写一封公开信[1]，但还没有写完就病倒了。他们一边依赖美国的供养和保护，一边持续不断地攻击美国。他们试图通过这种小把戏来拍左派小团体的马屁。我极其痛恨这种做法。我甚至还收到了美国大学生们的信件，他们问我：为什么《论坛报》总是以如此无知的方式对待美国呢？

好了，这封信已经写得太长了。再次感谢你送我的钢笔。等我找到包装纸的时候，我会把我原来的伯罗圆珠笔寄给你，或许你会帮我重新装满圆珠笔油。

请代我向你妻子致意。

你的

乔治

1. 指《为齐利亚克斯同志辩护》。

致乔治·伍德科克

拉那克郡 东基尔布莱德地区

海尔麦尔兹医院 三号病房

1948 年 1 月 4 日

亲爱的乔治：

这一段时间我一直想给你写封信，解释一下我最终没去伦敦的原因，因为我感觉自己病得很厉害，我左边的肺患上了结核……

我希望保卫自由委员会正在对持续要求宣布“莫斯利等人活动非法”一事采取一些行动。《论坛报》对此事的态度是可耻的。前几周齐利亚克斯写信要求法西斯立法和第二类公民的创建，但没有人做出应对。整个事件仅仅是一种稍加伪装的欲望，实质上是试图去迫害那些无力反击的人，因为很显然莫斯利们的命运并不重要，也无法得到真正大规模的追随者。我认为这件事正好是写一个小册子的素材，我希望我的身体能够尽快恢复到可以胜任这项工作的程度。需要达成协议的关键问题是这样的论据，这常常由那些主张立法镇压的人提出，就是：“对那些只会把民主用来摧毁民主的人，你不能允许他们拥有民主；对那些只会用自由来摧毁自由的人来说，你不能允许他们拥有自由。”这当然是对的。不论是法西斯主义者还是共产主义者，目的都是利用民主去摧毁民主。但是如果你把这个作为结论，那就没有任何理由允许任何政党或知识分子拥有自由。很显然，这是一个区分对民主真正的威胁还是单纯的理论威胁的问题。没有任何政治组织应该被压制，除非有证据表明该组织对国家稳定造成了极大威胁。这是我应该指出的问题的关键，当然也还有许多其他方面的问题。

请替我问候茵兹。

你的
乔治

致西莉亚·科文

拉那克郡 东基尔布莱德地区

海尔麦尔兹医院 三号病房

1948 年 1 月 20 日

最亲爱的西莉亚：

收到你的长信，我有多么高兴啊！我来到这里已经大约 1 个月了。在此之前，我还在家里病了大约两个月。我想，我应该告诉你我得的是什么病。我得的是肺结核，而这病肯定迟早会在我身上发生的。事实上，我可能以前就已经患上这种病了，只是不那么严重罢了。尽管如此，我并不认为我已经病入膏肓，我感到自己似乎正在慢慢恢复。现在与一个月之前相比，我感觉自己已经不太像要死的样子了。我现在可以吃很多饭，在体重减轻了将近 28 磅之后，目前又开始慢慢回升。在今天我照 X 光的时候，医生告诉我，他能够清楚地看到我的身体已有了明显的好转。但我仍可能在这里待上很长一段时间，因为这是一个很漫长的治疗过程。我认为在两个月之内，我不适合下床活动……这是我在医院过的第二个圣诞节。他们还搞了个“晚会”——所有的床都被拉进一个病房，围着一棵圣诞树举行了音乐会。这当然更让人觉得痛苦。这是一个很好的医院，每个人都对我非常非常好。我有一个属于自己的房间。我开始尝试着写一些小东西，就是说我在无所事事三个月之后，开始偶尔写一两篇书评。

是的，我记得双叟咖啡馆[1]。我想我 1928 年就是在那里见到詹姆

1. 双叟咖啡馆（Deux Magots），位于法国巴黎左岸地区，因馆内的两尊中国清代老人木雕而得名。在文学史上，双叟咖啡馆通常作为存在主义文学的大本营而为人熟知。

斯·乔伊斯的，但是我对此不敢确定，因为乔伊斯的长相辨识度不高。他本来是应该和我一起吃午饭的，但他病了，没有来。我想，比起 1945 年初我在巴黎时，巴黎整体气氛高亢了一些吧。那个时候巴黎惨淡得无以言表，太破败、太苍白了。你是幸运的，你太年轻了，在二十年代还没见过它，即使在战前，它看起来也总是有点像鬼一样。我不知道什么时候才能再看到法国。现在因为货币的事情，我们不能去法国旅行，但如果我的某一本书真的撞了大运可以在法国出版，我会让他们把一些法郎放在法国，这样我就可以过去消费了。

如果我的身体能够康复，我准备找一个通讯记者的差事，以便可以到一个温暖的地方去过冬。1946 到 1947 年冬季的伦敦整天布满了厚重的雾气，我想或许就是这种情况下我的身体开始恶化。在朱罗岛上，情况稍微好一些，因为那里不是太冷，煤炭更富余一些，食品也更充足，但是当这个岛与本土的联系隔绝的时候，要想找医生看病那可就麻烦了。去年年初，我妹妹一只胳膊关节错位，在乘坐一艘小摩托艇渡海找医生的途中几乎溺水而死。伊内兹夸大了我们的上一次遇险，但我们的确差一点被淹死。可怕的是当时理查德正和我们在一起。尽管如此，除了我们在水里的时间以外，他还是很喜欢那次历险的每一分钟。我认为朱罗岛对理查德的身体有很大的好处，只是他看不到很多其他孩子，因此，他语言表达能力的发展还很滞后。此外，他胆子很大，能量充沛，整天在农场上忙忙碌碌。能够让他在外面漫游而不必担心交通事故，这实在太好了。

如果你有时间，请再给我写信吧。我喜欢收到来信的感觉。

爱你的

乔治

致安东尼·鲍威尔

拉那克郡 东基尔布莱德地区

海尔麦尔兹医院 三号病房

1948 年 1 月 25 日

亲爱的托尼：

非常感谢你的来信。马鞍的事没有什么关系，我们马上就会有一个了，但是如果你又偶然碰到一个，我也会把它买下来的，因为有两个马鞍也没什么坏处。汽油的供应状况依然捉襟见肘，因此，不得不为了特殊的目的而使用马匹。还有那位和我们住在一起并照料农场的小伙子，他在意大利失去了一只脚。对他来说，骑在马背上赶牲口更容易一些。

请把我最美好的祝福带给维奥莱特。无论如何，我希望在几个月内能够见到你们。

你的

乔治

致弗雷德里克·约翰·沃尔伯格

拉那克郡 东基尔布莱德地区

海尔麦尔兹医院 三号病房

1948 年 2 月 4 日

亲爱的弗雷德：

来信收到，非常感谢。正像你推理的那样，我开始在《观察家报》上发表文章的确是我部分恢复的一个标志，尽管做到这点也经过了努力，尤其是在我的右手还在麻痹的情况下。在目前这种情况下（我已经低于标准体重 21 磅），我不能尝试任何较重的工作，但我喜欢用我自己的手时不时地挣点儿钱花。自从去年 10 月份前后以来，我就明显在患病，而事实上，我可能从 1947 年初就已经生病了。我相信是在伦敦度过的那个可怕的冬天引发了我的病。去年一年，除了夏季较热的那段时间以外，我全年都感觉欠佳。在病倒在床上之前，除了还有最后几百个字没写以外，我基本上完成了我小说的草稿。如果身体不出毛病的话，我在大约 5 月份之前，就可以把小说草稿全部完成了。如果我能够康复并且在 6 月份离开这里，我或许可以在年底写完它——但我没有把握。这部小说的构思实在太好了，我不可能抛开它。如果死亡真的在我身上发生的话，我会通知理查德·里兹毁掉这本手稿，不把它给任何人看，但这样的事情不太可能真的发生。在我这个年纪，这种病并不太危险，并且他们说，对我的治疗效果非常好，尽管进展比较缓慢……现在我们正准备采用一种美国药品，名叫链霉素，他们说这种药会加快治愈的速度。

理查德长高了，也长胖了。除了说话以外，他对一切都十分感兴趣……在传染期内，我再也不能见到他了，我感到很悲哀。

请代我向帕米拉和罗杰致意。

你的
乔治

致约翰·米德尔顿·莫里

拉那克郡 东基尔布莱德地区

海尔麦尔兹医院三号病房

1948 年 3 月 5 日

亲爱的莫里：

非常感谢你赠给我的书[1]。我兴致勃勃地读完了这本书。对于你总的论点，我是同意的，但我认为在评价世界形势的时候，假定世界各国会联合起来对付俄国是十分草率的。我们有一个可怕的障碍，那就是我们对于有色人种和贫困人民（例如南美洲的人们）的态度，这种态度是我们从过去的帝国时代继承下来的，但现在实在不应该再坚持下去了。我还认为另一个假定也同样十分草率，那就是假定大多数的东方人（或者更确切地说是一部分），除了一部分西方化了的人以外，相对于集权主义而言，更倾向于民主。在我看来，处在我们的位置上，最大的困难似乎就是：在最后摊牌的时刻到来之时，我们必须让非洲和中东的人民——如果可能，当然也包括亚洲的人民——在我们一边，如果他们的态度没有什么根本的转变，他们全都会倾向于俄国。我怀疑我们能不能把非洲的事情办好，至少把一部分非洲的事情办好，而不用非常明确地站在黑人一边反对白人。如果出现了后面这种情况的话，白人就会转向美国寻求帮助。美国就会接受他们。我们可以很容易地得出这样的结论：我们和美国是孤立的，所有的有色人种都站在俄国一边。或许即使这样，我们仍然可以赢得一场对俄国的战争，但这是以整个世界遭受损失为代价

1. 莫里的新作《自由的社会》。

的，尤其是使我们国家遭受损失。

听到有关你生病的情况，我感到非常遗憾。我自己的病似乎好转得很快。他们还不能确定是不是链霉素在起作用，但我十分肯定地感觉到我比上周好多了……

你诚挚的

乔治·奥威尔

致朱丽安·西蒙斯

拉那克郡 东基尔布莱德地区

海尔麦尔兹医院 三号病房

1948 年 3 月 21 日

亲爱的西蒙斯：

我的病情已经有了很大的好转，我想你会很高兴听到这个消息的。我已经用了大约 1 个月的链霉素，很明显，这种药非常见效。我的体重没有增加太多，但我在其他所有方面情况都比以前好了很多，我希望能够下床活动，但是他们还不会同意。我还是只能做一些较轻的工作，即写点儿书评。我确实写了两篇较好的文章，但当我尝试着做一些较重的工作时，我就发现我所有的手指都变成大拇指了。尽管如此，医生对我身体的恢复情况十分满意，他说今年夏天我就可以下床走动了。在那之后，我还要继续接受几个月的阶段性治疗，但是在治疗的间隙，我要么可以在格拉斯哥找个房子居住，要么可以回到朱罗岛或者伦敦。即使在杀死了病菌之后，他们仍要经常让肺处于萎陷状态，直到他们认为我的肺已经彻底治愈为止。

理查德非常健康，我从他最近的照片上判断，他长得非常快。等到我的病不具有传染性了，我才能去看他，这的确很恼人。不少人前来医院探望我，其中包括弗雷德·沃尔伯格。他带来了他们今年开始出版的我的统一版式的作品样本。我非常失望地发现，他选定了一种淡绿的颜色作封面，但他或许应该能够选择一些较深的颜色的。我饶有兴趣地读完了你发表在《风车》[1]上的关于乔治·艾略特的文章，但是我必须承认，我还没能够读过乔治·艾略特的作品，将来我肯定会抽时间读一读的。最近我读了一两篇从前没读过的夏绿蒂·勃朗特[2]的短篇小说，我为这些小说中大胆表现性的内容感到震惊。《政治与文学》[3]杂志社的人寄给我一本他们的刊物，我为他们的“批评家与利维坦”栏目写了一篇文章[4]。尽管，就像我说的一样，我现在的确不能写长文章。我被这份刊物深深吸引住了。我从前没有看到过这份刊物，但现在我觉得它可以发展为我们最需要的那种东西。经常出现的问题是，你必须选择一个角度，否则你无法让杂志生存下去。很明显，《政治家》杂志已经举步维艰了——它已经改为季刊了，这往往是一个不好的征兆。德怀特·麦克唐纳德送给我一本他新出版的小书，是关于华莱士[5]的。这本书写得很好，我已经建议戈兰茨在这里出版这本书了。

写吧，如果你有时间，你就写吧。请代我向你妻子致意。我十分希望等到夏天的时候，我能够基本恢复，这样我就能够再次去看大家了。

你的

乔治

1.《风车》，由威廉·海尼曼（William Heinemann）有限公司出版的一本文学杂志，从 1944 年到 1948 年不定期出版了 12 期。

2. 夏绿蒂·勃朗特（Charlotte Bronte，1816—1855），英国文学家，以极具浓厚浪漫主义色彩的《简·爱》在世界文坛享有盛誉。她还著有《雪莉》和《维莱特》等小说。

3.《政治与文学》是一本短命的剑桥杂志，由雷蒙德·威廉姆斯（Raymond Williams）、C.S. 柯林斯（C.S.Collins）和沃尔夫·曼克维奇（Wolf Mankowitz）编辑。

4. 指《作家和利维坦》。

5. 刘易斯·华莱士（Lewis Wallace，1827—1905），美国作家。军人出身，当过律师，曾任新墨西哥州州长（1878—1881）、驻土耳其公使（1881—1885），代表作有小说《公正的上帝》《印度王子》和描写基督降临的小说《本·赫尔》等。

致乔治·伍德科克

拉那克郡 东基尔布莱德地区

海尔麦尔兹医院 三号病房

1948 年 3 月 23 日

亲爱的乔治：

非常感谢你寄来的三本小册子和你自己的诗[1]。对于其中的一本小册子，我准备为你写一个篇幅相当长的评论。但是，我首先得跟你谈两个情况：

第一，在你的介绍托尔斯泰的小册子中有一个失误。他不是在 1901 年去世的，我想他是死于 1912 年[2]——无论如何，他应该是活到 80 岁以上。我猜想在这本小册子之后，他还写了非常多的其他小册子。

第二，保卫自由委员会是否对共产党和法西斯采取谴责的态度？这的确不容易采取一个鲜明的立场，因为，如果一个人承认政府进行统治的权利，他就必须承认他们选择代理人的权利。我想，任何一个组织，比如一个政党，都有权利反对渗透。但是同时，政府工作的方法却让人隐隐约约地感到不安，在我看来，所有的现象都似乎部分地意味着民主

1. 这三本小册子是系列出版物“豪猪系列”中的第一批，由乔治·伍德科克为豪猪出版公司编辑，书名分别为：奥斯卡·王尔德的《社会主义制度下的人的心灵》、列夫·托尔斯泰（Leo Tolstoy）的《我们这个时代的奴隶制度》和珀西·比什·雪莱（Percy Bysshe Shelley）的《对诗歌的辩护以及致劳德·爱伦堡的一封信》。奥威尔为《社会主义制度下的人的心灵》一书写了书评，发表在 1948 年 5 月 9 日的《观察家报》上。奥威尔提到的伍德科克的诗是指伍德科克所创作的一本诗集，书名叫作《想象南方》，出版于 1947 年。

2. 奥威尔记忆有误，列夫·托尔斯泰死于 1910 年而非 1912，不过下文所说的“无论如何，他应该是活到 80 岁以上”是正确的，托尔斯泰卒年 82 岁。

前景的崩溃。只是在一两个星期以前，共产党自己还在高声喊叫，要求用非宪法的手段反对法西斯主义者，现在同样的手段也开始用在反对他们自己身上，再过一两年，也许会有一个拥护共产党的政府用这种手段来对付我们。与此同时，对总体上言论自由的淡漠也在持续增强，这一点比任何法律条文都更为严重。在我看来，这是写一本小册子的绝好素材——但是，我认为，无论如何，保卫自由委员会应该亮明自己的态度。

你的

乔治

致朱丽安·西蒙斯

拉那克郡 东基尔布莱德地区

海尔麦尔兹医院 三号病房

1948 年 4 月 20 日

亲爱的西蒙斯：

听到你将要有一个小孩的消息，我非常高兴。喂养一个孩子，除了其中恼人的烦琐事项以外，也会给你带来无穷的乐趣，因为他让你重温了一次你的童年时光。我想有一件事必须警惕，那就是不要把自己的童年强加于自己的孩子身上。但是我想，现在要给孩子一个不错的童年相对而言并不很难，只要让他避免遭受像我童年时的那种不必要的磨难就行了。

我的身体已经好多了，但是这两周因为链霉素的副作用，我感觉有些不适。目前虽然暂停使用链霉素，但无疑它已经发挥了巨大的作用。我仍然很瘦弱，但医生似乎对我的情况很满意。我想夏天的某个时候，我或许可以出院住上一段时间。我想，假如真的可以出去的话，我准备在格拉斯哥或者其他较近的地方住，这样可以每两周回来检查一次，并且重新“充气”[1]。我肯定能够找个间隙到伦敦或者朱罗岛去一趟，尽管他们告诉我，要尽可能少地旅行。不管怎么样，我应该能够在一年左右的时间里基本复原。最好在这个医院里继续接受治疗，因为这个医院条件很好，医生们也了解我的病情。我正盼望着几天后能够回朱罗岛看看，看看理查德，看看农场的工作是如何进行的。但是我必须注意避免

1. “充气”是一种治疗手段，指的是往膈中泵入空气。详见 1948 年 1 月 1 日致格温·奥肖纳西的信。奥威尔也在其他的信中把这种治疗方法称作“泵气治疗”。

过度劳累。我担心即使我的病能够痊愈，在我的余生中体力也不可能很好——我的身体一直就算不上强壮，也一直不擅长运动，但我不愿意像一个静止的生命一样活着。我会重新调整我的习惯，以便可以减少肌肉运动，比如不再做挖土、劈柴之类的工作。

很有意思，你提到吉辛。我是他的一个大书迷（尽管我没有读过他的《在流亡中诞生》——这本书在某种意义上可以说是他的一本杰作——因为我找不到这本书），我刚刚开始读他的两本重印的书。我答应为《政治与文学》写书评。我要写一篇关于吉辛的长文章，给他们或者其他刊物发表。我认为《奇特的女人》是用英语写成的最好的小说之一。你还问起有关我的统一版式的重印作品的出版情况。他们已经开始了这一工作，是以 1939 年初版的小说《游上来吸口气》开始的。这本书的初版正好赶上第二次世界大战，几乎被扼杀在战争中。今年晚些时候还将出版《缅甸岁月》，我刚刚校对完后者的校样。这本书是 15 年前写的，我已经有 10 多年没有看这本书了。那的确是一段奇特的经历——我在读这本书的时候，那感觉似乎是在读别人写的作品。我还准备说服哈科特·布雷斯在美国重印这两本书，但即使他们这样做了，或许也只是公开的“盗版”，不会给我带来很多实际的好处。两年多来，哈科特·布雷斯一直不断催促我，希望我给他一部手稿由他们出版，不管哪种类型的手稿都可以。而现在，我却用重印以前书籍的主意打发了他。在他们刚刚完成了《动物农场》的出版工作以后，我鼓励他们重印《缅甸岁月》，但他们不肯这样做。

是的，我认为上一期的《政治家》杂志相当不错，但是，我必须说，即使对他们的挽歌完全充耳不闻，我仍然对甘地非常怀疑。这一怀疑只是建立在流言之上的，但有这么多的流言，我认为这里面肯定有什么问题。

请代我问你妻子好。

你的

乔治

致格莱伯·斯特鲁福

拉那克郡 东基尔布莱德地区

海尔麦尔兹医院 三号病房

1948 年 4 月 21 日

亲爱的斯特鲁福：

非常抱歉，在拖延了很长时间以后，我不得不把这个东西[1]寄回去，因为我最终没能给它们找到一个发表的地方。但是，你可以从信上的地址中看到，我现在是在医院里（我患上了肺结核），在收到你的信的时候，我已经不能做很多工作了。我现在好一些了，希望能够在夏季的某个时间离开这里，但是，当然，这种病的治疗常常是一个相当漫长的过程。

我计划等《我们》的英文译本出版后，为它写一个书评[2]。扎米亚京的遗孀还活着，她生活在巴黎。这件事是不是你告诉我的？如果是，那么跟她取得联系应该是可能的。我想这样做是很值得的，因为如果《我们》取得成功的话，英语出版商或许会对引进扎米亚京的其他一些书感兴趣。你告诉我，他的讽刺作品《岛人》从来没有在英格兰翻译出版过，或许这本书就很合适。

对于曼德尔斯塔姆的随笔，我没能找到合适的编辑将它们发表，这件事还要请你原谅。现在英国的杂志越来越少。《辩论》已经由于常

---

1. 据推测，“这个东西”指的是这封信中提到的曼德尔斯塔姆的随笔。奥西普·曼德尔斯塔姆（Osip Mandelstam，1891—1938），俄罗斯犹太人，诗人和散文家。在 20 世纪 30 年代斯大林大清洗中惨遭迫害，被迫流亡，1938 年死于流亡地。

2. 奥威尔曾经为这本书的法文译本写过书评，但为其英文译本写书评的打算并没有付诸实施，因为出版英文译本的计划流产了。

见的原因寿终正寝了，另一种杂志《政治与文学》的情况也好不到哪里去。

你向我打听关于我的小说《缅甸岁月》的情况。我想企鹅出版公司印行的这部书大概还没有脱销，但也不会剩很多了。我的书还将全部以统一版式重印，这部书将作为重印的第二部书在今年年底出版。我还可能把其中的一些书在美国重印。

你诚挚的

乔治·奥威尔

又及：

我想，我还将在这个地址待上几个月。

致乔治·伍德科克

拉那克郡 东基尔布莱德地区

海尔麦尔兹医院 三号病房

1948 年 4 月 24 日

亲爱的乔治：

由于链霉素的副作用，我过了大约两个星期非常不舒服的日子，这也正是我没有早一点给你写信的原因。我仔细读过了你的诗。我最喜欢最后的那首长诗《滑铁卢大桥》，其他依次是《祖先的碑》《鼓动家》和《岛》。我认为你已经写出了你的十音步诗[1]的最佳效果，有些不合常规，却恰好表现出一种不平衡运动的效果。但我认为你需要下决心把诗歌的韵律搞得好一点。英语中韵律的缺乏是一个非常严重的障碍，并且这一缺陷有愈来愈严重的趋势。

我写了一篇短文章——事实上并不是书评，而是那种发表在社论页上的文章之一。这篇文章是关于王尔德的《社会主义制度下的人的心灵》一书的，是为《观察家报》写的，这在某种程度上算是对他们的一点帮助。查理斯·戴维——他们的一个助理编辑——问我能不能在他们有由头的时候为他们写一篇短文章，介绍一下保卫自由委员会以及它的工作目标和范围。我当然会去写，而且无疑这篇文章会带来别人的一些投稿。我觉得我说现在没有任何其他组织有这些目标（当然，“全国民权委员

1. 英文诗歌中的所谓音步（meters），其实就是音节的组合。通常一个轻读音节和一个重读音节组成一个音步。

会”[1]除外，我还可能会在文章中顺便静静地踢它一脚)应该是正的。……

你的

乔治

又及：

我弄丢了你的新地址——我准备把这封信寄到保卫自由委员会，请他们收转。

1. 全国公民自由理事会（National Council for Civil Liberties），简称“N.C.C.L.”。

致罗杰·塞恩豪斯

拉那克郡 东基尔布莱德地区

海尔麦尔兹医院

1948 年 5 月 3 日

亲爱的罗杰：

我通过另一个渠道搞到一本《宇宙集中营》[1]，并结合你的翻译读了一遍。我不确定你的诠释是否正确，我的法语没有好到足以做出判断的程度。但是，罗塞特的风格似乎并非特别非同寻常的或者抒情的——至少没有超越第一章。在许多情况下，我会使用比你更简单一些的短语，并且更倾向于直译。比如，我会把书中的第一句翻译为“伟大的孤城布痕瓦尔德[2]”；再往下一点点，“在肮脏的棚子下蹲成半圆状”，等，我看不出法语中有任何“squalid-sqatting”的双声对应词。还有，在我看来，你似乎改变了一些词的词义，比如“haute”被你翻译成了“gaunt”……翻译中的一个巨大困难就是“戏剧化呈现”。就我个人而言，除非用来概括，比如说描述一些典型事物，我是反对使用它的。我想在真实的叙事中，人们也应该避免使用它。翻译中另一个大难题，就是在英语中没有跟法语词“concentrationnaire”（集中营）完全对应的单词，显然人们不能说成“concentrationary”。有人把“concentration-camp”用作形容词，

1. 大卫·罗塞特（David Rousset）著。大卫·罗塞特（1912—1997），法国作家和政治活动家，纳粹集中营的幸存者。他因其关于集中营的作品《宇宙集中营》而举世闻名。罗塞特是左翼民主革命联盟的创始人之一，1968 年当选为法国国民议会副议长。

2. 布痕瓦尔德（Buchenwald）是德国中部城市魏玛附近的一个村庄。1937 至 1945 年，德国法西斯在此设立了一个规模巨大的集中营，残忍屠杀了数万名反法西斯战士。

但是这样显得太笨拙了。我第一次碰到这本书，是看的一本美国杂志上刊登的摘录，在这里它被表述为“K.Z.”，我想在德语中代表着某种东西或者其他。至于书名，如果你希望译名忠于原著，我想，如果可能，我会避免按照“universe”（宇宙）翻译，而是译为“world”（世界）。

我想在我寄给你的书稿校样订正目录中我遗漏了一处订正：《缅甸岁月》第 97 页从上面数第 13 行“of blue rings of hills”应该是“by blue rings of hills”。你能帮我加上这个订正吗？

我现在每天可以穿上衣服，起床活动一个小时。他们还不允许我出去活动，但我想天暖和一些之后他们会同意的。我会单独寄回手稿，因为我必须找到一些绳子。

代我问候弗雷德。

你的

乔治

致罗杰·塞恩豪斯

拉那克郡 东基尔布莱德地区

海尔麦尔兹医院

星期四 [1948 年 5 月 6 日？[1]]

亲爱的罗杰：

非常抱歉我回复迟了。不过我确信它会到得正是时候。

我已经得到了罗塞特的《我们死亡的日子》，但是我还没有读完。这部集中营文学作品的问题在于它的内容过于庞杂了。我想读罗塞特的作品，是因为我此前看摘要的时候就已经发现，我觉得他比写过这个主题的绝大多数其他作家理解得更深刻。关键在于这些集中营是我们时代模式的一部分，是一种尽管恐怖却也非常有趣的现象。现在需要的是有人在罗塞特和其他所有相关人士的基础上，就集中营写出学术著作来。

我已经开始修订这部小说[2]，不过仅仅做了一点点，或许一天只能做一个小时。尽管如此，按照这个速度，我还是应该可以在我出院前修订完成几章。我仍然不很确定什么时候可以出院，同样不确定的是我出院后是否还需要继续进行门诊治疗。理查德·里兹来朱罗岛了，或者他已经在岛上度过了这个周末。我猜想他们肯定享受到了那里可爱的天气。

代我问候弗雷德。

你的

乔治

---

1. 原文"6"后面有奥威尔加的问号，表明他对写信的具体日期并不十分确定。经核实，1948 年 5 月 6 日的确是星期四，6 日应该问题不大。

2. 指《一九八四》。

致朱丽安·西蒙斯

拉那克郡 东基尔布莱德地区
海尔麦尔兹医院 三号病房
1948 年 5 月 10 日

亲爱的西蒙斯：

寄来的巧克力、茶和大米上周都已收到，非常感谢你和你的妻子。我一直想给你写信。你可以看到，我最后还是配备了一台打字机。在床上使用打字机多少有些不方便，但是在我写书评等文章的时候，这样就可以避免由手写而引起的可怕的排印错误。正如你说的那样，在书法堕落的道路上，圆珠笔是最后一个阶段，但是我几年前就不再使用圆珠笔了。有一段时间，我曾经尝试着用笔和稿纸写东西，希望重新教会自己写字，但是收效不大。再看看现在的孩子们，书法比我们当年的水平还要差得多。

听到艾尔与斯波蒂斯伍德[1]对传记很满意的消息，我很为你感到高兴，但是不要让他们最终用《A.J.A. 西蒙斯的追求》作书名。如果一本书真正非常好，不管取什么书名都会畅销，这是真理，但我敢肯定，《A.J.A. 西蒙斯的追求》不是一个好书名。当然，在看到这本书之前我无法提出我的建议，但若他们坚持使用这种书名，《A.J.A. 西蒙斯传略》之类的名字常常是无懈可击的。

《游上来吸口气》价值并不太高，但我仍然认为它是值得重印的，因为在这本书出版之前，它就几乎被第二次世界大战的爆发所扼杀；在出版之后，它又几乎被空袭炸得无影无踪，以至于为了保存一本以备将来之用，我甚至不得不从公共图书馆里偷了一本。你说我小说中的人物

1. 艾尔与斯波蒂斯伍德（Eyre & Spottiswoode），英国伦敦的一家出版商。

总是在侵占叙述者的位置，这话对极了。无论怎么说，我不是一个真正的小说家。我最突出的缺点，是我总是用第一人称的口吻写小说，而这是不应该的。我没有解决的一个难题是，我有许多经历很想写出来，例如书中关于钓鱼的部分，但我并没有把它完全表达出来，而是糟蹋了它。当然，这本书肯定会请威尔斯过目。我非常钦佩威尔斯，作为一个作家，我很早就接受了他的影响。我想，在我只有 10 岁或者 11 岁的时候，我和康诺利搞到一本威尔斯的《盲人的国度》（短篇小说集），我们都被这本书深深吸引住了，以至于大家总是你从我这里把书偷过去，我又从你那里把书偷回来。我仍然记得一个仲夏的早晨，只有 4 点多钟，整个学校都还在沉睡中，刚刚有一抹阳光斜斜地照在窗户上，我爬过一段走廊，来到康诺利寝室偷这本书，我知道书就在他的床边。我还因为把一本考普顿·麦肯齐的《邪恶的街道》带进学校而惹了很大的麻烦（我想可能是被关了禁闭——我记不清楚了）。

他们现在告诉我，我必须在这里待到大约 8 月份。细菌肯定被消灭掉了，但是肺的痊愈和力量的恢复还需要很长的时间。我的呼吸仍然十分困难，我猜想只要他们继续让肺保持萎陷状态，这种情况就还得持续下去，这需要一年甚至更长一些时间。尽管如此，我认为好好修理一下我的肺还是值得的。现在，他们允许我每天到户外活动一下，我感觉好多了，以至于我觉得自己已经可以重新胜任一些较重的工作了。现在最让我担心的是理查德，我已经四五个月没见到他了。尽管如此，我或许还是能够安排他到格拉斯哥待上一段时间，然后，他可以到这里来看望我。我不知道是谁在《标准晚报》写了那段文字[1]——肯定是认识我的某个人，虽然其中有很多错误。我认为他们不应该在报上刊登出我的真实姓名。

请代我问候你的妻子。

你的

乔治

1. 在 1948 年 5 月 5 日《标准晚报》的《伦敦人日记》——一个长舌妇的栏目——中，有一段是关于奥威尔的，里边提到了他妻子的死。

致乔治·伍德科克

拉那克郡 东基尔布莱德地区

海尔麦尔兹医院

1948 年 5 月 24 日

亲爱的乔治:

我收到了查理斯·戴维的另一封信。信中所说的 E.M. 福斯特已从全国公民自由理事会辞职的事情引起了我的注意。然后我坐下来，或者坐起来，产生了写一篇关于保卫自由委员会的文章的念头。但是再一想，我确实无力去完成这一任务。首先，我手头还有两篇长文没有写完；其次，我的身体还不允许我做太多工作；更关键的问题是，我对保卫自由委员会的实际情况不太了解。你觉得你能写这篇文章吗？我记得你说过戴维也曾给你写过信。或许你可以给他打个电话。我不知道你是否认识他——他是一个很好的小伙子。我并不确切地知道他们想要什么，但是我认为他们需要关于这个委员会及其活动的报告，可以笼统一些，再加一些对现代中央集权国家给个人自由带来威胁的评论。我不喜欢把这个活儿推卸给你，但是另一方面，如果他们愿意让你来写这篇文章，他们会付给你不错的稿酬。

我还没来得及谢谢你寄来的那本散文集[1]。当然，我很高兴看到评论我自己的文章以书的形式出现。我也喜欢那篇关于贝茨[2]的，他的书

1. 指乔治·伍德科克的《作家与政治》。

2. 亨利·沃尔特·贝茨（Henry Walter Bates，1825—1892），英国的博物学家、探险家，1948 年进行了具有重要科学意义的南美洲亚马孙河考察，著有《亚马孙河上的博物学家》。贝茨以他的拟态论而著称，他的发现被称为“贝氏拟态”。

我几年前读过。关于南美洲的所有 19 世纪的书都有奇妙的田园牧歌式的氛围，尽管我认为我常常是更多地被潘帕斯大草原而不是森林所吸引。我猜测你读过《紫色的土地》[1]。还有一篇关于赞美诗的，我一直都想就赞美诗写一些我自己的东西。我想你错了。你说人们对一首诸如《与我同住》之类的赞美诗的响应主要是因为战争、失业等，我认为你说得不对。有两首最好的赞美诗你没有提及。《赞美给了最神圣的主》和《耶路撒冷，我的快乐家乡》——这一组赞美诗，我认为一定比你研究的其他几组在年代上早很多。如果我记得没错，无论在古代还是在现代，都存在为了维护天主教的形象对赞美诗大肆删节的情况。

我的身体好了很多，每天起床两个小时，如果天气温暖的话甚至还可以到室外稍微活动一下。他们没有确切地告诉我什么时候可以出院，但是或许会在 8 月前后。他们现在似乎认为我出院后不需要继续治疗，这将是一件大好事，因为这意味着我可以回到朱罗岛，而不是在格拉斯哥或爱丁堡逗留。大家都说理查德非常健康，而且长得很快。当然，我几个月没有见到他了，但我正试着安排别人再带他来这里一趟，待上至少一个下午。既然现在我能够到户外活动，那么我就可以在院子里见见他。

请代我问候茵兹。我弄丢了你的新地址，但是我想别人会把这封信转交给你。关于那篇文章，我会写信给查理斯·戴维的。

你的

乔治

1.《紫色的土地》（*The Purple Land*）是威廉·亨利·哈德森（William Henry Hudson）创作的一部长篇小说，最初以《英国遗失的紫色土地》（*The Purple Land that England Lost*）于 1885 年在乌拉圭出版发行。

致西莉亚·科文

拉那克郡 东基尔布莱德地区

海尔麦尔兹医院 三号病房

1948 年 5 月 27 日

最亲爱的西莉亚：

非常感谢你的来信。我认为，任何与联合国教科文组织有关的事听起来都很令人失望。不管怎么样，我会尽可能地多从他们那里为你讨要报酬，因为我觉得他们不会存在很长时间。

我的身体好多了，在过去的一段时间里，他们甚至没有从我的体内发现任何病菌。他们现在正在进行最后的尝试，如果这次他们还是发现不了病菌，我们可以认为病菌已经被消灭了，尽管彻底治愈的过程还需要一段漫长的时光。我仍然十分瘦弱，但我已经能够起床两个小时，并且到外面稍微活动一下。我还是不能做很多工作，但是我每天都能够做一点儿。对于我什么时候可以出院，他们还没有确切地告诉我，但我或许可以在 8 月份出院。他们现在似乎认为，出院后我已经不需要在门诊继续治疗，这的确是一个好消息，因为这意味着我可以回到朱罗岛居住，而不必在格拉斯哥或者爱丁堡游荡。朱罗岛的天气似乎一直很好，他们正忙于处理农场里的事务，也包括理查德。因为担心传染，我从圣诞节前到现在一直没有见过他。如果我能够早一点定下来让人把他带到这里来待一两天，我现在就可以见到他了。他长大了很多，肯定学会讲很多话了。在这个月里，他将度过他的第四个生日。

既然巴黎那里还是春天，我多么希望正在巴黎跟你在一起。巴黎的悬铃木非常漂亮，因为那里的悬铃木树皮不像伦敦那样，被烟雾熏得黑黢黢的。我想，那里食品之类的东西可能还是很可怕。但是，如果马歇尔计划[1]开始发挥作用，情况会有所改观。我看到你在信封上贴了一张10法郎的邮票，这可以让我想象到现在巴黎的肉价已经有多高了。

我忍不住觉得，如果凯斯特勒[2]在美国定居，那也还是有些靠不住的。以前他也谈到过到美国定居的事。我猜想，他大概是对巴勒斯坦正在发生的事情感到愤怒，我不知道他是不是还有什么别的企图。他的旅行似乎取得了相当的成功。我不知道他是否已经回来了，也不知道他准备怎么处理他在威尔士的家。在一个地方扎下根然后又放弃，这的确十分可惜，我猜测玛麦恩肯定不喜欢这么做。

我已经一年多没有见过你了。事实上，这段时间已经超过了15个月。真有意思，我已经在苏格兰住了一年多了。如果待得好，我还会继续待下去。生病使我的工作进展受到很大阻碍。我原计划在今年年初完成我这本正在写的书，而现在，看来不到今年年底是难以完成了。这意味着必须等到1949年底，这本书才能出版。不管怎么说，现在我毕竟又能工作了；去年他们把我送到这里来之前，我还真以为我要完蛋了呢。感谢上帝，理查德看起来似乎将来会有一个很健康的身体。我们已经有了两头经过了检验的奶牛，这样他无论如何不会通过牛奶传染上这种病了，而孩子们通常都是通过这一途径染上这种病的。

请多保重，什么时候再给我写信吧。

爱你的

乔治

---

1. 马歇尔计划，即“欧洲复兴计划”，是由美国人马歇尔在1947年6月提出的，中心内容是通过对欧洲的援助以促进欧洲的经济复兴。乔治·卡特莱特·马歇尔（George Catlett Marshall，1880—1959），美国陆军五星上将，第二次世界大战时任陆军参谋长（1939—1945），后任调解中国内战的特使（1945—1947）、国务卿（1947—1949）和国防部长（1949—1951）。1953年，他获得了该年度的诺贝尔和平奖。

2. 与妻子玛麦恩一起住在威尔士的阿瑟·凯斯特勒突然想搬到美国去住。凯斯特勒一家在那里住了不长的一段时间。

致安东尼·鲍威尔

拉那克郡 东基尔布莱德地区

海尔麦尔兹医院 三号病房

1948 年 6 月 25 日

亲爱的托尼：

我收到你的朋友塞西尔·罗伯茨[1]的一封信。他在信中问我，能不能把我在伦敦的那套房子给他使用。我不得不写信告诉他："这是不可能的。为此，我感到很抱歉。把房子借给克里斯登夫人，对我来说已经是一场噩梦，因为房东对此非常不满，威胁我说要把房子收回去。我当然不希望这种事情会真的发生，因为我在伦敦必须有一个立足之处。我在那里还有一些家具和许多书籍、文件，这些东西很难找到别的存放之处。即使我放弃了这套房子，他们也不会让你续租，因为他们手上已经有了很多要租这套房子的候选者，这些人都给他们送了不少礼物。"

如果你碰巧见到了格雷厄姆·格林[2]，你能不能给他带个口信，就说我为他的小说写了一个评价很差的书评[3]，发表在《纽约客》杂志上。我无法为这部小说说好话，因为我认为小说糟糕极了。我还准备尽快为

1. 塞西尔·罗伯茨（Ceicil Roberts），曾经在一段时间里担任过沙德勒的威尔斯剧院经理。奥威尔写这封信的时候，他刚刚从英国皇家空军复员。

2. 亨利·格雷厄姆·格林（Henry Graham Greene，1904—1991），英国小说家，被许多人视为 20 世纪最伟大的作家之一。一生 21 次获得诺贝尔文学奖提名却终未获奖，被誉为无冕之王。代表作是《恋情的终结》《命运的内核》和《文静的美国人》等。

3. 指《事情的实质》一文。

《观察家报》写一篇评论金斯密尔的书[1]的文章，但我必须先把手头上另外一本书的书评写完。我似乎又在很大程度上回到原来的新闻工作的路子上来，尽管如此，我还是挤出时间对我的小说做了些调整、修饰和补充，我肯定能够在今年年底把它写完。

我的身体好多了，现在每天下床活动3个小时。我每天都玩很长时间的槌球游戏。当你坚持玩了6个月的槌球之后，你似乎就会觉得这是一项费力的运动。在我病房下面住着的是《霍茨珀》[2]的编辑，也是一个病人。他告诉我，他们的报纸发行量达到30万份。他说，他们的报纸每千字支付的稿酬标准并不高，但是报纸可以让作者常年有东西可写，有时报纸甚至还会给作者提供主要情节，作者只要进行实际的写作就行了。在这种情况下，一个人一周可以写4万字。他们过去曾经有个作者每周可以写7万字，但是他的东西"太陈词滥调"了。我希望能够在8月份出院，但是日期还没有最后确定，因为这取决于我的肺在经过萎陷治疗之后，什么时候能够恢复到正常状态。理查德将在7月初来看我。因为担心传染，他不可能在更早的时候来。我猜想，在6个月没见过他以后，我可能都认不出来他了。

今天是我的生日——45岁，这是不是很可怕？我的嘴里已经有了很多假牙，并且，自从来到这里以后，我的白头发也越来越多。

请替我问候维奥莱特。

你的

乔治

1. 指休·金斯密尔的著作《迟来的黎明》。奥威尔为此书所写的书评发表在1948年7月18日的《观察家报》上。休·金斯密尔（Hugh Kingsmill，1889—1949），一个多才多艺的英国作家、批评家和新闻记者。1945年，他至少参加过一次奥威尔、鲍威尔和马杰里奇举办的午餐会。

2.《霍茨珀》（*Hotspur*）是一份儿童周报。"hotspur"的意思是急性子的人、鲁莽的人，这个词来源于莎士比亚名剧《亨利四世》，剧中人物亨利·珀西（Harry Percy）爵士的绰号就是亨利·霍茨珀（Harry Hotspur），他在剧中被描写为一个急性子的人。

致朱丽安·西蒙斯

拉那克郡 东基尔布莱德地区

海尔麦尔兹医院 三号病房

1948年7月10日

亲爱的西蒙斯：

你在《曼彻斯特晚间新闻报》上给我写了一篇很好的书评[1]，我刚刚看到载有这篇书评的剪报。我必须为此向你表示感谢。我希望你妻子身体已经好转，一切都已经正常。我想，你听到我将在25日出院的消息肯定会很高兴的，他们似乎认为现在我的身体已经相当正常了。我一天最多下床活动6个小时，但这其实没有什么差别，因为我对于在床上工作已经非常习惯了。

这周我妹妹把理查德带来看了看我。自去年圣诞节以来，我还是第一次见到他。他身体非常健康，精力非常充沛。他的语言能力仍然比较落后，但是我认为他是在以另外一种方式进步。农场的生活似乎很适合他。目前我每天只下床活动3小时，出去散散步，玩玩槌球游戏，但我对这里的生活已经感到十分厌倦，希望能够尽快回家。我认为我不能在伦敦待到冬天，我希望到那个时候我已经完成了我那部本该在今年春天就已经完成了的该死的小说。我还担心，如果我去伦敦的话，我会忙得连卧床休息的时间都没有。

我在这里连个说话的人都没有。我下面那间病房住了一位《霍茨珀》

1. 朱丽安·西蒙斯为重印的《游上来吸口气》写了一篇书评，发表在1948年5月19日的《曼彻斯特晚间新闻报》上。

的编辑，他也是一个病人，但是这个人太沉闷了。他告诉我，他们的报纸发行量高达30万份。最近我为《政治与文学》写了一篇关于吉辛的长篇散文，但是这篇文章甚至是在没有参考书的情况下写成的，因为我现在找不到吉辛的书。除了莫利·罗伯茨[1]以小说的形式写成的那部传记以外，我几乎连一本吉辛的传记都找不到。这是应别人的要求所做的工作。一两年前，霍姆与凡·撒尔[2]问我能不能写一篇关于吉辛的文章，但是我确实无法进行所有那些必需的研究。最近我还读了格雷厄姆·格林的一部新小说，这部小说实在是糟糕透了。对于伊弗林·沃[3]的《被爱的人》，我也不像大多数人那样对这部书感到异常兴奋，尽管它的确很令人发笑。

这里的天气在整个6月份都很糟糕，但现在终于变了。他们正在抓紧收割干草。我很想去钓鱼，但我想至少今年是不行了，并不是因为钓鱼本身太累，而是因为你常常需要步行5到10英里，皮肤也常常被海水浸泡。请代我向你妻子问好。在25日以后，我的通信地址又和从前一样了：阿盖尔郡朱罗岛巴恩希尔。

你的

乔治

---

1. 莫利·罗伯茨（Morlay Roberts，1857—1942），英国小说家，代表作是《亨利·梅特兰的私人生活》（*The Private Life of Henry Maitland*）。

2. 霍姆与凡·撒尔（Home & Van Thal），英国伦敦的一家出版商。

3. 伊夫林·沃（Evelyn Waugh，1903—1966），英国小说家，擅长讽刺英国上层社会的流弊，著有长篇小说《衰落与瓦解》《邪恶的肉体》《旧地重游》和取材于第二次世界大战的《荣誉之剑》三部曲。

致弗雷德里克·约翰·沃尔伯格

阿盖尔郡 朱罗岛

巴恩希尔

1948 年 10 月 22 日

亲爱的弗雷德：

你现在应该收到了我的电报。我想，假如你又想起了什么，你会再打电报来的。我将在 11 月初写完这本书，我觉得把这本书打印出来是一件苦差事，并且一直将其视为畏途。因为在床上干这个活儿太不方便了，而我每天还要有一半的时间是在床上度过的。我还要有一个副本，这件事也让我感到烦躁不安。这本书又那么长，远远超过 10 万字，很可能有 12.5 万字。我不能送到别人那里去打字，因为这是一本糟糕得令人难以置信的手稿，如果我不做解释的话，没有人能够真正把它全部弄清楚。另外，一个熟练的打字员可以在我的眼皮底下很容易地把这活儿干完。如果你认为什么人愿意到我这里来，我会寄去旅行所需的费用以及对如何前来的所有指导。我想，我可以让她在这里过得非常舒适。这里有足够的食品，我会确保她工作的地方舒适而温暖。

我对这本书并不满意，但也不是特别不满意。我最初想到写这么一部小说是在 1943 年。我认为这个构思很好，但是，假如我是在没有肺结核病的影响下写的，这部书可能写得更好一些。我还没有明确定下这本书的书名，我还在《一九八四》和《欧洲最后一个男人》这两个书名之间犹豫着。

我刚刚拿到萨特[1]的一本反犹太主义的著作，这本书是你们出版的，寄来是为了让我为它写书评[2]的。我认为萨特是一个夸夸其谈的人，我要在这篇书评中把他好好地抨击一通。

请代我向大家致意。

你的

乔治

1. 让－保罗·萨特（Jean-Paul Sartre，1905—1980），法国哲学家、作家，存在主义的代表人物。曾于1964年获得诺贝尔文学奖，但他拒绝接受。著有哲学著作《存在与虚无》、小说《恶心》和《自由之路》以及剧本《群蝇》和《魔鬼与上帝》等。

2. 指《一个反犹太主义者的写照》。

致朱丽安·西蒙斯

阿盖尔郡 朱罗岛

巴恩希尔

1948 年 10 月 29 日

亲爱的西蒙斯：

非常感谢你送的茶，其实我真的希望你能省掉这笔钱。我妹妹——她一直在帮我看家——看到你的礼物很高兴，她说下次她会准备一些黄油回赠你。听到你的妻子、女儿都很好，你也很喜欢有了小孩的感觉，我真替你高兴。有小孩的感觉如此美妙，以至于我希望他们在成长的每个阶段都像现在这么可爱。我猜想你肯定已经陷入每天 5 瓶奶、15 片尿布的奔忙之中。真有意思，当孩子还是个小婴儿的时候，他们对于食物总是显得贪得无厌；而当他们处于 2 岁到 6 岁的时候，除了在两顿饭之间的时间以外，让他们吃饭却成了一场战斗。我不知道你在用哪一种牛奶，我们是用奥斯特尔牌牛奶把理查德养大的，这种牛奶似乎比国民牌全脂牛奶要好……到断奶的时候，你还有一大战役要打。

离开医院后，我有一段时间身体相当不错，但从上个月开始，病情又有反复。具有讽刺意味的是，这是从我回到医院复查、在旅途中备受劳累之后开始的。我们度过了一个很糟糕的夏季，这种天气的确难以对我身体的恢复有所帮助。最近的天气还不错，但我的病情已经相当不轻，已经不能在户外待太久。我还能工作，但那已经是我能做的全部。即使仅仅散步半英里，也会让我感到非常不适。我曾经准备在明年 1 月份的时候到伦敦去一趟，但动身之前我会跟医生商量的。如果医生认为我最好能够找一家私人疗养院，同时我也能够找到的话，我会在疗养院中度过冬天最冷的时候，即一、二月份。我也可能去国外，但这种长途旅行几乎可以置我于死地。我想我应该放弃我在伦敦租用的那套房子，因为我目前已不太可能用到它，而我每年还要为它支付100英镑的租金，此外它还会给我带来不少烦人的事。当然，以后我还得另外在伦敦找个房子。再过一个星期或者10天，我的书就要写完了。但是，如何把它打印出来让我非常犯愁。这是一个很累人的工作。无论如何，我不能在床上做这个工作，而我一半的时间都是在床上度过的。因此，我打算找一个好的打字员，让她过来两个星期。我不能把手稿送出去找别人打，因为它乱得一团糟，如果我不在这里解释，几乎难以辨认。目前的问题是，在短时间内不容易找到打字员，至少是不容易找到好的，符合条件的又可能不愿意长途跋涉到我这里来。朱罗岛离本土只有两个小时的路程，但据我所知，即使是只有两个小时的路，也可能让人恶心呕吐，那感觉难受得就像是在生病。

据说约翰·达文波特[1]加盟了一家共产党或者说是接近共产党立场的报纸[2]，我听到这一消息感到非常诧异。据我所知，他过去并没有显示出这种倾向。我非常遗憾地告诉你，《政治与文学》杂志终于消失了。最讨厌的是，我还有一篇文章在他们手上。他们计划明年以月刊的形式复刊。菲弗尔说艾略特是反犹太主义者，我觉得这是无稽之谈。当然，你可以从他的早期著作中发现一些现在可以被称作反犹太主义的言论，但是那个时候谁没有讲过类似的话？我们必须把以前说的和1934年以后说的区分开来。当然，所有民族主义的偏见都是荒谬的，但是，不喜欢犹太人与不喜欢黑人、美洲人和其他有色人种相比，从本质上说并不更

1. 约翰·达文波特（John Davenport，1906—1966），英国文艺批评家，是许多作家和画家的朋友。
2. 可能是《我们的时代》，达文波特曾经是该报的撰稿人。1948年秋，该报由弗兰克·詹利内克编辑，1949年由伦德尔·斯威格勒（Randall Swingler）编辑。

坏。在20年代初期，艾略特的反犹太主义言论是在一段文字中无意识地表现出来的，主要是表现对在印度的供膳处混饭吃的英国上校的轻蔑。另一方面，如果这些话是在大屠杀开始之后写的，意义就大不相同了。举个例子说吧，我们看看美国人中的恐英症，即使是像埃德蒙德·威尔逊[1]这样的人也有恐英症。这没有多大关系，因为我们并非正在遭受迫害。但是，假如600万英国人最近刚刚被毒气部队杀害，我想，即使我在法国幽默报纸上看到一个英国妇女牙齿向外伸着的笑话，我也会感觉不安全。我敢肯定，在菲弗尔看来，我无疑是一个反犹太主义者。我刚刚为萨特的一本以此为主题的书写过评论，我真怀疑，他是如何把那么多的废话填到那么狭小的空间里去的。我认为萨特一开始的时候完全是一个夸夸其谈的人，尽管当他最终提出存在主义（我必须承认我不懂）的时候或许不是了。

理查德长得很快，我仍然认为他在谈话的能力上有些落后，但他在其他方面十分活跃，并且几乎真的能在农场和花园的工作中帮上忙了。我从一些事情上看出，他不是一个读书的材料。他的兴趣在机械。我不会试图影响他。如果他长大以后想当农民，我也会高兴的。在原子弹爆炸过以后，农民这一工作当然是剩下的唯一的工作了。如果原子弹爆炸这一幕真的发生，而且结果正像人们担心的一样坏，那么，在这些岛上是很容易养活自己的。这里的冬天比起英格兰来，气候要温和得多，这意味着在物资匮乏的时候，可以不用饲料就能让家畜安全过冬，而事实上，在冬天正常的情况下，羊吃得很少。我平生第一次试着喂了一头猪。猪的确是一种令人恶心的畜生，我们都盼着屠宰它的日子尽快到来。理查德的块头已经长得很大，我们只喂他奶和土豆，没有从外面为他买任

1. 埃德蒙德·威尔逊（Edmund Wilson，1895—1972），美国文学批评家、作家，以文学评论著称，著有评析象征主义运动的《阿克瑟尔的城堡》和文学评论集《三重思想家》《创口和弓》等。

何食物。再过一两年时间，我就不得不考虑他的教育问题。但是，我还没有制订任何计划，因为我现在无法看到遥远的将来。在他 10 岁之前，我不准备让他上寄宿学校。如果我能找个好一点的学校的话，我更愿意让他一开始上个普通小学。这的确是一个难题。很明显，对于每个人来说，上哪一所学校都是平等的，但是，当你看到这些学校是什么样子，尤其是看到孩子们接受教育的结果的时候，你就忍不住觉得应该把他们从学校里拯救出来。孩子们在 14 岁的时候就可以很容易地从这类学校毕业，而此时他们甚至还没有学会阅读。最近我从无线电中听到，在 19 岁就应征入伍的新兵中，有 10% 的人在参军以后必须在部队上继续接受阅读教育，才能具备阅读能力。我记得在 1936 年的时候曾经在街上遇到过约翰·斯塔奇[1]，他告诉我刚刚有了一个儿子，他准备将来把他送到伊顿公学去。我说："你怎么那么做呢？"他说："鉴于我们现有的地位，那是最好的受教育的场所。"事实上我很怀疑那是不是最好的，但是从原则上讲，我也不能肯定他是错的。尽管如此，我仍然没有决定理查德将来怎么办。当然，在形势变得紧急之前，我们说不定已经到了阴间。但是，从我个人的观点看，我不喜欢发生 5 到 10 年的大规模战争。等到俄国的国力得到完全恢复和有了原子弹以后，我猜想大规模的战争是不可避免的。即使战争能够避免，也会有许多其他的不愉快出现。

请代我向你妻子问好，并把我最美好的祝愿带给你女儿。

你的

乔治

1. 约翰·斯塔奇（John Strachey，1901—1963），英国政治家、政治理论家，曾两度作为工党代表当选议员（1929—1931，1945—1963）。他 1932 年的著作《即将到来的权力争夺》（*The Coming Struggle for Power*）被认为是英国左派对马克思主义最具影响力的应用。1946 年，他成为工党政府的主要成员。

致安东尼·鲍威尔

阿盖尔郡 朱罗岛

巴恩希尔

1948 年 11 月 15 日

亲爱的托尼：

我的这封信打得太差了，请原谅。这是因为我是在床上打字的，而打字机又是那么旧。非常感谢你的来信。是的，请把巴里·佩恩[1]等人的书寄过来吧。我喜欢那类的书。或许其中的一些书值得装订起来。爱丁堡有一些专门为顾客装订书的人。我 7 月份出院的时候，身体还是相当不错的，但从上个月开始，我的身体一直非常糟糕。我还能写点儿东西，但那已经是我所能做的全部工作。走几百码的路就会立即让我感到非常不适。在恼人的夏天过去之后，我们终于迎来了秋高气爽的天气，但我却甚至不能到花园里去拔下一棵草。我正忙于把我的小说打出来，这的确是一项吓人的工作。我每天打不了多少，因为坐在桌子旁边打东西对我来说太累人了。我曾经请求罗杰·塞恩豪斯帮我找个熟练的打字员，但这的确不是一件容易的事，因为我只需要她为我工作短短的两个星期时间。自从 1947 年 6 月以来，我就一直在跟这本书纠缠在一起，而它现在还是一团糟。一想到这个我就觉得憋气，觉得毁坏了一个绝妙的构思。但是，当然，在这段时间里，我有 7 到 8 个月重病卧床。

理查德长得很快。我认为他不是一块读书的材料。在谈话能力上

1. 巴里·佩恩（Barry Pain，1864—1928），幽默小说家，《伊莱札》系列图书的作者。这部书在英王爱德华时代非常受欢迎。

他非常落后，并且没有表现出一点学文化的兴趣（他已经有 4 岁半了）。但在另一方面，他对机器很感兴趣，喜欢干农活、钓鱼之类的事。我不想对他施加什么影响。如果他愿意当农民，我也会同样感到高兴的。在经过了原子弹的轰炸之后，当农民或许已经是剩下的唯一工作了。我想，再过一年，他大概就该上学了。我刚刚把《从一种视角看死亡》[1] 重新读了一遍，我非常欣赏它。我向《观察家报》申请了奥布里的书[2]，但我不知道我是否会得到它。如果你能见到马尔科姆[3]，请替我捎个口信给他，就说我最近读过了他的关于巴特勒的书[4]，尽管我挺喜欢这本书的，但我还是觉得它有些过分猥亵了。

请代我向维奥莱特问好。祝愿你们全家幸福。

你的

乔治

1.《从一种视角看死亡》（*From a view to Death*），安东尼·鲍威尔的小说，1933 年出版。

2.《约翰·奥布里和他的朋友们》(*John Aubrey and His Friends*)，安东尼·鲍威尔的小说，1948 年出版。

3. 指马尔科姆·马杰里奇。

4.《萨缪尔·巴特勒》，由马尔科姆·马杰里奇著。萨缪尔·巴特勒（Samuel Butler，1835—1902），英国作家，攻击基督教教义，反对正统达尔文主义。主要作品有乌托邦小说《埃瑞洪》《重游埃瑞洪》和他死后出版的自传体小说《众生之路》。

致格温·奥肖纳西

阿盖尔郡 朱罗岛

巴恩希尔

1948 年 11 月 28 日

亲爱的格温：

你知不知道哪儿有合适的私人疗养院愿意为我提供房间？自从 9 月份以来，我的感觉就不很好，有的时候还感觉非常差。我想，在冬天最冷的时候，也就是 1 月到 2 月或者 3 月的一部分，我最好住进私人疗养院。狄克医生也同意我的想法，还向我推荐了一个叫作格莱姆宾的疗养院。这是苏格兰唯一的私人疗养院，但那里已经人满为患了。我敢肯定，英格兰有更多的疗养院。我必须找一家私人疗养院，因为对于公共疗养院来说，等待入院的名单都是长长的，而我自己必须有一个单独的房间，否则，我什么工作都干不了。像每周 30 个几尼的昂贵费用我当然支付不起，但我可以支付任何合理的价格。

希望孩子们都好。我这里一切都不错，理查德充满了活力。他现在跟其他孩子一起去钓鱼了，有时他可以抓到相当多的鱼。最近的天气非常好，每天艳阳高照，一点儿都不冷，但我几乎从不出门，因为哪怕只有一点点劳累，我也会觉得很不舒服。我们喂的那头猪已经长得足够大了，下周就要送到屠夫那里去了。我们都盼望着把它除掉，因为它太具有破坏性，又十分贪吃，有时还会跑到鸡舍里去。比尔养了一头小牛，这头小牛看起来相当温顺，我相信它长大后会仍然很温顺。艾弗里尔将去伦敦待一个星期左右，买点儿东西，并把在伊斯灵顿的那套房子退掉，我不想继续租用下去了，因为它只会浪费钱。我已经写完了我的书。自从 1947 年的某个时间以来，我一直在为这本书忙得一塌糊涂。我现在正忙着用打字机把书稿打出来，这是一个非常累人的工作，因为我不得不坚持坐着，在一个大沙发上做了大部分工作。我想找个打字员来，但这个计划失败了。

艾弗里尔向你致意。

你的
乔治

致弗雷德里克·约翰·沃尔伯格

阿盖尔郡 朱罗岛

巴恩希尔

1948 年 12 月 21 日

亲爱的弗雷德:

非常感谢你的两封来信。我的身体的确很不好，现在正计划着在明年 1 月初的时候去疗养院住一段时间。我猜想或许还会有什么意外，但是假如一切正常的话，从 1949 年 1 月 7 日起，我的地址开始变为格洛斯特郡克兰海姆村考茨沃尔德疗养院，但在我明确了另外那个地址之前，最好还是把信寄到巴恩希尔去。其实两个月前我就应该住到疗养院里，但我想尽快把我那本可恶的书完成。

关于照片，目前我这里一张都没有，但我十分肯定，在我伦敦的那套房子里有一些。现在我妹妹正在那里收拾东西，准备把房子退给房东。那些照片都放在一个文件夹中，准备和其他行李一起运到这里来。我猜想可能需要很长时间，因为任何通过铁路托运的东西都需要几个月的时间才能到达。等照片一到，我就会立即寄给你。但是同时，你也可以先问问摩尔，看看他那里有没有我的照片，还有弗农、玛丽－路易丝·理查兹[1]等，他们 3 年前曾经给我拍了很多照片，如果他们还没有把照片清理掉的话，他们那里应该还有不少。你可以从离你那儿不远的那家无政府主义小书店得到他们的地址，或者向赫伯特·里德及其他人打听一

1. 弗农（Vernon）和玛丽－路易丝·理查兹（Marie-Louise Richards）都是报刊社的摄影记者。1946 年，在奥威尔的要求下，他们给奥威尔和他的养子理查德拍摄了一些照片。

下。当然，他们可能会要求支付一些转让著作权的费用，但是肯定不会很多的。他们照了很多照片，有些很好，有些也挺差劲——别选那些照得不好的，好吗？如果需要的话，我们可以找个摄影师到疗养院来给我照相，但是目前我的确像一个骷髅头，我想我可能还得卧床休息一个月左右的时间。

你能喜欢这本书，我非常高兴。我不愿意打赌说这本书肯定能畅销，但我猜想，它无论如何能卖 10000 册以上。这里的天气仍然很好，但我几乎从不出门，我甚至很少离开沙发。理查德身体棒极了，除了我以外，这里的一切都生机勃勃。我准备把所有需要写的书评等文章都写完，为此，我还需要再努力干上一个月左右的时间。像现在这个样子，我无法继续工作了。我曾经构思过一个很好的短篇小说，这个构思已经在我的脑子里转悠了好多年，但在我从高烧中解脱出来之前，我不能再动手搞任何创作了。

爱你们大家的

乔治

致罗杰·塞恩豪斯

阿盖尔郡 朱罗岛
巴恩希尔
1948 年 12 月 26 日

亲爱的罗杰：

非常感谢你的来信。至于那个图书海报，我认为寄给我的这份草稿不太好。按照它的介绍，这本书听起来像是一本加进了爱情故事的惊险小说，我不想采用这一个。这本书的真实目的在于讨论在世界上划分势力范围（我在 1944 年开始思考这一问题，是把它作为德黑兰会议的一个结果来考虑的）的含义，当然，它还通过对集权主义嘲弄式的模仿，向人们暗示了一些东西。在我看来，人们似乎一直没有正视这样那样的一些事情，比如在俄罗斯发生的对科学家的迫害，事实上它部分地只是一个在 10 年甚至 20 年前就可以预见到的逻辑过程。当你的工作进行到校对阶段的时候，你能不能找一些可能对这本书有兴趣的名人，例如伯特兰·罗素或者兰斯洛特·霍格本[1]，请他们谈谈对这本书的意见，并从他们的谈话中抽出一部分用到图书海报中（如果他们同意的话）？我们有许多可供选择的人选。

从 1 月 6 日开始，我就要住进一个疗养院了，除非在最后一分钟出了差错。我将来的地址是：格洛斯特郡克兰海姆村考茨沃尔德疗养院。

爱你们大家的
乔治

1. 兰斯洛特·霍格本（Lancelot Hogben，1895—1975），英国实验动物学家和医学家，同时还是一个畅销书作者。他利用非洲爪蛙作为研究对象，发明了“霍格本验孕法”，推进了优生学的发展。他在政治上支持左翼政治思潮。

1949 年

致雷金纳德·雷诺兹

格洛斯特郡 克兰海姆村

考茨沃尔德疗养院

1949 年 1 月 17 日

亲爱的雷格[1]：

关于小册子。我刚刚读过哈蒙兹的著作《英国劳动者》。你是不是认为在 1800 种小册子中，其中一些关于平民、济贫院或者狩猎规则的特别具有煽动性？在此之前我从来没有想到，在那个时候的狩猎规则中就有了把偷猎者放逐到澳大利亚等规定，这在当时看来还是很新潮的，看来至少那时对偷猎者抓得就很紧。

关于现代小册子。我想我们可不可以收入凯恩斯[2]的《和平的经济后果》？这本书早已在某种程度上声名远扬，但是我本人还从来没有看到过这本书。对于劳伦斯的《色情与晦涩》，我已经推荐过了。还有诺尔曼·道格拉斯写的一本攻击劳伦斯的小册子[3]（是关于劳伦斯和他们共同的朋友马格纳斯的），或许也值得一读。

1. 雷格（Reg），即雷金纳德·雷诺兹（Reginald Reynolds，1905—1958），新闻记者、作家，基督教贵格会教徒。早年受到甘地的巨大影响，同情和支持印度争取自由的事业。1937 年，他支持西班牙共和派中的非共产党势力，并且成为一个拥护独立工党的卓越演说家。在第二次世界大战中，他是个和平主义者。他担任两卷本《英国的小册子作者》编辑之一，其中第一卷出版于 1948 年，奥威尔曾为它写过推介文章。

2. 约翰·梅纳德·凯恩斯（John Maynard Keynes，1883—1946），英国经济学家、现代经济学最有影响的经济学家之一。他创立的宏观经济学与弗洛伊德所创的精神分析学说、爱因斯坦的相对论一起并称为二十世纪人类知识界的三大革命。

3. 指《D.H. 劳伦斯与莫里斯·马格纳斯：寻求更好的方式》（*D.H.Lawrence and Maurice Magnus*），诺尔曼·道格拉斯（Norman Douglas）著。诺尔曼·道格拉斯（1868—1952），英国小说家，最著名的作品是小说《南风》（*South Wind*）。

不要为拉斯基担心。在第二篇介绍中，我会挑出他作品中较优秀的部分，用作表明我们的时代应该致力于什么政治读物的范例。

我想，我在几个月内应该在上面的地址上。

你的
乔治

致理查德·里兹

格洛斯特郡 克兰海姆村

考茨沃尔德疗养院

1949 年 1 月 28 日

亲爱的理查德：

我仔细考虑了你的话，在我看来，如果不是比尔确实愿意，那么割断他与巴恩希尔的联系是一个很大的遗憾，因为他在巴恩希尔洒下了不少的汗水。搬迁需要花一大笔钱，或者另一方面，卖掉它重新开始也会造成一些损失。我应该早就想到，弗莱彻一家[1]对于开垦北端很有兴趣，或许他们能够让人为比尔安排过冬的住房。我还建议艾弗里尔，如果她愿意，她可以继续在那里住下去，在冬天的那几个月里，我会对理查德和我自己另外做出安排的。我大多数的家具和书籍现在都在巴恩希尔，那里的花园也基本就绪，不需要再为它做什么了。另一方面，从现在起，在所有的冬日里，我无疑都会过着病人的生活。

别忘了我欠你的钱，有寄售饮料的钱，有地毯的钱，有垫子的钱，无疑还有我想不起来的其他东西。在事情混乱不堪之前，我们最好把问题解决掉。我还要向货车司机支付 25 英镑。

美国出版商似乎对我的书感到非常兴奋。因此，他们准备不再等沃尔伯格的校样。这意味着我将要改两套校样。我当然不希望这样，但是假如我感觉自己身体非常不好，不能胜任修改校样的任务，你觉得你能替我做这项工作吗？因为书中有很多新词，肯定会有许多愚蠢的排印错

1. 弗莱彻，即罗宾·弗莱彻（Robin Fletcher）。弗莱彻一家拥有朱罗岛的北端，是他们把巴恩希尔租借给奥威尔的。

误，美国的排字工人非常讨厌处理这种事情，因为他们总是认为自己比作者懂得更多。我不敢放手让出版商或者代理人做这项工作，因为我不相信他们。另一方面，你会信任手稿，而我觉得手稿中不会有很多错误。在这种书中，没有印刷错误是最重要的。尽管如此，我推测可能还会有错误。这段时间我感觉好一些了，现在不再发烧了，尽管对于我的身体有多大进展，我知道得并不确切：因为自从入院时第一次称了体重、照了X光以后，我就没有再称过体重，也没有再照X光。对氨水杨酸这种药品，我感觉很恶心，但是却似乎没有副作用。这里对病人的照顾还是十分周到的，但是医生不太认真负责。我从来没有见到过主治医生霍夫曼大夫，另一位医生是个女的，只是在每天早晨过来探视一下，问问我感觉怎么样，她甚至从来没使用过听诊器。尽管如此，我仍然相信他们很了解我的病情。等到我的身体再次恢复的时候——我想大概得到夏天——我会找伦敦的专家看一看。如果可能，我还会找战前给我看病的那位大夫。他们不能为你做任何事情，但是我想听听专家在我还能活多久这一问题上的意见，因为我必须据此制订出我的计划。

我随信寄去俄国一家杂志上的评论，这一评论是斯特鲁福翻译的。千万别丢失了，好吗？因为我自己也一份都没有了。即使考虑到翻译中存在的不公平，它是不是仍然深深打动了你？在集权主义文学的语言中存在着某些奇特的东西——那是一种奇怪的夸张，跟某些人在极度愤怒的状态中总是言不及义有点儿相似。

我希望你能够读懂这封信。这封信的字写得实在糟糕透了，因为我的手冰冷冰冷的。在经过了几天令人难以置信的温暖天气之后，天气变得冷多了。尽管如此，我在床上还是相当暖和的，因为现在我用了一个电热毯。电热毯的确比热水瓶好多了。

你的

埃里克

致朱丽安·西蒙斯

格洛斯特郡 克兰海姆村

考茨沃尔德疗养院

1949年2月2日

亲爱的西蒙斯：

我不知道你和你的家庭过得怎么样。我到这个地方已经差不多1个月了。我想我上次给你写信的时候就告诉过你，我的病情再度恶化了……

你的小宝宝身量肯定已经相当大了，而且肯定长出了牙，可以吃一点固体食物了。我不知道你们在给小宝宝断奶的时候，是不是也经过了一番战斗，就像我们过去对付理查德一样？好像马基雅维利[1]说过，对于一个政府来说，如果不使用武力和诡计，你什么事情也办不成。理查德现在快5岁了，身材相当高大，并且非常健康，尽管他对学文化仍然没有兴趣。他喜欢别人读书给他听，但是这不能成为他不愿意学着自己读书的理由。我想今年冬天他不得不开始上学了，他肯定会喜欢上学的，因为他是一个非常爱交朋友、非常合群的孩子。

我的新书将在7月份问世（沃尔伯格说是5月或6月，这在出版商的语言里就是7月），但或许美国版会率先出来。不管怎么样，我肯定会确保你得到一本。你在《曼彻斯特晚间新闻报》上给我写了一些很友好的评论，其中还包括我那本并不情愿地与人合作的糟糕小册子，我必须向你表示感谢。我正试着让沃尔伯格重印吉辛的一些书，我准备为之

1. 尼科洛·马基雅维利（Niccolo Machiavelli，1469—1527），意大利政治思想家、历史学家、作家，主张君主专制和意大利的统一，认为可以为达到特定政治目的而不择手段（即“马基雅维利主义”）。其代表作为《君主论》。

写一些介绍性的文字。去年他们重印了（我不记得是哪个出版商了）三种吉辛的书，但是选的都不是他最好的书。有点让我恼火的是，《政治与文学》让我写一篇关于吉辛的文章，可是在我写好了之后它却停刊了，而且既没有把我的文章还给我，也没有答复我关于这篇文章的问讯，尽管很明显它不太可能复刊了。在这个国家里，我们没有办法资助一家体面的杂志，这真是一场灾难。我猜想，这只是一年损失2000英镑的问题。现在《党派评论》的发行量提高了，又从什么地方得到了资助，因为我注意到他们现在的稿酬相当高。而在战争期间我为他们写的所有那些文章，每次只能得到10美元。

我不熟悉我所居住的这部分农村，但这里似乎是一个很美丽的地方。托尼教授[1]就住在附近，但是不巧的是他马上就必须回伦敦了，因为伦敦经济学院的新学期已经开始了。天气好得令人难以置信，阳光灿烂，到处都有小鸟在歌唱，似乎还是4月份的天气。

请原谅我糟糕的书法，并代我向你妻子问好。

你的

乔治

1. 理查德·亨利·托尼（Richard Henry Tawney，1880—1962），英国历史学家、经济学家，以研究英国1540年—1640年期间的经济史著称，著有《贪得无厌的社会》《平等》《宗教与资本主义的兴起》和《中国的土地和劳工》等。他的妻子是理查德·里兹的老朋友。他们在克兰海姆村附近有一处房子。理查德·里兹曾经请求他们在到那处房子度假的时候去探望一下奥威尔。

致朱丽安·西蒙斯

格洛斯特郡 克兰海姆村

考茨沃尔德疗养院

1949 年 2 月 4 日

亲爱的西蒙斯：

非常感谢你的来信。一定寄一本你的惊险小说[1]给我，我肯定会很欣赏它的。除了读一点东西以外，我现在什么都不做。对于侦探故事，我实在太业余了。我对这些东西的欣赏口味比较守旧。最近我顺便第一次读了《邮差总按两次门铃》——一本非常糟糕的书。

如果你什么时候能来看我，我会很高兴的，当然，你不要为此让自己太劳累了。其他朋友会在 2 月 12 日或者 2 月 26 日来看我，但不会是别的日期。托尼·鲍威尔说，他或许能过来看我——如果这样的话，你可以在同一天来。

我的新书是一本以小说形式出现的乌托邦。这部小说写得一团糟，部分原因是我在写它的时候病得非常厉害。但是我认为书中的某些构思会让你感兴趣的。我们还没有最后确定书名，但我想这本书应该叫《一九八四》。

请向你全家问好。

你的

乔治

1.《平淡的开始》。

致理查德·里兹

格洛斯特郡 克兰海姆村
考茨沃尔德疗养院
1949 年 2 月 4 日

亲爱的理查德:

我把欠你的钱以支票的形式给你寄去了。你可以注意到我多寄了 3 英镑。我希望你能够找到你卖酒的朋友，请他给我寄两瓶朗姆酒来，我推测大概需要 3 英镑的钱。我想他应该知道该如何包装才能确保酒瓶不至于在运输过程中打碎。

我收到艾弗里尔的一封信，她说她和比尔都觉得最好还是搬迁到本土的某个农场上去。我认为他们是对的，但是又忍不住为此感到不安，因为我觉得我的健康是一个诱发因素，不过路况不佳也是一个差不多同等重要的因素。我认为你再把金钱投入到农场任何不能移动的改良项目中都是草率的，因为不知什么时候这个地方就不属于我们了。我相信，在不卖掉家畜、不在交易中蒙受损失的情况下，搬迁同样可以进行。我担心搬迁是一个十分讨厌的事，因为不管什么时候搬迁，我都很可能会置身事外。我已经让艾弗里尔告诉罗宾[1]，除非碰巧有人要种那块地，我希望继续租用那所房子。我觉得我们应该把它当作一个暑期度假的地方，人们可以把野营用的床以及其他东西放在那里。当然，即使是在夏天，我的身体大概也不可能强壮到足以在外面野营的程度，但是其他人可以来这里野营，租金又是这么低廉。

1. 指罗宾·弗莱彻。

我正在读 B. 罗素最新出版的一本书[1]，是关于人类知识的。他从莎士比亚的著作中引用了下面的句子："怀疑星星是火焰，怀疑地球在转动。"（我想接下来是："怀疑真理是谎言，但不要怀疑我的爱。"）但是他写成了"怀疑太阳在转动"，并把这句话作为证明莎士比亚无知的一个例证。这正确吗？我想应该是"地球"。但是我这里没有莎士比亚的书，我甚至不知道这些话的出处（我想肯定是出自哪一部悲剧）。如果你记得它的出处，我希望你能替我证实一下。[2]

对于会不会对牌术之类的书感兴趣，我自己也说不很清楚。我从前听说过那个家伙[3]，但是我对心灵感应不太感兴趣，除非它可以发展成为可以依赖的方法。

我一直在读《第一个欧洲》[4]（欧洲中世纪史），尽管这本书是用一种非常令人厌倦的方式写成的，但内容还是十分有趣的。在刚到这里的一到两个星期里，我自己的图书供应渠道还不畅通，这样我就不得不依靠图书馆，这意味着我读了一些十分可憎的糟粕。我还找到了哈代[5]的一些小说，现在正无精打采地读着。

你的

埃里克

---

1. 指《人类的知识：范围与局限》。

2. 罗素是对的。这一引言出自《哈姆雷特》。

3. 指约瑟夫·班克斯·莱茵（Joseph Banks Rhine，1895—1980），常被称作"J.B. 莱茵"，美国北卡罗来纳州杜克大学教授、心灵玄学实验室主任。

4. 由塞西尔·迪莱尔·伯恩斯著。

5. 托马斯·哈代（1840—1928），英国小说家、诗人。早期和中期创作以小说为主，作品多以其家乡韦塞克斯为背景；后期创作以诗歌为主。其代表作有小说《德伯家的苔丝》《无名的裘德》和历史诗剧《列王》。

致《新闻纪事报》编辑[1]

格洛斯特郡 克兰海姆村

我代表恩里克·马克·纳达尔[2]——一个现在被判处死刑的西班牙共和党人——向公众呼吁。

在1939年西班牙政府垮台后，他被意大利人投入监狱。后来，他因帮助法国人打击德国侵略者，1944年—1945年又被德国人关了两年。

战后他秘密回到西班牙，在未经审判的情况下被判处死刑。他或许没有做任何一件在民主国家的法律中能够构成犯罪的事情。

乔治·奥威尔

1. 这封信发表在1949年3月3日的《新闻纪事报》上。

2. 恩里克·马克·纳达尔（Enrique Marco Nadal，1913—1994），西班牙铁路工人和激进的自由主义者，共和党人，第二次世界大战后被西班牙当局逮捕入狱，后未经审判被判死刑。经过国际社会的营救，1964年底，纳达尔才被当局从布尔戈斯监狱中释放出来。

致理查德·里兹

格洛斯特郡 克兰海姆村

考茨沃尔德疗养院

1949 年 3 月 3 日

亲爱的理查德：

非常感谢你的来信。你随信寄来的剪报，我认为是对共产党政策的披露。尽管如此，作者在结尾处所说的“我们只有与共产主义搏斗，与法西斯主义搏斗，与一切不是他们发明的狂热搏斗”，我并不同意。在我看来，一个人要战胜狂热，他自己就不能是狂热分子，而是要从另一方面使用自己的智慧。同样，一个人能够杀死老虎是因为自己不像老虎，他可以开动脑筋发明来复枪，而这是任何老虎也做不到的。

我在罗素的书[1]中查到了这么一段：如果“一些”陈述的对句是“所有”陈述，那么“一些人是没有尾巴的”的对句不是“所有的人都是有尾巴的”，而是“所有的人都是没有尾巴的”。在那一段中，罗素似乎只引用了几对其中一个不正确的句子，但是很明显一定有很多“一些”和“所有”都正确的例子，除非那个“一些”是一句没有充分表达清楚的陈述。因此，“一些人是没有尾巴的”是正确的，除非你是从一些人有尾巴开始推理。但是我从来不敢追随这种事情。这种事情让我感到，应该通过立法禁止哲学。

我计划写一篇关于伊夫林·沃的文章。我刚刚读过他早期的一本关于罗塞蒂的书，还有他的《法律下的掠夺》（是关于墨西哥的）。我现在在读一本狄更斯的新传记，作者是海斯凯茨·皮尔逊，这本书我要

1. 指《人类的知识：范围与局限》，伯特兰·罗素著。

写一篇书评[1]。这本书写得并不太好。现在似乎还没有一本完美的狄更斯传记。在所有狄更斯的传记中，我认为金斯密尔的书[2]是最好的，尽管这本书也有些错误和偏见。关于赫胥黎的书[3]你是对的——这本书的确是糟透了。你有没有注意到，他越是乐意献身宗教，他的书中越是散发出性的臭气。他总是不能摆脱鞭挞妇女的主题。或许，如果他有勇气站出来这样说，那就可以解决战争的问题了。如果我们把它看作小小的个人虐待狂，这终究不会造成多大危害，或许我们就不会再想着扔炸弹了。在许多年之后，我又重新读了一遍《德伯家的苔丝》，还有《无名的裘德》（这本书我是第一次读）。《德伯家的苔丝》比我记忆中的确实好多了，有的地方还相当有趣。从前我认为哈代没有能力写得这么好。

医生说我还得在床上再躺两个月，即到大约5月份。因此，我猜想，大概得到7月份我才能真正好起来。我想，除了在这儿住着费用太高以及看不到小理查德以外，别的倒也没有多大关系。他不在我面前长大我很不放心，我也很担心他只把我当成一个永远躺着、不能玩耍的人。当然，孩子们是不可能理解疾病的。他过去常常过来问我："你是在哪儿把自己伤着的？"——我想这大概是他能理解的躺在床上的唯一理由。我并不介意住在这儿，这里十分舒适，我得到了很好的照料。我感觉好多了，胃口也好了不少（顺便说一句，我还没有感谢你给我寄来的朗姆酒。我给你的钱够不够？）。我希望能够在4月份开始做一些较大型的工作，我想我在这里能够工作得很好，因为这里很安静，没有很多干扰。有一些人来看过我，我的书的供应也十分充足。我的感觉与人们所说的相反，即使躺在床上，我仍然觉得时间过得非常快，几个月的时间在不知不觉间飞驰而过。

你的

埃里克

---

1. 奥威尔为海斯凯茨·皮尔逊的著作《他的性格、喜剧和事业》所写的书评发表在1949年5月15日的《纽约时报书评》上。

2. 指《感伤的旅程：查理斯·狄更斯传记》，休·金斯密尔著。

3. 指奥尔德斯·赫胥黎的《类人猿与本体》。

致米切尔·迈耶（在瑞典）

格洛斯特郡 克兰海姆村

考茨沃尔德疗养院

1949 年 3 月 12 日

亲爱的米切尔：

非常感谢你寄来的食品，非常感谢你的来信。这些东西都是前一两天才收到的。你真不应该给我寄食品。当然，收到它们我还是很高兴的。事实上我把大多数的食品转寄到朱罗岛去了，因为经常有人在那里停留，所以，在那里食品总是受欢迎的……

我总是认为瑞典是一个非常乏味的国家，甚至比挪威或者芬兰还要乏味得多。我想在那里可能会有很好的渔场。我从来都不喜欢这种模范国家：任何事情都是非常新式的，特别符合卫生标准，有着很高的自杀率。我隐隐约约地感觉到，一个国家的思想与文化的质量与这个国家的大小之间存在着相互联系。小的国家似乎不可能再产生有趣的作家，尽管这或许只是因为人们没有听说过他们。我希望你的小说[1]进展顺利。即使第一次写得一团糟，你也能够从这第一次尝试中学到很多东西。还有，如果你已经完成了草稿，无论它多么让你失望，你总能把它改得像模像样的。当我第一次把我的小说交给出版商以后，由于没有成功，我只是把原稿毁掉了而没有做进一步的工作。对此，我至今仍然引以为憾。我认为托马斯·胡德[2]是一个很好的题目。他本来应该广为人知，而实

1. 指《走廊尽头》。

2. 托马斯·胡德（Thomas Hood，1799—1845），英国诗人。他写的《衬衫之歌》《劳动者之歌》和《叹息桥》等诗歌对当时不合理的社会现象提出了抗议，《衬衫之歌》成为社会抗议诗歌的典范。其幽默诗歌也享有盛名。

际上并没有这样。他的作品也完全脱销了。我只有他的一个诗歌选集，长期以来，我一直在努力寻找他的其他作品，但是没有找到。我尤其想在哪里找到他写的一首关于童年美好的诗，但是因为孩子们太吵闹了，以至于无法进行（我记得这首诗中有这样一行美丽的诗句："去找你的母亲吧孩子，擤擤你的鼻涕。"）。我不知道人们是不是应该称他为严肃诗人——我称他为又好又坏的诗人。你喜欢瑟蒂斯[1]，我很高兴。我认为在瑟蒂斯被狩猎者们（我想他们肯定没有读过瑟蒂斯的作品）抛弃了这么多年之后，他正开始重新受到人们的欣赏。我并没有读过他很多作品，现在正想找一些读。目前，我除了读书以外什么都不做——在下个月的某个时间之前，我不会再开始做任何工作了。在过了许多年之后，我现在一直在重读哈代的一些小说，我很惊奇地从中得到了愉悦的感觉。有一本狄更斯的新传记[2]刚刚出版，作者是海斯凯茨·皮尔逊，我必须为这本书写个书评。这本传记比起老波普-亨纳西的那本[3]来可读性稍强一些，但事实上也好不到哪里去。赫胥黎的新书[4]——我估计你已经看到了——糟透了。凯斯特勒的新书[5]我还没有看到。我准备为《党派评论》写一篇关于伊夫林·沃的文章，已经读完了他的早期作品，包括一本很好的罗塞蒂传记。我的小说将在6月出版。我不知道美国版会不会在英国版之前出来，但是我想不会。

我希望什么时候能够再收到你的信。我想，在大约7月份之前，可以把这个地方作为我的地址。

你的

乔治

1. 罗伯特·瑟蒂斯（Robert Surtees，1803—1864），英国小说家，创作了以滑稽人物乔罗克斯先生为主人公的系列小说，主要有《乔罗克斯的远足和欢乐》《汉德利十字架》和《希林登大厅》等。

2. 指《狄更斯：他的性格、喜剧和事业》。

3. 指《查理斯·狄更斯》，戴姆·尤纳·波普-亨纳西（Dame Una Pope-Hennessy）著，1945年出版。戴姆·尤纳·波普-亨纳西（1875—1949），英国作家、历史学家和传记作者。

4. 指《类人猿与本体》。

5.《见识与眼界》。

致朱丽安·西蒙斯

格洛斯特郡 克兰海姆村

考茨沃尔德疗养院

1949 年 3 月 15 日

亲爱的朱丽安：

因为你正在写狄更斯的传记，我想你或许希望看一看我寄去的这本书[1]（我不需要你再寄回来了）。据我所知，迄今为止我们国家还没有出版这本书。我认为你从老波普－亨纳西那里找不到任何有用的东西，但是皮尔逊提出了一两个稍微有一点儿意思的问题。例如，他提出，狄更斯死前不久接受准男爵爵位其实只是开的一种玩笑。波普－亨纳西在她的书中的表述则不是这样。我从来没有追究过这些，我必须说我认为这并不重要，因为那个时候狄更斯的内心或许已经在某种程度上屈服了。皮尔逊还说——这是我从前闻所未闻的——埃德加·爱伦·坡给狄更斯留下了深刻的印象，那是 1842 年，当时的爱伦·坡还默默无闻，他试图出版自己的《故事》，但是没有成功。我不知道坡是否受到过《匹克威克外传》中那个疯子的故事的影响。

你的

乔治

1.《狄更斯：他的性格、喜剧和事业》（*Dickens, his character, comedy, and career*），海斯凯茨·皮尔逊著，1949 年初由哈珀公司在纽约出版。

致理查德·里兹

格洛斯特郡 克兰海姆村

考茨沃尔德疗养院

1949 年 3 月 16 日

亲爱的理查德：

我希望你那里一切顺利。我从巴恩希尔听说，事情似乎还是相当有利的。艾弗里尔说，比尔准备种一英亩蔬菜。伊恩·麦克基尼[1]目前正在那里修路，还有弗朗西斯·博伊尔[2]已经做完了花园里的部分工作。比尔建议我卖掉我们的奶牛，因为他的一些奶牛马上就要生小牛了，将来会有足够的牛奶的，可这样一来就需要更大的牛棚。另一方面，还有个重复经营的问题。因此，我建议在埃尔郡只保留一个。那艘船运行情况很好，他们还驾驶着这艘船去了一趟克里南。艾弗里尔说理查德现在知道要钱了，因为他明白了用钱可以买来糖果，所以我想我最好还是给他一点零用钱，尽管目前他还没有花钱的机会。

最近我的身体一直相当好，尽管他们没有梦想着让我从床上起来。在大多数的时间里，这里的天气就像是春天。我在读伊夫林·沃的早期作品（是关于罗塞蒂的，还有其他一两本书），因为我承担了为《党派评论》写一篇关于他的文章的任务。我还读了海斯凯茨·皮尔逊写的一本狄更斯的新传记，我要为这本书写个书评。我正在读的书还有伊斯雷

1. 伊恩·麦克基尼（Ian Mckechnie），奥威尔在朱罗岛上的邻居。

2. 弗朗西斯·博伊尔（Francis Boyle），奥威尔在朱罗岛上的邻居。

尔·赞格威尔[1]的《犹太区的孩子们》，这本书我已经很多年没看一眼了。我还想找到这本书的续集《犹太区的孙子孙女们》，我记得这本书比其他书要好一些。我不知道他还写过别的什么书，但我想他写了很多作品。我觉得他是一个很好的小说家，而他并没有得到应得的东西，尽管现在我注意到，他有着一种十分强烈的犹太民族主义色彩，这种色彩是非常令人讨厌的。我还订购了玛丽·巴什科特塞夫的日记[2]，我以前从未读过，现在它就摆在我面前，卷帙浩繁，体量惊人。我没有见到过凯斯特勒出版的新书，我想这书大概是只在美国出版的，但是我可以通过邮购的方式得到它。我的书定于6月15日出版。这本书将成为当月《标准晚报》的推荐书。我觉得这并没有什么特殊意义。

你有没有撕坏你的服装供应本？[3]这里的每一个人对此的反应都是相同的——"这肯定是个陷阱"。当然，服装现在已经通过价格实现了充足供应。我想，我还是要为自己定一件新夹克衫。

你的
埃里克

---

1. 伊斯雷尔·赞格威尔（Israel Zangwill，1864—1926），英国剧作家和小说家，曾参加过犹太复国运动，作品多反映犹太移民生活。代表作有长篇小说《犹太区的孩子们》《犹太区的梦想者》以及剧本《熔炉》《战神》等。

2. 玛丽·巴什科特塞夫（Marie Bashkirtseff，1858—1884），俄罗斯日记作家、天才画家和雕塑家，非常可惜的是她在年仅26岁时因肺结核英年早逝。玛丽有写日记的习惯，从大约13岁以后的日记都被保存下来，并在她死后的第三年（1887年）出版，这些日记被称为"一个年轻的、有天赋的头脑的惊人的现代心理自画像"。基于原始手稿的日记已以法文出版了16卷，也有英文译本在英国出版。

3. 服装配给供应在1949年2月1日结束。

致伦纳德·摩尔

格洛斯特郡 克兰海姆村

考茨沃尔德疗养院

1949年3月17日

亲爱的摩尔：

你可能已经收到了罗伯特·吉劳[1]的信。他也把这封信的复印件给我寄了一份。

我不可能接受那种修改和缩写的建议，因为这样会改变书的整体色彩，并且删除了很多本质的东西。尽管鉴定人已经读过了建议删除的部分，他也未必懂得其中的含义。我认为对小说进行删节会使故事晦涩难懂。如果删除全书的五分之一或者删掉一章，并且对最后一章进行压缩，那么书的结构就会呈现出显而易见的错误。一本书写起来都有一个平衡的结构，除非打算重新写整部书，否则不能简单地把这部分或者那部分拿开。无论如何，删掉其中的章节并且对一些段落进行缩写意味着我必须重写很多内容，而我觉得我目前是无能为力的。

如果它作为节略本出版的时候，明确注明英国版包括7章，在本书中有的被删掉了，那么我是可以答应的。这是我能够同意的唯一条件。但是，很明显，每月读书俱乐部的人们是不会接受这样一本书的。因为罗伯特·吉劳在他的信中说，他们还没有最后决定选择这本书，但是他明确表示希望会选这本书。因此，我想假如我拒绝了这一建议，哈科特·布

1. 罗伯特·吉劳（Robert Giroux，1914—2008），美国图书编辑和出版商。此时他刚刚从哈科特·布雷斯公司开始自己的编辑工作。在此后50年的职业生涯中，他编辑了20世纪最重要的一些小说作家的作品，这些作家包括T.S. 艾略特、奥威尔和伍尔芙等。

雷斯会感到失望的。但是，我绝对不能允许他们把我的书搞得一团糟，并且我也怀疑这从长远观点看是否划得来。如果你能把我的意见向他们表达清楚，我将非常感激。

你诚挚的

埃里克·布莱尔

致理查德·里兹

格洛斯特郡 克兰海姆村

考茨沃尔德疗养院

1949 年 3 月 18 日

亲爱的理查德：

没有直接回应你的上一封信，我觉得很抱歉。你主动提出借给我钱，你真是太好了，但我确实不需要钱。我对我的经济状况感到担忧的唯一原因，就是怕我可能会像这里的一些人一样，即：能继续活下去，但是不能再工作了；尽管这种可能性并不大。

下面谈谈你提出的其他问题。关于斯莱特的那本书[1]，我的评价并不太高。在我看来，这是一本敷衍了事的书，我还认为——你也这样认为——其中的性描写很不合适，并且趣味较为低下。

我没有任何理由认为我的信被人做了手脚。事实上 10 年前我的一封信的确被警察打开过。那封信是寄给巴黎的一位出版商的，这位出版商的书属于被查禁之列。我还偶然听到其他人告诉我，他们觉得他们的信也曾被打开过。后来我设计了一个根本无法打开的信封，但是也没有把这件事弄清楚。我认为没有理由怀疑是共产党插手这种事，他们也没有这个权利搞到人们的信件。

非常感谢你寄来的《大路》[2]。我认为这篇文章写得相当不错。但

1.《阴谋家》，汉弗莱·斯莱特著。

2.《大路》，工人教育协会（W.E.A.，即 Workers Education Association）的机关刊物。在它的 1949 年 2 月号上，有一篇 J.M. 卡梅隆（J.M.Cameron）为维兰蒂莫·威德勒（Vladimir Weidle）的《艺术的窘境》一书所写的书评。

是，在我前段时间试图读一读威德勒的书的时候，我发现这本书并不怎么样——事实上，在我看来，对于书中论及的问题，他本人还糊涂着呢。罗伯特·威勒[1]今天下午来看过我。他刚刚去了一趟瑞士。

你的

埃里克

又及：

你有没有读过我那篇发表在《党派评论》上的关于甘地的文章？如果读过的话，你是否同意我的观点？

---

1. 罗伯特·威勒（Robert Wheeler）是一位住在克兰海姆村附近的格洛斯特郡农民。他的朋友理查德·里兹曾经请求他看望一下奥威尔。

致弗雷德里克·约翰·沃尔伯格

格洛斯特郡 克兰海姆村

考茨沃尔德疗养院

1949 年 3 月 30 日

亲爱的弗雷德：

谢谢你的来信。

几年前我读过《我们》，但我现在并不奇怪看到它的重印版。我不想把这本书“强加”给你，我只是认为对你来说它是值得出版的。无论如何，这本书应该由某个人重新发行。当然，它有一些缺点，但在我看来，它在乌托邦书籍链中形成了一个有趣的连接点。一方面，它揭露了乌托邦的超理性、享乐主义的类型（我认为奥尔德斯·赫胥黎的《勇敢新世界》一定在某种程度上剽窃了它），但另一方面，它也考虑到了邪恶和回归文明的倾向，以及早期的文明形式，这似乎是极权主义的一部分。在我看来，它是一本跟《铁跟》[1]一样好的书，但是写得更好。不过，我却无法知道它会不会大卖，我可不希望给你带来一个毫无用处的累赘。我只是觉得应该有人重印这本书。当出版社每天都在印刷这么多垃圾时，这样一本拥有不同寻常的历史和内在趣味的好书却是脱销的，这不是一件光彩的事。

我的健康状况始终不好，一直伴有“咯血”现象。正是因为这个原因，我不得不手写了这封信。他们禁止我使用打字机一个星期，因为打字会

1.《铁跟》是美国作家杰克·伦敦的小说，首次出版于1908年，通常被认为是最早的现代反乌托邦小说。杰克·伦敦（Jack London，1876—1916），原名约翰·格利菲斯·伦敦（John Griffith London），美国著名的现实主义作家。

让我疲劳。

请代我问候每个人。

你的

乔治

致理查德·里兹

格洛斯特郡 克兰海姆村

考茨沃尔德疗养院

1949 年 3 月 31 日

亲爱的理查德：

非常感谢你的来信。我随信寄去一本《党派评论》，上面有我上次提到的那篇文章。上次我就该把这本杂志寄给你，因为我觉得你是会对它感兴趣的，但是在我印象中你似乎订阅了这份杂志。西莉亚·科文前几天到我这里来过，她会送给我那期刊登了关于托尔斯泰的文章的《辩论》，我的那本杂志被我弄丢了。这篇文章与有关甘地的那篇文章的确还有些联系。

是的，我必须把遗嘱那件事办好。我已经让一位律师起草了一份遗嘱，然后，因为我还想做一些改动，我又重新写了一份。我觉得第二份草稿虽然正式找了证人，但仍然是不合法的。你在爱丁堡有没有熟识的律师？我跟自己在伦敦的律师都失去了联系。从文字上把遗嘱执行人的身份进行适当的界定是非常重要的，还要确保理查德的地位。我忘记了在文件中说明理查德是养子，而这在法律上是存在着一定差别的。当艾弗里尔从伦敦回来的时候，她带来几箱子材料，其中上面标明“个人的”那个，里边应该有我所需要的材料。当你在巴恩希尔的时候，你能不能浏览一下那些材料，并且把有关的东西寄给我。我想找我的遗嘱，也就是我的第二份遗嘱，我想上面标明的日期是 1947 年初。还有一个上面标明“可重印的散文”的笔记本，里边有些东西也需要修改。当出现了文字方面的特定问题时，明确地赋予你处理的权利就显得非常重要了。例如，美国每月读书俱乐部的人，尽管他们没有完全许诺，但也已经给了一半的许诺，说如果我愿意删掉《一九八四》的四分之一的篇幅，他们会挑选这本书的。当然，我不准备这样做。但是，如果我在那一周之前就已经死了，摩尔与美国出版商就会应承下来，这样既毁了这本书，又不会给我带来多少经济上的好处，因为你无论什么时候得到数额较大的款项，都要被课以很重的附加税，这样的话钱又被全部拿走了。

我的身体很虚弱，吐了大量的血。这也不一定有多大损害，事实上，H.V. 莫洛克大夫——我战前去找过的那位专家——甚至说过这还有好处。但是，这让我感到压抑，也感到有些恶心，我一直觉得情绪特别低落。很明显，他们已经不能为我做任何事了。他们在谈论做一个胸腔手术，但是外科大夫不愿意做这个手术，因为这需要你有一叶好肺，而我没有。显然，唯一应该做的事就是保持安静。见不到小理查德，我很焦虑，但是或许过一段时间我会安排他来看我。如果我今年确实能够好起来，我想带他到伦敦去一趟。

你的

埃里克

又及：

请原谅我是用手写的这封信。目前他们禁止我使用打字机，因为打字机容易使人疲劳。

致理查德·里兹

格洛斯特郡 克兰海姆村

考茨沃尔德疗养院

1949年4月8日

亲爱的理查德：

我刚刚收到一份电报，电报说每月读书俱乐部最后还是选了我的小说，尽管我拒绝了他们提出的对小说进行修改的要求。我想你们听到这个消息肯定会高兴的。这件事显示了书自身的品质是对它的奖赏，诚实是最好的策略。我不知道我最后能够剩下多少钱，但是无论如何为我付清所得税的欠款是足够了。

我以前曾经答应过一家杂志社的约稿，现在我让疗养院的人给这家杂志社拍了个电报，告诉他们我已经不适合再做任何工作。这也是实情。你给别人讲起来的时候，不要说得这么严重，因为这太让人觉得压抑了。事实只是我目前的情况不太好。他们准备再试一试链霉素。我以前也鼓励他们用链霉素，狄克医生也认为这或许是一个好主意。他们过去担心链霉素的副作用，但是现在他们说，他们能够在某种程度上用尼古丁或者别的药物抵消链霉素的副作用。不管怎么样，如果结果不太好，他们总可以停止使用这种药。如果我的病情继续恶化——当然，我们不希望这样，但是必须做最坏的准备——我要请求你在我的外貌还不太吓人之前，把理查德带来看看我。我想，让你做这件事比让艾弗里尔做要好，这给你带来的不适总比艾弗里尔小一些。此外，我还有一些事情跟你商量。如果这些药物能够起作用——这似乎也是最后一次起作用了——的话，我今年其余的时间也不准备做任何工作了，我用这种方式来保持疗效。

我忘记说了，我希望你什么时候能够看一眼我的书，以确保这些书没有发霉（正是因为这个原因，我让艾弗里尔时不时地在房间里点把火），确保书架底部的杂志有条不紊。我想把那里所有的杂志保存得完好无损，因为那些杂志中有一些刊载有我的文章，或许我想重印它们。在这里堆着的书我也想把它们寄回家去，但是我现在无法打包。

爱你们大家的

埃里克

致罗伯特·吉劳

格洛斯特郡 克兰海姆村

考茨沃尔德疗养院

1949 年 4 月 14 日

亲爱的吉劳先生：

感谢您 11 日的来信。我自然十分高兴每月读书俱乐部选中了《一九八四》。在书正式出版之前，我要请您帮助我把赠书寄给在美国的十几位友人。我会通过伦纳德·摩尔先生把接受赠书的名单寄给您。我想，其中有一些人事实上已经列入你们的赠书名单中了。

您所询问的关于《李尔王》的文章（实际上是关于托尔斯泰论莎士比亚的文章[1]）发表在一份存在不久的刊物上。遗憾的是，我自己也没有留一份。我一直想搞到一份，因为我将来可能把它重印出来。对于燕卜荪的文章，我非常感兴趣，很想知道它发表在什么地方，因为我特别希望了解他对李尔王的看法。他就像人们经常做的那样消失在中国了，我甚至不知道他目前是不是还在写东西。

在过去的几个星期里，我病得非常厉害。不过现在我好一些了。我相信自己已经处于康复的过程中，但是可以肯定，往好里说，这也是一个十分缓慢的过程。我已经把下一部小说计划好了，但在我没有感到身体好一些之前，我是肯定不会碰它的。这不但是因为工作容易让我疲劳，而且因为我担心开始的时候进行得不顺利会让我有挫折感。

您诚挚的

乔治·奥威尔

1. 即《李尔王、托尔斯泰和弄臣》。

致托斯科·菲弗尔[1]

格洛斯特郡 克兰海姆村

考茨沃尔德疗养院

1949 年 4 月 15 日

亲爱的托斯科：

非常感谢你惠寄露丝·费希尔的书[2]。我原本打算买一本的，在读过一本借来的书之后，我不再需要买这本书了。我保证会把书还给你的。我饶有兴趣地读过了玛格丽特·诺伊曼的书[3]。这本书并不是特别好，但是她作为一个真诚直率的人，深深地打动了我。戈兰茨公司也出版了一本非常值得关注的小说[4]，是一位给自己取了一个"理查德·卡戈"的笔名的作者写的，我想他是个波兰人，但对此没有很大把握。书是以斯拉夫人的方式写成的，相当吸引人。

在你的文章中有几点我打算跟你商榷一下。一个是关于格雷厄姆·格林的。你坚持说他是极端保守派，还说他是通常的那种天主教反动分子。其实根本不是，他书中表现的思想不是这样的，他本人的表现也不是这

1. 这封信首次发表于 1962 年 1 月份的《冲突》上。因为原件已丢失，此处选用的这封信是以《冲突》上发表的为准的。

2. 指《斯大林和德国共产主义》，露丝·费希尔著。

3. 指《在两个独裁者的统治下》，玛格丽特·巴伯－诺伊曼著。玛格丽特·巴伯－诺伊曼（Margarete Buber-Neumann，1901—1989），德国共产党党员。《在两个独裁者的统治下》是她的回忆录，记录了第二次世界大战期间她在苏联和德国集中营被监禁期间的悲惨遭遇。

4.《折磨者》，理查德·卡戈（Richard Cargoe）著。理查德·卡戈是罗伯特·佩恩（Robert Peyne）的笔名之一。罗伯特·佩恩（1911—1983），英国著名传记作家，1946 年移居美国，成为英国文学教授。他曾为许多著名历史人物写过传记，如希特勒、斯大林、马克思、列宁、毛泽东和甘地等。这些作品因其可读性和文学性而广受欢迎，尽管从历史的角度考察并不严谨。

样的。当然，他是个天主教徒，在一些事情上他不得不支持教会的政治观点。但是他的观点属于左派中的中间势力，还稍微带一点共产党倾向。我甚至认为他可能成为我们第一位作为天主教徒的同路人，这种事在法国有，在英国还没有。如果你看过《此枪出售》《英格兰制造了我》《秘密的代理人》和其他诸如此类的书，你会看到书中有通常的那种左翼风景，坏人是百万富翁、军火制造商，好人有时是共产党员。据雷纳·海本斯托尔说，在西班牙内战期间，格林曾经在某种程度上不情愿地支持过佛朗哥，但是《秘密的代理人》却是从另一种观点出发创作的。

另外一件事是：你常常攻击小说家不反映当代事件。但是，你能想出一个严格反映刚刚发生的当代事件的小说吗？任何一部值得一读的小说都不太可能在事情过去三年之内就成功地加以反映。如果你在1949年准备写一部关于1949年的小说，那么它只能是“新闻报道”，在你把它出版之前，它就会过时，而且还显得很傻。现在我的脑子里有一部反映1945年的小说，但是即使我能够活下来，在1950年之前我也不会写它。其原因不仅因为人们在事情发生的同时无法正确地观察事物，还因为一部小说的写作需要很多年的时间，而作家只能利用有空的时间进行创作，因此，在短期内拿出详细的书稿这类事情是不可能发生的。这是我的经验，我相信也是别人的经验。我有时在大约两年内就能写出一部所谓的小说，但是后来发现，这些书总是较差、较傻的书，我就不再允许这些书发行了。你或许还记得，在有关1914年的那场战争的书中，几乎所有的优秀作品都是在战争结束后5年、10年甚至更长的时间里出版的。我想，关于第二次世界大战的书现在大概快要出来了，而反映战后情况的书大概得到50年代的某个时间才能出版。

上几个星期我的病情十分严重。我的病又有点儿复发，随后他们决定再试一试链霉素，这种药过去在我身上还是很见效的，至少暂时很见效。这次只有一剂药产生了很大的副作用，我猜想我大概是有某种过敏反应。现在我好一些了。尽管如此，我还是不能工作，也不知道什么时候能够工作。在夏末之前，我没有离开这里的希望。如果天气好的话，随后我或许会去苏格兰待上几个星期，但也不能待很长时间，然后我将找个离医生近的某个地方度过秋天和冬天，或许就找一个做住家用的疗养院。我必须等到我的健康状况发生更确定无疑的转变后再做下一步的计划。理查德长势喜人，或者说在我上次见到他的时候他长势喜人。到 5 月份的时候他就 5 岁了。我想今年冬天他就该到村子里的小学上学了，但是明年我就不得不把他转到本土某个合适的全日制学校去……如果他长大以后当一个农民，我也会高兴的，尽管我不会对他施加什么影响……[1]

你的

乔治

1. 理查德·布莱尔（Richard Blair）的确选择了务农作为他的职业。1964 年，他和埃莉诺·莫伊尔（Eleanor Moir）结了婚，并且育有两个儿子。

致理查德·里兹

格洛斯特郡 克兰海姆村

考茨沃尔德疗养院

1949 年 4 月 25 日

亲爱的理查德：

非常感谢你的来信。我的健康状况不断出现反复，不过从总体上看还是稍微有所好转。我想，我仍然无法制订什么计划，但是，假如在冬季我可以下床活动了，我想，或许到国外某个地方是一个不坏的主意。奥兰多[1]（我不知道你是否认识他，他偶尔为《观察家报》写点儿稿子）建议我到意大利的卡普里去，说那是一个好地方。据说那里有很好的食物和葡萄酒，并且我的朋友西隆[2]就在那里居住，他肯定可以安排个地方给我住。不管怎么说，这是一个值得仔细考虑的方案。前几天托尼一家来看过我。我想他们几乎马上就要动身回伦敦，因此，恐怕无法再次见到他们了。伊内兹[3]准备为理查德的生日买一台儿童打字机，这种儿童打字机正在做广告，但愿别太贵。我想，假如理查德不把打字机大卸八块，这台打字机也许到了他学文化的时候可以派上点儿用场，也许它还可以让理查德不再摆弄我的打字机了。托尼一家还带来了你的那本书，我准备把它寄给你。当布兰达[4]来的时候，我打算让她帮我把一些书打包，我想先寄回家去，这些书在这里堆得乱七八糟。我仍然不能做任何工作，

1. 路杰罗·奥兰多（Ruggero Orlando，1907—1994），英国新闻记者、作家和诗人。

2. 伊格纳吉奥·西隆。

3. 伊内兹·霍尔登。

4. 布兰达·索克尔德，从 1928 年她就认识奥威尔。

有几天，我拿出笔和纸，试图写点儿东西，但是根本不可能。处在这种状态下的时候，你常常会有这样的印象：在不做事的时候，你的大脑运转正常，但是，一旦到了你要把一些单词拼成句子的时候，你就会发现大脑非常沉重、迟钝，精力只能集中几秒钟的时间。我正在读《斯庞齐先生的冒险旅行》，我从前没有读过这本书。我认为这本书不如《汉德雷十字塔》好。在许多年以后，最近我还重新读了一遍《小杜丽》。从某种角度看，这是一本乏味的书，但是书中有一个真正敏感的人物。威廉·杜丽[1]跟狄更斯笔下的大多数人都不太相似。美国的一个朋友最后还想办法给我搞到了一本吉辛的《新格拉布街》[2]。请注意别把《古怪的女人》[3]弄丢了，好吗？

你的

埃里克

1.威廉·杜丽（William Dorrit），狄更斯小说《小杜丽》（*William Dorrit*）的主人公。杜丽的父亲因负债而入狱，所以小杜丽是在牢房里出生长大的。此后，围绕小杜丽的身世和杜丽继承遗产，作者展开了一系列错综复杂的情节和人物关系，读来如抽丝剥茧，欲罢不能。《小杜丽》集中体现了狄更斯后期作品的特点：思想内容更趋于深刻丰富，驾驭人物与情节的能力更趋于老到成熟。

2.《新格拉布街》（*New Crub Street*，又译《新寒士街》），乔治·吉辛的代表作之一。这部小说描述了18世纪一条英国小街上雷尔登、毕芬、尤尔等小作家们的生活。他们沉溺在古典文学的世界里，追求完美与极致，拒绝新兴的生活方式和思维方式，很快被维多利亚后期工业革命的快车无情抛弃。这部小说有吉辛自传的成分，是19世纪末英国文学界的缩影。

3.《古怪的女人》（*The Odd Women*，又译《畸零女人》），乔治·吉辛的另一部长篇小说代表作。

致安东尼·鲍威尔

格洛斯特郡 克兰海姆村

考茨沃尔德疗养院

1949 年 5 月 11 日

亲爱的托尼：

来信收到，非常感谢。最近（事实上只是昨天）我搞到了一本约翰·奥布里的书，我正在饶有兴致地读它。我从未意识到他竟然是一个如此多才多艺的家伙，以前我总认为他只是一个跟丑闻轶事经常有联系的人。我盼望着看到你的选集。是的，我读过玛格丽特·诺伊曼的书。我认为这本书相当不错，很明显是出于一个创作态度严肃的人的手。告诉马尔科姆[1]，假如他没有读过这本书，他应该去读露丝·费希尔的书（《斯大林和德国共产主义》），无论如何，它作为一本参考书是很有用的。关于可怜的休·金斯密尔[2]，我感到非常遗憾。我不知道你会不会去看他。如果你去看他，请你告诉他，我刚刚重读过他写的关于狄更斯的书，这本书我是费尽周折才找到的，我的评价跟以前相同——这是一本光芒四射的书。我不知道为什么没有人重印那本《清教主义之后》。当我给他重印的另外一本书写书评的时候，我注意到了这本书。顺便说一句，我最终搞到了一本《新格拉布街》，我正打算说服某个出版商重印这本书。公众图书馆起码应该有一本吉辛的书，当时我不知道如何才能搞到——至少我没有办法。

1. 马尔科姆·马杰里奇。

2.1949 年 4 月 14 日，金斯密尔因病住进医院，5 月 15 日逝世。

我的病时好时坏，总体上说十分严重。我不能制订什么严格的计划。如果今年冬天我的身体比较好的话，我准备到国外待上几个月。如果我可以走路但不能经受旅途劳顿，我将待在类似布赖顿[1]的地方。如果我还是不得不继续卧病在床，我准备搬到伦敦附近的某个疗养院，这样朋友们来看我的时候可以更容易一些。看来我的余生似乎是即使不在病床上度过，无论如何也要在轮椅上度过了。只要我将来能够工作，我愿意忍受5年这样的生活。目前我什么都不能做，甚至连一篇书评都写不了。

请代我向大家致意。

你的

乔治

1. 一个位于英格兰东南部的城市，邻近英吉利海峡，气候比较温暖。

致弗雷德里克·约翰·沃尔伯格

格洛斯特郡 克兰海姆村

考茨沃尔德疗养院

1949 年 5 月 16 日

亲爱的弗雷德：

非常感谢你的来信。她可能已经告诉你了，我不得不劝阻索尼娅·布朗内尔，请她不要来。我的身体非常差。我预约了再照一次 X 光照片，但是几天来，我一直在发高烧，不能到 X 光室去。等到 X 光照片出来，恐怕很可能会证实我的两叶肺情况都已经严重恶化。我最近问过医生："我是不是还能活下去？"她只是说她不知道，不肯触及更深入的内容。如果根据照片得出来的诊断结果不好的话，我将再听听其他人的意见。你能把你提到的那位专家的姓名告诉我吗？随后我准备去找他或者莫洛克大夫——战前我曾经咨询过的另一位专家——问问情况。他们其实什么都不能做，因为我的情况已经不能手术，但是在我还能活多久这件事情上，我很想听听专家的意见。我很希望人们不要现在就把我往瑞士赶，据说那是一个有魔力的地方。我不相信你住在那里会造成多大区别，而这样一趟旅行说不定就已经要了我的命。我猜测我能够活下去的唯一机会就是保持安静。不要认为我已经抱定必死之心。相反，我有最强烈的想活下去的理由。但是我想弄清楚我究竟还能坚持多长时间，而不是像医生通常所做的那样只是哄你高兴。

是的，一定来看我吧。我希望并且相信在 6 月初的时候，我身体能够好一些，无论如何至少不再发高烧。我很高兴《一九八四》出版前的工作做得如此之好。《世界评论》发表了这本书的一个摘要[1]，这个摘要非常非常愚蠢，让人觉得这本书纯属无稽之谈。如果早知道他们会花钱雇人来搞这个摘要，我就不让摩尔安排这件事了。我猜想他们可能做了广告。那个《标准晚报》的人——克兰先生——过来采访过我。他准备下次再来，但是我正想着劝阻他，因为上次他不断地跟我谈论政治，让我非常疲劳。

请代我向每一个人问好。

你的

乔治

1.《〈一九八四〉与官方宣传语言》，《世界评论》1949 年 5 月号。

致安东尼·鲍威尔

格洛斯特郡 克兰海姆村

克兰海姆旅馆

1949 年 6 月 6 日

亲爱的托尼：

非常感谢你寄给我的奥布里的书[1]。我很高兴你最终收进了关于雷利爵士和他儿子的故事。对于休·金斯密尔的事，我感到十分遗憾。如果他们正打算为他的遗孀筹集一笔抚恤金的话，请一定把我算在内。我的身体好多了，我相信这个趋势会继续下去。我找了一位伦敦来的专家，他的说法跟这里的人一样，即：如果我能躲过这一劫，在今后好几年中我都没事，但是我必须保持安静，在很长时间里不要工作，或许要长到一到两年——我相信用不了这么长的时间。这太乏味了。但是如果这意味着我此后还能够继续工作，那么这还是值得的。理查德[2]整个夏天都住在我附近，一两个星期就来看我一次。请代我问候每一个人。我希望什么时候你和马尔科姆[3]能来看我——但是，当然，不要把自己搞得疲惫不堪。我知道这一定是一次非常累人的旅行。

你的

乔治

又及：

我正在读但丁！（当然，是用一张小孩用的高边床。）

1.《短暂的生命及约翰·奥布里的其他作品》，安东尼·鲍威尔编辑。

2. 奥威尔的养子。

3. 马尔科姆·马杰里奇。

致弗朗西斯·亚当·亨生（节选）

［这封信写于 1949 年 6 月 16 日，是奥威尔回答联合汽车公司工人弗朗西斯·亚当·亨生提出的关于《一九八四》[1] 的问题的，其中的一部分已经丢失。这封信的摘录发表在 1949 年 7 月 25 日的《生活报》和 1949 年 7 月 31 日的《纽约时报书评》上。］

我最近出版的这部小说并不是要攻击社会主义或者英国工党（我还是工党的一个支持者），而是为了揭露由经济集中而导致的集权主义和法西斯主义所带来的堕落。我并不相信我在书中所描述的社会必定会到来，但是，我相信某些与其相似的事情可能会发生。我还相信，集权主义思想已经在每一个地方的知识分子心中扎下了根，我试图从这些集权主义思想出发，通过逻辑推理，引出其发展下去的必然结果。我把故事发生的场景放在英国，是为了强调说英语的人种并不是天生就比其他人种更好，假如不向集权主义宣战的话，集权主义在任何一个地方都可能取得胜利。

1.《一九八四》，1949 年 6 月 8 日由塞克尔与沃尔伯格出版公司在伦敦出版，1949 年 6 月 13 日由哈科特·布雷斯出版公司在纽约出版。

致朱丽安·西蒙斯

格洛斯特郡 克兰海姆村

克兰海姆旅馆

1949 年 6 月 16 日

亲爱的朱丽安：

我想，在《泰晤士报·文学增刊》上发表的那篇《一九八四》的书评应该是你写的。你的评论十分慷慨地给了我极高的评价，我必须为此向你表示感谢。我没有想到你能够在如此短小的篇幅里把小说的意义把握得如此之好。关于“101 房间”[1]的粗鄙的话，你的意见当然是对的。在我写作的时候，也已经意识到这一问题，但是不知道如何用另一种方式取得我想取得的类似的效果。

自从上次见到你之后，我的身体一直很糟糕，但是最近几个星期又有了明显的好转，我希望或许我现在已经渡过了难关。我看过的不同的医生都为此感到很受鼓舞，但是他们说，我还是必须保持安静，不要工作很长时间，如果可能的话，在一年内不要工作——当然，我希望时间不要这么长。这样的生活的确太乏味了，但是假如这意味着我还可能康复，那么也是值得的。理查德整个夏季都住在我附近，每周都过来看我。他已经开始上幼儿园，今年冬天就要上朱罗岛的乡村小学了。我不知道他要在那个学校待多久。我一直考虑在他长大一点以后到威斯敏斯特学

1.“101 房间”是奥威尔小说《一九八四》中的一个恐怖场所，这个房间在书中是一个隶属于“友爱部”的拷问室。101 号室设立的目的是通过让受刑者经受他们最憎恨的事来迫使他们背叛最亲密的人。如今“101 房间”已成为极权主义权利支配的象征，一提起“101 房间”就让人联想到拷问室。

校[1]上学。据我所知，他们已经抛弃了自己高贵的身份。这是一个全日制学校。这一点我最喜欢，我想它还有其他一些好处。无论如何我要去咨询一下，如果看着合适的话就为他报上名。当然，到将来——比如说1956年——会不会再发生什么变化，那就只有天知道了，不过人们还是不得不按照什么都不发生剧烈变化的情况来制订计划。

你有没有得到过现居北平的燕卜荪的消息？我不知道你是否认识他。有很多关于他的各不相同的谣言。我打算通过燕卜荪在美国的出版商打听一些他的消息。

你读过露丝·费希尔的《斯大林和德国共产主义》[2]一书吗？她明天要来看我。希望大家身体健康，希望你的婴儿茁壮成长。

请代我问候你妻子。

你的

乔治

1. 威斯敏斯特学校是一所贵族学校，校址设在伦敦西部、泰晤士河北岸的贵族居住区——威斯敏斯特。

2.《斯大林和德国共产主义》，露丝·费希尔著，阐述的是斯大林、斯大林主义对德国共产主义运动的影响和关系。该书由何式谷译为中文，1964年以《斯大林和德国共产主义运动》的书名在商务印书馆出版，书上注明“供内部参考”。

致弗农·理查兹

格洛斯特郡 克兰海姆村

克兰海姆旅馆

1949 年 6 月 22 日

亲爱的弗农：

多谢你的来信和剪报。是的，我已经得到了那本纪念号刊物[1]的复印本。

你尽量出售这些图片，这不会损失我任何东西，而且无形之中为我做了广告。我与《生活报》有很多争吵，他们想派记者来采访我，但是被我拒绝了，因为这类事情使我感到太疲劳。我担心一些美国共和党报纸已经在利用《一九八四》作为反对工党的宣传工具，不过我已发表了某种辟谣的文章，希望能够发表。

是的，我会尽力解答你给我列出来的问题。我不可能长篇大论地作答，对此你应该是理解的。这类问题被清除得越多越好。

我渴望过些时候能见到你。希望你能告诉我你来的日期，以免与其他来访者发生时间上的冲突（我考虑在以后的三个星期里会有人要来），我也好安排汽车。

你的

乔治

1.1949 年 4 月 13 日，弗农·理查兹的妻子玛丽·路易斯因肺炎病逝。为此，1949 年 5 月 28 日的《自由》出版了她的纪念专号。

致戴维·阿斯特

格洛斯特郡 克兰海姆村

克兰海姆旅馆

1949 年 7 月 14 日

亲爱的戴维：

我刚刚见到了我从缅甸来的老朋友里奥·罗伯逊。我曾经跟你说起过他。我让他给你写信，询问你能不能给他一次面谈的机会。他大约 55 岁，生于印度，并在印度度过了一段少年时光，但他是在英国接受的教育，后来在缅甸经过商，在印度当过兵。此后在缅甸做执业律师和法院法官至 1942 年。在缅甸解放后，他又继续做了很短一段时间。此外，他对缅甸非常了解，也清楚一些印度的情况，懂中文，到过中国，但我认为他只是在云南待过。他翻译中文著作，但他真正的主题是印度哲学。他写了大量的文章，但大多都不是新闻类型的。我敢肯定他和他的背景知识能够在一定程度上为你所用。不管怎样，我想他会写信给你的。

我的身体正在好转。当然，这个恢复过程是一件缓慢的事情，但我认为我比以前要好。理查德非常健康。他就在附近住着，每周来看我一次。

你的

乔治

致露丝·费希尔

格洛斯特郡 克兰海姆村

克兰海姆旅馆

1949 年 7 月 15 日

亲爱的费希尔女士：

非常感谢您寄来的巧克力，几天前我就已经收到了[1]。我希望您在德国度过了一段有趣的而不是令人沮丧的时光。我和以前比差不了太多——我想，好了一点点。我不知道您是不是还在法兰克福，也不知道是不是会有人把这封信转给您，但是如果您还在那里，我很想知道您是否看过一张在法兰克福出版的名为《珀西佛》[2]的俄罗斯民主党报纸。他们寄给我一叠报纸，里面有俄文翻译的《动物农场》，是我很熟悉的格莱伯·斯特鲁福翻译的。他们说他们想以书的形式印行这个俄文译本，这当然是个好主意，但一定要以某种方式筹集资金。我想这份报纸的编辑是真诚的人，当然不是白方的人[3]。

您诚挚的

乔治·奥威尔

1. 根据奥威尔 1949 年 6 月 16 日给朱丽安·西蒙斯的信，露丝·费希尔 6 月 17 日拜访了奥威尔。7 月 4 日，她写信给奥威尔，感谢奥威尔寄赠《缅甸岁月》，还感谢他给了她几个小时的访问时间，不过她担心这会让奥威尔“身心俱疲”。

2.《珀西佛》（*Possev*）其实是一份俄语周刊，又译《播种》，创刊于 1945 年并出版至今。该刊曾发表由格莱伯·斯特鲁福等翻译的俄文版《动物农场》。

3.“白方的人”是反革命的，因此在 1917 年至 1921 年反对俄国内战中红军的军队被称为白军。“白”也暗指法国旺代区的保皇势力，他们反对法国大革命，以白色百合作为自己的徽章。

致戴维·阿斯特

格洛斯特郡 克兰海姆村

克兰海姆旅馆

1949 年 7 月 15 日

亲爱的戴维：

寄给我的牛津果酱，我很喜欢。你真是太好了、太周到了！我恐怕再也不能自己弄到它了。我相信你一切顺利。除了终于下了点儿雨，这里没有其他新闻。

你的

乔治

致戴维·阿斯特

格洛斯特郡 克兰海姆村

克兰海姆旅馆

1949 年 7 月 18 日

亲爱的戴维：

我想知道你怎么样。我从夏洛克斯[1]那里听说你“如同料想的一样”恢复得不够顺利，我感到有些沮丧。我原以为你做的手术只是一个很小的手术[2]。等你能写信的时候，请告诉我你的身体状况。

理查德昨天回朱罗岛了，因为从这个月底开始，他就要到阿德卢萨的乡村学校开始他的圣诞学期。我很高兴地告诉你，他在幼儿园里玩得很开心，并且有一个很好的成绩报告单，尽管我没有注意到他究竟学到了多少东西。

我的身体一直马马虎虎、起起伏伏。我明白他们所谓的病情恶化是什么意思，就是周期性的高烧之类的，但总体上说，我认为我的身体在好转。我请莫兰德[3]——这方面的专家——下周再来看我。等我好了，我打算或许在明年的某个时间再婚。我想每个人都会被我的想法吓到，但在我看来这是个好主意。除了其他的考虑以外，我觉得如果再婚，就会有人照顾我，这样我就能活得时间更长。我要跟索尼娅·布朗内尔结婚，

1. 夏洛克斯（Charoux），是阿斯特推荐给奥威尔的一位图片装框师和照片修复师，他修复了奥威尔搬到朱罗岛时损坏的一些照片。

2. 阿斯特的手术确实是个小手术，但是非常痛苦。

3. 安德鲁·莫兰德（Andrew Morland）医生，一位肺结核病的专家。他是由弗雷德里克·约翰·沃尔伯格请来为奥威尔看病的。他建议奥威尔到伦敦大学学院医院继续治疗。

她是《地平线》杂志的助理编辑。我不记得你是否认识她，但我觉得你可能认识。

显然，我将长期处于医疗护理状态中，甚至在我不再发烧之前我连下床都不行。稍迟一些我可能搬到离伦敦更近的疗养院，莫兰德可能会对治疗有一些自己的想法，但目前我认为我的身体状况还不能承受一次旅行。

你读过《裸者与死者》[1]吗？这书真是太好了，是迄今为止关于刚刚过去的战争的最好的书。

能写信的时候给我写信啊！

你的

乔治

1.《裸者与死者》（*The Naked & the Dead*）是诺尔曼·梅勒1948年的处女作，给作者带来很高声誉。奥威尔把它列入自己1949年8月读过的书目中。诺尔曼·金斯利·梅勒（Norman Kingsley Mailer，1923—2007），美国小说家、记者、散文家、剧作家、电影制作人、演员和自由派政治活动家。他最著名的作品是《刽子手之歌》（1979），曾获普利策奖。

致理查德·里兹

格洛斯特郡 克兰海姆村

考茨沃尔德疗养院

1949 年 7 月 28 日

亲爱的理查德：

谢谢你的来信和剪报。你认为你能让罗伯特先生为我做一个书箱吗？如果他愿意做的话，尺寸方面除了比你的宽 5 英尺外，其余的都和你的一样。按照我的设想，箱子是白色木头做的，刷上颜色或者进行油漆，我认为米黄色是最佳色彩。除此以外，别的方面没有什么要求。如果你能够答应我的请求，让他做好书箱送到巴恩希尔，我将十分感激。

我想，你可以在巴恩希尔找到一本查理斯·威廉姆斯[1]的小说，书名叫作《狮子的地方》或者什么与此相似的名字（由戈兰茨公司出版）。查理斯·威廉姆斯是那种作品很多但没有什么可取的观点、根本不值得一读的作者。我想，艾略特认可他一定是纯粹出于宗派观点（英国国教高教会派教徒）。至于艾略特赞成 C.S. 刘易斯[2]一事，我一点都不奇怪。这类书看得越多，我就越怀疑人们是否曾经树立过审美标准。人们往往以用艺术伪装的政治观点来评定所有事情。例如，艾略特对雪莱的所有好作品都视而不见，对吉卜林的所有坏东西也同样视而不见，其根本原

1. 查理斯·威廉姆斯（Charles Williams，1886—1945），英国诗人、小说家、剧作家、文学评论家和神学家，代表作包括《天堂的战争》《狮子的地方》和《堕入地狱》等。

2.C.S. 刘易斯，即克里夫·斯台普斯·刘易斯（Clive Staples Lewis，1898—1963)，英国小说家、诗人、学者、神学家和基督教护教论者，曾长期在牛津大学任教。代表作是小说《纳尼亚传奇》及非小说类的《纯粹的基督教》《疼痛的问题》等。

因可能就是两人中一个属于激进派，另一个属于保守派。很明显，一个人的确有着艺术感应，特别是像艺术甚至文学作品在政治上是中立的，特定的清楚明白的标准也确实是存在的。我们或许应该这样考虑荷马比埃德加·华莱士好的原因：越是意识到政治偏见就越能够独立于政治偏见，越是声称公正就越具有偏见。

就我看到书评的情况，《一九八四》在美国获得很多好评，不过确实也存在一些很让人羞耻的吹捧。你将会很高兴地听到《动物农场》最终已被翻译成俄文的消息，译文发表在法兰克福一家历史悠久的报纸上。我正尝试着让人把它整理成书的形式。

你的

埃里克

致弗雷德里克·约翰·沃尔伯格

格洛斯特郡 克兰海姆村

克兰海姆旅馆

1949 年 8 月 4 日

亲爱的弗雷德：

非常感谢你的来信。我很高兴你度过了一个愉快的假期。我的身体还过得去，只是最近几天患上了严重的胸膜炎，但总体上比较好。理查德将于 15 日回朱罗岛，因为他下学期要去的乡村学校将在本月底重新开放。我已经为他报名到威斯敏斯特学校上学，但他无论如何也不会在 1957 年前到那里去，所以这只是一个试探性的安排。我希望迈克尔[1]能够钓到一些鱼，即使没有鳟鱼。

爱你们大家的

乔治

1. 指迈克尔·肯纳德（Michael Kennard），此时在巴恩希尔。

致托斯科·菲弗尔

格洛斯特郡 克兰海姆村

克兰海姆旅馆

1949 年 8 月 11 日

亲爱的托斯科：

你和玛丽真是太好了，给我寄来了那些蜜饯。如今这样的蜜饯很难得到。事实上我都不知道这样的东西还能够买到。我很抱歉上周六我推迟了跟你们大家见面，我希望没有因此彻底打乱你们的安排。当时我“病情恶化”，就是说突然间发起高烧。高烧通常不会持续很长时间，但也让人非常不适。当然，发病时我几乎快没有人样了。

理查德将于这个周末回朱罗岛，因为他就要开始上乡村学校了，新学期将从本月底开始。我认为他在上幼儿园的过程中受益匪浅，尽管我没有发现他通过书本学习的方式学到太多东西。我曾经试着给他在威斯敏斯特学校报名，但他在 1957 年前不会去那里。天知道到那时候会发生什么事。

我不能继续写了。这听起来似乎很荒唐，但我的确连写信都会感到疲劳。请再次向大家转达我的爱意和感谢。

你的

乔治

致伦纳德·摩尔

格洛斯特郡 克兰海姆村

克兰海姆旅馆

1949 年 8 月 12 日

亲爱的摩尔：

日文的合同就在这里。非常抱歉，我没有注意到它填写的是“埃里克·布莱尔”，其中的一份我开始签名时签上了“乔治·奥威尔”的首字母“G.O.”，但我推测划掉了就没什么关系了。

至于《动物农场》的译本，下面提到的我都有不止一本：

德文版

葡萄牙文版

丹麦文版

荷兰文版

乌克兰文版

波兰文版

波斯文版

我也有意大利文的、法文的、瑞典文和挪威文的译本，不过只有一本。我认为还有西班牙文、日文、韩文、现代希伯来文和几种印度语言的译本正在翻译中，虽然我还没有看到过这些版本，在某些情况下多半是没有出版。我认为西班牙文版肯定出版了，因为我看到过西班牙文版《动物农场》的书评。

对于那些我只有一本的，或许你可以去复印一份，或者想办法弄到一本？

我已经写信给《珀西佛》的人，告诉他们计划可以继续执行，也告诉他们你正在和卢·拉尔先生[1]取得联系。我对他们进行了进一步的调查，显然他们没有问题。

你诚挚的

埃里克·布莱尔

1. 卢·亚历山德罗维奇·拉尔（Lew Alexandrowitsch Rahr，1913—1980），出版家和政治活动家，生于莫斯科的一个商人家庭，后移居德国，曾长期担任《珀西佛》的主编。

致弗雷德里克·约翰·沃尔伯格

格洛斯特郡 克兰海姆村

克兰海姆旅馆

1949 年 8 月 12 日

亲爱的弗雷德：

非常感谢你的来信和你的良好祝愿。我已经跟莫兰德达成协议，要去他的伦敦医院住一两个月，但还没有确定一个具体日期，我想会在两到三周以后。我不知道是否确有其他治疗方法可以在我身上试一下，但是他和这里的人似乎都认为转院对我有好处。

对于出版文集的计划，除了关于康拉德和吉辛的长文（两篇加起来大概 15000 字），我建议文集中收入以下已发表的文章：

《李尔王、托尔斯泰和弄臣》（1947 年发表于《争论》杂志），约 6000 字；

《政治与文学》（关于斯威夫特的）（1947 年[1]发表于《争论》杂志），约 6000 字；

《甘地随感》（1949 年发表于《党派评论》杂志），约 3000 字；

《政治与英语》（1946 年发表于《地平线》杂志），约 6000 字；

《猎象记》（1936 年发表于《新作品》杂志），约 3000 字；

《穷人如何死去》（1945 年[2]发表于《现在》杂志），约 3000 字。

文集还需要两篇新的文章，等到我能写的时候，无论如何我都要写。

爱你们每个人的

乔治

1. 这是奥威尔的笔误或记忆错误，文章实际上是 1946 年发表的。

2. 这是奥威尔的笔误或记忆错误，文章实际上是 1946 年发表的。

致弗雷德里克·约翰·沃尔伯格

格洛斯特郡 克兰海姆村

克兰海姆旅馆

1949 年 8 月 22 日

亲爱的弗雷德：

有劳你把《缅甸岁月》和《游上来吸口气》这两本书各寄一本给索尼娅·布朗内尔，通过《地平线》杂志社转给她。

我请莫兰德今天晚上再来看我，因为我断断续续地感到极度的恐惧。我必须跟忽来忽往的周期性高烧做斗争。以后我将告诉你莫兰德所说的话。理查德已经回朱罗岛了，并将在冬季学期到乡村小学上学。除此以外暂时没有别的计划。我本来已经安排他去威斯敏斯特，但是在 1957 年之前他不会去，天知道到那时会发生什么事情。我告诉你我可能的做法，我打算等到我的生命再次充满生机的时候就再婚（与索尼娅），如果可能的话。我猜想人们会感到震惊，不过排除其他考虑，我真的认为结婚会让我寿命得以延长。

我已经提出了我准备明年出版的那本评论文集的纲要，但是我希望书里能包括我关于约瑟夫·康拉德和乔治·吉辛的两篇长的新文章。当然我不会着手写作这两篇文章，除非我的身体确定无疑地好了起来。

爱大家的

乔治

致菲利普·拉夫

伦敦 WC1

高尔街 大学学院医院

私人病房 65 号房间

1949 年 9 月 17 日

亲爱的菲利普·拉夫：

大约两周前阿兰·道林[1]从法国写信告诉我，我已经获得《党派评论》的文学奖，并已邮寄来一张你签发的 1000 美元的支票。我随后给他回了信。如果不是因为我病得非常厉害，我说不定早就给你写信了，但是因为生病的缘故，写信对我来说非常费力。我真的感到十分荣幸，我只能希望自己什么时候可以再为《党派评论》写作，以此作为对你的报答。我没有能力做什么工作，即使医生允许我做我也做不了，事实上从去年 12 月以来，我就几乎没再动笔写过东西。这种可恶的疾病（肺结核）治起来见效很慢，尽管我应该还能变得相当健康，但是来年仍然可能没有好转。

我还要感谢你在《党派评论》上所发表的关于《一九八四》的长篇评论。我不能写出更好的信，希望你能原谅。无论如何，再一次感谢你。

你真诚的

乔治·奥威尔

1. 阿兰·道林（Alan Dowling）曾对《党派评论》进行过财政资助，并且名列《党派评论》编辑委员会。

致朱丽安·西蒙斯

伦敦 WC1

高尔街 大学学院医院

私人病房 65 号房间

[1949 年 9 月 17 日？[1]]

亲爱的朱丽安：

多谢你的来信。我到这里已经两周了，原打算给你写信或打电话，但是直到一两天前我还不能接待来访者。在过去的几个月中，我的确病得非常厉害，现在稍微好转了一些，但是这病恢复起来是一个漫长的过程，天知道我什么时候可以下床活动或者重新工作。你已经从报纸上看到了那些龌龊的话语，当我仍处在病中时，索尼娅和我反复考虑了结婚的事情。除了其他原因之外，结婚还有一大好处，就是在我离开这里以后，无论我去哪儿，她都可以比较容易地过来照顾我。

有时间一定过来看我。我获准一天可以接待一个来访者 20 分钟（当然有时会延长一点），因此不值得为此做一次专门的远征。你或者可以打电话安排某个合适的时间。如果你打电话来，医院会把电话接到我的房间里。晚上 5 点以后的任何时间，都是你来访的最佳时间。我非常想看你哥哥的传记[2]，可能的话请一并带来。

你带着一个小孩住在一间平房里，还要尝试写作，我对此非常同情。如果你在埃塞克斯郡找不到一个合适的地方，可以试着在赫特福德郡找

1. 原文“17”后面有奥威尔加的问号，表明他对写信时间是否 9 月 17 日不太确定。

2.《A.J.A. 西蒙斯》，朱丽安·西蒙斯著，1950 年出版。

一下。在诸多地方中，那是一个很有吸引力的地方，那里的农业发达。我应该告诉你，戈兰茨正嘲笑你不得不用另一个名字出版你的小说。我猜想，假如你是皮特·彻内[1]或者是詹姆斯·哈德利·蔡斯的话，那可能是真的。

理查德在我附近住了整整一个夏季（在怀特威的一个无政府主义者聚居地），现在已经回朱罗岛了。他现在进了一个乡村小学，我想他会喜欢那里的。他长高了，也长胖了，非常活跃，虽然在谈话的时候仍显得有些迟钝。他喜欢农业和航海，去年他甚至帮人做过一些农活，并已经达到了精通的程度。我不会对他施加影响，但是如果他长大以后真的成为一个农民，或者一个海员，或者土木工程师以及从事诸如此类的其他有用的职业，我会非常高兴的。

你对于货币贬值有什么想法？我猜想他们迟早会这样做，不过我希望在大选前货币不要贬值。

请代我问候你的妻子。

你的

乔治

1. 皮特·彻内（Peter Cheyney，1896—1951），英国犯罪小说作家，因其关于侦探雷米·柯雄（Lemmy Caution）的小说而闻名。从 1953 年起，小说被改编成系列法国电影。

致伦纳德·摩尔

伦敦 WC1

高尔街 大学学院医院

私人病房 65 号房间

1949 年 10 月 11 日

亲爱的摩尔：

我不知道你是否能够处理好这封信。

我仍旧处于病中并且非常虚弱，不过我认为总体上说情况好转了一些。我将于这个星期悄无声息地结婚。距离我能够离开病床可能还要很长的时间，但是如果年底我能够经得起旅行考验的话，医生建议我应该去国外度过严冬，可能是法国。毫无疑问，他们将会给我一些外汇，不过可能不够充足，如果可能的话，我希望能设法弄到多一点法郎。如果我还有一些属于我的法郎（例如，通过《一九八四》的法文译本），在扣除给你的代理费之后，你能安排一下让这些钱仍然以法郎的形式付给我吗？

你真诚的

埃里克·布莱尔

致托斯科·菲弗尔

伦敦 WC1

高尔街 大学学院医院

私人病房 65 号房间

1949 年 10 月 25 日

亲爱的托斯科：

我之所以给你而不是给玛丽写信，是因为我记不起、也找不到你在埃莫谢姆的地址，所以不得不将这封信寄往《论坛报》。你给我寄来装满糖屑蜜饯的漂亮盒子，又让玛丽给我寄来许多包茶叶，你真是太好了。索尼娅也让我向你转达她的谢意。

我的身体已恢复得相当不错，但是很明显，他们不会让我长时间地离开病床。我的胃口比以前好多了，这跟以前有了很大区别。我希望什么时候你能再过来看望我，并请你代我向玛丽致谢。前几天我试着给伊夫林[1]打电话让她来看我，但是她出去了。

你的

乔治

1. 伊夫林·安德森（Evelyn Anderson）是跟奥威尔同时在《论坛报》工作过的同事。

附录一

奥威尔大事记

■1903年

6月25日，乔治·奥威尔（George Orwell）出生于印度孟加拉邦的莫蒂哈里。奥威尔原名埃里克·阿瑟·布莱尔（Eric Arthur Blair），排行老二，父亲是英国在印度的下层文职官员，奥威尔本人认为他的家庭属于“上层中产阶级偏下，即没有钱的中产阶级家庭”。

■1905年

除了父亲仍然留在印度总督府鸦片局任职外，奥威尔全家返回英国牛津郡的亨利。

■1911年

奥威尔进入私立圣西普里安（St Cyprian's）寄宿学校学习，内心却对这所学校充满厌恶。

■1914年

10月2日，第一次世界大战爆发后，11岁的奥威尔首次在当地报纸上发表了一首题为《醒来吧，英国青年！》（*Awake！ Young Men of England*）的诗歌作品。

■ 1917 年

奥威尔靠奖学金进入伊顿公学（Eton College）。

■ 1921 年

奥威尔从伊顿公学毕业，因成绩不好，无法获得大学的奖学金，家庭的经济能力又不足以供他上大学，无奈之中只好选择去做公务员。

■ 1922 年

奥威尔在印度皇家警察驻缅甸部队任职，直至 1927 年。奥威尔不适应这份工作。在缅甸的 5 年时间里，奥威尔亲眼见证了帝国主义对殖民地的血腥统治及其给殖民地人民带来的灾难，萌发了反对殖民统治的思想。

■ 1927 年

奥威尔回国休假，并做出了辞职的决定。

■ 1928 年初

奥威尔正式辞掉在印度皇家警察驻缅甸部队的工作，并开始了自己的写作生涯。

■ 1928 年—1929 年

奥威尔在巴黎底层度过了一段颠沛流离的生活。在这期间，他住在贫民窟里，在巴黎一家宾馆的厨房里打过杂，还担任过临时家庭教师。

■ 1930 年

奥威尔在浪迹法国十八个月后返回英国，在肯特郡做过啤酒花采摘工人，做过家庭教师和书店店员，更换过多次工作，尝尽了流浪的滋味。这些经历在此后的小说《巴黎伦敦落魄记》（*Down and Out in Paris and London*）中得到体现，也使奥威尔更能体会民生疾苦。

■ 1931 年

8 月，奥威尔在《阿代尔非》（*Adelphi*）上发表了早期散文《绞刑》

（*A Hanging*），第一次触及了殖民主义主题。

■1932 年

奥威尔正式开始以写作书评和教书谋生，同时写作《缅甸岁月》（*Burmese Days*）。此时的奥威尔已多次罹患肺炎。

4 月，伦纳德·摩尔成为奥威尔的文学经纪人。

■1933 年

1 月 9 日，维克多·戈兰茨（Victor Golancz）出版公司以乔治·奥威尔（George Orwell）的笔名出版了《巴黎伦敦落魄记》，这是奥威尔这一笔名首次被使用。此后，奥威尔开始被文坛所关注。

11 月，奥威尔完成了以缅甸时期的经历为题材的小说《缅甸岁月》。

■1934 年

奥威尔开始创作反映自己担任私立学校教师生活的小说《牧师的女儿》。

10 月 25 日，因为没有一家英国出版商愿意接受《缅甸岁月》的书稿，这本书只好改在美国纽约的哈珀兄弟（Harper & Bothers）出版公司出版。

■1935 年

3 月 11 日，《牧师的女儿》（*A Clergyman's Daughter*）伦敦版由维克多·戈兰茨有限公司出版。这部小说因为结构松散和情节离奇，被认为是奥威尔最糟糕的作品，奥威尔对此也无意否认。

6 月 24 日，在奥威尔对《缅甸岁月》中涉嫌诽谤的地方做了一点轻微改动后，维克多·戈兰茨有限公司在伦敦出版了《缅甸岁月》。

■1936 年

1 月，奥威尔受维克多·戈兰茨委托，到英格兰北部约克郡和兰开夏郡考察工人的生活状况。考察持续了两个多月时间，奥威尔到访过谢菲尔德、曼彻斯特、威根等煤矿与工业都市。

4月20日，反映作者书店店员及流浪汉经历的小说《让叶兰继续飘扬》（*Keep the Aspidistra Flying*）出版，因为情节安排的不可信和人物形象塑造上的缺陷受到批评。奥威尔承认这部作品以及《牧师的女儿》只是他经济困难时卖文糊口的文字，并一直为这两部作品感到羞愧。他在给友人的信中说："我的作品中有两三本让我觉得有些不好意思，我因此不同意把这些书重印或者翻译出版，那本《让叶兰继续飘扬》就是其中之一。还有另外一本书，叫作《牧师的女儿》，甚至比这本书还要差。我写这本书仅仅是为了做个实验，原本不应该把它拿去出版，但那时我太需要钱了。写《让叶兰继续飘扬》的时候也是同样的情况。"

6月，奥威尔与爱琳·奥肖纳西（Eileen O'Shaughnessy）结婚。此前已迁居赫特福德郡靠近巴尔多克的沃灵顿村，在写作之外兼营杂货店。

8月17日，《牧师的女儿》美国版由哈珀兄弟出版公司出版。

岁末，《猎象记》（*Shooting an Elephant*）在《新作品》（*New Writing*）上发表。

■1937年

1月，奥威尔作为战地记者奔赴西班牙，加入了保卫共和国的国际志愿军部队，作为马克思主义统一工人党国民军的一员同法西斯军队作战。奥威尔刚到西班牙时就在阿拉贡前线参加了战斗。

3月8日，反映英国工人阶级生活状况的纪实作品《通向威根码头之路》（*The Road to Wigan Pier*）由维克多·戈兰茨公司出版。书中对英国人的阶级意识进行了批评。

5月，因在西班牙战场被子弹射穿咽喉，奥威尔受重伤住进巴塞罗那的医院接受治疗。不久共产主义者开始弹压各派，奥威尔由于内心恐慌，携同妻子返国，在沃灵顿村种菜、养鸡，撰写西班牙战争体验的《向加泰罗尼亚致敬》（*Homage to Catalonia*）。

■ 1938 年

3 月，奥威尔因肺结核旧疾复发入院治疗，历时近半年。

4 月 25 日，记录奥威尔在西班牙内战中亲身经历的《向加泰罗尼亚致敬》由塞克尔与沃尔伯格（Secker & Warburg）出版公司在伦敦出版，包括自传、军事行动、政治分析和理论宣传等不同内容，对于国际志愿军内部斗争的披露意义尤其重大。

9 月，奥威尔出国疗养，在气候温暖的法属摩洛哥马拉喀什躲避整个寒冬。在此期间他完成了《游上来吸口气》（*Coming up for air*）的创作。

■ 1939 年

3 月，奥威尔离开法属摩洛哥马拉喀什回国。

6 月 12 日，为奥威尔赢得良好反响的《游上来吸口气》由维克多 · 戈兰茨公司出版。该书描述了被炸毁的家园，并认为战争不久便会来临。这是一部带有过渡性质的小说，标志着奥威尔的小说创作开始从贫困题材转向政治题材。

6 月 28 日，奥威尔的父亲理查德 · 瓦尔斯利 · 布莱尔（Richard Walmesley Blair）在南沃尔德去世。

9 月，第二次世界大战爆发，奥威尔曾多次报名参军，都因体格检查被鉴定为“D 级”而未能如愿。所以他在致友人的信中说：“在战争中我没有做什么，因为我属于第四等级。”不过奥威尔后来曾加入国防市民军并担任班长。

■ 1940 年

3 月 11 日，散文集《鲸鱼体内》（*Inside the Whale and Essays*）由

维克多·戈兰茨有限公司在伦敦出版。这是一部评论文集，包括《查理斯·狄更斯》《男孩周刊》和《鲸鱼体内》等。在其中的《鲸鱼体内》一文中，奥威尔将自己与同时代的另一位作家亨利·米勒（Henry Miller）及二十世纪二三十年代的主要文学传统做了比较和对照。

■ 1941 年

1 月 3 日，奥威尔开始为美国的《党派评论》（*Partisan Review*）杂志定期撰写伦敦通信，直到 1946 年夏才停止这一合作。

2 月 19 日，评论文集《狮子与独角兽：社会主义与英国天才》（*The Lion and The Unicorn: Socialism and the English Genius*）由塞克尔与沃尔伯格出版公司出版。其中的著名文章《英国，你的英国》（*England Your England*）分析了英国的文化特征及民族性格，引起了强烈反响。

3 月 3 日，乔治·奥威尔与维克多·戈兰茨、约翰·斯塔奇等人合著的《左派的背叛》（*Betrayal of the Left*），由维克多·戈兰茨公司在伦敦出版。

夏，开始加盟英国广播公司主持对印度广播。

本年，金东露翻译的《缅甸射象记》（*Shooting an Elephant*）发表在上海《大陆》杂志 1941 年第五至第六期上。这被认为是把奥威尔作品译介到中国的开端。

■ 1942 年

1 月 14 日，奥威尔写信给中国作家萧乾，约请他到英国广播公司就日本侵华战争等主题发表演讲。此后，他又就演讲多次与萧乾联系。

5 月 15 日，与他人合作的评论文集《胜利乎？既得权益乎？》（*Victory or Vested Interest？*）由工党图书服务社（The Labour Book Service）出版。

■1943 年

11 月 24 日，奥威尔正式离开英国广播公司，担任工党刊物《论坛报》（*The Tribune*）文学编辑。

11 月起，开始创作《动物农庄》（*Animal Farm*）。

12 月 3 日起，开始为《论坛报》撰写政论及文艺批评专栏《随我高兴》（*As I please*）。

本年，奥威尔编辑并撰写前言的《对印度的谈话》（*Talking to India*）由艾伦与安文（Allen & Unwin）出版公司出版。

■1944 年

2 月 17 日，写信给苏俄文学学者格莱伯·斯特鲁福，称斯特鲁福的《苏俄文学 25 年》"唤醒了我对扎米亚京的《我们》的兴趣，这本书是我此前没有听说过的"。他还说："我对那种书很感兴趣，甚至决定我自己将来迟早也要写这样一本书。"这是他第一次明确表示要写作反乌托邦小说《一九八四》（*Nineteen Eighty-Four*）。

3 月，《英国人》（*The English People*）作为"图画中的英国"丛书中的一本出版。

5 月，企鹅出版公司首次在英国出版了未经修改过的《缅甸岁月》。

6 月，奥威尔和他的妻子收养了一个刚刚出生三个星期的男婴，施洗时取名为理查德·霍雷肖·布莱尔（Richard Horatio Blair）。"霍雷肖"和"布莱尔"都是奥威尔的姓。

本年，寓言体小说《动物农庄》写作完成，但却遭到多家出版社拒绝，其原因是该书对斯大林独裁下的苏联进行了激烈的讽刺，而出版社方面担心会因此影响与苏联的关系。

■1945 年

年初，奥威尔暂时离开《论坛报》，担任《观察家报》（*The Observer*）驻欧洲特派记者。所以在 1945 年 9 月致友人的信中，奥威尔说：

“我还没有跟《论坛报》脱离关系，尽管我已经不再承担文学编辑的职责。当然，我是在我出国期间被迫停掉那个栏目的，但是到10月份的时候，我将继续为他们一个每周一次的专栏撰稿。”

3月29日，爱琳因医疗事故逝世，当时奥威尔正在法国采访。

6月，奥威尔在欧洲采访，亲眼见证德国崩溃。

8月17日，以动物故事来讥讽时事的政治寓言《动物农庄》由塞克尔与沃尔伯格出版公司在英国出版，次年在美国出版。该书出版后很快风行各国，被翻译成20余种文字。由于此书获得的丰厚版税，奥威尔的生活开始好转，迁移到苏格兰西海岸赫伯里兹群岛的朱罗岛上居住，继续为《论坛报》及其他报刊写稿，并开始潜心写作《一九八四》。

■1946年

2月14日，塞克尔与沃尔伯格公司在英国出版了奥威尔的《评论文集》（*Critical Essays*）。随后，纽约的雷纳尔与希区柯克（Reynal & Hitchcock）公司以《狄更斯、达里及其他：对大众文化的研究》（*Dickens, Dali and Others: Studies in Popular Culture*）为名出版了该书的美国版。文集中的重要评论文章包括《甘地在梅菲尔》《男孩周刊》《唐纳德·麦克吉尔》和那些关于达里、凯斯特勒和P.G.伍德豪斯的文章。

4月15日，《英国式谋杀的衰落》（*Decline of the English Murder*）在《论坛报》上发表。

4月，奥威尔的重要论文《政治与英国语言》（*Politics and the English Language*）在《地平线》（*Horizon*）上发表。这篇论文被认为是乔治·奥威尔最重要的文体作品之一。奥威尔认为“丑陋和不准确”的英语使压迫性的意识形态成为可能，这种模糊或无意义的语言意在掩盖事实。他认为，语言不应该随着时间自然演变，而应该是“我们为自己的目的而塑造的工具”。他认为要想写得好，就要清晰地思考并参与政治话语，同时反对陈词滥调、死气沉沉的隐喻、自命不凡或故作高深。

夏，奥威尔的散文作品《我为什么写作》（*Why I Write*）发表于英国短命的文学季刊《流浪汉》（*Gangrel*）夏季号上。这是奥威尔阐述其创作意图的重要文章。文中，奥威尔列出了他认为存在于每个作家中的“写作的四大动机”，即：纯粹的利己主义、审美热情、历史冲动和政治目的。

本年，《对詹姆斯·伯恩海姆的再思考》（*Second Thoughts on James Burnham*）发表在英国“哲学、心理学和美学杂志”《辩论》（*Polemic*）上，同年晚些时候以“詹姆斯·伯恩海姆和经营革命”（*James Burnham and the Managerial Revolution*）为书名，由社会主义图书中心（Socialist Book Center）作为单独的小册子重印。

■ 1947 年

3 月，奥威尔在 1945 年至 1947 年间出版的《辩论》上，发表《李尔王、托尔斯泰和弄臣》（*Lear, Tolstoy and the Fool*）。

4 月 4 日，奥威尔为《论坛报》撰写的专栏《随你高兴》发表了最后一期。至此，奥威尔在这个专栏发表的文章总数达到 80 篇。

12 月，在写作《一九八四》的过程中肺疾转恶，转入苏格兰拉那克郡的海尔麦尔兹医院住院治疗。

本年，《英国人》由哈珀兄弟出版公司作为小册子出版。

■ 1948 年

7 月，奥威尔返回朱罗岛巴恩希尔，继续写作《一九八四》。

10 月 12 日，BBC 对国内广播播出了奥威尔的散文《猎象记》。

本年，反乌托邦小说《一九八四》完稿。书名只是把该年份的后两位“48”倒了过来写成“84”。这部小说描绘了在集权主义政治统治下未来社会阴森可怖的情景。

■ 1949 年

1 月，奥威尔因病情持续恶化住进苏格兰格洛斯特郡克兰海姆的考茨沃尔德疗养院。

6 月 8 日，《一九八四》由塞克尔与沃尔伯格出版公司出版。

9 月，奥威尔获得《党派评论》文学奖，并获得 1000 美元奖金。

同月，奥威尔转往伦敦大学学院医院治疗。

10 月 13 日，与《地平线》杂志助理编辑索尼娅·布朗内尔（Sonia Brownell）结婚。索尼娅被认为是《一九八四》中茱莉亚的原型。

■ 1950 年

1 月 21 日，原计划乘机前往瑞士疗养院的奥威尔，于登机前在伦敦大学学院医院突然大量吐血而逝世，年仅四十七岁。奥威尔被安葬在牛津郡萨顿考特尼（Sutton Courtenay）的诸圣堂（All Saints）教堂墓地，墓碑上刻有一个简单的墓志铭："这里长眠着埃里克·阿瑟·布莱尔，出生于 1903 年 6 月 25 日，1950 年 1 月 21 日去世。"墓碑上并没有提及他更显赫的笔名。

奥威尔逝世后，塞克尔与沃尔伯格出版公司出版了他的评论集《猎象记》（*Shooting an Elephant and Other Essays*）。

本年，哈科特·布雷斯公司（Harcourt Brace）在纽约出版了《游上来吸口气》的美国版。

■ 1952 年

哈科特·布雷斯出版公司在纽约出版了《向加泰罗尼亚致敬》的美国版。

奥威尔自传性质的长篇散文《我们如此欢欣》（*Such, Such Were the Joys*）由美国《党派评论》发表。

■ 1953 年

奥威尔文集《英国，你的英国》（*England Your England and Other Essays*）由塞克尔与沃尔伯格出版公司刊行。

■ 1961 年

《评论文集》（*Critical Essays*）由塞克尔与沃尔伯格出版公司刊行。

■ 1965 年

文集《英国式谋杀的衰落》（*Decline of the English Murder and Other Essays*）由企鹅公司出版。

■ 1968 年

由索尼娅·奥威尔（Sonia Orwell）和伊恩·安格斯（Ian Angus）合编的《乔治·奥威尔评论、报章杂志文章、书简集》（*The Collected Essays, Journalism and Letters of George Orwell*）由塞克尔与沃尔伯格出版公司刊行。该书以时间为序分为四卷，分别为 1920 年—1940 年、1940 年—1943 年、1943 年—1945 年、1945 年—1950 年。该书 2003 年由企鹅公司再版。其美国版由哈克特·布雷斯公司在纽约出版。此后其他出版公司也再版过该书。

■ 1971 年

米里亚姆·格罗斯（Miriam Gross）编辑的《乔治·奥威尔的世界》（*The World of George Orwell*）出版。

■ 1972 年

两位美国作家—彼得·斯坦斯基（Peter Stansky）和威廉·亚伯拉罕（William Abrahams）合作的《未知的奥威尔》（*The Unknown Orwell*）出版。

■ 1979 年

4 月，中国外文局主办的《国外作品选译》第四期开始连载董乐山翻译的《1984 年》，连续三期刊载完毕。第二次连载前面刊载了“编者按”，指出奥威尔“是一个从‘左翼’转到极右翼的作家”，并说明刊载目的是“为了知己知彼”。这是奥威尔的此部小说首次与内地读者见面，但因为《国外作品选译》是《编译参考》的增刊，而且不是公开发行的刊物，产生的影响有限。

■ 1980 年

12 月 11 日，奥威尔的遗孀索尼娅·奥威尔病逝。

本年，索尼娅·奥威尔授权伯纳德·克里克（Bernard Crick）撰写的奥威尔传记《乔治·奥威尔：生命》（*George Orwell: A Life*）由塞克尔与沃尔伯格出版公司出版。此书后来曾多次再版。

■ 1984 年

奥德里·柯帕德（Audrey Coppard）撰写的奥威尔传记《记忆中的乔治·奥威尔》（*George Orwell Remembered*）和史蒂芬·瓦德姆（Stephen Wadhams）编辑的纪念文集《纪念奥威尔》（*Remembering Orwell*）出版。

■ 1985 年

12 月，广州花城出版社出版了董乐山翻译的《1984》。这是该书的中文译本首次在中国内地出版。该书印数为 15900 册，版权页上注明“内部发行”。正文前《编者的话》说：“我们出版这部小说，旨在让我们从事政治理论研究工作和文学创作的同志们了解一下西方世界的一些政治观点，以及某些作家的创作方法。”

■ 1986 年

皮特·戴维森（Peter Davison）编辑的《奥威尔全集》（*The Complete Works of George Orwell*）由塞克尔与沃尔伯格出版公司出版。此书出版后多次再版。

■ 1988

7 月，花城出版社再版董乐山译《一九八四》（1985 年版题为《1984》）。

■1991 年

美国文学教授迈克尔·谢尔登（Michael Shelden）撰写的《乔治·奥威尔：授权传记》（*Orwell: The Authorized Biography*）由哈珀·柯林斯公司出版。谢尔登更关注奥威尔作品的文学性质，他寻求对奥威尔性格的解释，并将他的第一人称作品视为自传。

■2000 年

10 月，美国传记作家杰弗里·迈耶斯撰写的奥威尔传记《奥威尔：一代人的冷酷良知》（*Orwell: Wintry Conscience of a Generation*）在伦敦和纽约出版。

■2003 年

本年，奥威尔诞辰 100 周年，英国学者和作家戈登·鲍克（Gordon Bowker）出版了《乔治·奥威尔》（*George Orwell*）。

同年，D.J. 泰勒（D.J.Taylor）为奥威尔撰写的传记《奥威尔》（*Orwell*）出版。后来这部传记获得 2004 年惠特布莱德传记奖（Whitbread Prize for Biography）。

附录二

奥威尔著作中译情况

一、小说类

1. *Burmese Days*（1934）

《缅甸岁月》，李锋译，南京大学出版社，2007 年版

《缅甸岁月》，王如月译，云南人民出版社，2015 年版

《缅甸岁月》，郝爽、张旸译，华中科技大学出版社，2016 年版

《缅甸岁月》，冯军燕译，哈尔滨出版社，2017 年版

《缅甸岁月》，冯军燕译，辽宁人民出版社，2017 年版

《缅甸岁月》，陈超译，上海译文出版社，2017 年版

《缅甸岁月》，游懿萱译，（台）联经出版公司，2017 年版

2. *A Clergyman's Daughter*（1935）

《牧师的女儿》，王国平译，云南人民出版社，2015 年版

《牧师的女儿》，陈超译，上海译文出版社，2017 年版

3. *Keep the Aspidistra Flying*（1935）

《叶兰在空中飞舞》，顾奎译，云南人民出版社，2014 年版

《叶兰常随清风飞》，梁煜译，哈尔滨出版社，2017 年版

《让叶兰继续飘扬》，陈超译，上海译文出版社，2017 年版

4. *Coming Up for Air*（1939）

《上来透口气》（与《一九八四》合刊），孙仲旭译，译林出版社，2002 年版

《上来透口气》，孙仲旭译，江苏人民出版社，2008 年版

《上来透口气》，田伟华译，辽宁人民出版社，2017 年版

《上来透口气》，陈超译，上海译文出版社，2017 年版

5. *Animal Farm*（1945）

《动物农庄》，任穉羽译，商务印书馆，1948 年版

《百兽图》，李启纯译，（台）正中书局，1956 年版

《百兽图》，耕雨译，（台）黎明文化事业股份有限公司，1972 年

《动物农庄》，孔繁云译，（台）志文出版社，1977 年初版，1986、1991 年再版

《动物庄园》，张毅、高孝先译，上海人民出版社，1988 年版，2000、2014 年再版

《动物农庄》（英汉对照），刘子刚、许卉艳译，中国致公出版社，2000 年版

《动物农庄》，李立玮译，中国社会科学出版社，2003 年版

《动物农场》，傅惟慈译，北京十月文艺出版社，2005 年版

《动物农场》，荣如德译，上海译文出版社，2007 年版

《类人孩》，余世存、赵华、何忠洲译解，珠海出版社，2007 年版

《动物农场》（与《一九八四》合刊），孙仲旭译，译林出版社，

2008 年版

《动物庄园》，隗静秋译，上海三联书店，2009 年版

《动物农庄》，陈柑樵译，（台）麦田出版有限公司，2010 年版

《动物庄园》，王勋、纪飞等编译，清华大学出版社，2010 年版

《动物庄园》（与《1984》合刊），呼天琪译，哈尔滨出版社，2011 年版

《动物庄园》，李立玮译，百花洲文艺出版社，2011 年版

《动物庄园》（英汉对照，与《一九八四》合刊），盛世教育西方名著翻译委员会译，上海世界图书出版公司，2011 年版

《动物庄园》，仇惠译，江苏文艺出版社，2012 年版

《动物农场》（与《1984》合刊），高源译，华东师范大学出版社，2013 年版

《动物农场》，李继宏译，天津人民出版社，2013 年版

《动物农庄》，任稚羽译，华中师范大学出版社，2013 年版

《动物农场》，姜希颖译，中国画报出版社，2013 年版

《动物农场》，孙仲旭译，南京大学出版社，2013 年版

《动物农场》，王丹波、任明阳、周静译，长江文艺出版社，2013 年版

《动物庄园》，王臣译，北方文艺出版社，2014 年版

《动物农场》，荣如德译，上海译文出版社，2014 版

《动物农场》，余瑾译，中华书局，2014 版

《动物农场》，孙静涵译，万卷出版公司，2014 年版

《动物庄园》（与《巴黎伦敦落魄记》合刊），胡蕊译，云南人民出版社，2015 年版

《动物农场》，姜希颖译，北京理工大学出版社，2015 年版

《动物农庄》，陈柑樵译，北京燕山出版社，2015 年版

《动物农庄》，方振宇、王玲译，星球地图出版社，2015 年版

《动物农场》，姜希颖译，万卷出版公司，2015 年版

《动物农场》，李元莘译，北京联合出版公司，2016 年版

《动物庄园》，郝海龙译，华中科技大学出版社，2016 年版

《动物农庄》，李美华译，上海文艺出版社，2016 年版

《动物农场》，潘华凌译，中译出版社，2016 年版

《动物农庄》（英汉对照），李立玮译，（台）晨星出版有限公司，2016 年版

《动物农场》，陈超译，上海译文出版社，2017 年版

《动物农场》，宵阑译，天津人民出版社，2017 年版

《动物庄园》，杨春华译，安徽师范大学出版社，2017 年版

《动物农场》，李继宏译，天津人民出版社，2017 年版

《动物庄园》，孔繁云译，哈尔滨出版社，2017 年版

《动物庄园》（汉英对照），王臣译，北方文艺出版社，2017 年版

《动物农场》，苏福忠译，中国友谊出版公司，2017 年版

《动物庄园》（英汉对照），方振宇、王玲译，海豚出版社，2017 年版

《动物庄园》，耿小辉、张淑译，知识出版社，2017 年版

《动物农场》，姜希颖译，时代文艺出版社，2018 年版

6. *Nineteen Eighty-Four*（1949）

《一九八四年》，王鹤仪译，（台）华国出版社，1950 年版

《一九八四年》，钮先锺译，（台）大中国出版社，1953 年版

《一九八四》，杨仲硕译，（港）东方出版社，1953 年版

《二十七年以后》，黄其礼译，（港）大公出版社，1957 年版

《一九八四》，万仞译，（台）壬寅出版社，1967 年版

《一九八四》，彭邦桢译，（台）黎明文化出版公司，1974 年版，1975、1984 年再版

《一九八四》，邱素慧译，（台）华新出版公司，1974 年版

《一九八四》，刘绍铭译，（台）东大出版公司，1980 年版

《一九八四》，邱素慧译，（台）远景出版公司，1981 年版

《一九八四》，谷郁译，（台）文言出版社，1982 年版

《一九八四》，刘绍铭译，（台）皇冠出版社，1984 年版

《1984》，董乐山译，花城出版社，1985 年版

《一九八四》，董乐山译，花城出版社，1988 年版，2013 年再版

《一九八四》，董乐山译，（台）志文出版社，1991 年版

《一九八四》，刘绍铭译，（台）东大图书公司，1991 年版

《1984》，邱素慧译，（台）万象文库出版社，1993 年版

《一九八四》，邱素慧译，（台）桂冠图书公司，1994 年版

《一九八四》，董乐山译，辽宁教育出版社，1998 年版

《一九八四》，林淑华译，（台）小知堂出版社，2001 年版

《一九八四》，藤棋、金滕译，中国戏剧出版社，2002 年版

《一九八四》（与《上来透口气》合刊），孙仲旭译，译林出版社，2002 年版

《一九八四》，王忆琳，崇文馆出版社，2006 年版

《一九八四》，董乐山译，上海译文出版社，2006 年版，2008、2011 年再版

《一九八四》（与《动物农场》合刊），孙仲旭译，译林出版社，2008 年版

《一九八四》，孙仲旭译，上海三联书店，2009 年版

《一九八四》，林淑华译，（台）立村文化有限公司，2009年版

《一九八四》，邱素慧、张靖之译，（台）INK印刻文学生活杂志出版有限公司，2009年版

《1984》，富强译，群言出版社，2010年版

《1984》，周静译，长江文艺出版社，2010年版

《1984》，林东泰译，中国画报出版社，2011年版

《一九八四》，林敏译，中国华侨出版社，2011年版

《1984》，富强译，中国华侨出版社，2011年版

《1984》（与《动物庄园》合刊），呼天琪译，哈尔滨出版社，2011年版

《一九八四》（英汉对照，与《动物庄园》合刊），盛世教育西方名著翻译委员会译，上海世界图书出版公司，2011年版

《一九八四》，唐建清译，人民文学出版社，2012年版

《1984》，文敏译，浙江文艺出版社，2012年版

《一九八四》，徐立妍译，（台）远流出版公司，2012年版

《1984》（与《动物农场》合刊），董乐山译，华东师范大学出版社，2013年版

《一九八四》，舒新译，北京理工大学出版社，2013年版

《一九八四》，柳青译，吉林出版集团有限责任公司，2013年版

《一九八四》，晏天译，江苏文艺出版社，2013年版

《一九八四》，闻敏译，花城出版社，2013年版

《一九八四》，刘绍铭译，北京十月文艺出版社，2013年版

《1984》（汉英对照），柳青译，吉林出版集团有限责任公司，2013年版

《一九八四》，余瑾译，中华书局，2014年版

《一九八四》，曹光伍译，云南人民出版社，2014 年版

《一九八四》，刘良友译，安徽师范大学出版社，2014 年版

《一九八四》，苏福忠译，陕西师范大学出版总社，2014 年版

《一九八四》，吴妍仪译，（台）野人文化股份有限公司，2014 年版

《一九八四》，徐立妍译，北京燕山出版社，2015 年版

《一九八四》，郝文倩译，吉林出版集团有限责任公司，2015 年版

《一九八四》，苏福忠译，中国文联出版公司，2015 年版

《1984》，郭宣、郭照熙译，中国画报出版社，2016 年版

《1984》，韩阳、王喆译，华中科技大学出版社，2016 年版

《1984》，廖广莲译，群言出版社，2016 年版

《一九八四》，冯军燕译，辽宁人民出版社，2017 年版

《一九八四》，吴妍仪译，江苏凤凰文艺出版社， 2017 年版

《一九八四》，晏天译， 湖南文艺出版社，2018 年版

《一九八四》，傅霞译，时代文艺出版社，2018 年版

《一九八四》，董乐山译，上海译文出版社，2018 年版

《1984》，谢高峰译，开明出版社，2018 年版

二、非小说类

1. *Down and Out in Paris and London*（1933）

《巴黎伦敦落魄记》，胡仁鹏译，江苏人民出版社，2006 年版

《巴黎伦敦落魄记》，孙仲旭译，译林出版社，2014 年版

《巴黎伦敦落拓记》，李彩琴译，（台）一方山水文化事业有限公司，2015 年版

《巴黎伦敦落魄记》（与《动物庄园》合刊），孙仲旭译，云南人民出版社，2015 年版

《巴黎伦敦落魄记》，甘露、郭嘉慧、杨惠乔、朱文婷译，华中科技大学出版社，2016 年版《巴黎伦敦落魄记》，陈超译，上海译文出版社，2017 年版

《巴黎伦敦落魄记》，田伟华译，哈尔滨出版社，2017 年版

《巴黎伦敦冒险记》，田伟华译，辽宁人民出版社，2017 年版

2. *The Road to Wigan Pier*（1937）

《通往维根码头之路》，郑梵、胡萌琦、钱晓筱、唐迎欣译，华中科技大学出版社，2016 年版

《威根苦旅》，梁煜译，哈尔滨出版社，2017 年版

《通往威根码头之路》，伽禾译，人民文学出版社，2017 年版

3. *Homage to Catalonia*（1938）

《向加泰罗尼亚致敬》，许卉艳等译，中国致公出版社，2002 年版

《向加泰罗尼亚致敬》，李华、刘锦春译，江苏人民出版社，2006 年版

《致敬加泰罗尼亚》，胡萌琦、曹思宇、黄颖译，华中科技大学出版社，2016 年版

《向加泰罗尼亚致敬》，石子丽译，哈尔滨出版社，2017 年版

《向加泰罗尼亚致敬》，陈超译，上海译文出版社，2017 年版

4. *Inside the Whale and Other Essays*（1940）

《在鲸腹中》，董乐山译，北京燕山出版社，2015 年版

《在巨鲸肚子里》，李存捧译，华东师范大学出版社，2015 年版

5. *The Lion and The Unicorn: Socialism and the English Genius*（1941）

《狮子与独角兽》，贾文浩、贾文渊译，北京燕山出版社，2015年版

6 . *Why I Write*（1946）

《我为什么要写作》，董乐山译，上海译文出版社，2007 年版

《我为什么写作》，刘沁秋、赵勇译，南京大学出版社，2008 年版

《我为何写作》，张弘瑜译，（台）五南图书出版股份有限公司，2009 年版

7. *Politics and the English Language*（1946）

《政治与英语》，郭妍俪译，江苏教育出版社，2006 年版

8. *Such, Such Were the Joys*（1952）

《我们欢喜异常》，洪琦译，江苏文艺出版社，2013 年版

9. *Decline of the English Murder and Other Essays*

《英国式谋杀的衰落》，董乐山译，上海译文出版社，2007 年版

三、其他

《奥威尔文集》（包括奥威尔散文 20 余篇），董乐山编译，中国广播电视出版社，1997 年版

《奥威尔经典文集》（包括《动物农庄》《一九八四》两部小说及《射象》等 9 篇随笔），黄磊译，中国华侨出版社，2000 年版

《奥威尔书信集》，甘险峰译，贵州人民出版社，2001 年版

《战时日记》，孙宜学译，广西师范大学出版社，2003 年版

《奥威尔文集》（包括小说卷与散文卷，小说卷包括《一九八四》，散文卷包括《我为什么要写作》等散文），董乐山译，中央编译出版社，2010 年版

《奥威尔散文》，刘春芳、高新华译，人民文学出版社，2011 年版

《政治与文学》（包括《书店忆旧》《政治与文学：对〈格列佛游记〉的考察》等随笔 30 余篇），李存捧译，译林出版社，2011 年版

《奥威尔读本》（选收了《动物农场》《缅甸岁月》两部小说以及《书店轶事》等 7 篇散文），刘春芳等译，人民文学出版社，2011 年版

《奥威尔日记》，宋佥译，上海译文出版社，2014 年版

《奥威尔信件集》，李莉、廖晓玮、余扬、黄颖译，华中科技大学出版社，2016 年版

《奥威尔散文集》，罗爽、易小又、曹聿非译，华中科技大学出版社，2016 年版

《奥威尔日记》，韩阳 、刘晓婷译，华中科技大学出版社，2016 年版

《奥威尔自述》，梁煜译，辽宁人民出版社，2017 年版

《奥威尔：二战亲历回忆录》，石子丽译，辽宁人民出版社，2017 年版

修订后记

大约 20 年前，应友人之邀，当时正在攻读博士学位的本书译者不揣谫陋，开始了奥威尔书信的翻译工作。当时电脑尚未普及，上网更是奢侈，因此通过网络进行文献检索、资料收集与事实核实基本上是不可能的事情。在我的印象里，我是先在稿纸上译出草稿，随后输入电脑，最后提交了打印稿。2001 年，作为“沉钟译丛”的一种，贵州人民出版社出版了这部《奥威尔书信集》。此时我早已经毕业，从事了一年多繁忙的新闻工作，差不多忘记了曾经翻译过的奥威尔书信。由于译者水平有限，时间仓促，加之翻检资料多有不便，因此，这部书有着不少这样那样的问题与不足。幸运的是，20 年后，贵州人民出版社京贵传媒（北京）有限公司的陈滔先生打算对这部书进行修订再版，当年的责任编辑黄筑荣老师也在今年三四月份的时候辗转联系上了译者，这给了译者弥补缺憾的机会。因此，译者非常乐意投入精力进行修订。

这次修订，本书译者主要做了以下一些工作：

一、顺序的调整

原来的《奥威尔书信集》主要是以收信人的姓名为顺序的，即把给同一个人的书信排在一起；现在改为全部以书信的写作时间为序（给报刊编辑的书信若不能确定具体写信时间，则以发表时间为序），这样既可以比较完整地知晓一个事件的来龙去脉，也可以比较清楚地了解奥威尔的成长与思想变化的历程。

二、内容的修订

对于内容的修订主要是纠正误译和补充漏译，再就是对一些专有名词改用更为通俗、更为简洁、更不容易引起歧义的译名。比如，1933 年 12 月 10 日奥威尔在致布兰达·索克尔德的信中曾提及英国作家托马斯·哈代在 20 世纪初创作的长篇史诗剧 *The Dynasts*，原来是翻译为“君主们”的，其实翻译成“列王”更合适（当然它也有“列王记”“列王传”“群王”等译名），因此修订中改译为“列王”。其他改译包括：“卡泰罗尼亚”改译为更常用的“加泰罗尼亚”，“代特福德”改译为“达特福德”，“马克思主义者统一工人党”改译为“马克思主义统一工人党”，“列奥纳德”或“莱昂纳德”改译为更为简洁的“伦纳德”，“吉姆斯”改译为“詹姆斯”，“赞姆亚丁”改译为“扎米亚京”等。

在上一版的《奥威尔书信集》中，由于本书译者的失误，Leonard 多数地方被译为“列奥纳德”，但是也有两处被译为“莱昂纳德”，因此编辑将其视为不同的两个人，并造成给同一个人的信被分别编排的状况。在此，本书译者谨就这一错误以及上一版的《奥威尔书信集》中存在的其他错误向老读者致以诚挚的歉意。

奥威尔的书信涉及很多人。据不完全统计，有名有姓的人近 600 人。为避免出现上述问题，也为了给一般读者和研究者提供一些对照与查找的便利，原本计划编制一个英汉对照的人名索引，但因为截稿日期迫近，不得不放弃了这个计划。

三、书信的增补

2001年版的《奥威尔书信集》主要是依据“企鹅版”四卷本《乔治·奥威尔评论、报道及书信集》翻译的。由于种种原因，当时未翻译其中的部分书信。首先这次增订把所有原先未翻译的近二十封书信均翻译成了中文，比如：1931年8月16日致丹尼斯·柯林斯的信，1934年9月上旬致布兰达·索克尔德的信，1935年10月5日致雷纳·海本斯托尔的信，1938年2月9日致雷蒙德·莫迪默的信，1938年12月20日致弗兰克·詹利内克的信，1938年12月26日致杰克·考曼的信，1939年1月4日和1939年3月5日致赫伯特·里德的信，1948年5月3日和1948年5月6日致罗杰·塞恩豪斯的信，1948年5月24日致乔治·伍德科克的信，1949年3月30日致弗雷德里克·约翰·沃尔伯格的信，等等。甚至连同奥威尔对媒体所进行的“文学的花费”这一调查的回信，也翻译后收录在册。可以说，除了《伦敦通信》（*London Letters*）因为算不上严格意义上的书信而没有被收入本书之外，“企鹅版”四卷本《乔治·奥威尔评论、报道及书信集》中的书信被“一网打尽”，全部都有了中文翻译。

其次，增补书信还注意突出了中国元素。我们从其他版本的奥威尔著作中，选择了一些与中国人的通信，比如与中国现代作家萧乾、民国时期外交家叶公超的通信。这些书信的总量达到了十封。

再次，就是针对奥威尔人生中的某些重要经历，有意识地增加了一些书信，以使读者可以看到事情的全貌以及奥威尔的心路历程。比如，奥威尔在西班牙内战期间及其后的一些通信，可以使读者对奥威尔的思想转变有一个清晰的认识；为使《动物农庄》早日出版，他和他的经纪人伦纳德·摩尔有数十封书信的往还，从中可以看出这部后来的传世杰作在当时出版时所遭遇的阻挠和巨大困难，等等。

此次还对附录做了修订。一方面是补充完善了原来作为附录一的“奥威尔年谱”，并改称“奥威尔大事记”；另一方面删掉了原来作为附录二的“奥威尔著作出版情况”。因为四分之一个世纪以来，奥威尔著作在全世界都是出版热点，本书译者无力对其出版情况做出全面了解。与其挂一漏万，不如索性删除。因此，在把原附录二的部分重要内容补充到“奥威尔大事记”的同时，修订版不再对原附录二进行保留，而是代之以“奥威尔著作中译情况”。奥威尔著作的中文翻译与出版近年来方兴未艾，成为许多出版社选题的热点。仅以《一九八四》为例，自 1950 年台湾推出王鹤仪译本以来，据本书译者的不完全统计，迄今为止，中文译者已经多达数十位之众，而中文简体、繁体译本的版本数量更是达到了三位数。这就会给读者带来选择上的困扰。因此，我们收集相关资料，整理出“奥威尔著作中译情况”，为中文读者提供选择的便利、依据或参考。需要说明的是，这里对于奥威尔著作中译情况的介绍仍然是不完整的，是根据译者自己的积累和能够收集到的资料来整理的，肯定还会有遗漏，也欢迎读者进行增补、完善。

在进行修订工作时，原本是打算逐字逐句重新翻译的，可是在实施过程中，发现工作量之大远超想象。受时间、精力所限，这一目标并未很好地达成。因此，《奥威尔书信集》的修订版仍可能存在缺点乃至舛误，恳请方家、读者不吝赐教。

最后，感谢为这本译著再版提供过帮助的师友和弟子们。感谢北京外国语大学专用英语学院的徐立新教授、中国海洋大学文学与新闻传播学院的罗贻荣教授和中国海洋大学外国语学院的张国教授，感谢贵州人民出版社的陈滔先生和黄筑荣先生，感谢我在山东大学的博士研究生汤霞、林小木，感谢我在暨南大学的博士研究生李勇、赵鹏和硕士研究生杨春晓、薛焜。

译者

2018 年 9 月